长篇叙事散文　策划　陶诚华

王晓明　著

阅读金华

——婺州人文精神探寻

人民出版社

目　录

序

陶诚华

　　金华素有"小邹鲁"美誉，人文底蕴深厚。能不能通过对金华历史人文资源的浅显梳理，从历史和现实融合的角度，以散文的形式，深刻灵动地阐述金华人崇德、尚学、勤业、创先的精神品格？四年前生发的这一思想火花，得到了时任金华市委书记徐止平的首肯。如今，《阅读金华——婺州人文精神探寻》即将付梓，也便想趁此说说此书出版的初衷。

　　金华是古老的，曾创造了诸如婺学、婺剧、婺州窑、八咏楼等灿烂文化，特别是"万年上山"更见证了悠久的历史；金华地灵人杰，历代贤臣名将、学者才俊、丹青妙手、民族英雄灿若星辰；金华山清水秀，云蒸霞蔚，黄帝与神仙文化缥缈其间；金华地沃物丰，既是火腿、佛手、茶花、兰花、葡萄、宣莲、香榧、香菇、药材之乡，又是木雕竹编、五金工艺之乡；金华宜居宜业，汽车制造、医药化工、电子信息、塑料制品等都是新兴的优势产业；义乌国际商贸城更享誉海内外，堪称为"小商品的世界，购物者的天堂"……

　　一条婺江，两岸文明；八婺大地，缤纷多姿。然而，要做这项工作实在不容易：时间跨度大，历史事件多，名人名家盛，民风民俗又各不相同；更重要的是，在经济社会发展不平衡，块状经济为表象的人文差异十分明显的情况下，我们能写什么，又该怎样去写？

　　家园是萌生理想和寄托灵魂的地方，而文化又是人类经济社会发展的灵魂。于是，我们通过截取某个历史断面，或者时间长河里的某朵浪

1

花,或者历史人物中的某个侧影,化整为零,化繁为简,再试图以婺文化为线将它们串联起来,用通俗易懂的文字,分别阐述各地不同的人文精神以及经济社会发展现象。无疑,这是一种尝试！以期通过这种方法给读者提供一个视角或者一条脉络,让读者从雪泥鸿爪中感知金华厚重的历史和人民的才智。绵薄之力不求过望,但求读者俯允。

当前,金华市上下正开展文化强市建设。本书既是通俗的乡土读物,又是一部笔调轻灵、文字优美的长篇散文,是作者王晓明先生多年积累、数易其稿的力作。但它又是集体智慧的结晶。因为选题确定以后,篇章的增减,角度的裁选,着墨的浓淡,许多爱好婺学的专家学者本着"兼取并包,不立崖异"之精神,多次应邀座谈,畅所欲言,发表了许多极有价值的意见和建议,不仅丰富了王晓明先生的创作素材,而且极大拓宽了本书的思路与视野。

婺学是深厚的,我们对婺学的研究还是不充分的。况且参与此书的众多同仁对婺学虽都颇有研究,但多为侧重一面。虽然大家用心了,也花了很多精力,终难尽其全貌,尤其对经济社会发展的内在规律还缺乏系统深刻的认识,书中的不足之处在所难免,许多历史人文现象还不能尽入书中。更欠缺的是,我们没能把已有的粗浅认识梳理归纳,上升到一定的理论高度,揭示出过去的人文如何影响当前经济社会发展,如何更好地展示当前美丽金华建设的生动局面及美好未来,这是本书留下的一个深深遗憾。

一万年太久,只争朝夕。"抛砖"尚且能够"引玉",我们也就有理由相信,随着《阅读金华——婺州人文精神探寻》的出版发行,一定能够唤起更多的能人志士前来研究金华人文历史,以自己的生花妙笔向世人全面深刻地展示开放、包容、大气的美丽金华。同时,亦期望广大读者对本书作出更多的完善和补充,能够不断再版或有新的力作问世。

且拭目以待吧!

2013 年 4 月

引　言

我的心底常常萌动着一首诗歌,一首注定将要传唱千秋万世的不朽诗篇:

假如/我是一只鸟,

我也应该/用嘶哑的喉咙/歌唱:

这被暴风雨/所打击着的/土地,

这永远汹涌着/我们的悲愤的/河流,

这无止息地/吹刮着的/激怒的/风,

和那来自林间的/无比温柔的/黎明……

然后/我死了,

连羽毛/也腐烂在土地里面。

为什么/我的眼里/常含泪水?

因为/我对这土地/爱得深沉……

这首1938年11月,由我们天才的诗人老乡艾青所创作的《我爱这土地》,曾经一次次激起国人的爱国之情和崇敬之意。无论是在那些华夏民族最危险的时候,还是在白鸽翱翔蓝天的和平年代;无论是在万众欢腾的盛世华典,还是在甜蜜缠绵的月下花前。

我觉得,它就是华夏儿女献给祖国母亲庄严神圣的誓言。

吟诵这些诗句,你的眼前一定会浮现出葱茏的山脉,辽阔的草原,出现一马平川的青纱帐,碧波粼粼的江南水乡。不过我却觉得,当初诗人创作这首诗歌时,眼前闪现出的,一定是家乡那片从小看惯了的黄色丘陵,那座他攀缘过的翠绿双尖山,是村口那棵苍劲虬髯的老樟树,村边那连片的青竹、马尾松、水稻与糖蔗……

是的,故乡金华,这座"水通南国三千里,气压江城十四州"的中国历史文化名城,这片因为地理位置,总是被人们形象称之为"浙江之心"的土地,这片江南苍郁葱翠的丘陵盆地,才是诗人心灵深处深深挚爱着的土地!

这是一块怎样神圣,怎样浪漫,怎样富足,怎样内蕴的土地呀!

她是浙江中西部的中心城市,正在建成全省仅次于杭州、宁波、温州的第四大都市群,弘扬自己山清水秀、宜居宜游宜学的传统优势,她已经先后获得"国家历史文化名城""中国优秀旅游城市""全国卫生先进城市"等国家级荣誉,三次被评为"中国十佳宜居城市",二度获得"联合国人居奖"。在近期由中国城市竞争力研究会公布的"2012年中国城市分类优势排行榜"上,它又蝉联中国十佳和谐发展城市榜首,排名"中国十佳宜居城市"排行榜第二名,仅次于荣居榜首的苏州。

在这块热土上,近年来还有一个巨大的谜浮出水面,让中国惊讶,让世界惊艳。

这个巨大的谜,就是义乌!

这确实是一个谜,一个让全世界深感惊愕而又困惑不解的谜:究竟是什么原因,让一个不久前还是穷乡僻壤的无名小县,在短短30年内就闪电般崛起,一举成为全球最大的小商品都市,中国唯一一个列入国家战略层面综合改革试点的县级市。国务院近期批复的"义乌市国际贸易综合改革试验区",是我国继深圳、浦东之后的"第十个特区"。

无数领导、学者、记者、作家从世界各地匆匆赶来,试图解开这深不可测的谜底;许多媒体连篇累牍,无数论著洋洋洒洒,诉说着、争辩着、介绍着各种不同的见解和观点。

或许,揭开义乌之谜,就是揭开中国改革开放的奥秘?便是在指点一条古老民族的复兴之路?

或许,揭开这个谜,便是破解了开启"阿里巴巴"宝库的咒语,往后只要轻轻念起,无数的财富就会像决堤的洪水,滚滚不息地奔流到眼前?

举目南眺,在距金华市区东南约九十公里,还有一个刚刚诞生不久的文化之谜。

自1996年开始,横店集团累计投入三十多亿元兴建横店影视城,目前已建成广州街、香港街、明清宫苑、秦王宫、清明上河图、梦幻谷、屏岩洞府、大智禅寺、明清民居博览城等 13 个跨越千年时空、汇聚南北特色的影视拍摄基地，以及两座超大型的现代化摄影棚。

宏大的基地规模，众多的拍摄场景吸引着海内外影视导演们纷纷率剧组前来，这儿至今已经拍摄了《鸦片战争》、《荆轲刺秦王》、《汉武大帝》、《英雄》、《无极》、《满城尽带黄金甲》、《黄石的孩子》、《投名状》、《功夫之王》、《木乃伊 3》、《画皮》、《锦衣卫》、《神话》、《美人心计》、《古今大战秦俑情》、《疯狂的石头》等九百多部三万多集中外影视剧作品。

2004 年横店影视城被确定为中国唯一的国家级影视产业实验区。据统计，目前我国每年热播的影视剧中，有四分之一是在横店完成拍摄、置景与制作。凭借完整的影视产业链，已吸引了约 450 家影视公司，诞生了中国首家创业板上市影视公司——华谊兄弟。这儿每天都有几十部影视剧在同时拍摄，已成为亚洲乃至全球规模最大的影视拍摄基地，被美国《好莱坞》杂志称为"中国好莱坞"。

影视产业的崛起，推动了休闲旅游业迅猛发展，横店现已拥有星级宾馆十余家八千余个床位，高档酒店、基地宾馆、游乐园、夜总会、演艺中心、健身中心等配套设施一应齐全，成为独具魅力的中国超大型影视旅游主题公园和娱乐休闲基地，国家五 A 级风景旅游区。2011 年横店影视城以年游客接待量约 1100 万人次，仅次于历史悠久的北京故宫、张家界武陵源及北京颐和园！

今天的横店很像是个巨大的影视摄制组，那些昔日"面朝黄土背朝天"的农民用他们曾经粗糙的手举起镜头，把焦距对准了浩瀚宇宙，悠悠青史，对准着情感人心，更对准了无边无垠的苍茫岁月。10 平方公里的偌大土地，正在他们手中幻化成一块巨大的银幕，上映着中国人千百年来一直在精心勾画的缤纷梦境。

其实，金华市区和义乌、横店一起，只是改革开放之后，在这块土地上诞生的众多奇迹中，几个比较醒目的典范。

跨上改革开放的骏马，造就这样的经济奇迹，金华只用了 30 年。

她的花朵璀璨在今日，她的根须深扎在昨天。

历史为脉，文化为魂，金华的魅力更多地体现在那些碧玉般苍翠的群山，水晶般清莹的流水，体现在婺剧的浅吟低唱，古老村落的苍凉独特，体现在那些源源不断从这儿走向世界，让山岳低头，让江河让路的豪才俊杰，体现在博大精深的婺学思想……体现在那些岁月用了足足一万年光景，才在这片土地上精心培育出的人文奇迹、思想奇葩。

听听这些金声玉振，令人肃然起敬的英名吧：骆宾王、张志和、贯休、宗泽、宋濂、朱丹溪、李渔、艾青、黄宾虹、冯雪峰、陈望道、吴晗、施光南、邵飘萍、曹聚仁、何炳松……

这些民族精英都是从这片土地上长大，然后迈步走向全国，跨入历史的。他们曾经一次次地让世界惊讶：小小的盆地，狭窄的空间，为什么竟会这样星月争辉，人才辈出，千年不绝？

这儿不仅培育了中国最成功的商人与文人，还冲杀出中国有史以来最为强悍的士兵，当倭寇的武士刀让整个中国海岸血泊涌动，唯有他们迎着刀光挺身而出，以最小的代价战胜恐怖的强敌，创造了冷兵器作战史上一个个至今无人超越的纪录，被誉为"兵中之王"。

这儿盛产中国最优秀的工匠，最灵巧的双手，"百工之乡"东阳的木雕与竹编驰名天下，"小五金之乡"永康誉满神州，他们的锦心绣手，让整个世界都叹为观止。

踏遍寰球，你会觉得，这儿，或许唯有这儿，才是培育天才最肥沃的土壤！

这儿还盛产天下最好的"金华火腿"，这是和茅台酒、龙井茶等齐名的中国顶级土特产品，浓浓的清香飘溢出盆地，早已誉满中国，香溢世界，它的技术与产品早在元朝初期便由马可·波罗传送到了西欧，对世界火腿的生产发展产生过深刻影响。

造就这样一些思想文化奇迹，金华默默无语，精雕细刻了整整一万年漫长的光阴！

……

沧海桑田，岁月时世，历史让多少难以置信的故事流淌在这块约 11000 平方公里的土地上，多少震惊中外的奇迹诞生在这片小小的盆地。或许，这儿所有的土壤都曾经蓬蓬勃勃孕育过奇迹，这儿所有的河流都曾滚滚不息流淌过奇迹，这儿所有的树木都在郁郁葱葱生长着奇迹，这儿所有的风声雨点都在深情呼唤着奇迹。

"大智若愚"，太多的奇迹凝聚在一处，便往往会幻化成一种淡雅朴素的寻常，一种市井世俗般的平淡，一种生产生活的方式，如同一缕缕温暖恬静的阳光,天长地久地跳跃在那些农夫的手上,回响在那些商人足下,闪耀在那些工匠眼底,流淌在那些儒生笔下……

以至于我们不得不相信,这儿的每一座城池,每一座村庄,每一片田野,甚至转弯抹角处每一座寻常的茅舍竹篱,山野绿荫处每一弯小桥流水……都会让世界时时感受到惊讶、惊喜,或许,还有惊疑。

揭秘,是人类固有不变的天性。

揭秘,刺激着人类的好奇心,激励着人类创造力永不枯竭地激荡奔涌,推动着人类社会一刻不停地与时俱进。

随着大自然奥秘接二连三被揭晓,人类探究的炯炯目光已经不再仅盯着地球南北极,或者头顶上那片浩瀚的星系。他们永无穷尽的探寻,开始越来越多地注目着自己身边,乃至人类自身。

因为,宇宙之间最大的谜底肯定不在别处,只会在我们的身边,就是我们自己!

没有哪一种揭秘,能够比最终揭示人类自身的奥秘、思想心灵的传奇,更为令人愉快,让人陶醉,使人兴奋,更加富有历史与人文永恒的价值。

因为,这些千古的奥秘,都是茫茫青史用岁月一点点艰辛地堆积,用灵魂一米米认真地刻画,是那些肤色黝黑的农夫们用汗珠一粒粒凝聚,行商们用疲惫的脚步一步步丈量,寒窗冷烛下的士子们一页页冥思苦想出来的。

他们是这块土地上真正的思维源泉,不老的精神家园,是后世子孙千秋万代永远不会枯竭的精神动能。

或许,揭示出这样的奥秘,你才能看到一个民族怎样在地球家园里繁衍生长,绵延传世的缩影,看到人类曾经怎样经历蛮荒艰辛开拓创建繁荣;看到先人们怎样在没有航标的河流上劈波斩浪运营财富,怎样聚沙成塔集腋成裘,最终让一个古老国度在世界的东方熠熠生辉。

或许,揭示出这样的奥秘,你才能看到文化的密码怎样在岁月的江河里跌宕浮沉,信念理想怎样在一代代人心中绵延传续,看到众多的文化类型怎样在各自的故土家园里艰辛地创造,执著地坚守,永久地传承。

世界历史名城西班牙巴塞罗那这样向世界介绍自己的城市:"也许它不是世界上最美丽的,也不是最好客的。它肯定不是最富有的,不是最大的,不是最老的,也不是最年轻的。然而,它的天际线隐藏了什么秘密……会使你喝了它的水之后,就一次次再来到此地……"

中国历史文化名城金华怀抱同样的信念,诉说同样悠久的历史和传奇,倾诉着心头更多的隐秘,期望给你同样的启迪、领悟和惊喜。

当然,她也更加期望你一次次回望,一次次驻足,更多地光临这座已经拥有一万年漫长的农耕史,一千八百多年建城史的中国历史文化名城!

是的,在儿女们心中,她就是天堂,一片与苏杭水乡景象不同,却一样是杏花春雨,桃红李白,烟雨迷蒙的天庭。虽然少了些小桥流水,河道蜿蜒,却多出了许多丘陵纵横,江河奔涌,山峦青翠,草长莺飞。

或许,这片丘陵上的江南,这颗"浙江之心",才是人类更加浪漫更加美丽的天堂!

楔　子

　　为了叙述的方便,或许我们应该在这片一万年苍茫的历史帷幕上,打进几个小小的楔子,开启几扇透明的天窗,让叙事的阳光能够投射进去,在一刹那间照彻那些早已凝固了的往事,激活那些早已泯灭了的声音,引领我们迈开那如今开始蹒跚的步履,去追寻那些远去了的祖先,那些正在消逝的背影,那些或许是你此生此世都不能不知道的精彩故事……

（一）

　　1194 年春寒料峭的一天,一盏昏黄油灯闪烁着豆大光焰,艰难地照亮永康龙窟村一间卧室,照耀着卧榻上那个被病魔折磨得形销骨立的人。

　　屋子大门上,几张尚未褪色的鲜红喜报翘起一角,正在早春的劲风里"嗖嗖"发抖。那还是去年秋季,主人陈亮刚刚金榜题名夺得新科状元时,由报喜的报子和贺喜的亲友们兴高采烈贴上去的。

　　那是个多么欢畅的时刻呀,鞭炮和欢笑几乎要掀翻这座落成不久的宅院,两鬓已爬满华发的陈亮紧握宾客的手,笑得俨然又成为欢快的少年。这个 19 岁就"议论风生,下笔数千言立就"的天才童子,这个著作等身、名满天下、桃李也满天下的"事功派"哲学首领,成年后曾经三次赴都城临安赶考,却全都名落孙山,铩羽而归。直到 51 岁时仍是一介布衣,到处遭人白眼。可在这次礼部进士考试中,他却句句警策,字字净言,让亲自主持策问的光宗皇帝龙心大悦,"奏名第三,御笔擢第一",将这份封建时代所有读书人翘首期盼的殊荣亲手颁给了他。

　　几滴细雨洒落,飘在门口那些打点好的行李上。金榜题名之后,陈亮被授予建康军节度判官厅公事一职,他早就急着动身前去赴任了。建康,那是他多么向往的地方啊,它是龙兴发祥地,抗金最前线,他曾经多少次在地图上细细凝望,还曾亲自跋山涉水前去踏勘,期望有一天能从那儿统率大军,策马执剑,旌旗蔽空,去成就北伐功业,实现心中那几乎埋藏了一辈子的理想。

"正好长驱,不须反顾,寻取中流誓。"脑海里,又一遍遍翻腾起这些激昂的诗句,那是他当年对着滚滚奔腾的长江,亲口吟出的豪迈志向。

可是今天,就在他眼看就要施展被压抑太久的才华,实现胸中夙愿的时候,病魔却突然降临了,要将他拖进永久的遗憾与无奈。

"老天爷,你枉称天公,却从来都不曾公平!"陈亮瞪起眼睛,对着虚空发出一声愤怒呼喊,嘶哑而苍劲。

良久,那双问天的眼睛渐渐定格,眼角却有两行清泪仍在默默流淌,流向大地,流向历史,流向千万颗破碎了的心……

近千年之后,才有一位诗人痛心疾首地描写了这个场景:

> 一生中只有一次
> 一庭冷月中只有一朵小小的梅花
> 还记得一位英雄气短的一滴泪水
> 和一卷诗书
> 和他腰间的一柄宝剑
> 和宝剑上一道无声的裂痕
>
> ——柯平:《读龙川先生晚年词》

(二)

1645年也许是婺城历史上灾难最为深重的年份,华夏长长的屠城名册上,这一年又歪歪斜斜地添加进一个鲜血染红的名字——婺州!

这场悲剧有一道长长的序幕:此前的一年里,金华已经遭受了一次围城,南明大将方国定带着他那些饥渴的士兵要进城掳掠,金华守将、本地人朱大典据城坚守,双方爆发了一场激战。十几天后,攻城未果的方国定悻悻而去,金华城侥幸逃过了一次劫难。

可是当第二年格外闷热的夏天来临时,金华城又一次被围得水泄不通。这回来的可是清军主将博洛亲自率领的 10 万精锐之师,还携带着几十门当时最为先进的攻城利器——红衣大炮。

江南素有"铜金华,铁衢州"说法,南征以来一直势如破竹的清军,这回却在高高的金华城墙前碰了一鼻子灰。守将朱大典不仅不肯投降,还杀了清朝的使节,撕毁了招降书。于是隆隆炮声便如浓厚阴云般笼罩了这座孤城,一个月后,城墙下到处堆满攻城清军的尸体。

中国人坏事,往往坏在汉奸身上,这回也不例外,一个臭名昭著却又才高八斗名叫阮大铖的剧作家莫名其妙和金华结下了怨仇,丧心病狂地把城市最后的机密和盘托出,卖给了清朝新主子。

于是几十门大炮对着一个致命的地方猛烈轰击,城墙在突然长了眼睛的炮火中轰然坍塌……

格外缠绵的残阳那天鲜血般艳红,久久垂挂在西天不肯落下,古城最终定格在这样一幅悲壮的画面上:一声巨响,八咏楼升起一团火红的烟尘,碎砖乱瓦乌鸦一般乱糟糟飞起,烟尘火光起处,守将朱大典等 32 人自己点燃火药库,集体壮烈殉城。

城池沦陷了,守军覆灭了,杀红了眼的清兵却不肯罢手,转而把屠刀对准了满城百姓,一场惨绝人寰的屠城大戏惨烈登场。

那几天,金华的断壁残垣间到处是断肢残骸,响彻着妇女儿童凄惨绝望的哭喊。即便夜幕也不能抵挡侵略者的屠刀,夜幕降临时火光冲天,鲜血般殷红的光焰下,杀戮、抢劫和强奸彻夜不停……

金华城被屠杀的军民多达五万余人,全城近乎全毁!

婺江水呜咽地流淌,带着那一汪殷红的血水,那一江永远不会消逝的记忆……

(三)

1942 年金华的春天来得特别迟,已经是陌春四月,暗淡的春光仍然像严冬不肯褪色的记忆,伴随凄风苦雨而来的,是远方越来越近的隆隆枪炮声以及一队队绘着红膏药图案的日军飞机。一个噩耗如同晴天霹雳响起,震撼着市民们本已绷紧的神经:根据第三战区司令长官顾祝同命令,驻军 46 军明天将派兵拆毁万佛塔!

没有人组织,也没有人号召,黑压压的人流从大街小巷自发涌出,汇聚到城北那座高高耸立着万佛塔的大洪山永福寺门前。许多人泣不成声地跪倒,祈求守军手下留情,千万不要拆毁这座已经在金华上空耸立了近千年的古塔。

这绝不是一座普通的宝塔,它始建于北宋治平初年,千百年来都是婺城的地标性建筑,是古往今来古城最鲜明的标志与象征。

这绝不是一座普通的宝塔,而是金华人信仰的凝聚、灵魂的结晶。在构成塔身的数万块砖面上,毫无例外全都镌刻着一尊尊栩栩如生的佛像。那是当年建塔时全城的市民僧侣省吃俭用、自发募捐烧制而成的。每一块青砖都寄寓着一颗善良的灵魂,表达着升斗小民殷殷的诉求,寄托着他们终生的向往。

如今这座千年风雨摧不垮的古塔,竟然要倒塌在自己人的手里。莫非是金华的劫数到了,婺江边这艘古老的航船行将倾覆?

黑压压的人群沉默着、跪拜着,久久不肯离去。

良久之后,面对人群出现了一个身着军服的高大汉子,他是守军 46 军军长、金华警备司令王铁汉,这个和他的名字一样刚烈,曾经在东北打响中国抗战第一枪的猛将,面对百姓竟也凝噎无语。半晌才略带哽咽地开口,说:"父老乡亲们,我知道大家的心情,就像我们东北军不肯看着家乡沦丧一样,我也不想拆毁这座塔。可这是重庆的军令,是为了焦土抗战消灭日本人。军命不可违,我们只有执行。可这笔账,我们会叫日本鬼子加倍偿还。我们 46 军一定拼死打好保卫金华这一仗。"

言毕,铁汉军长举手向市民们行军礼,久久伫立。

市民们没有人再说半句话,鞠躬后纷纷散去,他们是在向城市的保卫者敬礼,还是在向古塔——这一祖辈梦境的守护神告别?

两天之后,婺城的蓝天上分外寂寞冷清,可再也见不到往日古塔的倩影。

几天之后,又一声剧烈的爆炸声响起,城南古老的通济桥颓然坍塌,扑进了婺江呜咽的江心。

断桥边站着久久不肯离去的王铁汉军长,脸上写满的,却是遗憾与愧疚,他身后,是长长一列正在默默撤离的队伍。

原来计划中的金华保卫战并没有打响,远在重庆的国民政府因故改变了作战计划,那些原定坚守城市的部队匆匆撤离,消失在了远方黝黑的群山里。

近乎断垣残壁的金华又一次陷入了子夜的黑暗,它在呜咽着、倾听着……

只是这一回,它再也不能像以往那样,登上高高的万佛古塔遥望黎明了。

（四）

许多人都把义乌奇迹开始的时间,精确定位在 1982 年 8 月一个普普通通的上午。

那天上午,一个四十多岁的普通家庭妇女冯爱倩,在大街上毫不客气地拦住了县委书记谢高华,当众责问他为何不让自己上街做小生意,反而天天忙着"割资本主义尾巴"。

和那时许多干部的做法不一样,这位上任不久的一县之主没有怒骂斥责,反而把冯爱倩请进了自己办公室,耐心听完了她的申诉,然后陷入了长时间的思索。

熟悉谢高华的人都知道,这位基层农村干部出身的"七品官"是个远近闻名的老烟枪,每天从睁眼开始,嘴边就不停地老在喷云吐雾。那天上午,这个曾经誓言"当官不为民做事,不如回家卖红薯"的共产党县委书记一定抽得更厉害了,透过那些弥漫着小小办公室的浓烟密雾,他一定清晰望见了遥远的北方,那些戍边"义乌兵"曾经点燃的缕缕狼烟,听见了一阵阵从历史深处传来,这块土地上特有的拨浪鼓声……

走出那间浓雾紧锁的办公室,谢高华立即召集县委一班人开会,几天后就宣布开放义乌传统的小商品市场,实行"允许农民进城经商,允许长途贩运,允许城市市场开放,允许多渠道竞争"的新政策。

冯爱倩幸运地成为义乌第一个取得"鸡毛换糖"许可证的小商贩,这也是当地第一本个体商业营业执照。

从那个 8 月闷热的清晨开始,义乌人搭乘中国改革开放的高铁快车,用了仅仅 30 年时间,便创造出中华大地上辉煌灿烂的伟业奇迹。

2011 年 3 月,国务院发文批复《浙江省义乌市国际贸易综合改革试点总体方案》(以下简称《方案》),义乌成为继 9 个综合配套改革试验区之后、经国务院批准设立的又一个综合改革试点,浙江省第一个国家级综合改革试点,也是全国首个由国务院批准的县级市综合改革试点。

《方案》明确了义乌试点的发展目标：到2015年，基本形成有利于科学发展的新型贸易体制框架；到2020年，率先实现贸易发展方式转变。提升义乌在国际贸易中的战略地位，使义乌成为转变外贸发展方式示范区、带动产业转型升级的重要基地、世界领先的国际小商品贸易中心和宜商宜居宜游的国际商贸名城。

……

一万年的时光就这样匆匆地从红黄色的江南丘陵掠过，犀利得如同尖刀，却默默地毫无声息，切割下了一幅幅总是让人刻骨铭心的波光流影。

尽管牵肠挂肚，尽管百转千回……但金华犹如那条以它古老名字命名的婺江一样，总是在默默地倾听着长江、黄河来自天际的号令，然后势不可当地奔涌着、流淌着，直到流成一片沧海桑田，青史万千。

这几束雨后斜阳一般偶然闪现的光焰，从一个个不同侧面照亮这片流淌着的历史影像，照亮这片山环水抱的绿色土地，照耀着那些悠久的历史，丰富的人文，那些苦难的历程和坚韧不拔的向往追求。

如今，当21世纪的阳光终于撒满这片土地，正是我们投进家乡母亲般温暖的怀抱，去认识她、喜爱她、聆听她、拥抱她的最好时机。

于是在满天的阳光下，我们的视线越过了几十年的灿烂、几十年的辉煌，凝神注目着那些千年的观念、百年的习俗，那些立体的思想、斑斓的记忆。

于是我们翻开青史，一点点倾听"浙江之心"勃勃的心跳，一页页阅读古城万年的缄默，几十年的崛起，数千年的跋涉，几十年的腾飞……

第一章　天堂的向往

一、天堂的向往之一——江南丘陵,我爱这土地

从古至今,东方西方,人们总是孜孜不倦地向往着天堂。

中国人心目中的天堂并不仅仅指来世,也不仅仅指佛祖或者上帝居住的地方,它更指一种安逸愉悦的生活环境,一种可以供人类长期诗意栖居的地方,例如杭州,例如苏州。所以自古以来,就有"上有天堂,下有苏杭"的说法。

其实,就像一支歌儿中所唱的那样:

> 我在仰望
> 月亮之上
> 有多少梦想在自由地飞翔
> ……
> 生命已被牵引
> 潮落潮涨
> 有你的远方
> 就是天堂
> ……

是的,凡有梦想在飘荡,凡是适宜人类居住的优美安逸生态环境,那,就是天堂!

西距杭州西南方不远,就有这样一座优美安逸的城市,有这样一片天堂般舒适愉悦的地方。从古至今,那儿从来都有梦想在自由飞翔,都有奇迹在茁壮

生长。

这座城市有一个很好听的名字,来源于"金星与婺女星争辉"的古老传说,不过,你肯定听说过她的芳名,因为提起这个名字,便会荡漾起一股浓郁得化不开的火腿清香。

对了,这座城市,就是金华!

轻点鼠标,打开"百度"搜索引擎,轻易就能找到关于金华的市情简介:

> 金华市,位于浙江省中部,东邻台州,南连丽水,西毗衢州,北与杭州、绍兴接壤。东西长150.3公里,南北宽129公里。古属越国地,秦入会稽郡。金华"早在新石器时代晚期,境内即已有人类繁衍生息"。自三国吴宝鼎元年(266)置郡始名东阳以来,历名金华、婺州,或设郡、州、路、府,或设道、区、专区和地区。1985年5月,经国务院批准撤销金华地区,分设金华、衢州两市,升为直辖市,实行市管县(市)体制。金华市现辖金华、武义、浦江、磐安四个县和兰溪、东阳、义乌、永康四个县级市及婺城、金东两区。土地总面积10918平方公里,地形以丘陵和盆地为主,森林覆盖率达57.60%,2011年年底止全市总人口为536万。

寥寥几行文字,把金华的地理特征界定成两个耳熟能详的名词——"丘陵"、"盆地"。

对于金华的地理,现代著名作家郁达夫也曾有过这样传神的描述:

> 金华的地势,实在好不过。从浙江来说,它差不多是坐落在中央的样子。山脉哩,东面是东阳义乌的大盆山的余波,为东山区域;南接处州,万山重叠,统名南山;西面因有衢港钱塘江的水流密布,所以地势略低;金华江蜿蜒,合于兰溪,为金华的唯一出口……北面一道屏障,自东阳大盆山而来,绵亘三百余里,雄镇北郊,遥接着全城的烟火,就是所谓金华山的北山山脉了。

而在《地理学词典》,则这样界定江南的丘陵盆地:

丘陵一般海拔在 200 米以上,500 米以下,相对高度一般不超过 200 米,起伏不大,坡度较缓,由连绵不断的低矮山丘组成的地形。

江南丘陵由一系列北东—南西走向的雁行式排列的中山、低山和位于其间的一系列丘陵盆地组成。盆地主要由红色砂页岩或石灰岩组成,海拔 100—400 米。规模较大的有……金(华)衢(县)盆地等。

本区属典型的亚热带景观,夏季高温,年降水量 1200—1900 毫米。天然植被为典型的亚热带常绿阔叶林,

地带性土壤是红壤和黄壤。这里是重要的农业生产基地,除水稻外,棉花、苎麻、甘薯、经济林木的油茶、油桐、乌桕、茶以及柑橘等,都占有重要地位。

阅读这些或传神或理性的平面文字,我的心底却开始汩汩奔涌一股温热的暖流,耸立起一片母亲般圆润丰腴的优雅曲线。

江南丘陵,一片多么美丽的土地,就像一片凝固了的大海,一片被魔法锁定了的起伏波涛。遥想当年,大地的汪洋就曾在这儿波翻浪涌地肆虐,然后听从大自然的号令,在某个神奇的时段突然凝固,于是那腾挪的浪花,便突然凝固成一排排低矮圆钝的山丘,而那起伏的浪谷,便转眼间幻化成一片片狭小的盆地。

还有一个源远流长的传说,传递着一种更为惊心动魄的想象,为这片今天已经干涸了的海洋,涂抹上一层浓浓的神话瑰丽色泽。据说它本是一条黄色的、专与天廷对抗的巨龙,在最终被天神锁定的一刹那,仍在与命运进行殊死的抗争。它翻滚、起伏、飞腾、扭动,虽然遍体鳞伤头破血流,却依然不屈不挠与命运进行着最后的抗争。当它终于翻倒在这块土地的时候,黄色的身躯刹那间化成一片起伏的丘陵,而那些渗透了它鲜血的地方,便凝结成一片片赭红色的土壤。

于是烟雨江南便幸运地拥有了另一种同样美丽的地形地貌,让它在人们熟知的"日出江花红胜火,春来江水绿如蓝",在"杨柳岸/晓风残月……"的水乡美景之外,又拥有了另一种世外桃源般的大美景致。

这种美,或许我们透过陶渊明在《饮酒》二十首之五中那些空旷辽远的诗句,可以略为窥伺一二:

15

结庐在人境,而无车马喧。问君何能尔,心远地自偏。采菊东篱下,
悠然见南山。山气日夕佳,飞鸟相与还。此中有真意,欲辨已忘言。

难怪近年来不断有人考证,说陶渊明当年归隐的地方,或许就在如今金华
城西南向不远汤溪的九峰山下,或许正是由于这种景致描写,让考证者从中看
到几分似曾相识的熟稔与亲近。

我喜爱这片江南的丘陵,甚至超过了喜欢平原、喜欢高山。

曾经有一段时间,我着迷一样地喜爱广阔无垠的大平原,喜爱它的宏远,
它的辽阔,它无边无际宏大深远的气魄,喜欢它一览无余的壮美无际。我渴望
着驾驶汽车,在一马平川的东北松辽平原或华北大平原上开足马力奔驰。那
儿宽阔无垠的道路上没有一座山峦,没有一点起伏,有的只是奔驰的乐趣、速
度的享受。

在那儿,你仿佛可以自由地驾驭风、驾驭电,能够一直追赶地平线那轮触
手可及的太阳,能够充分体会造物主的博大宏远。你会惊叹大自然如此的慷
慨,竟然会把所有的美丽富庶,全都赤裸裸毫无遮蔽地呈现给天空,展示给原
野。你会在一刹那间让视线穿越万年时空,从脚下一直望穿那遥远得几乎难
以看见的地平线。

许多时候,大平原就是一幅壮观的风景油画,小麦和玉米铺开一片嫩绿的
浩瀚地毯,从脚下一直铺展到天边。每逢收获季节,大地又会转瞬间涂抹出一
片耀眼的金黄。虽然有时候,高粱会给这儿增添几点绯红,棉花会为这儿涂上
几点嫩白,还有那一排排的白杨树和榆树,会把大地切割成一块块整齐划一的
方格。

但是在平原上待得久了,心底总会不由自主地浮现出几分厌倦、几丝怠
惰。你会暗自抱怨这貌似辽阔的大平原过于炫耀,像个一夜暴富的人那样喜
欢露富,总是把所有的美丽、所有的富裕都毫无巨细铺张扬厉,一点也不知道
含蓄,不知道遮掩,至少也就像一个永远长不大的孩子,总是缺乏应有的气度
与城府。

不过我也不喜欢高山,即使是那些铺天盖地、举世瞩目的名山大川。作为
一个小人物,站在这些山岳的面前,心里总会不由自主生发出一种压抑。你常
常会不由自主地抬头,用仰视的目光,向大山表示某种自觉或不自觉的敬畏。

　　或许最初,高山峻岭确实会激发我们攀登的志向与求索的欲望。我们会沿着那些只有山羊和鹿群攀爬的小径努力向上攀登,在经历无数的曲折拐弯、峰回路转之后,才终于攀登上一座峻岭险峰,欣赏到许多奇峰异景,采撷到一些奇珍异果。

　　但是举目远眺,你会不由自主地又一次若有所失,又一次胆战心惊,因为在前方,或者更远的前方,还有一座座更加高大更加险峻的山峰在傲慢地俯视着、压抑着你。

　　久而久之,你也难免会悄悄地埋怨大山,觉得它过于深沉,过于吝啬,有点小肚鸡肠,故弄玄虚,总是用峻岭、峡谷、山涧,或者深山老林,把自己最好的那些东西,最珍贵的宝藏刻意掩藏起来,只供自己一个人品尝,而不愿示之于天下,更不要说让天下所有的人共同享用了。

　　可是丘陵、江南的丘陵就不是这样。丘陵慷慨大度,母亲一般关爱着她的每个儿女,为他们的成长富裕费尽了心思,留足了伏笔。为了激发儿女们奔跑攀爬的欲望,她用温柔耸起的曲线,把许多的财富和秘密都安放在可望而又可即的高处,或圆凸后面某一个小小的盆地,让儿女们既不可能轻易得到,又不会因为莫测的高深玄虚而丧失了自信。在丘陵的怀抱里,你总是会兴致勃勃地听着母亲的召唤进发。

　　丘陵总是费尽心思,既不让她的儿女们失望,也不至于在忙忙碌碌的奔波之后一无所获。只要儿女付出艰辛的劳动,攀登上一座又一座温柔崛起的峰顶,便能领会许多成功的喜悦与奋斗的乐趣。丘陵会顷刻之间,便在他们眼前展现出一片平面上绝对无法欣赏的美景:那些掩藏在小小盆地的绚丽色泽,那些流淌在小溪小河中的轻快华丽,都会让儿女一次次惊喜在征服的欢畅与快乐之中。

　　丘陵是一片永远看不尽的美丽,登上峰顶放眼远眺,目光不会像平原那样一览无余,浮现在眼前的,全是微微隆起的温柔线条。在那些母性的丰盈沉稳之间,如明镜般圈圈点点的,是清澈平盈的池塘;如丝带般缠绵飘逸的,是少女一样欢快的溪流。在一片南方的火热阳光下,她们静静地孕育着生的信念,生长着红色或黄色的硕果。

　　不过丘陵绝不会娇宠她的儿女,不会让他们陶醉得太久,以致失去了继续远行的欲望。她会立刻向你发出继续前进的指令,因为就在不远的前方,又有温柔的突起在延伸,又有精心掩藏的美丽与富庶,在默默谛听着征服者前进的

17

脚步声。

哦,丘陵,你红色的贞洁,浑圆的生命,既不用锋芒毕露的险峰为自己竖立虚伪的纪念碑,又不用一马平川为自己伪装坦荡无遗的大气。你比平原更加含蓄,比高山更为大度。你总是用温柔的激励,适度的赐予,巧妙地激发起儿女们耕耘劳作的渴望,用一片片温馨和谐的美丽,为他们的生命营造一片片浓烈的绿荫。

可望而可即的美丽,努力之后成功的喜悦,或许,这就是丘陵的魅力所在。也正因为这样,丘陵才显得温情大度,成为普天之下最适宜人类居住的家园。

丘陵是大自然变幻无定的调节板,春夏秋冬那些变幻无穷的色调,总是在不时变换各种色块的美丽。仿佛是一个被大自然娇宠惯了的少女,总是拉风一般追求着时尚的美丽。

春天是油菜花开放的季节,深蓝的天空下,无边无际的油菜花次第绽放,就像千万只金黄的鸟儿贴地疾飞,翅膀承接着久违了的春光。铺天盖地的金色光焰顺着地势漫山遍野飞舞,犹如每个山头都披上一块金灿灿的地毯,春风阵阵抚过,花枝漫天摇曳,犹如一幅正在游动飘舞着的风景油画。

而秋天则是丘陵最富有的季节,沉甸甸稻穗带着临盆孕妇一般的羞涩,在熏风中向人们吐露着分娩的欣喜。一片片成熟的色泽,如同闪亮勋章一般缀在丘陵格外丰腴的胸前。柿树和红枫点燃一盏盏喜庆的红灯笼,照耀着农家一年四季最为盛大的庆典。

我喜欢漫步丘陵,在一棵棵江南的古树下长久地徜徉,若要论年纪,这些如伞如盖的古树每一棵都是我们的爷爷奶奶,甚至更加久远的先祖,有几棵据说还是五代时的钱镠(852—932)亲手种下的。我猜想当年钱王一定刚刚放下栽植它们的锄头,便用同一双手,提笔签署了纳土归宋、降顺中原的文书。而另外几棵,则据说是孔子后裔们南下避难时,从非常遥远的曲阜移植来的,那摇曳的枝叶里,仿佛至今还在洒落当年离别宗庙时缠绵的珠泪。

如今那些古老的根须,仍旧一年年在春风呼唤下敲醒沉睡的梦境,然后缓缓舒张开一片片绿茵,守护着许多早已被遗忘的故事,传唱着许多千古不朽的歌谣。直到最后的一片绿叶,也像艾青诗歌中那只唱歌的小鸟一样,连羽毛都十分珍视地撒进土壤,变成了几粒孕育生命的春泥。

我们属于你,江南的丘陵!早春山坡上如丹如枫的映山红,就是我向你倾诉的片片思恋,我们感受着牛背上那支竹笛的躁动,谛听着村前小溪母亲般亲切的絮语,在四月的微风中放飞只只风筝,让它将这片土地的美丽告诉给整个世界。而金秋水田里丰收的波光流影,就是我们奉献给你的全部柔情蜜意。

哦,江南丘陵,我可爱的家乡,你才是人世间最美的地方!

我们爱这土地,还爱这块土地上得天独厚的"风水"。

学者刘沛林的《风水·中国人的环境观》一书,曾从风水堪舆学的角度,高度赞扬了金华山形地势之独美:

> 金华诸山蜿蜒起伏,势如游龙,腾空驾云,高为潜岳,雄压万峰,左右分支,回峦列嶂,连屏排戟,拱卫四维,面南诸峰数重。近者横如几案,远者环如城郭。廊外双溪萦带,众水汇合,弯环流衍……东北有宁绍台为藩篱,东南有衢温处比邻,西北有杭严徽为蔽障,诚一郡之形胜,两浙之要区也。

在他眼里,金华的山形地势藏风聚水,风水之好,可谓浑然天成。

而在另一些有心人眼里,近年来随着金华市区的改造发展,城市的"风水"不仅没被破坏,还变得越来越好了。

这是因为,风水学最基本的原理是"山管人丁水管财","山水"各代表一个方位,"山"代表着背后,主宰人的健康寿命和家族人丁,风水的靠山宜雄健浑厚,最忌背空;而"水"则代表前方,主宰仕途官运和财富收入,向水宜宽广低平,最忌窄小。"大荡大江收气厚,涓流点滴不关风。若得乱流如织锦,不分元运也亨通。"

翻开世界地图一看便会知晓,凡有大江大河的弯环入海处必有大都市,而且往往作为首府或大商业中心存在。婺江北岸的金华老城就是这样一块洞天福地,只不过婺江没有那么浩瀚博大而已。

历史上的金华城背靠北山,面朝婺江,双溪朝归,泅水聚会。北山雄浑,婺江灵秀,一直以来水流湍急,河滩很浅,难以聚水。这样的格局虽然适宜百姓居住,却很难诞生出商贾巨富。自从二十多年前开辟了江南新区,并在婺江下游筑起一条橡皮坝之后,水位缓缓提升,使市区中心前所未有地出现了一个明澈宽阔的人工湖,不仅调节了整个城区(小盆地)的气候,而且应了那句"水深处民多富,浅处民多贫:聚处民多稠,散处民多散"的老话,使金华城的富裕程度随之与日俱增。

仁者见仁,智者见智,金华城得金星婺女之利,揽两山一川之胜,风水必然会得天独厚,顺天应人,而且越来越好。

二、天堂的向往之——假如我是一只鸟

假如我是一只鸟,一只现代的鸟儿,我当然会向往一片理想的生态天地,我会展开那双永不停息的双翅,去寻找一片绿意葱茏,可以自由欢唱、诗意栖居的地方。

那儿要有蓝莹莹的天空供我们展翅翱翔,有飘浮的白云和我们结伴飞舞,有浓荫般如伞如盖的绿树供我们生儿育女,有宁静温馨的邻居和我们一起歇息玩耍。

那儿一定不能有喷吐黑龙的烟囱,不能有被工业污水浸染得近乎发臭的河流,不能有沙尘暴遮蔽视线与呼吸,不能有贪婪的刀斧侵袭大地的葱茏……

所以我选择了金华,选择这个可以自由鸣唱、惬意居住、宜学宜游、传宗接代的地方。这儿是中国历史文化名城、国家卫生城市、全国双拥模范城和中国优秀旅游城市。这儿已连续三年获得"中国和谐发展榜首城市"的美誉,二次被授予"联合国人居奖",这儿正在建设 21 世纪宜人的人居环境和山水生态城市!

天造地设,鬼斧神工,这个城市恰巧位于一条神奇的自然刻度附近,那就是北纬 30 度线,一向被称为"中国人的景观长廊"。

从东海边繁华的上海滩起步,纵贯中国东西的 318 国道恰巧沿着这条纬度蜿蜒西行,它从中国地理走势的第三级台阶一路攀爬延伸,直至登上号称"世界屋脊"的喜马拉雅山。那儿就是中国地理走势的第一级,也是最高的台阶。

一路上琳琅满目,风光满眼,东部的杭州、黄山、庐山、张家界、宜昌、洞庭、鄱阳,西部的贡嘎山、希夏邦马峰、南迦巴瓦、珠穆朗玛、纳木错……全都次第铺展在这条神秘的纬度线附近。

且行且停,边走边唱,你会发觉自己这一路犹如是在观赏一幅最瑰丽神奇

的山水画卷,那样地目不暇接,美不胜收。你会发现当初造物主在营造大自然美景的时候,一定也是沿着这条路线行走的,一路上敲敲打打,雕琢加工,才留下了这样一袭永远无法替代的壮观美丽。

而金华就像一艘美丽的兰舟,诗意地停泊在这条全世界为之注目的景观长河一侧。盆地里集结着这么多美丽的山水景观,这儿拥有至今仍然纯净无瑕的天空,即使在已进入后工业化时代的今天,金华二级以上空气质量天数仍然保持在90%以上,那总是近乎透明的蔚蓝色仿佛能让你随时望穿天穹。入夜漫步郊区,许多星星依然眨着调皮的眼睛,让你恍然忆起许多许多年以前,年轻的星星也曾这样穿越过朦胧月色,去亲切问候你的先人。

我会在这儿的清流上惬意地掠过,在市区洁净的人工湖上轻盈地盘旋,让那明镜般的水面映照出自己的倩影;或者干脆去山间淙淙流淌的溪边歇脚,看那些山泉怎样一边欢快地吟唱,一边流淌成清清溪流奔涌向远方。

这是个已经奢侈到能够用矿泉水洗澡,供给市区居民日常用水的城市。流淌的碧水来自于两座青翠山峦之间的中型水库——沙畈和金兰水库,那儿的万顷碧波全部来自山野,由落到山间的雨水费劲地钻过岩层,经过土壤反复过滤之后,才潺潺淌出的清泉汇集而成。据权威资料显示,国家生活饮用水标准要求饮用水的 PH 值在 6.6—8.5 范围内,而金华市区饮用水始终保持在口感最好的 7.1 左右。国家卫生部要求饮用水浑浊度不能超过 1 度,而金华市区一直保持在 0.01 度以下,整整超过了国家标准 100 倍。

我还会常常庆幸,我选择了一个能够经常远离灾难,而用不着整日提心吊胆的地方,在这儿栖息,不用再担忧某个清晨或者夜晚,大自然会突然翻脸勃然震怒,土地会开裂,山峦会崩塌,狂风会怒吼,山洪会倾注,我们栖身的大地和树木会被无情颠覆,苦心经营的家园会在顷刻之间,便无奈地化为一片破败凄凉的废墟。

即便是最明察秋毫的历史老人,也只能在费劲地回忆之后告诉你:金华所发生的地震,大都属于朦胧遥远的回忆,最厉害的一次发生在 1668 年浦江境内,震级为 4.0 级。而最近的一次,则发生在 2010 年 6 月,震级为 1.9 级,几乎令人无法察觉。

浙江地处东南沿海,威胁最大的自然灾害常常不是地震,不是火山,而是那被西方人称作"来自海洋的魔鬼"——台风。每年的夏秋季节,台风都会像个怒气冲冲的汉子,从遥远的太平洋向着浙江大地奔袭而来。它左手高擎着乌云闪电,右手倾泻着暴雨狂风,沿途毫不留情地肆意蹂躏着城镇村庄,身后声名狼藉,到处留下一片片破败不堪的断垣残壁。

不过在我看来,台风很像那个和金华酥饼有着某种缘分的唐代草莽英雄程咬金,劈头盖脸只有三斧头的本事,等到三斧头过去,就只剩下气喘吁吁苟延残喘的分儿。

台风也是这样,每当它凶神恶煞般地漂洋过海,猛打猛冲席卷过温台丽,再登上金华东部边缘大磐山脉的时候,腿就开始软了,气就开始喘了,三斧头过后那老态龙钟的败相,全都一览无余呈现在金华人的眼前。

这个时候雷声开始轻了,风势开始小了,只有从遥远太平洋携带来的那些雨水无法丢弃,只好照样倾泻,拍打着这片正被三九酷暑折磨得头晕眼花的丘陵与山冈。

于是台风过后,正处于沿海与内陆交会处的浙中盆地照例天会格外蓝,地会格外青,江河小溪会格外欢快地奔流,原先水位急降的大小水库顿时间又变得碧波荡漾,滋润着周边丰收在望的良田沃野。

因此老百姓常说:金华是片风水宝地,台风从来吹不到。而气象学家则说:台风对金华的威胁历来不大,每年大约来一两次,每次都带来夏日的清凉和丰沛的雨水,所以反倒是利大于弊。

不过盆地特殊的地理结构,往往造成洪水下泄不易,因此水灾在金华历史上倒时有发生,为害不小。据《金华水旱灾害志》记载,从南北朝时期的南朝梁天监二年(503)至1948年,金华市范围内有记载的大水灾共有269次。1949年至2007年,金华范围内共发生较大的水灾85次。

有历史记载的最早洪水记录,是在南北朝时期:"南朝梁天监二年(503),六月,东阳郡大水,漂损民居资业。"

伤亡最惨重的一次,发生在南宋时期:"绍兴十四年(1144),五月,婺州水。金华五月丙寅中夜水暴至,死者万余人。兰溪五月乙丑洪水浸城市,次夜更暴至,溺死万余人。东阳大水,民溺死无数。"

而新中国成立以来最大的洪水发生在1955年,那年"6月17日下午起至21日,各县连降大暴雨,金华站总雨量335毫米,兰溪365.5毫米。6月21日金华江的洪峰水位为40.68米,兰江为35.35米。金华、兰溪县城进水。金华火车站广场被淹没,西市街商店进水。兰溪城区解放路水深丈余,街道成河,行船入市,淹死32人,重伤56人,下落不明5人。金华、汤溪两县沿江有214个村庄受淹,死93人,失踪5人。"

不过假如我是一只鸟,我仍然会选择定居在金华,这不仅因为除兰溪外,全市其他县、市水灾发生的密度并不算高,更因为时至今日,这儿已经实行了大规模的水利工程建设,所有的河道都已进行了高规格整治。坚固平滑的百里江堤如根根锁链,已把昔日曾经为所欲为的"蛟龙"紧紧锁住,那种上百年肆虐一次的洪灾,今天已很难再次发威了。

不过我想,即使它真的再次来临,我也会像那只填海的精卫鸟一样,勇敢地冲向滔滔洪峰,投下属于我的那一块石头。或者干脆,就化做一块基石,融入婺江大堤那巍巍的铜墙铁壁之中。

假如我是一只鸟,一只现代的鸟儿,我一定要选择在金华定居,因为这是一片生态的天堂,一个远离灾难,可以让我诗意栖居、生儿育女的好地方。

在这儿,或许只有在这儿,我才可以在明月清风,绿树花海中快乐地纵情歌唱……

　　　　然后/我死了,
　　　　连羽毛/也腐烂在土地里面。

三、天堂的向往之三——春华秋实一万年

生活在一万年以前,会是一幅怎样的景象?

走遍了神州大地,也许只有这片土地——浙中金华可以完整地告诉你,这片丘陵上最为美丽的江南。这是因为,早在一万年前,它的山脉就已经铭刻下人类最初的足迹,它的田畴就已经生长过普天之下人工最初培植的稻米。

可以肯定的是:一万年前的天空肯定比今天蔚蓝,一万年前的空气肯定比今日清新。不过一万年前不会有人来告诉你,明天究竟是风还是雨,更不会有人来告诉你明天的温度和湿度。你必须独自面对那些从来不可预测的风雨,然后在篝火边及时烘干被风雨打湿的兽皮草裙,或者在咆哮的山洪将要吞噬掉营地之前,就及时地搬迁转移。

一万年前的土地肯定比今天郁郁葱葱,高大茂密的绿色森林里,密密匝匝

生长着许多遮天蔽日的大树,悬挂着许多不知名的野生果实。不过你必须小心,因为密林中随时会从冲出几只凶恶的猛兽,你不会知道它的名字叫做剑齿虎还是猛犸象,也无法在十分遥远的距离,便早早用枪弹将它变成一堆食物。你只能鼓足全部勇气静静地等待,在猛兽的尖爪利齿即将把你撕成碎片前的一刹那,将手中的石矛或者石刀用力刺进它的要害,然后一边包扎身上仍然汩汩淌血的伤口,一边拖着猎物去交给氏族女首领,然后平分给一同出生入死狩猎的伙伴……

一万年以前我们与邻人的关系也肯定比今天坦诚亲密,那是因为,我们必须一起扑向咆哮怒吼着的猛兽,一起在燃烧的营地篝火边唱歌跳舞,一起采集各类野果和植物种子,甚至一起宰杀刚刚捕获的战俘,用他们祭奠那些冥冥之中无处不在的先祖与神灵………

这就是一万年前生活在这片土地上我们的先人,他们需要比今天人类更多的勇气、更多的力量,进行更多的尝试,承受更多的失败……

可是我们的祖先绝不缺乏勇气与决心,更不怕尝试与失败,他们因此战胜了洪水猛兽,战胜了许多不可预知的困难与灾祸。

我们的祖先也不缺乏力量,他们因此荡平了森林,建造起村落,开垦出一块又一块辽阔的田地。

我们的祖先更不缺乏智慧,他们用石头打造出最初的石器,在火中烧制出最初的粗陶器,在采集的基础上选育种植出最初的稻谷,然后在刚刚打制出的石磨上,用粗大的石棒将它们脱粒成为一颗颗雪白的稻米。

当然,一万年以前人们最缺乏的是寿命。因为辛劳,因为蛮荒,因为粗粝,因为缺医少药,许多先人过早地隐入了那片农耕最初的天空,用自己的生命滋润肥沃着这块曾经蛮荒、却正在不可抵挡走向丰腴的热土。

但是他们留下了勇气,留下了力量,留下了智慧,留下了与此相关的所有神秘基因,以及那些世世代代传袭的经验与技巧,他们前仆后继地倒下,用身躯铺筑出一条狭窄坎坷的小径,弯弯曲曲引导着后人踏往辉煌的未来……

尤其是他们选育培植出的那些稻米,在粼粼清波中挥洒入土,然后绽芳吐绿,扬穗开花,书写出人类农耕史上辉煌的开篇。

从那片最初的稻浪青青地飘过,到那些陶盆陶罐中米饭清香缓缓升起,人类文明的脚步开始蹒跚地走出旷野,歪歪扭扭地延伸进集镇乡村、繁华都市……

一层又一层历史的积尘漂泊着、翻飞着,渐渐湮没了那些三排柱的营地,那些粗糙的石磨石棒,那些刚刚烧制出的粗笨陶器……

世界稻作史最初的一页渐渐地被忙碌的人们翻阅过去,在一层层厚厚的积尘底下,陷入了不为人知的深沉酣睡。

可是突然有一天,几把铁器的挖掘声轻轻响起,渐渐击碎了已经近乎凝结成固体的宁静,接着又有几缕光线费劲地投射进来,刺醒土层底下那片万年的梦境。

扒开不知堆积了多少世纪的岁月沉淀,那些早被遗忘了的营地、石磨、陶器……开始次递进入现代人骤然睁大的眼帘。

有一双手抓起那些黑褐色的夹陶层,在最底层的灰烬中,分明有一粒清晰可辨的稻谷。

一粒,是的,只有这微不足道的一粒,却将长江中下游人类的稻作史一下子提前了三千年,锁定在了一万年。

原来,播种、插秧、分蘖、扬花、吐穗、收割、脱粒,碧油油的水稻已经一万年妆点过这儿的春季与夏天,沉甸甸的稻谷已经一万年装点过这儿金色的秋季。

一个丘陵般庄重的名词:"上山文化"就这样开始慢慢崛起、流传、震响,征服了许多颗学者、专家乃至官员和百姓的心灵。

金华作为人类最早的栽培水稻遗址所在地,从此登上了历史辉煌的领奖台。

于是我们可以骄傲地说,春华秋实一万年,用在别处可能是想象,是憧憬,甚至是吹嘘,是美化,可在金华,却是千真万确不可否认的事实。人类农耕的历史,毫无疑问要从一万年以前,那些个无限纯净的时日,那一粒似乎看上去微不足道的稻米,还有江南丘陵上那处农耕文明的圣地——金华写起!

第二章　盛产"天才"的土地

一、"金三角"——"天才摇篮"

我的双脚徜徉在一块特殊的土地,一块有才华,有思想,有灵性,有激情,因而也给全世界留下了太多悬念与猜想的土地。

这块土地的面积不大,东西南北总共方圆约莫 30 平方公里,处于金东、义乌与浦江三区、市交界处。没有太高的山脉,没有太宽的江河,也没有太多的矿藏,只有浪花般起伏着的连绵丘陵,在岁岁年年书写着这方土地的平淡无奇。

然而,"山不在高,有仙则灵,水不在深,有龙则名",这块总被人们称作"金三角"的空间貌似狭小平凡,实则人杰地灵。它是一块闪耀着太多星辰的天幕,绽放着太多奇葩异草的沃野,是许多名扬四海大师大家们共同的摇篮和家园。

让我们一个个吟诵这些金声玉振的英名吧,这些一旦提起,便会让世人肃然起敬的名字:骆宾王、宗泽、郑刚中、宋濂、朱丹溪、艾青、冯雪峰、陈望道、吴晗、傅东华、施存统、施光南……

这样的英名平日里只要提起一个,便会在世人心中荡起浓烈持久的敬仰之情。而如今这些与星月争辉的英才俊杰竟然能够千年不断涌现,全都生长在这样一块小小的土地。

踏遍全球,这样的地方,也很难再寻觅出几块。

对了,在浙江,还有两块土地可以与这儿媲美,而且空间距离还十分接近。

坐上横贯浙赣线的列车,迎着太阳升起的方向行驶约 100 公里到杭州,然后转乘沪杭线的列车再行驶 50 公里,你会看见一个叫做乌镇的水乡小镇,那块方圆数十公里水系纵横的地方,同样也是这样地星月争辉,人才荟萃,让人目不暇接:沈雁冰(茅盾)、徐志摩、沈泽民,还有最近刚刚辞世的艺术大师木心……

或者掉头向南,坐一只乌篷船在水乡绍兴慢慢漂泊,你会走进周恩来及鲁迅兄弟那古旧斑驳的故居,听到一连串如雷贯耳的大名……

曾迅先生说,天才可贵,培养天才的土地更可贵。

我在这块神奇的土地上久久徘徊,注目每一座青翠的山峦,每一棵苍郁的绿树,甚至每一片如丝如缕的雾岚,每一株徐徐吐芳的花木……

我想让目光穿透历史浓重的烟云,揭示出那个早已在心头积压得太久的谜底:究竟是什么原因,让这块貌似平凡的土地如此人杰地灵,这样英才辈出、星光闪烁、千年不绝?

我走过一个个历史悠久、古貌犹存的小村落,一片片似曾相识的翠绿风景,驻足寻觅那些伟人们渐渐远去的足迹……

我不无惊讶地发现:虽然这些村落叫着不同的名字,却总有着一些似曾相识的风景:看看那些白墙黑瓦、马头墙高耸的徽派老屋吧;那些总在村口陪伴一代代村民,寄托着他们淳朴心愿的土地庙;那些慈父一般如伞如盖、高大寡言的大樟树;那些村中间威严气派的家庙宗祠……

这让我惊讶地想起,就像这片有着太多共同点的乡野一样,从这儿走出去的那些大师贤人,虽然年代相隔久远,经历迥然不同。但他们一串串历久弥新的足迹,却也有着许多令人惊异的相同与相似:

他们几乎全是我国杰出的文学艺术巨星,文思如泉喷涌,笔底滚滚风雷,从小就把自己的兴趣、爱好、志向、才华投向文学艺术的领域,并在其中构建着自己如山岳巍峨、若江河浩瀚的丰功伟业:

骆宾王是我国著名的"初唐四杰"之一。

宋濂曾被明太祖朱元璋誉为"开国文臣之首",与高启、刘基并称为"明初诗文三大家"。

艾青是我国当代最杰出的诗人之一,曾任中国作家协会副主席。

冯雪峰是我国当代著名作家、文艺理论家,也曾经担任中国作家协会副主席和党组书记、人民文学出版社社长兼总编辑。

吴晗是我国现代著名历史学家,曾任北京市主管文化教育工作的副市长。

陈望道是我国著名的修辞学家、翻译家,长期担任复旦大学校长。

而施光南则是我国当代著名音乐家,中国音乐家协会副主席。

他们从事文化艺术事业,但成就绝不局限于书斋斗室,无论身处什么年代,足踏哪块地域,目光都始终注视着自己时代的最前沿,脉搏总是和着心爱的祖国一起跳动,始终和自己的人民保持血肉般紧密的联系。当国难家仇乌云一般降临的时候,他们就像划破阴霾的闪电,总是在刹那间用忠诚点燃信念,让生命像太阳一般熊熊燃烧。他们的才华和作品会成为民族犀利的武器,发出那个时代最响亮的呐喊,成为那个时代民族的骄傲与象征。

在金兵南侵、国家危亡的生死关头,宗泽挺身而起,成为支撑北宋王朝末期的中流砥柱。

诗人艾青被誉为“20世纪的时代鼓手”,“全世界被压迫民族的三大诗人之一”。

冯雪峰是唯一参加过长征的中国作家,他顽强的双脚,曾经一步一步地丈量着二万五千里艰辛无比的征程。

吴晗用生命发出的悲剧呐喊,警醒人们走上改革开放的通途。

施光南唱出了中国人在那个特殊年代的悲喜哀乐,被人们称为“时代歌手”。

……

小小“金三角”与世界和时代如此心声相通,血肉相连,它承接着古老中国漫长的历史,连接着星宇宽广的世界。

从这儿出发,我们家乡的那些伟人们昂首阔步,成为所处时代风口浪尖上最杰出的弄潮儿!

“金三角”是美丽的,满山遍野绽放着金色佛手与山茶花。

“金三角”是甜蜜的,翠绿田畴上盛产甘蔗与红糖。

但从“金三角”走出去的大师大家们,人生却并不总是甜蜜温馨。恰恰相反,他们无一例外,几乎全都以性格耿直倔强著称,总爱直言不讳,不屈不挠,坚持真理,从不愿隐瞒自己的观点和看法。一旦认准了方向,他们宁为玉碎,不为瓦全,愿意为理想正义牺牲自己的一切。

同事们回忆:陈望道年轻时的绰号叫“红头火柴”,意思是一擦就爆,一点就着。他不怕权贵,不畏权势,动不动就和陈独秀等大人物起冲突,一怒之下往往拂袖而去,不辞而别。

艾青具有强烈的诗人气质,敏感,直率,疾恶如仇,不惧权势。

冯雪峰秉性豪爽,处事果断,具傲骨,易怒,人不敢近……

"性格决定命运",命运之神在赐给这些人杰出才华的同时,也不约而同为他们涂抹上一层或浓或淡的悲剧色彩,描画着他们大同小异的命运轨迹。即便时间跨度千年,他们的命运却始终在重复着同一个怪圈:科举不仕,命运不济,生活艰窘,饱受熬煎……

骆宾王是著名的"江南神童",7 岁便写出《咏鹅》这样千古流传的诗文,却终其一生,始终摆脱不了贫困坎坷。

艾青 1957 年后当了整整 27 年"右派","文化大革命"时全家被发配到新疆最寒冷的"小西伯利亚",工作是打扫厕所。

冯雪峰自 1954 年起人生连遭挫折,先被解除《文艺报》主编职务,后因"胡风事件"受株连挨批判,1958 年又被错划"右派","文化大革命"时只能在湖北的"五七干校"里放鸭子。

陈望道本是"中共一大"代表,却因与陈独秀闹意气而拒不参会,后又于1926 年退党,直到 31 年之后才秘密恢复党籍,以至抱憾终身。

吴晗是"文化大革命"浩劫最直接的导火索和牺牲者,悲剧命运举世皆知,令人扼腕痛惜。

同样杰出的人才,同样横溢的才华,同样卓越的成就,同样复杂的命运!

或许,这便是历史有意留给金华的人文悬念,岁月一道千古的莫解之谜。

无论我们的大师们走到哪儿,是在塞纳河边吹着芦笛,还是在长征路上啃着树皮。这些游子们心底,全都常常浮现出家乡村口如伞如盖的大樟树,绿色田畴上成片的糖蔗林,那热闹的社火,飘香的牛锅……一旦有机会,他们便会回到家乡,重新吸吮这湿润的空气,谛听那些从小就唱响在他们梦乡的鸟鸣。

艾青 1950 年曾回故乡三个月,了解土地改革情况,写下了《双尖山》等脍炙人口的作品。

冯雪峰 1937 年曾回故乡一边养病,一边写作反映长征的长篇小说《卢代之死》。

而《共产党宣言》最初的中译本,是陈望道 1920 年在故乡一间简陋的柴屋里译成的……

他们始终与这块土地血肉相连,心心相印。

节日喜庆的鼓点声响起,一个红衣蟒袍的仙人登上戏台,他戴一副儒雅慈祥的面具,手执一笔鲜红的朱笔,踏着铿锵的鼓点款款巡游,一个个村落,一家又一家地游走,有时会突然若有所思地停步、颔首,然后将手中的朱笔朝某户人家的门楣轻轻一点。

紫色祥云顿时腾腾升起,喜庆的锣鼓声霎时间大作,一副红色对联从虚空应声垂落,上书四个金光灿灿的大字——"状元及第"。

于是主人家开怀地大笑,手中牵着刚刚要去上学读书的儿子或孙子……

这便是每年春节,金华民间"踏八仙"表演中的一个场面。那位笑口常开的神仙是文曲星,被他朱笔点中的儿郎,据说将来必定会学业大进,状元及第,金榜题名。

延续千年的古老习俗,寄托着多少父母望子成龙的殷切期盼,包含着多少家族光宗耀祖的拳拳理想。

一种力量,文化的力量就从那管朱笔的笔端滚滚倾泻,在这片红土丘陵的海洋上奔突、汹涌、凝聚。一年又一年,一载又一载,终于荡漾成"金三角"那个永恒的谜,流淌成一条永不枯竭的文化长河……

二、世纪诗魂

> 是谁传下这诗人的行业
>
> 黄昏里挂起一盏灯
>
> ——(台湾)郑愁予:《野店》

2010年3月27日是诗人艾青诞辰100周年的日子,那一天,整个中国文化界都停下忙碌的脚步,回首仰望这颗曾经照亮20世纪中国诗坛的灿烂星辰。

当天出版的《人民日报》以《二十世纪的中华诗魂》为题发表纪念文章,开头一段话是:"艾青为我们留下了包括20部长诗、近千首短诗和30多种著作在内的极其丰富的宝贵遗产。在20世纪的中国新诗发展史上,他是创作时间长、艺术成就大、影响广泛深远的一位我们时代伟大而独特的诗人。"

在人民大会堂召开的纪念大会上,中国作协主席铁凝以《最伟大的歌手》为题发表讲话,她说:"作为中国社会发展重大历史进程的见证人,作为一位诗人,艾青将他的名字、他的诗作深深地刻在了一代又一代中国人的文化记忆中。"

那一天,故乡金华同样沉浸在深情的缅怀中,市委、市政府隆重召开纪念会和诗歌朗诵会,艾青的诗句像三月里徐徐的暖风,又一次吹开父老乡亲鲜花般绽放的记忆……

也许,每个杰出诗人的一生都是诗歌组成的,包括他们来到这个世界的第一声啼哭。但1910年阴历二月二十七日现金东区傅村镇畈田蒋村中传出了小艾青的第一声哭泣,却让他的父母亲皱起了眉头。"据说我是难产的,一个算卦的又说我的命是'克父母'的,我成了一个不受欢迎的人……"艾青这样回忆。

父母给他取名蒋海澄,寄养在本村贫苦农妇"大堰河"家里。

> 我是地主的儿子,
> 也是吃了大堰河的奶而长大了的,
> 大堰河的儿子。
> 大堰河以养育我而养育她的家,
> 而我,是吃了你的奶而被养育了的,
> 大堰河啊,我的保姆。
>
> ——艾青:《大堰河,我的保姆》

这位贫苦到极点、也淳朴到极点的大堰河,给了艾青真正的母爱。艾青十分珍惜这段童年生活,他说:"这几年使我感染了农民的那种忧郁,使我对中国农民有了一种朦胧的初步印象。"

尽管不太喜欢,但艾青的父亲仍希望儿子专心读书,将来继承家业。不过艾青对私塾和八股文章毫无兴趣,却迷恋于剪纸、民俗画等民间艺术。"从少年时代起,我从美术中寻求安慰。""用色彩表示我对世界的感情。"

从傅村镇育德小学毕业后,1925年艾青考入金华省立七中。那时以五四运动为代表的新思想风暴正冲击着中国,击打着古老婺城,在艾青眼前开启了新的憧憬与向往。1928年秋他考入国立西湖艺术院绘画系,很快又从西子湖飞向更广阔的天地。

> 第二年春天,我就怀着浪漫主义的思想到法国去了。
>
> 我在巴黎是一个穷学生。家里不愿意接济我,我就在一家工艺美术的小厂工作,一边进行自学。到蒙巴那斯一个"自由画室"去画人体速写。

艾青在巴黎,大量阅读了惠特曼、拜伦、雪莱、兰波、波特莱尔、阿波里内尔、叶赛宁、白洛克、马雅可夫斯基等人的诗作,"我在巴黎度过了精神上自由,物质上贫困的三年。""而我最喜欢,受影响较深的是比利时大诗人凡尔哈仑的诗,它深刻地揭示了资本主义世界的大城市的无限扩张和广大的农村濒于破产的景象。""我也读了一些中文翻译的哲学和文学的书,俄罗斯批判现实主义的小说,苏维埃十月革命的小说和诗歌。"

"九一八"的炮声响了,击碎了中国的版图,也击碎了海外游子的心灵。"1932年的'一·二八事变'那一天,正好是我从马赛动身回国的那一天。"同年7月12日,"'春地画会'正在上世界语课,突然遭到法租界巡捕房密探的袭击,进行了半小时的搜查之后,我和其他十二个美术青年一同被捕。"回国后不久他就在南京被捕,以参加危害民国政府为目的的团体,并有宣传与"三民主义"不相容之主义的罪名,被判处有期徒刑六年。

阴暗、潮湿的牢房让艾青无法再从事绘画,却为他开启了一扇诗歌的大门,"我撒开了已学了五六年的绘画,写起诗来了"。"我借诗思考,回忆,控诉,抗议。……诗成了我的信念,我的鼓舞力量,我的世界观的直率的回声。""以后,我就一直为了发掘人类的不幸,为了警醒人类的良心,而寻觅着语言,剔选着语言,创造着语言"。

对于这个变化,艾青自己戏谑为"母鸡下起了鸭蛋"。

"为了避免监狱方面的注意,从1933年开始,我改用'艾青'这个笔名,写了《大堰河——我的保姆》。"据诗人自述,这首诗写在一个冬日的清晨,透过看守所狭小的窗口、外面茫茫的雪景触发了诗人对保姆的思念,勾起他澎湃的诗情。1934年这首诗发表后一炮打响,艾青一跃成为中国诗坛上的明星。

胡风当年曾用《吹芦笛的诗人》为题,赞美艾青"用着明朗的调子唱出了新鲜的力量,充溢着乐观空气的野人的人生。……预告了作者的另一视角和心神的健旺了。"

1937 年"七七"事变爆发,出狱的艾青像一条小鱼游进浩瀚长江,他觉察到一个伟大的时刻已经来临:

中国人民,伟大的中华民族,以自己的鲜血来洗刷近百年来被奴役的耻辱。

我们已临到了可以接受诗人们的最大的创作心的时代了。

这年的 12 月 28 日晚上,我写了《雪落在中国的土地上》。这首诗,我是以悲哀的心情写的:

……

雪落在中国的土地上,

寒冷在封锁着中国呀……

……

中国,

我们在没有灯光的晚上,

所写的无力的诗句,

能给你些许的温暖么?

1938 年春天,艾青的长诗《向太阳》发表后引起更强烈的反响,在许多群众集会上被争相传诵。诗人笔下的太阳以炫目的光芒,把人们从绝望的睡眠里刺醒,把城市和沉睡的村庄从无限痛苦的迷雾中刺醒。这"'比处女,比白雪,比蓝的海水都美丽的太阳'给苦难的祖国和人民带来了鼓舞和希冀,颂扬人民为光明的未来献出生命,并获得再生。""感到了从未有过的关怀与热爱,我甚至想在这光明的际会中死去……"

这首诗震响着,很快成为中国抗战文学一座醒目的里程碑。

同一时期,艾青还完成了长诗《吹号者》和《他死在第二次》及《我爱这土地》等。他用这些诗讴歌国人为民族解放献出的鲜血,吟唱对生命的无尽挽歌。

1940 年 5 月,艾青在湖南新宁遥望黎明前朦胧起伏的山影,仿佛看到一支迤延不绝的队伍,摇晃的树枝成为无数火把,有一个火把点燃,便会有千万个火把相连接。根据这一意向,他挥笔写下长诗《火把》:

　　让我们跟着队伍走去
　　跟着队伍到那边
　　到那火把出来的地方
　　到那喷出火光的地方去
　　快些去　快些去　快去
　　去要一个火把……
　　让卑怯的灵魂
　　腐朽的灵魂
　　发抖在我们火把的前面
　　……
　　让我们的火把的烈焰
　　把黑夜摇塌下来
　　把高高的黑夜摇塌下来
　　把黑夜一块一块地摇塌下来

　　1941年年初"皖南事变"爆发,就在白色恐怖袭来的时候,"我由周恩来同志帮助,和几个人化妆为国民党官僚,一路经过四十七次的岗哨检查,终于安然到达延安"。

　　在延安,艾青成为文艺界抗敌协会延安分会理事,当选为陕甘宁边区参议会议员,他创办了《诗刊》,开始用新的诗歌形式表现新的内容。他认为:"诗是民主精神的焕发,是人类理性的最高表现……"

　　在《了解作家,尊重作家》一文中他写道:"作家是一个民族或一个阶级的感觉器官,思想神经,或是智慧的瞳孔,作家是从精神上——即情感,感觉,思想,心理活动上——守卫他所属的民族或阶级的忠实的兵士。"

　　1942年5月《延安文艺座谈会》召开,会议结束那天,毛泽东发表了《延安文艺座谈会上的讲话》,重申列宁对文学艺术的党性原则,艾青始终坐在离毛泽东不远的地方。

　　不久,延安开始"整风运动"。这期间,他率领中央党校秧歌队去"南泥

湾"慰问开展"大生产运动"的 359 旅,结交了许多农民与士兵朋友。他被评
为中央党校"为人民服务的模范"和中央直属机关"模范工作者"。此时的他
像一只快乐的百灵鸟,欣喜地歌唱解放区明朗的天,歌唱民主与希望,以诗人
的敏锐预言新时代的来临:

> 为了我的祈愿
> 诗人啊,你起来吧
> 而且请你告诉他们
> 说他们所等待的已经要来
>
> ——艾青:《黎明的通知》

　　1945 年 8 月抗战全面胜利,艾青率领华北文艺工作团从延安出发,跨越
黄河、吕梁山脉,徒步行军两千里到达张家口市。第二年华北文艺工作团并入
华北联合大学,艾青担任文艺学院副院长。

　　这一年,艾青写下了《人民的城》,热情歌颂解放了的张家口是"人民的
城"和"美丽的城"。"整个解放战争期间,我都在'文艺学院'搞行政工作,也
曾经参加过几次土地改革工作。"

　　1949 年胜利的礼炮声响起,艾青和欢乐的人群一起步入天安门广场。作
为军代表,他参与接管中央美术学院,还担任国旗方案选拔组组长,为五星红
旗的诞生呕心沥血。

　　1952 年 4 月,艾青回到阔别 16 年的家乡金华畈田蒋,写下优美的抒情长
诗《双尖山》,表达诗人对故乡的热爱与思念之情,这是艾青自己很喜欢的一
首诗。

　　可是政治风向正在改变,"左"的思潮渐渐笼罩了一切。1956 年 10 月,艾
青与高瑛来不及饱尝新婚的甜蜜,一场摧枯拉朽的暴风雨便降临到他和全体
中国知识分子头上。在声势浩大的"反右"斗争中,艾青饱尝政治斗争的残酷
无情,被错划为"右派分子"。四面楚歌声中,荒芜的北大荒却对诗人扬起宽
容的笑脸,那位曾率军开垦南泥湾的老将军对他说:"老艾我是了解你的,你
不是右派,你是歌颂过巴黎公社的子孙的。""你离开文艺界,到我们那里
去吧。"

1958年4月,艾青夫妇携子女离开北京,随着垦荒的队伍来到北大荒。他和农垦战士一样伐木、育苗、盖房子、办黑板报,还用自己的稿费购买发电机和照明设备,使林场用上了电灯。

艾青常常在林间散步。他说:"看见森林我就什么都忘了。"这时期艾青写下《踏破荒原千里雪》、《蛤蟆通河上的朝霞》两部长诗,歌颂开拓者的业绩。

1959年年底,艾青夫妇又乘西去列车来到遥远的边陲,新疆生产建设兵团热情接待了他们,让诗人深受感动。他干脆携全家到新疆生产建设兵团农八师师部所在地石河子安家落户。1961年,一部15万字、表现兵团司机苏长福事迹的书稿——《苏长福的故事》,由新疆青年出版社出版,署名是"新疆军区生产建设兵团机运处文艺创作组"。

不久他又写下《从南泥湾到莫索湾》、《年轻的城》、《地窝子》、《垦荒者之歌》、《帐篷》等二十多首诗作。署名"林壁"、"万叶"。他还准备写作长篇军垦农场建场史——《沙漠在退却》一书。他说:"我想写出一种精神,一种白手起家与天奋斗的精神!"

1961年的一天,《人民日报》报道,对艾青等三百七十多名"确实表现好了的右派分子……摘掉右派分子的帽子"。报社转来数百封全国各地群众来信,向艾青表示祝贺与慰问。

可是不久,更大的风暴又来临了,"无产阶级文化大革命"席卷全国,远在边陲的艾青同样逃不过这场"触及人们灵魂"的浩劫。石河子街上很快贴出揪斗"大右派"艾青的大字报,接踵而来的是一次次抄家批斗。

为避免更大的不幸,艾青和家人一起烧掉所有的精美藏书,其中有艾青珍藏多年的世界名画复制品;从中世纪的绘画到罗丹的雕塑;从拉菲尔、达·芬奇的文艺复兴到雷阿、凡·高的印象派;后期印象派文学、诗歌、戏剧……在熊熊火焰中化为灰烬的,还有他大量的珍贵手稿!

1967年5月,一辆卡车把艾青一家遣送到号称"小西伯利亚"的一四四团二营八连,被撵进一个曾给母羊下羔的地窝子居住。十多平米的方土坑,三棵树干作柱子,"床"是一块没有挖去的方形土基,上面铺上了厚厚的草。土墙上挖个方洞成为书架,里面放着仅存的一本法文词典和用药瓶改成的小油灯。

艾青被分配在"牛头班"劳动,任务是修剪几条很长的林带。每天清晨带上一把手锯和一把剪子,像钟表一样准确耐心地观察着、选择着,将树干的杂杈清理干净,不久他又被指令去打扫连队的厕所。

夏日的戈壁笼罩在 40C°高温下,一切都在炽热的光焰中蒸腾着,肮脏的厕所让人无处落脚。冬天却又是零下 30C°—40C°的严寒,粪便冻结成巨大的冰块,在钢钎和十字镐下,只留下一个小小的白色痕迹。艾青就在这样的地方顽强忘我地劳动,5 年没有休息过一天,是全连出勤最多的人。

农场生活十分艰苦,只有粗粮,极少见到油和肉。繁重的体力劳动和长期缺乏营养,使艾青身患重病,右眼白内障因没有条件治疗而永久失明。但稍有余暇,艾青仍会用那双越来越混沌的病眼凝视着大山,"那个连队离大山很远。但我无论在哪儿,只要是晴天,我都要朝南方寻找它的影子。有时它混在白色的云团一起,几乎分辨不出哪是云,哪是它的雪峰。而在万里无云的日子里,它就像浮在空气里似的,向我露出和善的笑。"

夜晚来临,借着油灯昏暗的光,艾青逐条查阅法文大词典,研究古罗马辉煌而残酷的历史。

艾青越来越爱回忆家乡回忆过去,他告诉孩子,他最喜欢的家乡美味是"狮子头"。

1975 年艾青右眼经诊断已经失明多年,左眼视力减退,经层层审查,终于被批准离开生活了十多年的新疆,进京求医。

1976 年 1 月周恩来总理逝世,清明节天安门广场致哀的人群中,有一位身穿棉衣、头戴棉帽,戴着围巾的老人,满面忧虑地凝视着纪念碑下的花圈和人海。

幸好不久,这副忧虑面容便化作了欢快笑脸,10 月金风吹来盼望已久的好消息:祸害多年的"四人帮"终于覆灭,10 年浩劫宣告结束。

1978 年 3 月 30 日是个值得纪念的日子,艾青在《文汇报》发表《红旗》一诗。诗发表后,一个读者来信说:"我们找你找了二十年,我们等你等了二十年……"

是的,从 1958 年 4 月被定为"右派",已经整整 20 年过去了,大海的游鱼会因为一个巨浪变为化石,但是一束温暖的阳光,却让化石神话般的复活了。

> 要不是偶然的海浪把我卷带到沙滩上
> 我从来没有想到能看见这么美好的阳光
>
> ——艾青:《虎斑贝》

　　如今,时代的洪流把我卷带到一个新的充满阳光的港口,在汽笛的长鸣声中,我的生命开始了新的航程。

——艾青:《在汽笛的长鸣声中》

　　1979 年艾青获得平反,担任了中国作家协会副主席、国际笔会中心副会长等职,压抑在诗人心灵深处多年的激情,终于像色彩斑斓的岩浆一样喷涌,短短几年他便写下 170 多首诗作,包括《在浪尖上》、《光的赞歌》、《古罗马大斗技场》等长诗和《鱼化石》、《致亡友丹娜亡灵》、《墙》等短诗。

　　艾青的诗歌被介绍到英国、德国、美国、法国、意大利、西班牙、葡萄牙、瑞典、芬兰、苏联、捷克、保加利亚、匈牙利、罗马尼亚、南斯拉夫、印度、泰国、尼泊尔、马来西亚、新加坡、巴西、智利等国家。美国、法国、苏联、瑞典、意大利、西班牙、葡萄牙、日本、泰国、新加坡、马来西亚、尼泊尔、巴西等国出版了他的专集。韩国先后出版他的五部诗集。他先后访问了美国、德国、奥地利、意大利、日本、新加坡等许多国家和地区。

　　1985 年 5 月,法国总统密特朗授权驻华大使马乐,授予艾青法国艺术与文学最高勋章,这是我国诗人得到的第一个国外文学艺术最高级别大奖。1991 年 9 月,世界艺术与文化学院在第 12 届世界诗人大会上,授予艾青代表最高荣誉的名誉博士学位与学院奖。

　　艾青的诗集《归来的歌》获得中国作协第一届(1979—1982) 全国优秀新诗奖。诗集《雪莲》获得中国作协第二届(1983—1986) 全国优秀新诗奖。1991 年 8 月,由花山文艺出版社编辑出版的《艾青全集》在北京人民大会堂举行了首发式。

　　1991 年 8 月 25 日,在北京人民大会堂召开了“艾青作品国际研讨会”,来自全国各地和几十个国家与地区的诗人学者一百多人,参加了历时 4 天的会议,全面系统地展示了艾青研究的学术成果。

　　当时的报刊这样评价:

　　新文学众多号手中,艾青这一支铜号最嘹亮,声音传播得也最为悠远,他站在中国的土地上,把中国人民灾难深重的痛苦和坚韧不拔的斗争精神传遍了中国大地,乃至于全世界。

一片赞扬声中,艾青却说:"写诗是没有荣誉而言的,农民种地,他们在稻谷上留下名字吗?"他说:"我不是身经百战的将军,也不是倾国倾城的美女,我的一生平淡无奇。""对我最高的赞扬,莫过于称我是人民的儿子。"

在艾青的诗作中,家乡和土地占据着十分重要的位置,他的许多诗歌,都是唱给这片江南丘陵的:

> 我的诗献给生长我的小小的乡村——
> 卑微的,没有人注意的小小的乡村,
> 它像中国大地上的千百万的乡村。
> 它存在于我的心里,
> 像母亲存在儿子心里。

——艾青:《献给乡村的诗》

艾青曾于 1982 年 5 月与 1992 年 5 月两度返回金华,故乡人民敞开胸膛迎接自己的儿子,他看望乡亲、参加学术研讨会和诗歌朗诵会。浓浓的乡情厚爱,成为他终生最宝贵的财富。

1996 年 5 月 5 日凌晨,在北京的第一场春雨中,诗人艾青走完了他 86 年的人生旅程。热爱他的人们用各种方式表达对这位人民诗人的缅怀与悼念。

其实对于死亡,艾青早就作出了他的预言:

> 我在你们不知道的地方感到空虚
> 我要求更多些、更多些呵
> 给我的世界
> 我永远伸张着两臂
> 我要求攀登高山
> 我要求横跨大海
> 我迎接更高的赞扬、更大的毁谤
> 更不可解的怨恨,和更致命的打击——
> 都为了我想从时间的深沟里升腾起来……

——艾青:《时代》

艾青是为诗歌而生的,诗歌就是他的生命,他的呼吸,他所拥有的一切。"我永远渴求着创作,每天我像农夫似的在黎明之前醒来,一醒来,我就思考我的诗里的人物和我所应该采用的语言,和如何使自己的作品能有一分进步——虽然事实上进步得很慢。"

"即使我休息了,我的脑子还是继续地为我的诗而运转着。甚至在我吃饭的时候,甚至在我走路的时候"

叹惜,"在我的四十八个年头的写作生涯中,竟有整整二十个年头被剥夺了发表的时间——直到1978年五月才开始重新发表作品。"

当他踏着闪光的诗行终于走完一生的时候,蓦然回首,有一首诗好像是专为他自己创作的,是他生平真实的写照,那便是《礁石》:

　　一个浪,一个浪
　　无休止地扑过来
　　每一个浪都在它脚下
　　被打成碎末、散开……

　　它的脸上和身上
　　像刀砍过的一样
　　但它站在那里
　　含着微笑,看着海洋……

三、悬崖边的树

1961年岁末的一个晚上,北京北新桥附近一间普通的平房宿舍里炉火通红,一张张写满工整字迹的稿纸被投进炉膛,化为一片片飞扬着的灰烬……

猩红的火焰燃烧着,照亮了炉火边那个蹲伏的人影,照亮他脸上那些刀刻斧凿般的深深皱纹,照亮了他不时抽搐着的痛苦面容……

他就是我国著名的文艺理论家、作家冯雪峰,而此刻在炉火中渐渐化为灰烬的,竟然是他根据自己长征的亲身经历,耗尽半生心血写作了三十余年的长篇小说《卢代之死》手稿!

究竟是什么原因,让一个驰名中外的作家竟然煮鹤焚琴,作出如此疯狂的举动,会一把火烧掉了自己几十年的心血,毁掉自己一辈子追求的事业,亲手葬送自己几十年的理想与希望?

冯雪峰雕塑一般沉默着,只有通红的炉火明明灭灭,不时将他巨大的黝黑身影投射到灰白的墙上。

那剪影此刻看上去像是一棵树,一棵苍老的、伫立在悬崖边的孤树……

(一)

冯雪峰又名冯福春,1903 年 6 月 2 日出生于浙江义乌赤岸神坛村一个贫苦农民家庭。他自小放牛、干农活,中国农民生活的困苦、和生命的顽强,从小就在他心底刻下深深的烙印。

"五四"运动爆发的那一年,冯雪峰刚刚小学毕业,瞒着父母偷偷跑到金华,先以第一名的成绩为一位同学考上金华中学,再以所得报酬作为路费和食宿费,以第二名成绩考上设在金华的省立第七师范学校。

在校期间他受"五四"新思潮影响,为反对专制带头罢课,被开除了学籍。于是便跑到杭州考进了浙江第一师范学校。进校不久,他发起组织由新文学前辈朱自清、叶圣陶和刘延陵任顾问的文学团体"晨光社"。20 岁时与诗友汪静之、潘漠华和应修人 4 人结成"湖畔诗社",成了中国新诗史上影响甚远的"湖畔诗人"。

那是一段"少年不知愁滋味"的美好时光,他们恣意挥洒着少年情怀,用清丽而又忧郁的眼神扫描身边的西子湖,把那些桃红柳绿、秋月春风统统剪裁成一行行华美的诗句。

不过在出身农家的冯雪峰笔下,那些诗行却总是铭刻着底层生活抹不去的深刻印记:

> 鸟儿出山去的时候,
> 我以一片花瓣放在它的嘴里,
> 告诉那住在谷口的女郎,
> 说山里的花已开了。

——冯雪峰:《山里的小诗》

　　1925 年春天冯雪峰来到北京，与在北京大学念书的武义人潘漠华住在一起。黑暗现实与贫困生活，更激起他反抗的斗志与激情，就在蒋介石发动"四一二"反革命政变后两个月，他在北京的中国大学支部加入了中国共产党。

　　1928 年 3 月间，冯雪峰离京到上海，寄住在茅盾家，并结识了住在附近的鲁迅先生。不久就写出第一篇评论鲁迅的论文《革命与知识阶级》，对正处于论战中的鲁迅给予旗帜鲜明的支持。

　　从此他和鲁迅并肩战斗，建立起既是学生，又是朋友非同一般的关系。他对鲁迅作品孜孜不倦地研究，发表了很多文章，为以后的鲁迅研究提供了大量第一手的资料。陈望道评价说："……冯雪峰不但受了鲁迅的影响，也时时刻刻企图影响鲁迅的。"他也是中共和鲁迅之间最合适、最称职的联系人。

　　1930 年冯雪峰和鲁迅、郁达夫、柔石一起发起成立"中国自由运动大同盟"。不久鲁迅遭国民党政府通缉，避居在日本友人内山完造家。据《鲁迅日记》记载，这期间冯雪峰探望鲁迅 13 次，平均两天一次。不久他又鼓励鲁迅发起筹建"中国左翼作家联盟"，并于 1930 年 3 月 2 日"左联"成立大会上作了《对于左翼作家联盟的意见》的讲话，成为当时中国左翼文艺运动的纲领性文件。此期间冯雪峰担任"左联"党团书记，后又出任中共上海中央局文化工作委员会书记。

　　1933 年 6 月起冯雪峰任江苏省委宣传部长，10 月底 11 月初之间，省委宣传部一位干部被捕，冯雪峰不知道，照常上门找他，被守候在那里的特务抓住。血气方刚的冯雪峰同特务扭打起来，并甩脱他们跑了出来。

　　由于身份暴露，他只能紧急转移到中央苏区首府瑞金，出任中共中央党校教务长，不久又任副校长。1934 年 1 月他在瑞金列席中共六届五中全会，当选为中华苏维埃共和国执行委员会候补中央执委。

　　那些日子里，他与毛泽东交往频繁，有时毛泽东约冯雪峰到他那儿，有时他到冯雪峰这来，一起畅谈文学、诗歌，畅谈上海文艺界的活动、进步作家、文化人反对国民党的斗争。谈到兴起兜里又正好还有津贴费，就会一道去下馆子。有几次中央党校杀猪，冯雪峰还邀请毛泽东来会餐。

　　有一天风雨交加，毛泽东到冯雪峰住处，风趣地说："今天约法三章，一不谈红米南瓜，二不谈地主恶霸，只谈鲁迅好不好？"

　　在昏黄的灯光下，毛泽东靠床坐着，一面用旧报纸在桌上卷旱烟叶子，一面全神贯注听冯雪峰谈鲁迅。他说："这才是实际的鲁迅。一个人遇到紧要关头,敢于不顾安危,挺身而出,坚决将艰巨的任务承担起来,是符合人民愿望的最可贵的性格。我们民族几千年来多次濒临危亡,终于能够维系不堕,就因为人民有这样的性格。这是民族伟大的性格,在鲁迅身上集中地体现出来。"

1934 年 10 月,一道长长的铁流从江西出发,队列里行走着一身戎装的冯雪峰。他被编在由中共中央直属机关干部组成的"中央纵队",遵义会议后又调到以陈赓为团长、宋任穷为政委的红色干部团,成为上级干部队政治教员。同行的政治教员还有董必武、徐特立、成仿吾和李一氓,被大家尊称为"老同志"。

谈起冯雪峰长征路上的表现,宋任穷说:"当时,雪峰已经是一位颇有名望的文学家,但没有一点架子,和大家一样的装束,吃着一样的饭菜,一样地拄着棍子爬雪山过草地,历尽艰辛。一位在北京、上海等大城市生活多年的文化人,在极端艰难的长征路上,随军步行二万五千里,一直坚持到陕北,是难能可贵的。"

时任上级干部队政委的莫文骅和政治科科长的苏进,在一篇题为《冯雪峰在长征中》的回忆录中这样写道:"雪峰同志人虽瘦弱,但精力总是那样充沛。他政治理论水平高,说话也直爽,同我们很谈得来,常常指点、帮助我们。"

长征途中,毛泽东对冯雪峰仍十分关心。每次行军途中相逢,都会兴奋地跳下马来与他嘘寒问暖,长久交谈。好几次搞到当时奇缺的纸烟,就派人送给雪峰。

1936 年春,冯雪峰参加中国人民红军抗日先锋军渡黄河东征,任地方工作组组长。他率领的小组在征战中和部队失去联系,经过十多天艰苦转战才回到根据地。毛泽东就在一次会议上说:"谁说书生不会打仗?雪峰同志就会打游击。"

作为一个卓有建树的作家,长征的亲身经历不时在冯雪峰脑海里跳荡,激发起他强烈的创作欲望,那些雪山,那些草地,那些勇士,那些生死经历,尤其是那些已经长眠的烈士总在催促他及早动笔,写出皇皇巨作,来记载和讴歌这一人类历史上绝无仅有的壮举。

他下定决心,要以毕生之力创作一部反映长征的长篇小说,他觉得那是历史和党交给他的,别无选择也是义不容辞的使命。

（二）

1936年4月，中共中央特派冯雪峰到上海工作。行前毛泽东、周恩来、张闻天分别同他彻夜长谈交代任务。

据冯雪峰记叙："中央给的任务是四个：1.在上海设法建立一个电台，把所能得到的情报较快地报告中央。2.同上海各界救亡运动的领袖沈钧儒等取得联系，向他们传达毛主席和党中央的抗日民族统一战线政策，并同他们建立关系。3.了解和寻觅上海地下党组织，取得联系，替中央将另派到上海去做党组织工作的同志先做一些准备。4.对文艺界工作也附带管一管，首先是传达毛主席和党中央的抗日民族统一战线政策。"

按照中央指示，冯雪峰到上海后先找鲁迅、茅盾，把他所知道的中共和毛泽东的一切，红军长征的经过，遵义会议的情况及抗日民族统一战线政策等，都详尽地告诉他们。并请鲁迅帮助在上海建立秘密电台，上海中共地下党组织同陕北党中央从此建立了电台联系。

1936年5月，鲁迅把方志敏烈士的《可爱的中国》和《清贫》两篇文章手稿和给中央的信交给冯雪峰。

他还为寻找毛泽东两个失落的儿子毛岸英和毛岸青，做了大量工作，终于在董健吾家找到了毛岸英兄弟俩，并把毛岸英兄弟送到苏联莫斯科深造。

1937年2月，他回延安向党中央汇报工作，在黄土窑洞如豆的油灯下，和毛泽东一起回忆长征，谈"双十二"事变，谈中国革命的形势，也谈到了鲁迅追悼会。

1937年7月冯雪峰返回上海，期间同博古发生激烈争吵，一气之下便写信给潘汉年请假，要求回乡专事写作。获准后便从上海回到故乡义乌，专心致志开始写那部在他心中已经萌动多时的长征小说。到1938年年底已写下了五万多字，先名《红进纪》，后改名为《卢代之死》。

1939年元宵节前夕，雪峰曾与专程来访的青年作家骆宾基三次彻夜长谈，对他讲述了《卢代之死》的情节梗概，也给他看了小说前半部的初稿。小说写得激情澎湃，感人至深，以至四十多年后，骆宾基还能忆起它的基本内容和一些感人细节。

到1940年10月，雪峰以3年时间，终于潜心写成了长篇巨著《卢代之死》初稿，共五十余万字。他写信给老友楼适夷说，《卢代之死》已写完，年底可以动身。

除了创作,这3年里他还为宣传、组织抗日做了许多具体工作,他组织农民成立抗日群众武装"同心会",觅购枪支弹药,准备在日军入侵时开展游击战。他联合社会各界志士仁人,开展民族抗日统战工作。会同地方有关人士创办赤岸中学战时补习班,对学生进行爱国主义的政治思想教育,还亲自为战乱回乡知识青年做军事知识培训。

1941年1月"皖南事变"爆发,冯雪峰立即被国民党先兵逮捕。《卢代之死》手稿和关于长征的回忆札记就此在动乱中散失,以后再也没能找回。

被押解到上饶集中营不到一个月,冯雪峰就染上了"回归热",躺在牢房木板上再也起不来了。不久他又患了肋骨结核病,病情日益严重,竟至烂断了两根肋骨。难友毛鹏仙用一把刻图章的小刀,一碗清水,给他开刀放脓,抽去烂断了的两根肋骨,彻骨的剧痛让冯雪峰汗流满面,但他始终咬紧牙关不哼一声。

在这样恶劣的环境中,冯雪峰仍没有停止斗争。他在难友中进行秘密串联,通过各种渠道与外界保持联系。他在墙底挖通了秘密通道,和隔壁牢房关押的新四军政治部组织部长李子芳等高级干部传递外界消息。他向大家讲述中国共产党的历史,讲中央苏区和红军长征的故事,讲述毛泽东、周恩来的革命生涯,讲述鲁迅的斗争业绩,讲述国际友人史沫特莱和斯诺来华访问的情形等。即使在狱中也没有放下战斗的笔,通过编墙报等形式,继续同敌人针锋相对的斗争。

1943年,毛泽东、周恩来亲自指示营救冯雪峰出狱。董必武说动国民党陈铭枢派的胡秋原几次出面向集中营交涉,最后以治病为名保释冯雪峰出狱。

1943年6月,冯雪峰出狱后来到桂林。不久周恩来派中共桂林统战工作委员会书记李亚群给他带来路费,让他从桂林到了重庆,见面后周恩来兴奋地拥抱了他,并指示他今后在重庆公开活动,参加中华全国文艺界抗敌协会,写些文章,同时以个人名义做些统战工作。1947年2月周恩来率中共代表团撤回延安时,又专门指示他继续"留在上海做些文化工作,仍以个人名义做些统战工作。组织关系保留在中央。有必要时可找江苏省委"。就这样,冯雪峰在上海坚持到解放。

（三）

新中国成立后,冯雪峰历任华东军政委员会委员、中国作家协会副主席、人民文学出版社社长兼总编辑。

虽然工作繁忙,他始终没有忘记长征路上的那个梦,那部已经散失多年的作品,梦寐以求渴望能够重新动笔。不知又熬过多少个不眠的夜晚,终于陆陆续续又写出了几十万字草稿。

1957年9月,冯雪峰被强加种种"罪名",错划为"右派骨干分子"。在开除他党籍的支部大会结束后,他说:"支部书记同志,决议上说的不符合事实。我从来不反党反社会主义。但我服从决议。我希望,今后有一天,事实证明是这样,我再回到党内来。"

从此冯雪峰又踏上了漫漫"长征"路,不过这次一走就是20年。

1957年以后的三年多时间里,他担负繁重的体力劳动,同时作为一个普通编辑忍辱负重,不到两年就编出200万字从"五四"到"左联"时期的《新文学三十年集·短篇小说选》和近百万字的《郁达夫文集》。

1961年10月,《人民日报》刊登了为冯雪峰摘去"右派分子"帽子的消息。他热泪盈眶,眼前第一个浮现出的,竟是那个从未远去的梦,那些雪山,那些草地,那些留在长征路上的战友……他们在责怪他,批评他:这么多年了,你的那部小说呢?为什么还没写出来?

冯雪峰感到深深的内疚,是的,这么多年了,自己辜负了党和历史的嘱托,不过如今他又可以放手写作了,他要从头开始,写出他心目中这部伟大的史诗。

他把搁置数年的《卢代之死》未完稿从箱子里取出,又在工作之余不停地写作,在那迭厚厚的稿纸上,一次心灵的长征又在艰难地进行。

可是这时有人来通知他:他可以写作,却不能再写关于二万五千里长征这样伟大的革命题材。这一消息让冯雪峰顿时心如死灰,原来他的帽子虽已登报摘去,但他的"右派"身份却依旧未改。在某些人眼里,他仍然是异己分子,是陌路人。

心已经死了,那就让作品也死去吧,他一气之下点燃炉子,亲手将那些渗透了理想心血的手稿付之一炬。于是便有了本文开头那一幕,这部具有珍贵价值的巨著《卢代之死》,又一次在黑暗中化为灰烬,不过这一回,却是永远消失了……

不久"文化大革命"爆发，冯雪峰又一次坠落到人生的谷底，经受了一次次的批斗。1969 年 9 月他来到湖北咸宁文化部"五七"干校劳动，年近古稀，仍然像年轻人一样没日没夜地种水稻、担粪、放鸭子。

1975 年 3 月，72 岁的冯雪峰做了一生中第三次大手术，不久癌细胞扩散。临终前的一天，倔强的冯雪峰终于向儿子冯夏熊诉说了一生的遗憾："我没有能活着回到党的队伍里来，我没有能写一本新的关于鲁迅的比较完整的书，我也没有能写完关于太平天国的长篇……我心里难过。"

1976 年 1 月 31 日，就在太阳升起的前夜，这个为光明奔走了一辈子的人，带着那些没有实现的梦想坠入永久的黑暗……

（四）

不能不说说冯雪峰的性格了，也许正是这样的性格，才开启了后半生他那扇沉重的悲剧之门。

熟悉他也很赏识他的鲁迅说过：雪峰人很质直，是浙东人的老脾气。冯雪峰自己也说过："凡在我们地方的人都有这特色，身体坚硬，皮色焦黑，石一般的心的痴呆，恰恰和我们的地土相合。我们是纯粹的山里人。"

这样的脾气性格，一定是他从小受到了家乡农民气质的熏陶，在砍柴种稻、放牛割草的繁重劳动生活中磨炼出来的。

"总不息地动呵"，一首他早期的小诗《雨后的蚯蚓》，就是这种性格特征形象的写照。

冯雪峰宁折不弯的气质特征，在他新中国成立后担任领导职务时变得更显突出，也因此常常得罪人。曾在人民文学出版社长期工作的一位下属这样评价："他秉性豪爽，处事果断，具傲骨，易怒，人不敢近。众人在谈笑间，他一到，便肃然无声。"

认识冯雪峰的人都说他身上有股特别的力量，是一头诗意的雄狮，这种充满阳刚之气的性格很受女性欢迎喜爱，尤其是那些充满浪漫气息与英雄崇拜的文学女性。

一些研究资料表明，年轻时美丽浪漫的"五四女性"丁玲，曾与胡也频、沈从文等人有过爱情纠葛，当冯雪峰出现后，她却有了一种别样的感觉："只有这个男人燃烧过我的心。"在她的几篇文章，包括接受斯诺的采访时，都曾毫不回避地承认过这一点。

这种"柏拉图式"纯精神的爱自然不可能有结果,只是在若干年之后,他们殊途同归,成了同一个"反革命集团"的主要成员。

一个受浪漫女性喜爱的人,通常不会得到领袖和领导垂青。有些熟悉他的人反映:冯雪峰有点像《三国演义》里的关云长,傲上而谦下,尤其不善于处理与上级的关系,当他感到对方有居高临下的官架子时,不管他职位多高,资历多深,都会"针尖对麦芒"地毫无顾忌,丝毫不肯退让。

1937 年他同博古吵架,对骂以后,竟拍桌子拂袖而去。

1954 年江青过问《文艺报》工作,对他指手画脚,他毫不客气地回答:"你不懂的事,别多管!"

他更不善于和曾经有矛盾过节的上级领导共事,担任人民文学出版社社长时,他的顶头上司是中宣部副部长周扬,两人曾在"左联"时期因为口号问题发生过矛盾,尽管时过境迁,他仍然不把这位现今的上司放在眼里。有一次和周扬当众吵翻,竟连大衣也没拿,就怒气冲冲地冒着严寒离去。

现在,就连那位在江西和延安时期与他交往密切的领袖,也不再喜欢他了。毛泽东 1954 年发动《红楼梦》研究批判运动,认为冯雪峰主编的《文艺报》扣压了李希凡、蓝翎研究《红楼梦》的文章,专门写了《关于〈红楼梦〉研究问题的信》,指责《文艺报》"容忍俞平伯唯心论和阻拦'小人物'的很有生气的批判文章"。冯雪峰被迫在当年的文联、作协大会上做检讨,并随之被撤销《文艺报》主编职务。在冯雪峰检讨自己的错误"是反马克思列宁主义"一句旁,毛泽东批道:"应以此句为主去批判冯雪峰。"

冯雪峰傲骨铮铮遗世独立,那孤傲的形象常会让我想起诗人曾卓那首著名的诗歌——《悬崖边的树》:

> ……
> 它孤独地站在那里
> 显得寂寞而又倔强
> 它的弯曲的身体
> 留下了风的形状
> 它似乎即将跌进深谷里
> 却又像要展翅飞翔……

1979 年 4 月 4 日,中共中央组织部批准《关于冯雪峰同志右派问题的改正决定》,为他恢复了党籍和政治名誉。11 月 7 日举行隆重的追悼会,叶剑英、邓小平、胡耀邦等中央领导人送了花圈。

在骨灰盒上,覆盖着他终生相依为命的中国共产党党旗。

四、柴屋圣火

义乌这块土地仿佛具有一种特殊的魔力,在中国历史上,它要么默默无闻,要么惊天动地……

1920 年那些个春寒料峭的日子,一轮思想的太阳正在这片土地上悄悄升起,一个在外漂泊求学好多年的汉子,此刻正在故乡分水塘村一间简陋的柴屋里凝神著述,他要在这儿翻译一本书,一本注定将要唤醒神州,震撼中国的书籍。

这本书有一个雷霆霹雳般响亮的名字,叫做——《共产党宣言》!

(一)

1920 年是中国现代史上一段十分黑暗的日子,虽然辛亥革命推翻了满清政府,但军阀混战的烟云让华夏又坠入一片绝望的阴霾。

为寻找救国救民的希望,许多爱国的知识分子提着脑袋四处探寻真理的闪光。他们在中国传统的经史子集里找不到答案,便把求索的目光投向已经实行共和的西欧,投向明治维新后的日本,投向十月革命取得了胜利的苏维埃俄国。

在这个过程中,李大钊、陈独秀等人阅读了由马克思、恩格斯合著的《共产党宣言》英文版,顿感如获至宝。当时思想十分激进的戴季陶在日本买到该书的日文版,阅读之后也深感震惊。

但这些书都是英文版或日文版,国内能够流畅阅读的人、尤其年轻人不多,尽快翻译出版合格的中文版《共产党宣言》,让更多的人从中受到教育启示,便成为那时革命先驱刻不容缓的任务。

于是已经回国主编《星期评论》的戴季陶找到《民国日报》主笔邵力子,委托他寻找一位合格的翻译者,尽快把《共产党宣言》译成中文并在《星期评论》

连载。邵力子思忖再三推荐了陈望道,觉得他才是最合适的人选。

陈望道1891年出生在浙江义乌分水塘村,原名陈参一,字任重,笔名佛突、雪帆。早年就读于金华中学,1915年满怀"科学救国"的抱负远赴日本留学,获中央大学法学士学位。留学期间,陈望道结识了日本早期著名社会主义者河上肇,阅读了不少他翻译的马克思主义书籍,渐渐确立了社会革命志向。1919年"五四"运动爆发后,陈望道返回祖国,在杭州浙江第一师范学校任语文老师,与进步师生一起积极开展"五四新文化运动",反对旧道德、旧文学,提倡新道德、新文学。不久即被当局扣上"非孝、废孔、共产、公妻"的罪名,责令校长经亨颐将他革职查办。此举受到校长和全校师生坚决反对,反动当局随即出动警察包围学校,酿成著名的浙江"一师风潮"。这一风潮得到全国的关注和声援,最终迫使当局收回成命。

激烈的斗争让陈望道认识到:社会改良无济于事,只有彻底砸烂旧世界,中国才能获得新生。为传播真理,唤起民众,他很想把留学时在日本读过的进步书籍介绍到国内。邵力子的邀请激活了他心头埋藏多年的意愿,立刻放下手头一切工作,回到家乡开始聚精会神地翻译。

那年的春天不知怎地姗姗来迟,在一片彻骨的寒意里,陈望道独自在那间小柴屋踏上了迎接春天的旅途。他依据日文版原著,用陈独秀通过李大钊从北京图书馆借到的英文版作为参照,如饥似渴地日夜工作。

1920年也是我国新旧文化激烈交锋急剧交替的一年,怎样运用"五四"运动倡议的新文化,准确又简洁地把马克思主义精髓介绍给中国人民,是一项极具挑战性的工作。在此之前,已经有一些人翻译过《共产党宣言》部分片断,但由于对文化背景缺乏了解,或者文体把握不准,译出的文章不是不准确,就是晦涩难懂,有的简直让人如坠烟海不知所云。例如原著扉页上那句脍炙人口的:"全世界无产者,联合起来!"有人就译成了:"嘻,来。各地之平民其安可以不奋也!"

这正是历史慧眼选择了陈望道的一个理由,他不仅有如火如荼的革命热情,还同时具有扎实的文学功底和现代汉语知识。

1915年他在日本就读的早稻田大学正巧是日本修辞学的摇篮,在校时的陈望道虽不主攻修辞学,却对这一学科产生了浓厚兴趣,回国后在复旦大学任教时便开设了修辞学课程,并撰写了《修辞学发凡》,是我国现代汉语修辞学研究的开拓者和奠基人。

"山不在高,有仙则名;水不在深,有龙则灵"。在一间中国穷乡僻壤的阴暗柴屋里,此刻正有一轮思想的太阳冉冉升起。一位当代中国的语言大师遨游在马克思主义深邃博大的世界,用心灵谛听两位大胡子革命家的谆谆教导,他伴随他们的愤慨而愤怒,跟随他们的喜悦而开怀,他把握大师们无所不至的思想轨迹,领会他们博大精深的思维内涵,追随他们思接天涯目极八方的思绪,一起去探究人类社会漫长的过去,一块遥想共产主义煌辉灿烂的未来。他极力捕捉着伟人情怀中那些飞扬的火花,将它们锻造成一个个规整的汉语方块字,组合成一篇关于人类未来的壮美预言。

在他的笔下,哲学大师们的语言那样诙谐传神:"一个幽灵,共产主义的幽灵,在欧洲徘徊。"

在他的笔下,革命导师的情怀那样激昂慷慨:"全世界无产者,联合起来!"

整整两个月,陈望道每天手不释卷地翻阅原著和《日汉辞典》、《英汉辞典》,字斟句酌地推敲每一个词眼、每一句话语。手冻僵了,用家乡的火笼烘一烘,口渴了,照老习惯喝几口山野的清茶。每天夜晚,小柴屋沁出的灯火都会融入一片清澈的月光;每个清晨,那彻夜通明的灯火又会融入东方灿烂的朝霞……

两个月后的一天,小柴屋的门突然被兴奋地推开,一缕缕金色阳光闪电般地扑进屋里,亲吻着桌上那一摞刚刚翻译好的手稿。

温暖的春风这时开始强劲地吹拂,远远地,寒冷开始仓皇地逃遁,春天正在大踏步走来……

带着这份刚译好的手稿,陈望道兴冲冲赶往上海,陈独秀、戴季陶等人审阅之后,都感到十分满意,戴季陶立即将稿子拿去,准备按计划在《星期评论》连载。

谁知风云突变,那份发行量达十几万份、在全国广有影响的《星期评论》这时被当局查封,刊登《共产党宣言》的事只能暂时作罢。

历史的机缘往往会在某个关键的节点风云际会,恰在这时,陈独秀由于受北洋军阀政府搜捕,在北京无法立足,只好带着他亲手创办的《新青年》杂志南迁上海,正好邀请陈望道担任《新青年》杂志编辑。

也在这时,经李人钊介绍, 个俄国人匆匆来到上海与陈独秀会面。他叫维经斯基,是共产国际东方局派来中国的代表,使命就是联系中国共产主义者,帮助建立中国共产党。这年5月上海马克思研究会成立,陈望道是成员之一。8月又诞生了上海共产主义小组,成员共8位:陈独秀、李达、李汉俊、沈玄庐、杨明斋、俞秀松、施存统和陈望道,他还在其中担任书记。

这是中国第一个共产主义小组,也是此后中国共产党成立的发起组织,陈望道因此成为中国共产党最早的党员之一。

历史在悄悄然而不可抗拒地疾呼,呼唤着那个将要担负起未来中国前途命运的先进政党,在这一过程中,印行《共产党宣言》,开展思想启蒙运动,已经成为迫在眉睫的当务之急。

那些天陈独秀为《共产党宣言》中译本的出版四处奔走,决定将它列为《社会主义研究小丛书》第一种,由上海社会主义研究社出版。维经斯基对此也很重视,专门资助了一笔经费,在辣斐德路成裕里12号租下一间房子,建立了一个小型印刷厂——"又新印刷厂",承印的第一本书便是《共产党宣言》,初版于1920年8月,印数1000册。

就在那个炎热的夏季,有个穿着长衫面容清瘦的年轻人走进又新印刷厂,用浓浓的湖南腔与正在机器边忙碌的陈望道交谈。陈望道顾不上回答,拿起一本刚印好的新书递给他。

年轻人接过书来眼睛不由一亮,只见这本散发着隐隐油墨香的新书长18.1厘米,宽12.4厘米,白报纸32开,共58页,定价"大洋一角"。封面上,水红色的马克思正侧身抱臂,用坚定的目光正视着前方,封面上端横排有4行自右向左读的小字:《社会主义研究小丛书》第一种、《共产党宣言》、"马格斯安格尔斯合著"、"陈望道译"。

15年后,这位年轻人成长为中国共产党当之无愧的领袖,创造性地从事着马克思主义与中国实际相结合的伟大实践。这一年毛泽东在延安窑洞与斯诺谈话时,对当年的情景仍然记忆犹新,他说:"有三本书特别深地铭刻在我心中,建立起我对马克思主义的信仰",其中一本便是"《共产党宣言》,陈望道译,这是用中文出版的第一本马克思主义的书"。"从此以后,我对马克思主义的信仰就没有动摇过。"

又过了15年,当人民解放军百万雄师突破长江天险,占领南京"总统府"后,这支大军的统帅邓小平与陈毅在"总统府图书室"里谈起各自青少年读书时的经历,也都不约而同谈到:当年走上马列主义道路,是读了《共产党宣言》等启蒙书的缘故。

柴屋里译出的这本薄薄小册子,成为多少人心中不落的太阳,照亮了多少年轻人前进的航向!

据统计,由陈望道翻译的《共产党宣言》中文首译本现仅存世 11 本。为庆祝中国共产党成立 90 周年,上海科学技术文献出版社 2011 年又重新仿真影印出版。

(一)

《共产党宣言》改变了中国的命运,却没有能改变陈望道的脾气性格,他依旧是那个疾恶如仇、性格火暴的义乌书生,既有义乌人的耿直又具几分传统知识分子的清高。

年轻时他被人叫做"红头火柴",一有争执便会大发脾气,火发大了,便恨不得马上施展几下"义乌拳头"。

这绝非虚言,少年时他确实学过武当拳,会硬功,据说徒手对付三四个人没有问题,到了中年,仍能轻而易举地跃过一两张桌子。

这一火爆性格,却为陈望道以后的政治生涯埋下了终生伏笔。

他是中共最早的党员之一,是中共上海地方委员会第一任书记,这个委员会发起召开中共"一大"。但当嘉兴南湖那艘承载起中国革命希望的红船破浪启航时,船舱里却没见陈望道的身影。

原来就在中共"一大"召开之前,因为审批组织经费的事,陈独秀误认为李汉俊和陈望道合谋想夺他的权,便广发信函对他们进行指责。陈望道见信后怒不可遏,立刻要求陈独秀澄清事实并予道歉,遭到拒绝后便生气要脱离组织,并因此没有去出席党的"一大"。经过一番劝说后才暂时留在党内,仍旧出任中共上海地方委员会第一任书记。但后来他又与同样火爆脾气家长作风的陈独秀接二连三闹翻,年轻气盛的陈望道又再次提出要退出中共组织。

当时主管中央组织工作的毛泽东曾向上海委员会建议:对陈望道等人的态度应缓和,劝他们打消退党的念头,还专门指派沈雁冰前往劝说,但陈望道仍然耿耿于怀,终于于 1926 年 3 月宣布退党,不过他表示,共产主义信仰将终生不会改变。

陈望道没有食言,很长时间他虽然退出了党组织却没有退出革命,仍然那般义无反顾地与黑暗势力斗争。

1929—1930 年间,他应共产党员冯雪峰和夏衍之邀,出任代表左翼文化事业的中华艺术大学校长。1932年"一·二八"抗战爆发后,陈望道与鲁迅、茅盾等43人联名发表《上海文化界告世界书》,并被推为中国著作家抗日会秘书长。1940年,陈望道随复旦大学内迁至重庆,担任新闻系主任。抗战胜利后,陈望道回到上海,所主持的复旦大学新闻系成为全校"反内战,反饥饿"的坚强堡垒。

1952年9月,陈望道由毛泽东亲自任命为复旦大学校长,在这个位置上一直干到病逝,是复旦大学任期最长的校长。他还担任中国科学院哲学社会科学学部委员、国务院科学规划委员会语言文字组副组长、上海哲学社会科学联合会主席等职。他也是中国民主同盟中央副主席,兼上海市委员会的主任委员。

作为中共最早的老党员之一,陈望道一直对党怀有深厚情意,总希望有朝一日能重新回到党的怀抱。而他当年的老同志、老战友也常常在惦念他,曾秘密转告,欢迎他重新回到组织中来。1956年新年伊始毛泽东来到上海,点名要见陈望道。他们见了面,交谈甚欢,陈望道感慨良多,要求回到党组织的心情更加迫切,不久即向上海市委透露了自己心愿,中共上海市委马上向中共中央做了汇报。毛泽东非常了解陈望道的历史和为人,说:"陈望道什么时候想回到党内,就什么时候回来。不必写自传,不必讨论。可以不公开身份。"

陈望道就这样于1957年6月重新加入中共,但一直没有公开中共党员身份。直到1973年8月,当他的名字出现在中共"十大"代表名单之后,人们才惊讶地得知,原来他又是中共党员了。他还曾当选为全国人大第一、二、三、四届代表,全国政协第二、四届常委。

据儿子陈振新回忆,父亲重新入党后,家人也一直蒙在鼓里,直到父亲去世,他在整理遗物中发现了一个笔记本,上面没有任何说明,只写着年月、金额,时间从1957年6月起。他才明白,这原来是父亲重新入党后逐月交纳党费的记录。

1977年10月29日,陈望道因肺部感染逝世,他的骨灰盒上庄严地覆盖着镰刀斧头的旗帜。

也曾担任过复旦大学校长的我国著名数学家苏步青,曾在陈望道诞辰100周年之际,撰写过一副妙联,全面概括了他风云际会的一生:传布《共产党宣言》千秋巨笔,阐扬修辞学奥蕴一代宗师。

陈望道从事文化学术活动和教育工作六十余年,几乎涉猎社会科学的各个研究领域,撰写和翻译了许多论文和著作。他是我国现代汉语修辞学研究的开拓者和奠基人,1920 年 9 月在复旦大学任教时便开设了修辞学课程,并开始撰写《修辞学发凡》,这本书运用了较为科学的研究方法,融古今中外先进方法为一炉,构建成一个科学的修辞学理论新体系。问世后即受到学术界普遍重视,并产生了深远影响。

陈望道于 1922 年所著的《作文法讲义》,是中国系统讲述作文法则的第一部书。他也是最早在刊物上提倡使用新式标点符号的学者之一。陈望道还是语文改革的积极主张者和实践者,早在 20 世纪 30 年代,就积极提倡新文字运动并组织和领导了当时上海的语文运动。陈望道著的《美学概论》1926 年由上海民智书局出版,用较多的篇幅探讨了"美的材料"、"美的形式"。陈望道所著的《因明学》一书,1931 年由上海世界书局出版,是我国用白话文写成的第一本因明学著作。

1960 年冬开始,陈望道担任了《辞海》主编,以高度负责和一丝不苟的精神,团结组织各方面专家学者共同完成重新编写的任务。1962 年年初《辞海·试行本》十六分册出版;进一步修改后,1965 年出版了新《辞海·未定稿》,他亲自为该辞典题写了书名。

20 世纪 50 年代的一天,北京图书馆邀请陈望道前去参观,并请他在一本很珍贵的《共产党宣言》1920 年版中译本上签名存念。陈望道审视良久,问道:"这是图书馆的书,我签名合适吗?"馆长说:"您是译者,签名之后成了'签名本',更加珍贵。"

陈望道提起笔,在那本书,也在中国革命光辉灿烂的编年史上,端端正正签上了自己那个非常珍贵的名字……

五、如歌的行板——吴晗和他的三个引路人

在所有金华籍的名人当中,吴晗要算知名度较高的一个,尤其 20 世纪的六七十年代,他在中国大陆可谓无人不知,没人不晓。

可惜这种知名度并不是好事,而是一场痛彻人寰的悲剧,他是十年"文化大革命"的第一个牺牲品,是点燃那场世纪浩劫的悲情导火索! 笔者那时正

在读小学,每天所做的第一件事,便是批判由邓拓、吴晗、廖沫沙三人组成的"三家村"。

幸好正如刘少奇所说:"历史是人民写的。"当人民终于在史册上重新写下"公正"两字的时候,我们才发现,这位大名鼎鼎的老乡并不是什么魑魅魍魉,而是一个认真执著的学者,爱情专一的君子,一个忠心耿耿的共产党人。

用这样一篇小文,自然无法描绘吴晗江河般辽阔的一生,只能介绍他生命历程中曾经有过的三个引路人,正是沿着他们指引的方向,吴晗以生命为琴,奏响了命运如诗如歌的行板……

(一)

吴晗字辰伯,1909 年生于浙江省义乌市上溪镇吴店苦竹塘村,7 岁在乡村学堂读书,17 岁自省立金华中学毕业后,回本村湖山小学教书。1928 年考入上海著名的中国公学。就在这儿,吴晗命运的天空响起一阵深沉舒缓的低音,那是两个男人之间心灵的共鸣,是师生间真挚情谊的缓歌。

在这儿,吴晗遇见了他第一个引路人——胡适。

进校不久,吴晗便给校长胡适写信,希望得到他的指点,并随信附上了自己的论文。胡适阅后十分欣赏,回信为他指明明史研究的方向及方法。不久,吴晗便在胡适指导下写出第一篇学术论文——《西汉的经济状况》,胡适读后高兴地说:"我又为历史发现了一个学生。"他还亲书一副对联送给自己的得意弟子:大处着眼,小处着手;多谈问题,少谈主义。

1931 年,投考胡适主持的北京大学文学院,文史与英文考了满分,数学却考了零分。当时北京大学规定,只要有一门零分便不予录取,胡适也不愿坏了这个规矩。吴晗只好转考清华大学,这回仍是文史、英文一百分,数学零分,不过清华还是破格录取了他,并直接进入史学系二年级学习。

一进校门,吴晗便陷入了身无分文的窘境,胡适这时又伸出援手,他给清华大学校长、教务长、史学系主任分别写信,为吴晗谋求工读生职位。清华史学系主任蒋廷黻看到信后对吴晗说:"按说胡适先生推荐你,我应该给你更好的照顾。可是,作为系主任,我的最高职权只能开出 25 元的工资。"结果吴晗得到了一份每天整理两小时资料、每月 25 元薪水的工作。可别小瞧了这 25 元,它既是胡适的拳拳爱心,也是当时一笔不菲的收入,因为那时一般人的月生活费用平均只要 4 元左右。吴晗十分珍惜在清华历史系读书的机会,决心勤学苦读,以优异成就回报胡适的知遇之恩。据明史专家郑天挺回忆,当时每到周末,只有两个人能风雨无阻前往位于北京文津街的原北平图书馆看书,一个是 70 岁的清史专家孟森,一个就是 30 岁不到的吴晗。从这时起到抗战爆发不到 6 年的时间里,吴晗在校内外刊物上发表作品至少 40 篇。

吴晗明史研究的成果主要集中在两个方面:一是洪武时期的胡惟庸案,在此基础上他写出了《朱元璋传》,至今仍是朱元璋研究的必读经典和巅峰之作;另 个足建州女真时期的历史资料整理,为现今的满清丌国史研究者提供了详细准确的史料依据。

胡适对吴晗的学习成果十分满意,1934 年 6 月 24 日他在天津《大公报》上撰文,公开表扬两位 1934 年夏天毕业的大学毕业生,其中一位就是清华大学史学系的吴晗。

1934 年吴晗获文学士学位并从清华历史系毕业,由于成绩优异留校任教,开讲《明史》和《明代社会》等课程,月薪 100 大洋,比一般助教高出了 40 元。他在毕业照上题了一行字:"大胆的假设,小心的求证,少说些空话,多读些好书——录胡适.之先生语。"决心遵循胡适"埋头读书,不问政治"的教诲,"两耳不闻窗外事,一心只读圣贤书"。但此时大革命洪流汹涌澎湃拍击着神州,有良知的知识分子已很难再将自己置身风雨之外。1943 年吴晗在昆明加入了民主同盟,义无反顾地投入反内战、反饥饿的民主运动。1948 年 11 月,当平津渐成孤城,解放大军将要进城之时,蒋介石在搜罗故宫的古董字画和国库中金银珠宝的同时,也开始了争取知名文化人士的"抢救学人"计划。胡适是共产党和国民党两边争相"抢救"的学者,已是民主同盟北京支部负责人的吴晗这时两次登门,劝恩师胡适留下,并转达毛泽东的意见——"只要胡适不走,可以让他做北京图书馆馆长"。但都因话不投机而不欢而散。当年亲密无间的师生一路走来,终于在历史的岔路口分道扬镳,从此大陆台湾天各一方,此生再也没有见面。

新中国成立后的吴晗虽然不止一次表白,说自己早已和胡适分道扬镳,但内心深处却仍视胡适为"恩师",并且至死也不否认。据千家驹回忆,在吴晗的副市长办公处,很长时间还悬挂着胡适手书的对联。1954 年的胡适思想批判运动中,也没见他写过什么批判文章。

（二）

吴晗人生旅途的第二个引路人，是他毕生挚爱的妻子袁震，生命在这个乐章奏响的，是一曲缠绵悱恻的恋曲，一曲至死方休的爱情咏叹调。

这确实是一份感天动地，有时甚至让人有些费解的非凡爱情。他们相恋时，吴晗已是誉满学界的"才子"，被公认为国内最有前途的明史学家。而袁震不仅家境贫寒，而且还疾病缠身，是个连站也站不起来的重症病人！他们的恋爱竟然好多年都在病床边进行，一个躺着，一个站着。直到恋爱后的第五个年头，吴晗才第一次见到自己站起来的爱人！

袁震原名袁震之，出身湖北老河口一个书香门第，比吴晗大3岁。她自幼聪明过人，成绩优异，19岁考入武汉大学中文系，不久加入了中国共产党。武汉"七一五"反革命事变后，与党失去联系的袁震转学到清华大学历史系就读，在这儿显示出非凡的才华，先后发表了《武则天》、《中国地名考》等论文，是清华园赫赫有名的才女。1934年春，就在袁震即将以优异成绩毕业时，却因身染肺病不得不退学就医。

吴晗第一次见到袁震，是受一位好友之托，在他去广州期间帮忙照看她。那天一见面，躺在病床上的袁震便如数家珍一般，谈起吴晗早期发表的几篇论文，让吴晗大为惊讶，他想不到这样一位重病卧床的女子，对生活竟还这样豁达乐观，学术功底又这般深厚，不由发自内心地赞叹："真不愧是个才女，令我辈汗颜也！"

这次会面给吴晗留下深刻印象，从此便隔三差五到医院陪侍，与袁震一起讨论学术问题，自己新写的学术著作，也要先拿去让袁震点评。俩人一个站着，一个躺着，一谈就是好几个小时，情感就在这种奇特的对视交流中产生，不久吴晗就对袁震有了难舍难分的爱慕之情。

病魔仍在折磨着袁震，她的病情不断加重，肺病之外又得了骨结核病，被一副石膏固定着躺在病床上，完全丧失了自理饮食起居的能力。吴晗探望得更加频繁，生活上照顾得更加体贴入微。

才华横溢的清华大学教员竟然执著追求一个瘫痪在床，且比他大三岁的穷姑娘！这匪夷所思的消息风一般流传，凡听到的人都感到大惑不解。许多好友半信半疑来问，吴晗却认真地回答："袁震是有病，瘫痪在床，可我喜欢和追求的是她的人品、学识，她的人品、学识并没有瘫痪，照样熠熠生辉。"

消息传回义乌苦竹塘，年迈的母亲蒋三英听说儿子找了这样一个媳妇，不由放声大哭，她托人写信给吴晗，坚决反对这门亲事。吴晗却回信极力称赞袁震的人品和学识，要母亲安心。可是心急如焚的母亲已经千里迢迢来到北平，要当面说服儿子放弃袁震。

为不使母亲痛苦，吴晗派人将躺在病床上的袁震抬到别处，然后安慰母亲说："袁震的病已好多了，她现在不在北平，到外地疗养去了。"蒋三英听后觉得，既然能到外地疗养，病情肯定不像传闻的那么严重，于是放心地返回浙江老家。母亲被哄走了，吴晗却因为违心骗了母亲而备感内疚。

1936 年春，吴晗也莫名其妙患上了肺病，他的好友、清史学家罗尔纲跑去医院劝他中断与袁震的关系。几十年后，他对那天的情形仍然记忆犹新：

> 他睡在病床上，闭着眼睛听我的话，一句都不回答。后来我把我和他类似的婚姻问题跟他相提并论，有责备他不顾母亲伤心的意思，他睁开了眼睛，眼边有些湿了，低声说："我和你的情况两样，追你那个女子没有病，袁震有重病，你可以从母命，我不能从母命。"我以前以为吴晗恋袁震，抗拒母命，只由于他爱袁震才高貌美，此时才知道最主要的原因还是因为袁震有重病离不得，所以才不顾母命，这完全是在人与人之间的道义关系上作出坚决不移的决定，完全是他做人忠厚诚笃的行为。吴晗，吴晗，你在恋爱问题上，真是超凡入圣，我们不了解你，实在是惭愧无地了。

"七七"事变的枪声打响，北平各大高校纷纷南迁，吴晗也应云南大学之聘赴昆明教书。他很想带袁震一道去，可袁震为不拖累恋人坚持留在北平，他只好与她依依惜别："我这一去虽关山万里，但绝不会忘怀你，也绝不会移情别恋。你要充满信心，战胜病魔，争取早日康复。"袁震也情深意切，说："你放心地去吧！我一旦能下地行走，一定会想方设法飞到你身边的。

在昆明期间，吴晗每隔几天就给袁震写一封热情洋溢、情真意切的信。爱情的力量果真强大，1939 年春袁震病情开始好转，终于可以下地行走了。这年 5 月她从北平经天津搭船到越南海防，吴晗满怀喜悦从昆明赶来迎接，生平第一次见到了站立着的袁震！

1939 年 10 月的一天，吴晗和袁震约几位要好朋友，举行了简朴的结婚仪式，一对患难情侣历经磨难终于结成终身伴侣。婚后不久，多灾多难的袁震又患了子宫肌瘤出血不止。大量出血引起严重的贫血，隔十来天就要输一次血。西南联大的一些学生得知此事，主动提出要为敬爱的吴晗教授妻子献血，但都被吴晗一一谢绝。他得知自己的血型与妻子的血型匹配，便瞒着学生和好友自己输血给妻子。由于输血太多，还一度患上了脑贫血，几次在讲课时晕倒。袁震知道后十分痛心，吴晗却笑着安慰妻子说："我的生命中不能没有你。为了使你早日康复，我就是少活十年八年又有什么关系呢！"

为支付袁震的医药费，吴晗把自己的生活费用降到了最低限度，身上穿着大学时的破旧衣衫，脚下是露出后跟的布鞋，每次上课来回要走20公里的路。为了给袁震增加营养，吴晗买不起肉就买些牛骨头来炖汤给袁震喝，他自己每次给袁震输血后，也只能喝碗牛骨头汤补补身子。到最后实在没钱，他便忍痛把自己珍藏多年的书卖给清华大学图书馆，以解燃眉之急。

受到爱妻的政治影响，原本一心做学问的吴晗也渐渐开始关注时局，参加民主运动。1943年7月他加入中国民主同盟，开始逐步靠近中国共产党。1948年，吴晗和袁震在中共地下党组织帮助下奔赴西柏坡，受到了毛泽东和周恩来的亲切接见。

新中国成立后吴晗一直担任领导职务，虽然公务缠身，但对袁震的感情和照顾一如既往。袁震病情稍好时，也尽力在学术上充当丈夫的帮手。许多人都在吴晗家见过他俩逐字逐句推敲文章时严肃亲密的场景。吴晗不止一次对人说："我的每一篇文章都有袁震的心血！"

袁震身体不好，不能生育孩子，夫妇二人却十分渴望孩子。时任全国妇联儿童福利部部长的康克清知道后，建议他们从孤儿院领养一个。吴晗夫妇接受了康大姐的建议，从孤儿院抱回了一个小女孩，取名吴小彦。小彦机灵懂事，给了吴晗夫妇心理上莫大的安慰。不久，他们又从孤儿院抱养了一个男孩，取名吴彰。

（三）

吴晗人生旅途上的第三个指路人，便是人民领袖毛泽东。而这个时候中国的大地与天空，正处处奏响革命和建设雄浑的交响曲。吴晗作为一个活跃的音符，很快汇入到了这伟大时代的主旋律之中。

毛泽东和吴晗第一次相见，是在1948年年底的中央临时驻地西柏坡村，他们在一盏油灯下彻夜长谈，毛泽东向他介绍中共有关政策，谈对时局的看法和将革命进行到底的问题。话题最后集中在彼此都十分熟悉的领域——明史研究,毛泽东引经据典,侃侃而论,阐述了他对朱元璋、明史等问题的看法,并建议吴晗细读列宁的《国家与革命》。

领袖渊博的知识和政治家的宽广思维让吴晗深感震撼,心悦诚服地感到钦佩。透过那盏如豆的灯光,他分明看到一轮太阳正在眼前冉冉升起,从此更加坚定了跟着共产党革命的决心。

1949 年 2 月,吴晗受党中央委托,以军管会副代表的身份接管北京大学、清华大学,并担任了清华大学历史系主任、文学院院长、校务委员会副主任等职。10 月 1 日吴晗参加了开国大典,同年 11 月出任北京市副市长,主抓文、教、卫工作。1957 年 3 月,吴晗光荣加入了中国共产党。

那正是年轻共和国的青葱岁月,建设的激情燃烧在从领袖、专家到普通工农每一个人的心上。吴晗没日没夜做着副市长任内的工作,他狠抓中小学教育,让每个首都的孩子都能读好书;他主持文教设施建设,用许多崭新的学校和馆舍改变着原有的落后面貌。

激情中的人们免不了有时会幼稚,会操之过急,在当时的社会氛围中,吴晗主持过拆毁旧北京城墙、发掘定陵等项工作,让当年的林徽因点着他的鼻子大声斥责,也让至今许多人谈起来,仍然颇有微词。

吴晗继续在明史研究领域纵横驰骋,不过这回他已经不再按照当年旧有的思路,而是力图追随伟大领袖的意图奋力前行了。毛泽东在给吴晗的信中这样委婉地写道:"先生似乎尚未完全接受历史唯物主义作为观察历史的方法论。倘若先生在这方面加力用一番功夫,将来成就不可限量"。

吴晗接受领袖的意见,改写和重写了《朱元璋传》。他还按照主席的亲自指示,主持了标点《资治通鉴》和《二十四史》,绘制《中国历史地图》等规模宏大的学术项目,获得了重大成果。这期间他出版了《朱元璋传》、《历史的镜子》、《史事与人物》、《投枪集》、《灯下集》、《春天集》、《读史札记》、《学习集》、《海瑞罢官》(剧本)等几十部著作,杂文写作的成就更是引人瞩目。

1959 年,毛泽东在中共中央政治局会议上针对 1958 年以来工作中出现的问题,号召全党学习海瑞敢讲真话、敢骂皇帝的大无畏精神。胡乔木会后找到吴晗,让他写一篇宣传海瑞精神的文章。吴晗很快写了篇《海瑞骂皇帝》,发表在 1959 年 6 月 16 日的《人民日报》上。接着又写了篇《论海瑞》,胡乔木阅后提出修改意见,还将庐山会议上毛泽东讲的,提倡"左派"海瑞而不是"右派"海瑞,是真海瑞而不是假海瑞的意见告诉吴晗。吴晗很快又对文章进行修改,发表在1959年9月17日的《人民日报》上。

1960年年底,第一次写剧本的吴晗在与老舍、齐燕铭、王昆文、马少波、马连良等戏剧界名家一遍遍讨论修改后,终于完成了京剧剧本《海瑞》。为突出高潮增添戏味,又在彩排过程中根据行家意见,最后定名为《海瑞罢官》。1961年年初公演后,立即在首都各界引起强烈反响。廖沫沙2月16日在《北京晚报》上发表祝贺文章,认为这是一项打破"史"与"戏"两家门户的创造性壮举。毛泽东在中南海接见了海瑞扮演者、著名京剧演员马连良并请他吃饭时,对马连良说:"戏好,海瑞是好人。"毛泽东还称赞了吴晗的剧本。

多年之后,这一片赞扬声让人想起了吴晗《朱元璋传》中的一段生动描写:"网络布置好了,包围圈逐渐缩小了。苍鹰在天上盘旋,猎犬在追逐,一片号角声,呐喊声,呼鹰唤狗声,已入网文人一个个断脰破胸,呻吟在血泊中。"就在吴晗、袁震等一干人沉浸在仕途得意天伦之乐的时候,一场史无前例的浩劫却劈头盖脸地突然向他们袭来。

1965年11月10日,姚文元在上海《文汇报》发表了《评新编历史剧〈海瑞罢官〉》,指《海瑞罢官》"攻击毛主席"、"反党反社会主义"、"为彭德怀翻案",就此揭开十年"文化大革命"的序幕。吴晗全家从此坠入万劫不复的炼狱,从1966年下半年起一年多时间里,他几乎每天遭受揪斗体罚,1968年3月被正式逮捕入狱。不到一个月,袁震也被送进"劳改队"实行"群众专政",原本长期卧病的袁震哪里经得起这样非人的折磨,1969年3月18日不幸与世长辞。同年10月11日,饱受折磨的吴晗也含冤辞世。1976年9月23日,他们的养女吴小彦在狱中自杀身亡。

10年后的1979年7月,经中共中央批准,中共北京市委对"四人帮"及康生制造的邓拓、吴晗、廖沫沙"三家村反党集团"冤案彻底平反,并在八宝山革命公墓为吴晗和夫人袁震举行了隆重追悼会,邓颖超、胡耀邦、彭真等党和国家领导人出席。1984年夏天,日理万机的邓小平亲笔为清华大学纪念吴晗的晗亭题写了"晗亭"二字。

从低沉舒缓的序曲,到扣人心弦的爱情乐章,再到雄浑壮阔的交响组曲,吴晗从书斋到社会,踏过一章章如歌的行板,每段旋律每个乐符都在深情地赞颂着友情、爱情与信仰。

就在这曲乐章凄然奏响那个悲怆的高音时,家乡苦竹塘有一棵大树据说被雷电突然击中,在一团火焰里成为了悲壮的"雷击木"……

苦竹塘的碧波依然那般清澈,映照着池边那些微风中不时摇曳絮语的青竹,映照那总是关切俯首的苍老樟树。它们是在怀念、在倾诉,还是在啜泣?谁也听不清楚。只是阳光下月夜里,一池碧水总在不停地荡漾清波,让人心中不时又生发出一片无尽的涟漪……

六、"南黄北齐"话宗师

金华境内最高的山峰是牛头山,位于武义县境内,海拔 1560 米,在全国的山脉中只能算是小菜一碟,压根儿就排不上号。

但在中国画坛的群山中,却有一座金华的山脉奇峰突起,笑傲云霄,那就是被称为"南黄北齐"的"南黄"黄宾虹,而"北齐",则指居住在北京的花鸟画巨匠齐白石。

黄宾虹祖籍安徽歙县,父亲名叫黄定华,14 岁来到金华学做生意,经历一番拼搏历练,渐渐成为金华较有影响的商人之一。徽商历来注重"学而优则仕",他们崇文重教,以商养文,只要家境过得去,便会倾其所有为子女延请名师,读书习文。黄定华也不例外,他不惜重金,先后聘请邵赋清等六位先生在家塾教授子女,从《字汇》、《说文》到《四书五经》,让黄宾虹从小接受完整的儒家教育,具备扎实的古文诗词功底。

不过幼年黄宾虹表现最突出的,还是绘画篆刻方面超群的天赋,他 6 岁临摹的古人山水册便得到老师首肯,11 岁摹刻的邓石如篆印让父亲惊讶不已,16 岁在金华丽正学院读书时潜心学习《芥子园画谱》。少年黄宾虹几乎把家藏和能够借到的古书画全都临摹了一遍,持久弥新的绘画兴趣,为他日后的创作生涯打下了坚实基础。

少年黄宾虹不仅临摹书画,更喜欢游历山水,在大自然的神奇中掬取湖光山影。他曾经遍游金华及附近的浙闽山水,在游览金华北山时,见山形远看如覆釜、平缓少起伏,近看却丘壑极多、幽谷山峦深藏其中,联想到宋画中的阴面山,便有了进一步的领悟理解,为日后创作《金华赤松宫》预先深藏了许多玄机。永康方岩上下俱方,重叠如贯钱的山势造型更让他惊叹不已,直到 91 岁还创作出《方岩悬溜》一图,以纪念这次少年时的游历。

1889 年黄宾虹家道中落,不得已举家迁回歙县老家,以此为界,他的一生大致可分为两个时期。前半生做乡绅、报人、出版工作者,参加社会改良和民主革命;后半生作画著述、从事美术教育。不过终其一生,张扬国学、启蒙救亡的主旨却始终未变。他回到歙县老家时已经娶妻生子,但胸中依然激荡着一腔血火,一心要追随康梁变法,拯救危难中的祖国。他曾和南下招揽人才的"戊戌六君子"之一谭嗣同彻夜面谈,深受其感召。北京变法失败后,黄宾虹利用在歙县"新安中学堂"任国文教授之便,仍与人秘密组织"黄社",为筹集反清革命的经费而铸私钱,事情败露后遭官府通缉,不得已逃往上海。

从这时到 1937 年离沪北上,黄宾虹在上海一住就是 30 年,其间经历了辛亥革命、清朝灭亡、军阀混战那些 20 世纪中国时局最动荡的年月。他做教员、做编辑,加入"国学保存会"和文学学术团体"南社",出版《神州大观》、《神州国光集》、《中国名画集》等脍炙人口的丛书,对于革命的热情却丝毫未减。"画品之高,根于人品",这种烙印在骨子里的变法精神,深深影响着他一生的艺术创作。

1937 年,黄宾虹应北平古物陈列所邀请前去鉴定故宫南迁的古画,不料遭逢"七七"事变而全家困居北平。这年年底北平伪市长邀请他出山,被他坚拒,1939 年又将日本友人画家拒之门外。1943 年北平艺专的日本主持人"辅佐官"计划以全校师生名义,为他举行 80"庆寿会"和画展,也遭他严词拒绝。他情愿居住在穷巷陋室,研习历史上乱世士夫如老庄、杜甫、陆游、新安画者的诗画,也不愿昧心去从事伪职。这期间他以清逸雅正的笔墨写松柏梅竹,以黝黑深沉的墨色写故国山水,创作出 1938 年的《宋故行宫图》、1941 年的《黍离图》等,在其中寄托一腔爱国的深情。

1948 年,85 岁的黄宾虹接受杭州国立艺专的邀请举家南迁,回到了出生地浙江,在心爱的西湖山水间乐游隐居,潜心创作。

作为中国近现代画坛上一位非常重要的画家,黄宾虹以其黑、密、厚、重的画风,浑厚华滋的笔墨,蕴涵着极其深刻的民族文化精神与自然内美的美学取向。其深邃莫测的画风,是在吸取华夏山水日月精华的基础上,经长期观摩研习逐渐形成的,浸润着画家一生的功力与修为。50 岁前他精读百家,溯追唐、宋,神驰于国学经典之中,同时又"行万里路,读万卷书",游走在祖国的名山大川之中。他曾经九上黄山、五上九华、四上泰山,登五岭、雁荡、畅游巴蜀,放舟洞庭,足迹几乎遍布神州大地。尤以 1932 年秋天 69 岁时的蜀地之游历时最长、旅途最远,收获最大。十几年后,困居京城的黄宾虹依然津津乐道,回忆着"青城坐雨"、"瞿塘夜游"一幕幕难忘的经历。

"青城坐雨"是在 1933 年早春,黄宾虹去青城山途中遇雨,全身湿透,索性坐在雨中细赏山色变幻,心头忽觉大彻大悟,第二天便连续作画《青城烟雨册》十余幅,焦墨、泼墨、干皴加宿墨运用自如,在这些笔墨试验中,他找到"雨淋墙头"的感觉,雨从墙头淋下来,任意纵横氤氲,有些地方特别湿而浓重,有些地方可能留下干处而发白,而顺墙流下的条条水道都是"屋漏痕"。这俨然就是北宋全景山水的章法,一样的笔墨攒簇,层层深厚,却是水墨淋漓,云烟幻灭,雨意滂沱,积墨、破墨、渍墨、铺水,意境无所不用其极。

"瞿塘夜游"是游青城后回沪途中在奉节,那天晚上黄宾虹想去看看杜甫当年在此见到的"石上藤萝月",便沿江边朝白帝城方向信步漫游,一路观赏月色下神秘莫测的夜山,又在月光下摸索着画了一个多小时的速写。第二天早晨再看速写稿时不由得连声大呼:"月移壁,月移壁! 实中虚,虚中实。妙,妙,妙极了!"从此雨山、夜山便成为他最擅长、也运用最多的绘画主题,绘画风格也随之发生明显改变,从当初的"白宾虹"急转为"黑宾虹":"我在那时懂得了'知白守黑'的道理。"他中年严于用笔,晚年精于用墨,70 岁后超凡脱俗,所画的作品呈现"黑、密、厚、重"的风格,兴致淋漓、浑厚华滋。他是用墨用笔的高手,谈到墨法有六字真诀:浓、湿、黑、淡、干、白,后改为浓、淡、破、积、焦、宿,最后发展为浓、淡、破、积、泼、焦、宿七字,即浓墨法、淡墨法、破墨法、积墨法、泼墨法、焦墨法、宿墨法。对笔法,他总结出平、圆、留、重、变五种。意识和技法兼备的黄宾虹先生最终成为"中国绘画艺术的一员压阵大将",也使中国山水画由此上升到一种至高无上的崭新境界。

就是这样地大彻大悟,风云际会,融会贯通,黄宾虹在深研传统、取精用宏的基础上凝聚升华,逐渐熔铸锤炼出自己独特的艺术个性,成为 20 世纪中国画坛公认的一代名匠宗师。与同时代其他的画坛巨匠相比,他更具学养、更富文人气质,在用墨用水上更有独到之处,且虚实得当,元气淋漓,浑厚华滋,意境深邃,将中国山水画推向一个崭新的纪元。除了山水画创作,黄宾虹在金石学、美术史学、诗学、文字学、古籍整理出版等领域,也都有卓越的成就。

1953年有三件喜事同时降临,让90高龄的黄宾虹先生感受莫大惊喜。一是新春佳节,中国美术家协会浙江分会与中央美术学院华东分院(即杭州艺专)联合于西湖美院礼堂,为老人90大寿举行隆重的庆祝会。华东行政委员会文化局在会上颁发奖状,授予黄宾虹"中国人民优秀画家"荣誉称号。第二件喜事是6月入医院割治白内障,双目复明,让老人有说不出的高兴,他乘兴作画,产量之高令人吃惊,"从心所欲不逾矩",画作又跃上了一个新的境界。第三件喜事是中央民族美术研究所成立,聘黄宾虹为所长,不过因病未能赴任。

1955年3月25日凌晨,黄宾虹在杭州第一人民医院病逝,享年92岁。在两天后纪念他逝世的公祭大会上,夫人宋若婴和子女宣布:谨遵黄老遗嘱,将其生前书画作品、手稿及收藏的文物共一万余件全部捐献给国家!50多年过去,如今黄宾虹的这些捐赠仍然珍藏于浙江省博物馆内。

岁月苍茫,人事飘忽,黄宾虹的绘画和人品却至今仍熠熠生辉,放射前所未有的巨大能量,深刻影响着当今的中国画坛。著名翻译家傅雷先生是黄宾虹挚友,曾经这样中肯地评价过他:

> 宾虹则是广收博取,不宗一家一派,浸淫唐宋,集历代各家之精华之大成,而构成自己面目。尤可贵者他对以前的大师都只传其神而不袭其貌,他能用一种全新的笔法给你荆浩、关同、范宽的精神气概,或者是子久、云林、山樵的意境。他的写实本领(指旅行时构稿),不用说国画家中几百年来无人可比,即赫赫有名的国内几位洋画家也难与比肩。他的概括与综合的智力极强。所以他一生的面目也最多,而成功也最晚。六十左右的作品尚未成熟,直至七十、八十、九十,方始登峰造极。我认为在综合前人方面,石涛以后,宾翁一人而已。

而在与他相差三十多岁的著名国画大师潘天寿眼里,黄宾虹是五百年才出一个的名士,几乎就是传统文化、绘画的化身,可以汲取无穷的精神力量。

黄宾虹生前曾对友人说过:"我死后50年,我的画会热闹起来。"事实果然验证了他当年的预言,作为中国近代最注重笔墨、学养最丰的画坛宗师,他的画作无疑最经得起时间推敲考验。2011年5月19日北京翰海春拍首日,黄宾虹的精品《黄山汤口》以 300 万元起拍,4772.5 万元成交,超估价 10 倍,创下黄宾虹作品拍卖的最高纪录。这幅《黄山汤口》尺寸为 171×96cm,设色纸本,立轴,作于 1955 年,是黄宾虹绘画生涯中的一幅绝笔精品。画作上只见整座莲花峰际,无半丝云彩,显得苍莽雄伟,郁郁葱葱;却在流泉和溪涧畔,留有委蛇曲折的空白,其势婉转流动,淡荡空灵,构图平中出奇,实处见虚,笔墨苍劲,功力老辣,全以笔胜,全以墨胜,足见黄宾虹冥心玄化之匠心,其笔墨功力,堪称近代中国画坛之翘首。

七、歌声与时代

诗言志,歌咏情,欢乐与悲哀都可以升华成优美的歌声,震响在历史的回音壁,让岁月即便流逝千年,仍然在美的愉悦中,梦回那个特定的时代特定的氛围。

1976 年 10 月粉碎"四人帮"那几天,可说是当代中国几十年来最欢乐的日子,十里长安街载歌载舞,大江南北欢呼雀跃,压抑了太久的中国人泪飞如雨,举国狂欢,纵情庆祝自己与祖国的"第二次解放"。

那几天,有两个压根儿不会喝酒的青年人也醉了,沉浸在由极度欢乐而酿造的情感醉意里,一首欢乐的《祝酒歌》从他们笔尖下键盘上美酒般倾泻,一夜间飘香神州大地,在亿万人中唱响:

美酒飘香歌声飞
朋友啊请你干一杯
胜利的十月永难忘
杯中洒满幸福泪
……

这支歌一经唱起,立刻激起强烈反响。在那个欢乐的秋日,中国最时髦的下酒菜是煮熟的螃蟹,而且非得要三公一母;而最时髦的歌就是《祝酒歌》,它是各种演唱会上最受欢迎的曲目。在不久后举办的全国"听众最喜爱的 15 首广播歌曲"评选中,《祝酒歌》独占鳌头,并被联合国教科文组织编入世界性的音乐教材。

转眼十一届三中全会召开,中国农村开始全面实行联产承包责任制,冰封多年的土地瞬间解冻,郁郁葱葱的禾苗在广袤的田野上向往着丰收。这时又有一首歌,也像这片新绿一样轻纱般地随风飘拂,抒发着中国农村早已消逝多年的喜悦:

> 我们的家乡在希望的田野上
> 禾苗在葱绿的田野上生长
> 小河在美丽的村庄旁流淌……

这两首歌的作曲家都是施光南,他谱写的歌曲,总能准确及时地传递20世纪后半叶中国人心底隐秘的语言,记载那时人们的心理历程,抒发人们真挚的喜怒哀乐,唱响人们爱听的天籁之音,因此也理所当然,作为那个时代最有代表性的中国歌曲而永载史册。

"时代歌手"施光南也成为新中国成立以来目前唯一被国家授予"人民音乐家"称号的艺术家。

要介绍施光南,不能不提起他父亲施复亮,一个始终奔走在时代前沿的革命先驱者。施光南对祖国人民的深厚情感,对时代的精准把握,都与父亲的教育影响密不可分。

施复亮(1899—1970)原名施存统,金华县源东乡叶村人,是我国著名的文学家、翻译家、社会活动家。1919年在浙江一师读书时,就发表了《非孝》一文,激烈批判旧封建礼教,名扬大江南北,并由此激起当时著名的"一师风潮"。

不久施复亮赴日本留学,大量接触马克思主义革命理论,开始了自己的革命生涯。他翻译的《资本论大纲》和《社会进化论》等,为马列主义在中国的传播做了贡献。回国后他积极投身革命运动,在1922年召开的中国社会主义青年团第一次全国代表大会上当选为中央书记,1927年担任设在武昌的中央军事政治学校政治部主任。不久上海发生"四一二"政变,大革命在血泊中陷于低潮。这个时期施复亮脱离了共产党组织,成为他此后抱憾终生的心结。

尽管脱离了党组织,施复亮却仍然向往革命追求进步,他参加过国民党改组派,幻想从内部去改变国民党,恢复孙中山的三大政策,却终因意见不合退出。从此他长期埋头书桌,从事外文译著和经济学研究。

抗战爆发后施复亮积极投身救亡运动,参与创建民主建国会,成为民建的主要领导之一。1946年在重庆召开的"庆祝政协成立大会"上,他与章乃器等人被国民党特务打伤。新中国成立后,施复亮被任命为劳动部副部长,是第一、二、三届全国人代会常务委员会委员,全国政协委员,因积劳成疾于1970年逝世。

施复亮的一生坎坷曲折,却始终奔走在时代前沿,和人民群众同呼吸共命运。他十分注重子女教育,言传身教,引导子女们跟共产党走,这一切都深深影响着他挚爱的小儿子施光南。

1940年施光南出生在重庆,1948年回老家源东叶村老家上小学,新中国成立后随父母移居北京。

回首他的成才道路,你会看到一个天才的音乐少年,如何在一个没有音乐氛围的家庭里成长,最后美梦成真。

施光南4岁的时候,在小学当校长的妈妈不忍心把最小的宠儿独自锁在家中,便把施光南带到了自己任职的小学读书。翌年,正巧重庆市准备举办小学生音乐比赛。学校举荐富有音乐天资、锋芒初露的施光南去登台竞技。赛前,音乐老师煞费苦心为他精选演唱曲目。施光南却不以为然,竟然哼哼唧唧,自己编了一首歌唱起来:"春天到了,桃花开开,小鸟飞飞,黄莺在树上叫。它们快活,我也快活,我们大家都快活。"施光南一鸣惊人,凭借这首歌荣获小学乙组第二名,抱着大木马奖品凯旋而归。

这支被他母亲记录下歌词的歌曲,就是施光南的处女作《春天到了》。那年,他刚刚5岁。

子承父业,家庭熏陶,耳濡目染,似乎是造就"神童"的天赐条件。不过说起来难以置信,自幼酷爱音乐的施光南却是生长在一个堪称"音盲"的家庭:姐姐习文,哥哥学工,妈妈办教育,爸爸搞经济,全都与音乐绝缘。

既无渊厚家学,又无名师点拨,可幼年施光南的音乐天赋之高、创作灵感之强,却处处奇峰突起,令人拍案叫绝。

1956年盛夏的一天,中央人民广播电台少年合唱团音乐会在北京人民剧场举行。一位少年徘徊在路灯的阴影下,焦急地等待着退票,终于有位好心的大叔免费赠送给他一张晚会票。他如获至宝,欣喜地连声道谢。"下一个节目:《懒惰的杜尼亚》……"优美动听、明丽欢快的旋律响起,全场响起了热烈的掌声,等票的少年笑了。

还是这一年的夏天,青岛高干疗养区俱乐部舞厅乐池中竖立着一排排乐谱架。一位少年好奇地翻动着乐谱。突然,他惊愕地瞪大了眼睛……晚上,少年悄悄坐在舞厅的一隅,静静地期待着。终于,乐队开始演奏一首《圆舞曲》,少年笑了。

1957年夏天,北京市的音乐刊物《圆明园歌声》出版,其中就辑录了《懒惰的杜尼亚》和《圆舞曲》三十多首中外民歌,作曲家署名"阿查都力亚"、"方耀",望着那装订成册的乐曲集,少年又笑了。

这位神秘少年就是施光南,他会心的微笑来自场上演奏的作品。原来那首连行家也没提出过疑问的《懒惰的杜尼亚》,《圆舞曲》,辑入厚厚民歌集的那些乐曲,根本不是什么"阿查都力亚"、"方耀"、"阿热布森"等古怪作曲家的作品,而统统出自于施光南之手,是他化名或匿名写下的作品,他想借此检验下自己音乐创作的功力。谁知不知不觉之间,少年施光南的这些作品居然不胫而走,传遍了大江南北。

初中毕业时,施光南执意报考音乐学院附中,而父母希望他按部就班学完中学课程。施光南只好背水一战,高中毕业后直接报考了音乐学院。他临阵磨枪,忐忑不安地走进考场,终因音乐基础课接触太少而名落孙山。

山穷水尽之时,却突然接到了主考老师江定仙教授的来信:"施光南同学,你的基础知识较差,但考虑到你有良好的音乐感觉和作曲才能,建议你去附中插班学习,打好基础。"

东去的列车把施光南带到了海河之滨的天津,1957年他被中央音乐学院附中破格录取,1959年转入天津音乐学院作曲系学习。在校期间,施光南如饥似渴地学习,既掌握了西洋作曲知识,又熟悉了我国丰富多彩的民族、民间音乐,而且兼收并蓄,将二者有机地结合起来,形成具有时代特征的全新艺术风格,为他以后的创作打下了坚实基础。

1964年施光南毕业于天津音乐学院作曲系,分配到天津歌舞剧院任创作员,开始到工厂农村深入生活,在社会最底层搜集那些淳朴而具有生活气息的音符节奏,试图唱出自己最美好的歌声。

也许是因为遗传了父亲的政治潜质,也许是因为他总沉浸在社会的最底层,施光南总是能够敏锐察觉时代的走向、社会的动向,捕捉到人民群众真挚的呼声与愿望,然后把这种心灵的意愿熔铸进歌声,传递给大众。

1970年前后他创作了《最美的赞歌献给党》、《赶着马儿走山乡》、《打起手鼓唱起歌》等清新优美的抒情歌曲,流畅上口、具有浓厚民族风味。

"成也萧何败也萧何",在那个摒弃人性的"文化大革命"年代,人们渴望讴歌真与善的人性人情,施光南的作品因此受到广大群众欢迎,却也因此被扣上"修正主义"、"靡靡之音"、"黑色回潮"帽子,这使他苦闷、彷徨、挣扎、反抗。

幸好,时代总是垂青于那些寻觅的脚步,历史也总爱把幸运赐给那些辛勤的探索者与无畏的先驱者。就在这株小草刚刚钻出地面的时候,"四人帮"被粉碎了,笼罩天空的阴霾突然间一扫而空,迎接他的,是一片春天的温馨阳光和雨露。

在春日的阳光下,施光南的心与亿万人民一起沸腾,他把民众扬眉高歌的欢乐和自己的喜悦一起化成《祝酒歌》,借着10月的金风传遍华夏大地,陶醉了亿万中国人民,成为一代不朽的颂歌。

怀着对周恩来总理深切的爱戴之情,他饱蘸泪水谱写了《周总理,你在那里》,以独特优美的旋律,贴切地表达出亿万人积聚已久的悲痛和思念,牵动着所有华夏儿女的心弦。

1978年7月,施光南调入中央乐团,他的创作灵感如火山一般尽情喷发,先后创作了《生活是多么美丽》、《月光下的凤尾竹》、《假如你要认识我》等上百首带有浓厚理想主义色彩的抒情歌曲。这些歌唱出了中国人民走向未来的心声,唤起了亿万人民的强烈共鸣,成为经久不衰的时代之歌。他还创作了多部歌剧、芭蕾舞剧、京剧,如大型歌剧《伤逝》、《屈原》,芭蕾舞剧《白蛇传》等。

1979年施光南当选为中国音乐家协会理事,后任副主席。同年又被选为全国青联委员,后任副主席,并当选为中国共产党第十三次全国代表大会代表。

"'爱国'是我创作永恒的主题。"施光南的作品总是充满对美好生活的歌颂、对祖国的热爱、对中国传统文化的弘扬,以及重振民族精神的企盼。无论在改革开放初期,还是在建设祖国的繁荣时期,或者在中国迈向伟大复兴的今天,施光南的作品都始终传达着中国人民走向未来的豪迈心声,不断激起亿万人民心灵的强烈共鸣,成为经久不衰的时代之歌。

　　作为新中国乐坛成就卓然的作曲家,施光南的创作涉及多个领域,且都达到相当的艺术水准,其中最能体现他艺术成就的,当推歌曲创作。

　　他的歌曲旋律既有浓郁的民族风味,又有鲜明的时代特征;既有较高的艺术性,又具有通俗性,可谓"雅俗共赏",深受人民群众喜爱;他"立足于民族传统,融会各民族、各地方民族民间音乐之神韵,化为自己的音乐语言,创造性地运用于创作实践"的创作思想,对当代及今后的歌曲创作都具有积极而深远的影响。

　　当巨大的成功迎面扑来的时候,施光南仍然在执拗地做着自己的梦。在他发表于《人民日报》叫做《屈原,我的梦》的文章里,他详尽展现了这一美好憧憬,这个他从少年时期就开始酝酿的梦境:

　　那时他去观看郭沫若的话剧《屈原》,激动之余认定这是一部歌剧题材,暗下决心要把它写成一部史诗般的民族歌剧。考上音乐学院后,他曾把《屈原》中的一折《雷电颂》谱成交响合唱,托人带给郭老,郭老还给他回过一封热情洋溢的信。而他毕业时的作品就是合唱《雷电颂》。这个梦一直伴随着他探索的脚步,即便是在基层参加生产劳动,写完申诉材料之后,仍然在孜孜不倦地构思着《屈原》。

　　当他写到曲子《离别之歌》一段:屈原的女儿婵娟因误喝毒酒而倒在屈原怀里时,剧中设置有两人最后的一段二重唱。施光南写完这段异常兴奋。他让女儿唱起婵娟的声部,他唱屈原的声部,然后自己弹着钢琴伴奏,就在弹唱到最激动、最兴奋的高音时,歌声戛然而止,作曲家因脑溢血突然倒在钢琴上,再也没能醒来……

　　心力交瘁的施光南倒下了,倒在没有写完歌剧《屈原》的巨大遗憾中,倒在一片未尽的辉煌梦境里。

　　转眼就是 2010 年 5 月,一台《在希望的田野上——人民音乐家施光南诞辰七十周年纪念音乐会》在天津举行。剧场内座无虚席,走道两旁都站满手持站票的观众。

　　而剧场外,很多没有买到门票的观众仍然拥挤在音乐厅售票厅里,通过大屏幕观看剧场内的演出。

　　纪念音乐会在序曲《紫藤花》中拉开,在这样一个属于音乐的夜晚,剧场内外都陶醉在施光南的歌曲声里。

中国文联副主席、天津文联主席冯骥才与施光南的夫人洪如丁、女儿施洪蕾观看了演出,他说:

> 施光南是一位充满音符的艺术天才,他的所有作品都是那个时代的音乐精灵,他是我们的骄傲。他在最好的时期、最黄金的时期、最应该出大作品的时期,离开了大家,但他的音乐永远留在人们的心中。

而千里之外的金华,也在这片难忘的歌声中,深深思念着自己两位杰出的好儿子——施复亮、施光南。

八、骆宾王的幸与不幸

骆宾王是不幸的,这个在"初唐四杰"里流传诗文最多的文坛领袖,一生始终运交华盖,不但仕途多舛,而且家境贫困,终其一生都处在某种难言的窘境之中。

他顶着"江南神童"的盛名,22 岁便第一次入京应试,却不幸名落孙山。直到 49 岁年近半百再次应试入举,才被授了个叫做"奉礼郎"的未品小官,其实这时他在文坛上如雷贯耳,早已是公认的领军人物了。

此后骆宾王辗转仕途十余年,岁月蹉跎,官职却始终停留在最低阶的九品左右,有时候不但未能升迁,反而还屡遭贬损。60 岁左右好不容易当了个明堂县主簿,算是个从八品的官职,却马上被人告发,以莫须有的罪名关进大牢将近两年。直等到皇帝立太子时大赦天下,才出狱当了个小小的临海县丞,还得离开长安数千里,到江南蛮荒的小县去任职。

骆宾王一生最大的官职,就是徐敬业任命的艺文令了,相当于现今的文化部长或政府新闻发言人。可惜这个政府不是什么合法政府,充其量只是一伙叛乱或起义的军队,而且仅仅一个多月便烟消云散,连同骆宾王本人一起,永远在大地上销声匿迹了。

骆宾王是幸运的,仕途上的诸般挫折与不幸,反而促成了他在文坛上的辉煌崛起。

"国家不幸诗家幸",创作最需要真情实感,正由于仕途不畅,才使得骆宾王长期屈居社会底层,亲眼目睹人生的种种矛盾与不公正,亲身体会底层人民生活的艰辛不易,心灵深处不时激荡起情感的狂飙巨浪。

"愤怒出诗人",正是由于灵感的浪花时时喷涌,才汇聚成一股浩荡奔腾的澎湃激情,犹如江河在天才的河床里奔涌激荡,最终流淌出一篇又一篇千古流芳的锦绣诗文。

在"初唐四杰"中,数骆宾王的诗作篇幅最多。他尤其擅长七言歌行,在武功主簿任上写出的著名长诗《帝京篇》,以五言、七言错杂运用的句式,平仄韵相互转换的节奏,铺张排陈,构成一种流走婉转的声调,形成一股磅礴奔放的气势。全诗以大量篇幅着力渲染京城长安及王畿一带地形的险要、殿苑宫阙、楼阁通衢等建筑群落的雄伟壮丽,皇亲国戚、达官贵人生活的奢侈豪华,秦楼楚馆、游乐宴饮的淫佚无度。然后笔锋一转,对上层统治者这种骄奢淫逸的生活进行了有力讽谏。此诗一出,朝野传诵,一时洛阳纸贵,誉为绝唱,使他的文坛声誉达到高峰。

作为随军幕僚他曾久戍边城,亲眼目睹"晚风迷朔气,新瓜照边秋。灶火通军壁,烽烟上戍楼"的大漠景象,写下不少豪情万丈,见闻亲切的边塞诗文,开唐时边塞诗之先河。蒙冤入狱期间,他又把满腔悲愤凝聚成《在狱咏蝉》、《萤火赋》等名篇。托物寄兴,借物自喻,以激扬的文字表白心迹,抒发心志,字字见血,感情真切。

尤其是他投身反武叛军后一挥而就的那篇《为徐敬业讨武曌檄》,犹如一道闪电划破天空,后来与王勃的《滕王阁序》一道,被誉为中国骈文史上万古流唱的双璧。全文虽只有短短四百来字,读来却如大江东去,气势磅礴,凛然大义,引事用典恰到好处,抨击讽喻入木三分。不说别人,就连那位被抨击的对象武则天本人看了,也不禁拍案叫绝,并发出"宰相安能失此人"的由衷感叹。

"宰相安能失此人",其实造成骆宾王这类天才人物流失的根本原因,还是在于体制本身,在于中国选人取仕千古沿用的科举制度。

骆宾王是地道的天才,早在孩童时期就不时迸发瑰丽奇幻的天才火花。他五六岁时就已熟记许多诗文,经常在祖父的指导下吟句作文。7岁那年的一个春天,当他目睹几只白鹅在池塘里遨游的美景,不由脱口吟出"鹅鹅鹅,曲项向天歌,白毛浮绿水,红掌拨清波"的诗句。这首朗朗上口的儿歌随着春风吹入千家万户,也吹进千秋万代每一颗中国人童真的心田。

天才需要想象,需要创造,需要自由发挥和成长的空间。而旧体制沿用千年的科举制度却恰恰相反,某种程度上其实是一座囚禁才华的牢笼,总是试图把思想和激情禁锢在统治者指定的狭隘范围内,让天下读书人乖乖地听从制度驱使,做统治者的忠实奴才。

其实,官场上本不需要天才,官场上需要的往往是奴才。

八股文狭小的牢笼怎么能够展开天才飞扬的翅膀,旧体制那滩混浊的泥水,也根本无法养育骆宾王这般龙飞凤舞的天才,只能让他们在思想的牢笼里频频碰壁,头破血流。

不过骆宾王的不幸,很大程度上也是他自己心甘情愿的选择。命运曾经好几次向他发出暧昧的微笑,可他却背过脸去,根本不愿加以理睬。

唐高祖李渊的第 16 个儿子,道王李元庆对骆宾王的才华十分欣赏,在他任职三年后特地下一道手谕,要他"自叙所能",说白了,就像是今天的"免试"、"免检"、"自荐"。只要骆宾王"王婆卖瓜,自卖自夸"来一番自我表扬,便可以作为提拔举荐的依据,直接任命个官职。这是多少读书人梦寐以求,打着灯笼也找不到的美事呵。可是骆宾王却毫不犹豫地一口回绝,他情愿回到乡下,学祖父过耕读自娱的闲居生活。

后来朝廷大员裴行俭奉命出征吐蕃,有心选聘骆宾王为军中书记,这也是一个相当重要的职务,地位比他当时担任的县主簿要高,而且战事结束后还可以名正言顺地提拔重用。可是和上次一样,骆宾王又态度坚决地婉言谢绝。他写了一封《上吏部裴侍郎书》,对裴行俭的垂顾之恩表示感谢,然后话锋一转,推说母亲年老,长期卧病,需要他留在身边照顾,以尽人子之情。这封信写得言辞恳切,感情诚挚,剖析精辟,有人说足以和李密的《陈情表》媲美。

骆宾王的这种选择,在于他始终是士大夫规范最忠实的守望者,心灵深处一直坚守着封建士大夫的理念与准则。中国古代传统的"士",不仅要求文有治国之策、武有安邦之能,更重要的是有内在人格和伦理道德的修养完善。他们追求完美,将个人的操守、气节、德行、礼仪规范等视若生命,坚守不渝,矢志不移。一旦世俗的功名利禄与他们心目中的神圣准则发生冲突,真正的"士"会坚定不移地坚守准则抛弃利禄。骆宾王几次坚辞不就,就是因为他不愿"自媒",认为那种"自叙所能"纯粹就是自我吹捧,有失人格,就像李白诗中所写的那样："安能摧眉折腰事权贵,让我不得开心颜……"他要坚持准则,凭借真才实学去征服世界,而不愿借助权贵的提携去飞黄腾达。

这样的人上了官场,自然就不愿意阿谀逢迎,请客送礼,更不屑去投机钻营,跑官买官。这些人心底坚贞的操守,也就决定了他们在官场上最终的归宿,只能是坎坷一生,处处碰壁。

按照骆宾王本人的性格,其实他更愿意的,是归隐田园,竹篱茅舍,明月清风,淡饭粗茶,过一种自然简单的生活。

他也不止一次尝试过这样的生活,亲自种地去养活家小。结果可想而知,一次次毫无例外,全都陷入了山穷水尽、生计无着的贫困境地,不得不在49岁那年,又顶着满头的白发出去应试,重新开始官场上那种强颜欢笑、颠沛流离的生活。这让我们在千年之后,仍然实实在在看到了那个时代,一个稀世天才的无奈窘境和生存困局。

其实平日里的骆宾王,倒也是个热忱爽朗、直率仗义的豪侠之士。闻一多先生在《唐诗杂论》中这样说他:"天生一副侠骨,专喜欢管闲事、打抱不平、杀人报仇、革命、帮痴心女子打负心汉"。广泛交游,很得朋友们的喜爱和欢迎。

"此地别燕丹,壮士发冲冠,昔日人已没,今日水犹寒。"这是骆宾王早年写下的一首《于易水送人》诗,描述燕国太子丹在易水边送别荆轲前去刺杀秦王时的情景:那些慷慨赴死的英雄们怒发冲冠,临水高歌,使秋风为之长啸,河流为之动容……

不知他当时有没有想到,若干年之后,他自己也会步入这种"风萧萧兮易水寒"的悲凉境界,让我们后人一想起来,便会禁不住泪湿衣襟。

我想当初写这首诗的时候,骆宾王或许已经看见了自己在秋水中沉沦的背影,听见了自己临终前的那一声长啸……因为在有关他结局的几种说法里,有一种就说他是落水而死。

不过我宁愿相信他晚年在六和塔下修行的说法,因为普天之下,只有钱塘江8月18日那野马般奔腾呼啸的潮水,才能追上骆宾王那天才的,奔放无羁的想象与文思。

　　起兵失败后你去了哪里
　　一个国家的头号通缉犯
　　削发为僧　流落江湖。

喋血的宝剑埋在屠肆案下

而昔日战场的烽火 藏进

深宵古佛经卷的孤灯

……

当我在家乡义乌父老的悲痛泪水

与灵隐寺顶逃亡者的风尘倦容之间

反复辨识你一生的行迹

……

——柯平:《水边读骆宾王》

然而他总还是去了,在写下那首千古传颂的讨武檄文之后,便头也不回地走了,走进一个千古莫解的历史之谜,走进了悠悠百世无数追逐搜寻的目光……

无论身处什么样的时代,在我们心灵的深处,总在期望骆宾王这样的天才们能够仕途顺达,在官场上一帆风顺,大展宏图。

也许他们幸运了,朝廷上就会多几个清醒正直、有创意有作为,同时充满同情心的公仆;少几个尸位素餐、占着茅坑不拉屎、只会搜刮民脂民膏的贪官,或者几个只会玩弄权术、整天想着夺权篡位的污吏。

那样一来,也许政治就会清明,言路就会畅通,经济就会发展,民生就会幸福。

不过许多时候,我们的心灵深处也会悄悄地、甚至有些罪恶感地希望这些天才们仕途不畅。他们不幸了,文坛才会大幸,历史才会大幸。那些千古的锦绣诗文才会如同清泉一般喷涌而出,一篇篇的金玉文章才会翩翩而来,让一代代的中国人时时感受扑面而来的文化清风,享受阅读的欢畅与幸福。或许这样,一个民族的思想文化宝库才会充盈丰腴,一个国家的精神文明建设才会灿烂辉煌!

该让骆宾王这样的天才幸运还是不幸? 思前想后,我始终无法说清,只好将这个问题留给历史、留给命运。

不过历史和命运也长久地沉默着,总是听不见它们的回答。

于是我想,或许就连它们自己,也始终没能够想个明白……

九、宗泽,那个文质彬彬的战神

　　有的人是葵花,只能在灿烂的阳光下生长;有的人是火焰,越是浓重的暗夜,就越能放射辉煌的光华。

　　宗泽不属于葵花,不善于在和平的阳光下生长。宗泽是火焰,只能在浓重的暗夜里放射光华,驱逐黑暗,去温暖那些正在绝望中颤抖的心灵。

　　或许是义乌人与生俱来的特点,宗泽的性格太耿直了,心里有什么话,就憋不住要说,有什么不满就要大声地嚷嚷出来,即使是在那些决定自己命运的关键时刻,他也从来不知退让。所以在歌舞升平的太平年月,宗泽注定只会是封建官场上一位默默无闻的失意者,在政界一次次翻云覆雨的钩心斗角中,他只能是那些口蜜腹剑、诡计多端政客们的手下败将。

　　他是义乌石板塘村人,在贫寒的家境里自小苦读 10 年,又在外漂泊游学10 年,好不容易在 33 岁北宋元祐六年,才争取到一个殿试的机会,可以在皇帝面前露回脸,施展一番才华。按照一般人想法,这是个多么好的机会啊,应该好好揣摩一番皇帝或考官们的心思,然后投其所好,写一篇歌功颂德的锦绣文章,说一番歌舞升平的甜言蜜语,把皇帝老儿和他宠臣们哄高兴了,便可以"脱却青纱换紫袍,转眼间登堂入室",从此彻底改变自己的命运。

　　可宗泽偏偏不是这样,他不仅打破字数篇幅限制,洋洋洒洒由着性子写下数万字的文章,而且言辞犀利、锋芒直指当时的朝政弊端,指名道姓地揭露朝臣用人不当的事例,惹得考官们大不高兴,以"其言直,恐忤旨",将他以"同进士"身份勉强录取在这一榜的末科,用现在的标准衡量,大约只能勉强算个"准博士"。

　　官场上首次亮相,便显示出宗泽耿耿直言、疾恶如仇的从政风格,这一性格伴随他宦海浮沉,也因此决定了他一生仕途曲折晦暗的结局。

　　二十多年里,他先后担任过山东馆陶县尉,浙江龙游、山东胶水及掖县县令。每到一地都勤政爱民,披星戴月,不辞辛苦地到处奔忙。有一年天寒地冻,知府命他去巡视御河修建工程,正巧他的长子不幸逝世,宗泽没有推辞,仍然强忍悲痛前去工地赴任,让知府深受感动。每逢属地百姓荒年有难,他总是直言上谏,努力为百姓们免除粮税劳赋,甚至不惜为此与那些巧取豪夺的地方豪强发生冲突。因此,虽然他"所至称治",政绩卓著,每到一地都能赢得百姓信任与爱戴,却像一棵压在石头底下的小草,只能长期担任县令这样的小官职,总也出不了头。即使任过一段时间的磁州通判,算是现今地、市一级的官员,也是因为那地方靠近抗金前线,别的官员没人敢去,只有他不怕,敢于提着脑袋前去上任。

宗泽在官场上四处碰壁,终于连自己也干不下去了,只好上书乞请告老还乡,想回到故乡附近的东阳山间归隐读书,眼不见为净,再不受官场上那些莫名的窝囊气。可是朝廷却连最后这点清净也不肯赏赐,他被人控以"漠视道教"的罪名,发配到镇江去"编管"。

宗泽在官场上百战百殆,毫无建树,但在刀光剑影,你死我活的战场上,却永远是位马到成功的常胜将军。当金兵的铁蹄踏破北宋边境,深重的灾难降临中原大地之时,那些平日在官场上游刃有余、巧舌如簧的政客们顷刻间逃之夭夭,和平时期惯于作威作福的将官们也大都丢盔弃甲,一溜烟跑得不见了踪影。而宗泽这团平日暗淡无光的火焰,危急时刻却开始熊熊燃烧,像一道划破黑暗的闪电,放射出前所未有的灿烂光焰,照亮灾难深重的北国大地。

他指挥的磁州保卫战,让从未碰到过对手的金兵损兵折将,被斩首数百级,是当时全国一片败绩声中唯一的胜仗,其意义之大,不亚于20世纪中国抗日战争初期的平型关战役。

他率领自己召集的义军进京勤王,与金兵连打13仗,仗仗告捷,大获全胜。他担任河北义军都总管,在黄河岸边集结了来自全国各地的义勇军近20万。他发现并提拔了岳飞、杨再兴等许多年轻将领,为朝廷集结起一大批当时急缺的军事人才。

在北宋王朝近乎土崩瓦解的危难时刻,宗泽是支撑危局最有力的顶梁柱。他因此威震天下,不仅深受宋朝军民爱戴,就连对阵的金兵也心惊胆战,称呼他为"宗爷爷"。

最能体现宗泽作战风格的,要数公元1128年他领导的东京保卫战,这时他以67岁高龄担任开封府尹,也就是今天首都城市的市长。当时金兵大举进攻,开封岌岌可危,就在这千钧一发的危急时刻,宗泽没有坐守困城,反而出奇制胜,派出几支精兵强将,打出围城去主动进攻,金兵被他的气势吓倒,竟然自己拆毁桥梁逃跑了。

不久后金兵卷土重来,又打到离京城仅20公里的地方,面对强敌宗泽仍然毫不畏惧,一方面安定城中人心,稳定后方,另一方面又派人与原先派出的将士会合,再次以主动进攻遏制强敌。终于在正月十五灯节之夜大破金兵于板桥,夺取了敌人的大部分辎重粮草,并乘胜收复了延津、河阴等好几座县城,取得了战斗完全胜利。

宗泽在国难当头时的另一桩功劳,便是拯救了后来的南宋高宗康王赵构。公元1126年开封沦陷前夕,朝廷派康王赵构和刑部尚书王云出使金营议和,途经磁州时被宗泽劝住,他指出:"敌情岂有肯和之理哉,特设诡词以换致大王耳"。城中百姓也闻讯前来,拦住赵构硬是不让他走。赵构采纳了宗泽意见,退回相州,这才能在开封沦陷后辗转到杭州来建立南宋王朝,不然势必要和徽、钦二帝一起成为金人阶下囚,被掠到塞外去爬冰卧雪,荒原终老。

如果真那样,现今的中国历史就可能是另外一副模样了。

但当康王终于在临安建立起苟安的小朝廷,可以在迷人的湖光胜景里苟延残喘的时候,一切就又恢复到旧日光景。那些在强敌面前跑得比谁都快的政客,这时不知从哪儿冒出来,又开始在官场上尔虞我诈、故伎重施了。他们用各种各样的方式蒙骗皇帝,骗取高官厚禄,而对仍在黄河那一边奋战的将士及沦陷区百姓不闻不问。一时间"山外青山楼外楼,西湖歌舞几时休,暖风熏得游人醉,直把杭州作汴州"。

这一切使宗泽忧心如焚,又陷入到深深的痛苦忧虑之中,他在不到一年时间里,连着给朝廷上了24封《乞回銮》书,建议朝廷立即打回开封,收复失地,拯救黎民,迎回二帝。但这一回,恰恰和他当年殿试时写的那份《万言书》一样,明显和朝廷的用意背道而驰,甚至还隐隐刺中宋高宗的软肋,反而让他起了猜忌之心,专门派出军队,在黄河边上监视着宗泽。

连年征战的劳累,忧国忧民的激愤,终于让这个70高龄的老人躺倒在病榻,他嘱咐守在他床前的将领们说:"我以二帝蒙尘,悲愤至此,你们多歼灭敌寇,那我死而无恨"。他不停地背诵杜甫的诗句:"出师未捷身先死,长使英雄泪满襟。"临终时没有一句话提到家事,而是连呼三声:"渡河、渡河、渡河!"这才闭上眼睛。

宗泽的死让开封百姓和将士们悲愤至极,朱熹叙述当时的情况说:吊唁大厅里摆满了祭品,士兵和市民们蜂拥而入,吊祭三日不绝,充分体现了当时的军心民心。

丞相李纲也在挽诗里这样形容心中的哀痛："梁摧大厦倾,谁与扶穹窿"。

这个文质彬彬,却在战场上连战皆捷的战神,最终没能马革裹尸战死疆场,只能无奈地死于官场的背信弃义、言而无信。

直至今日,黄河的涛声仍在千回万转地震响,仿佛仍在抒发着那些当年的愤懑与不平。它们仍在深深地缅怀、思念这位文质彬彬的战神,怀念那团在中原大地最黑暗的时刻熊熊燃烧,终于温暖了一个时代,一个民族的烈焰!

十、书山学海中的坚定足印

在金华的古代先贤里,有一个人对后世的影响非常独特。

这种影响并不在位高权重,也不在富可敌国。恰恰相反,这个人的官一直当得不大,最高只有五品。但他却是二任皇帝的老师,曾长期和君王父子朝夕相处,晨昏诵读,亲密无间。

但即使是在最得意的时候,这个人也始终低调处事,宽厚待人,温良恭俭让,让即使对下属素以苛刻严厉著称的明太祖朱元璋,也很难挑出毛病。

由于一直侍从朱元璋父子,深知"伴君如伴虎"的道理,因此这个人一向言语谨慎,从不随便说别人坏话。有一次朱元璋当面向他询问群臣好坏,他只举出那些正直的大臣,对其他人却一言不发。朱元璋问他原因,他说:我说他好,是因为他和我是朋友,我了解他,才说他好;那些和我没交往过的人,我不知道他好坏,就无法说了。

他也从不对家人和朋友提及政事,为了自我警醒,时刻约束自己,他特意在卧室中写了"温树"两个大字,每当有人问起朝内之事,他就指着这两个字作为回答。这"温树"的典故,来自汉成帝时孔光的故事,孔光时官至御史大夫,却谨慎守法度,对家人绝口不言朝中政事,就连家人问起宫内温室树木这样的小事,他也是沉默以对。

这个人襟怀坦荡,光明磊落,从不对外人隐瞒。有一次和朋友在家中喝酒,被朱元璋派出的东厂秘密侦知。第二天问他:你昨天喝酒没有? 跟谁一起喝? 用些什么菜肴? 他都据实一一回答。朱元璋听后笑着说:一点都不错,你果然没有骗我。

正因为具备了这么多美德,所以即使在腥风血雨、朝不保夕的朱氏官场,这个人的政治生命也相对较长。朱元璋就常在朝廷上说:古人最高等的是圣人,其次是贤人,再次是君子。宋景濂事我19年,未曾讲过一句谎话,未曾批评过一个人的短处,宠辱不惊,始终若一,他不只是个君子,可以说是贤人了。

所以,当朱元璋杀光了几乎所有当初一同打天下的弟兄,唯有他总算还能够告老还乡,享受了几年难得的天伦之乐。

是的,这个人就是我们的老乡宋濂。

宋濂(1310—1381),字景濂,号潜溪,金东区曹宅镇上柳村人,从小天资聪敏,悟性极高,6岁能吟诗赋词,在乡里小有名气,人呼之为"神童"。十五六岁时,同里一位德高望重者张继之感到这孩子天分非凡,就向宋濂父亲建议,将他送到有名望的老师那儿学习,将来必定会有所成就。

不久宋家搬迁到浦江,宋濂先师从大学者刘梦吉,学习儒家经书,后又跟从著名文学家吴莱学习古文辞,最后又拜到大学问家柳贯、黄缙名下。

由于禀赋优异,学习刻苦,所跟从的老师又都为饱学宿儒,因此到元顺帝至正初年,宋濂即以文章而名闻海内。元至正九年(1349),元朝征召宋濂为翰林院编修,宋濂以"亲老"为由加以拒绝,随后隐居到青萝山读书写作整整10年。

元至正十六年(1356)三月,朱元璋亲率大军攻克婺州,马上派出使者携书信、重金,去青萝山邀请宋濂出山,建功立业。宋濂幡然应召,被授予郡学五经师,次年三月又与刘基、章溢、叶琛一道,被召至应天。

初到应天,宋濂就向朱元璋提出"不嗜杀人"的建议,受到朱元璋称赞,并任命为江南儒学提举,给太子讲"五经",寻改起居注。从这时到洪武十年(1377)的前后19年间,宋濂以渊博的知识和高尚的品行,赢得朱元璋的尊重和信任,一直"恒侍左右,备顾问",经常在一起研讨帝王之学,探究治国策略。他先后辅导太子朱标十余年,一言一行教太子遵礼守法,引导他走正道。

宋濂留给金华最宝贵的遗产,是他读书时那种专心致志,勤奋学习,诚心求师,以及不攀比、不骄傲的求学精神。这种精神完整体现在那封曾被编入中学课本,因而几乎为天下人人熟知并背诵的《送东阳马生序》中。

这是一种多么难能可贵的学习精神啊:

　　（译文）因为家中贫穷，无法买书来看，常向藏书的人家求借，亲手抄录，计算着约定的日期送还。天气酷寒时，砚池中的水冻成了坚冰，手指（冻得）不能弯曲伸展，我仍不懈怠。抄写完后，跑着送还人家，不敢稍稍超过约定的期限。因此人们大多肯将书借给我，我因而得以看遍许多书籍。到了成年时，愈加仰慕圣贤的学说，又担心不能与学识渊博的老师和名人交游，曾跑到百里之外，手拿着经书向当地有道德有学问的前辈求教。前辈道德高，名望大，门人学生挤满了他的房间，他的言辞和态度从未稍有委婉。我站着陪侍在他左右，提出疑难，询问道理，低身侧耳向他请教；有时遭到他的训斥，表情更为恭敬，礼节更为周到，不敢答复一句话；等到他高兴时，就又向他请教。所以我虽然愚钝，最终还是得到不少教益。

　　当我寻师时，背着书箱，拖着鞋子，行走在深山大谷之中，严冬寒风凛冽，大雪深达几尺，脚上的皮肤受冻裂开都不知道。到学舍后，四肢冻僵了不能动弹，仆人用热水给我浇洗，用被子围盖身上，过了很久才暖和过来。住旅馆主人处，每天吃两顿饭，没有新鲜肥嫩的美味享受。同学舍的求学者都穿着锦绣衣服，戴着穿有珠穗、饰有珍宝的帽子，腰间挂着白玉环，左边佩戴着刀，右边备有香囊，光彩照人的样子，如同神人；我则穿着破旧的衣袍处于他们之间，毫无羡慕的念头。因为心中有足以使自己高兴的事，并不觉得吃穿的享受不如人家。我的勤劳和艰辛大约就是这样。

　　正由于这样的学习精神，才使得宋濂书香满襟，徐步登上高洁超脱、神清气爽的人生境界。他"跳出三界外，不在五行中"，不为金钱诱惑，不为世俗打扰，专心致志，一心向学，始终沉浸在一种"心如止水"的学习状态，在阅读中全身心感受着书中人物的呼吸与心跳，理清事情发展的跌宕起伏，体察人世的悲欢离合，从而深刻理解作品的意义，在不知不觉中领受哲理思想深刻的感染与影响。

　　进入这样的学习状态，便不再认为读书是苦差使，反而觉得是苦中有乐，是天底下最为幸福愉悦的事情，因此记忆将更为牢固，阅读将更加广泛，在不知不觉中熟能生巧，厚积薄发，日积月累，逐步进入求学的更高境界，甚至在成名后仍能长期保持豁达大度的心态。他晚年在文章中这样说：现在我虽已年老，没有什么成就，但所幸还得以置身于君子的行列中，承受着天子的恩宠荣耀,追随在公卿之后,每天陪侍着皇上,听候询问,天底下也不适当地称颂自己的姓名,更何况才能超过我的人呢?

宋濂一生勤奋写作,著作等身,后人将其编为《宋学士全集》75卷,其中包括《銮坡集》20卷,《翰苑集》20卷,《芝园集》30卷,《朝京稿》5卷。他的文学成就主要在散文方面,另有诗517首,《列朝诗集》收其61首,其风格宗法唐宋,"醇深演迤",辞采雅丽,《四库总目》评价为:"雍容浑穆,如天闲良骥,鱼鱼雅雅,白中节度。"由于长期受到正统儒学影响,他遣义造句有些"醇正有余,恣肆不足",不过散文中的传记却很有特色,既广泛汲取古代传记文学的精华,又有自己的创造,褒贬人物寓于叙述之中,动态地反映人物的个性。如《秦士录》、《王冕传》、《李凝传》、《胡长儒传》、《杜环小传》、《记李歌》等,都是其传记中的名篇。

宋濂还是一位开明代风气之先的著名藏书家,在浦江时筑有"青萝山房"。兵祸之后,官私藏书毁损严重,而他却因为隐居山中,仍能坐拥书城。据明祁承㸁《澹生堂藏书红》说:"胜国兵火之后,宋文宪公读书青萝山中,便已藏书万卷。"清载殿泗《风希堂文集》卷二《宋文宪公全集序》则说宋濂"始自潜溪徒浦江,得卷氏藏书之富,首推宋濂"。

宋濂藏书的精华,后来有少数流入清人之手,成为藏家孜孜以求的珍本。如北宋本《长庆集》,先后为钱曾、黄丕烈、潘祖荫所藏。《百宋一廛赋》中介绍:"庐山《长庆》,见取六丁;金华太史,独著精灵。""《长庆集》北宋时镂版,所谓'庐山本'者。庚寅一炬,种子断绝,唯此金华宋氏景濂所藏小宋本,图记宛然,古香可爱,推稀世珍。"又有宋本《春秋经传集解》、《史记》、《文选》等流入清宫内府,他还曾藏有宋刊《事林广记》,后归广东丁日昌。

就是这样一个被朱元璋称为"贤人"的人,最后竟也无法求得善终。洪武十三年(1380),丞相胡惟庸以谋反罪被杀,宋濂的孙子宋慎列名胡党,子宋璲亦被牵连,均处死。宋濂全家系狱,朱元璋曾想连宋濂一块处死,后经马皇后、皇太子力救,才改为举家流放茂州(今四川茂汶羌族自治县)。

可怜风烛残年,宋濂仍要以衰病之躯千里跋涉,终于在行至夔州(今四川奉节)时因老病而死,终年72岁。

如此品德,如此胸怀,竟也难逃朱元璋的魔爪,明朝开国时统治的严酷无情,也就不言而喻了。

宋濂的老家潜溪坐落在金华东北一座青翠的山冈上,居高临下俯瞰金衢盆地广袤的平原,一条名叫航慈溪的清流从村边蜿蜒而下,流过山冈,划过平原,奔流成一条诗情不断、画意满眼的清澈溪流。

这条潺潺溪流一定至今还映印着宋濂勤奋读书的剪影,回响着他童稚声音念出的千古文章,所以才会流淌得这样沉稳、这般坚定,带着一泓学者般深邃的闪光,诗人一样跳荡的激情,恰如在书山学海中,那个早已消逝、却依然深深铭刻在天下学子心头的坚定背影。

在它缓缓流过的河道两旁,许多文化的花儿次第开放,许多著名的诗人作家先后诞生:艾青、冯雪峰、吴晗、施光南……

我猜想这些天才们幼年的时候,一定常常听家乡的这条溪流念叨过宋濂的名字,背过他撰写的《送东阳马生序》。当他们赤裸着小脚丫在这条清澈的溪流里击水嬉戏,在岸边草地上奔跑追逐的时候,也一定看见过宋濂当初在雪地上蹒跚的身影,听过他老人家语重心长的叮咛。

是的,我们看不见,我们听不见,可他们那些天才一定全都看见,全都听见了,所以才会在红尘乱世中,始终追随着那个坚定的背影,一步又一步地远离渺小,走向伟大!

十一、从高山到河流——李渔,别样的文人

在中国历史的天地之间,传统文人总是像高山一样昂首耸立,崇尚千百年来固有的信念,坚守士大夫阶层的经典操守,他们读书致仕,修身养性,功成身退,寄情山水,让后辈们每每高山仰止,崇敬不已。

同样身为文人,李渔却呈现出一种与传统士大夫截然不同的另类气质,他不像高山更像是河流,那样温柔却又那般倔强,有时还带着几分狡狯,沿着自己开垦的河道执意奔涌,无声无息冲击着文坛上那些恒传千古的原则与定义,最终流淌成一条博大精深、恣肆汪洋的文化江河。

(一)

在而立之年30岁到来之前,李渔和母亲都坚定不移地相信,他将"朝为田舍郎,暮登天子堂",科举致仕,光耀门楣,成为又一座让后人肃然起敬的

高山。

李渔的原籍在浙江兰溪市,这是一个商业传统源远流长的古老商埠,美丽的兰江绕城而过,上通景德镇,下接杭州与大海。

从唐宋开始,就有无数满载瓷器茶叶火腿的航船从这儿驶过,远赴大江南北。当粼粼江水在阳光下闪闪放光的时候,满江奔涌着的,似乎都是无穷无尽的商机与财富。祖祖辈辈的兰溪人从这条江水里汲取可贵的商业基因,并带着它远赴四方经商致富。

李渔的父亲李如松及伯父长期在江苏如皋经营中药店,让李渔从小就看惯了讨价还价的场面,听惯了滴滴答答的算盘声响。但他父母、尤其是那位识文断字的母亲,却执意要让他看上去有点木讷的哥哥承继父业,而让这个从小就聪明伶俐的二儿子上私塾读书。千百年来的中国人都是这样,但凡有生计,总要让家里最聪明的儿子上学读书。在他们心目中,唯有取得科举功名,男孩子才算有了出息。

李渔天资聪颖,从总角之年便开始读"四书五经",什么文章都一读就会,过目不忘,毫不费力便在学堂遥遥领先,总能得到先生赞誉和夸奖。

他那当郎中的大伯到一些大户人家诊脉看病时,也经常让他去背几首唐诗宋词调节下气氛,李渔这时的表演才能和记忆力总能令他大放异彩,让主人家赞叹不已。

他太聪明了,私塾里的那点课程对他来说既少又浅,还有大量的好奇心和课外时间需要打发。于是他把好奇的目光转向了闲书,课余时间常去书摊、杂耍摊玩耍,如饥似渴地阅读大量传奇小说和话本。明代末期,中国的章回小说已经在唐宋传奇基础上发育成熟,成了市民等有闲阶级业余消遣的重要方式。

他也常到养济园,也就是今天的养老院去,听老人们津津有味讲述神仙鬼怪的故事。那些精彩的传奇,生动的语言,引人入胜的情节如同种子落地,在李渔心头扎下深深的根须。

不过李渔最喜欢的还是看戏,他如醉如痴般地喜爱戏剧表演。不论如皋城哪个角落上演戏剧,他都会想方设法钻进场,在锣鼓笙弦悠扬的曲调中津津有味地咀嚼时光。

他因此常常受到母亲斥责,一心想让儿子科举成名的李母学"孟母三迁",几次迁移家庭住址,最后将他安置在清净的"老鹳楼"里读书。

少年李渔的胸腔里,似乎总有几条欢快的小溪在同时流淌,一路冲刷着河流两边的岩石,把那些晶莹剔透的矿石宝藏悄悄堆积起来,等待着奔向大海的那一天。

19岁那年李渔按规定回故乡兰溪,参加科举最低一级的府学考试,他果然不负众望一鸣惊人。主考官许豸对他十分赏识,拿着他的考卷到处给人看,说是为朝廷发现了一位"五经童子"。

仰仗府学大人的青睐,李渔所到之处受到人们的另眼相看,很是风光了一阵,许多人慕名相邀,饮酒会聚,题诗作赋。此时大家都和他本人一样,坚信在不久更高一级的乡学会试里,他必将会蟾宫折桂,一举成名。

但不久后的事实却无情地证明,李渔的才华似乎并不适合于科举考试,在随后的省会考中他名落孙山,这对他实在是前所未有的重大挫折。于是又潜心准备了几年,可第二次赴考刚走到半路,就因战乱而中途折返。

李渔不是个胆大的人,不愿为了那顶尚悬在半空的乌纱帽,而轻易地丢掉脑袋。

李渔的仕途从此中断,但有关他才华的名声却仍在江湖上汹汹流传。于是他想尝试古代读书人常走的另一条进身之路:当幕府,为将军大吏们起草文稿檄书,借以谋官晋爵。他应婺州司马许檄彩邀请做了幕客,后又结识了新任知府朱梅溪,两人来往密切,甚是投缘。一次朱梅溪邀请李渔去城东八咏楼赏景题联,以弥补该楼有诗无联的缺憾。李渔当场挥毫写下"沈郎去后难为句,婺女当头莫摘星"一联,令众人拍案叫绝。

南下清军所向披靡的刀锋不久直指婺州,此时李渔年轻的胸臆好像还有几分杀敌立功的豪气。如他少时在一首诗里写得那样:"壮士腰间三尺剑,男儿胸中万卷书。"

这并不奇怪,其实每个文人仕子心底,都会潜藏一份疆场建功的豪情壮志,只是他们的心灵往往太过敏感,无法承受战场上的腥风血雨。李渔也是这样,他似乎跟随主将经受过一番战争的洗礼,但在目睹"婺城攻陷西南角,三日人头如雨落"的恐怖场景之后,便偃旗息鼓,跑回老家兰溪夏李村赋闲去了。

没有杀敌的勇气,总该有消极抵抗退隐不仕的骨气吧?正如远至西周的伯夷、叔齐,近如同时代的"八大山人"朱耷,甚至近在咫尺浦江"月泉诗社"的文人们一样。有段时间李渔也确实下定决心,要以他们为榜样,当个"识字农"隐居终生。他在伊山头的"先人墟墓边""新开一草堂",构筑了自己的乡间别墅,取名"伊山别业"。他甚至乐此不疲当了"村官",热心公益,兴修水利,努力为家族事业尽一番力量。

可是仅仅过了两年,李渔便发现,其实最不好干的就是隐士这行当,他渴望笙歌弦乐的耳膜,只能在乡间倾听黄叶飘落的声音,他期盼美食佳肴的肠胃,只能在小村消受些粗茶淡饭。更重要的,是他这时已经有了三位夫人三个女儿,携家带口有十几张嘴每天等着他去填饱呢。

行了,让别人去当伯夷、叔齐,喝凉水啃树皮供后人瞻仰吧。他却要顺着兰江奔流的方向去杭州寻找机会,去寻求那流水一般充盈自由的日子了。

<h2 style="text-align:center">(二)</h2>

杭州武林门外有一口小小池塘,飘逸的柳丝,不时响起的蛙鸣,让这儿显得分外幽静。

可是刚刚移居到这儿的李渔,那两年却像钱塘江秋潮一样滚滚不息地忙碌,他以超人的才华,敏锐的才思,用41年丰富的生活积累和文字造诣,江水一般奔流出一篇又一篇精彩的小说与戏剧。

李渔写作的时间通常是晚上,"夜深烛尽惟余灰,索笔誊诗且未眠",当一大家子人睡下以后,油灯跳动的火苗在窗棂上映出他伏案写作的身影。

此时万籁寂静,鸦雀无声,他正好驾着灵感的马车,匆匆走进一个个奇峰突起、峰回路转的传奇世界,去寻找那些早已活跃在他心底的人物。他们或是官吏或是将军,或是像他父兄一样的商贩,更多的却是风流倜傥的才子佳人。这些人活灵活现,有声有色,多情善感,个性毕现,男男女女一起在鼓乐声中大分大合,大喜大悲,一起喷溅热泪、欢笑、鲜血,一起倾吐喜悦、悲哀、欢乐,共同演绎一出出精彩绝伦的故事戏文。

他写得很苦,有一年多时间几乎足不出户,把全部精力都用于伏案写作。许多时候,灵感都像一个"藏猫猫"的顽皮孩童,任你上天入地怎么也找不着它。这时候李渔便会泡起一杯浓茶,用醇醇的茶水编织思维的缰绳,去钻天觅缝寻找那个调皮的孩子。

有时候他会去池塘边的柳荫下独自踱上一会儿,看看浮萍下的游鱼,听听咶噪不已的蛙鸣,于是灵感便像那些映在水底的星星,又开始一闪一闪熠熠生辉了。

有一次他骑着马去乡间游玩,看着路边如画的风景,那些美丽的景致和路边的行人突然纷纷活动起来,在他的脑海里演化成一幅幅生动有趣的画面,流淌成一个有声有色完整的故事。于是李渔扬鞭策马赶紧奔向他借居的寺庙,一边吩咐僧人们准备茶水,一边掏出笔砚奋笔疾书,当又一篇精彩小说完成的时候,窗外正好传来雄鸡唱晓的声音。

那时的杭州已是一个富甲全国的大都市,发达的工商业养育着人口繁多的市民阶层,也创造了整日络绎不绝的茶楼戏院、勾栏瓦瓮。这儿还是全国最大的木雕书籍刻印基地,许多出版商人和大量读者观众犹如夏日里饥渴的禾苗,正在期盼娱乐的雨露早日降临。

而李渔就是这一片饥渴眼神里的三月春雨,他最初写成的两个短篇小说刚一问世就引起书店老板的注意,要求他再写十篇,凑成一部篇幅适当的短篇小说集,由书店刻印代售出版。李渔很快写出《丑郎君怕娇偏得艳》等传奇小说,辑录成第一部短篇小说集《无声戏》推向市场,立刻销售一空,不得不马上加印出版。

许多书店老板纷纷找上门来,愿意包销李渔的作品。紧接着李渔又写出《无声戏二集》,又很快化为滚滚银两流进腰包,现在他不再为家人的生计发愁,也不再看书店老板的脸色行事了。他可以自豪地挺直腰杆,按照自己的志趣爱好天马行空了。

带着这样愉悦的心情,那一年春节到来的时候,李渔在自家门口贴了一副亲手拟就的春联:

> 繁冗驱人,旧业尽抛尘世里
> 湖山接我,全家尽移画图中

果然,在自己传奇小说的基础上,李渔很快就创作出《凤求凰》、《奈何天》、《比目鱼》等十几个戏曲剧本,成为具有全国知名度的畅销文学作家。

如果仅仅写出作品供书商出版,李渔就不成其为李渔,他超越古今中外一般作家文人的地方,便是那股水银泻地般无孔不入的商业进取精神,能够在传统文人不曾想到、也不屑去想的领域里大胆果决,挖掘出泉水一般丰盈的财富与宝藏。

在通过写作掘得"第一桶金"之后,李渔立刻尝试成立自己的书店,包揽了刻印出版、营销推广所有环节,自己策划,自己操作,自己销售,自己得利,一滴"肥水"都不许流进别人的田地。

在这个过程中,李渔原先尚存的那点文人式清高傲气很快消失殆尽,变得机敏善变,圆滑融通。他广泛开展社交活动,到处主动交友,尤其是那些有权势有地位的朋友。在先后与他交往、有文字记载的800余人中,上至位高权重的宰相、尚书、大学士,下至三教九流、手工艺人,遍及17个省,200余州县,他当之无愧,可说是中国古代文友最多、结交面最广的文人。

他的性格也随之"温然善下",在外人眼里俨然成为彬彬有礼的"退让君子"。李渔用最谦恭的态度,毫不留情地夺取着自己的财富。他不再关心国事政声,笔触更多地伸向那些风花雪月,情感男女。

李渔有心远离政治,可政治却仍不时要来主动找他的麻烦,尤其是在清初那样一个以"文字狱"惊世骇俗的年代。在几个朋友的案子里,有段时间隐隐出现了李渔的名字,这让他敏感的心灵骤然抽紧,虽然后来有惊无险,但还是吓出了一身冷汗。

同时他发现,自己的作品此时在杭州等地被大量盗印,他辛辛苦苦点灯熬油绞尽脑汁,却只能成为别人的"摇钱树"。他立即一纸诉状告到杭州的官府,却怎么也无济于事。不同的是,南京的地方官吏却给了他很大的帮助。

于是循着江流的方向,李渔又再次把家搬到了南京,在这儿办起一家前店后宅的书店,取名"翼圣堂",他将自己所有的著作,包括戏剧小说全部交由书店出版发行。当然他的书店还出版发行当时所有的畅销书籍,如《三国演义》、《水浒传》等。迎合市场需求,他还自行设计各种精美实用的彩色信笺,供当时的文人选用。

经过苦心经营,李渔的书店不久便顾客盈门,生意兴隆。

这时的他已不仅是个誉满全国的著名作家,更成为一个商业技巧娴熟、独占产业鳌头的文化商人。在熟谙写作技巧的同时,他还精通资金的运用之道,会果断运用抵押等方法获取资产,然后负债经营,用赚取的利润偿还欠债,购置不动产。他能够在很短的时间里发现商机,然后以最快的速度创作适销对路的作品,组织生产,填补市场空白,赚取高额利润。他还懂得"炒"房,在适当时机卖掉旧房,处置不良资产,购建新屋。他尤其擅长的是"打秋风",也就是今天我们说的"拉赞助",请政府、企业或社会各界从经济上资助他独家经营的"文化事业"。

李渔拉赞助的第一类对象是富商巨贾,这些人在刚刚兴盛起来资本主义萌芽的市场经济中赚足了钱,正乐于附庸风雅,靠赞助文化教育妆点脸面。第二类对象是那些常在他编印的书刊中发稿,拿过他稿费的官员。这些人不少是州县一级有实权、有资源的官员,给李渔的书店或书刊赞助些钱物,对他们来说是举手之劳。

为和这些人拉上关系,李渔总是投其所好笑脸相迎。他为这些人润饰文稿、编辑文案、起草文件、设计化园假山,甚至为他们讲故事说笑话,做他们的"开心果",竭力博取欢心,然后利用他们推销自己的书籍,减少各种税费开支,获得各类钱财资助。

更巧妙的是,他还经常把这些人当成自己不付稿酬的稿源。他与各地权贵名人书信应酬,然后把来往的书信编入自己主编的《尺牍初征》等文集,成为市场上十分受欢迎的畅销书籍。这些行径为李渔带来一时的声名利润,也成为后世对他贬诋诟病的主要理由。

(三)

清康熙五年(1666)夏末,李渔迎来了一生中最为幸福的日子,一个13岁的乔姓女孩被带到正在山西游历的他面前,只看了一眼,他就觉得一轮皎洁明月正在眼前冉冉升起。

这不仅是因为女孩美丽婀娜的身材,姣好的脸庞,更因为他在无意中发现,只听了一遍剧团刚刚演出他写的新戏《凤求凰》,女孩就能一字不差哼出其中的唱段。他立刻意识到,这分明是一块不可多得的可以雕琢成宝器的璞玉,便立即对女孩进行培训。

事实证实了他的判断,乔姓女孩果然记忆力惊人,悟性极好,教唱的老师啧啧夸奖,说这是他授曲30年从未见过的聪敏之人。一个月过去,女孩已经学会老师的所有,并且青出于蓝胜于蓝了。

山西古称晋,于是李渔称女孩为"晋姊",也就是后来在梨园中美名远扬的乔姬。

好事成双,刚过新年,李渔在兰州又得到了一位姓王的姑娘,同样是13岁,同样亭亭玉立,乍看起来,王姓女孩长相并不出众,可一旦换上戏装便立刻判若两人,活脱脱就是一位超凡脱俗的美少年,浑身上下放射出一股太阳般清新的力量,她就是后来的王姬。

乔姬善扮旦,王姬善演生,一生一旦,一柔一刚,双珠合璧,天衣无缝,正好可以表演他创作的那些戏文,实现他理想中的戏剧目标。

太阳和月亮就这样在五十多岁的李渔面前辉煌升起,照亮了他那个心存多年的憧憬:组织一支家庭式剧团,到大户人家的舞台上演出。

李渔的家庭剧团就这样完美地构建起来,他很快和她们圆了房,并以严格标准对她们进行昆剧表演的训练。乔王二姬果然聪明,李渔只要略加指点,她们便立刻能够心领神会,触类旁通。这个小小家庭剧团常常是"朝脱稿,暮登场",创造性地演绎剧本内容,效率惊人。

1668年春节到来的时候,李渔戏剧家班第一次在徐州府一位官员宅第登台表演,那俊美的扮相,美妙的歌喉,完美演绎出李渔的戏文意境,很快征服了全场观众。李氏家班从此红遍大江南北,影响波及大半个中国,各地达官显贵佳节盛会时如能请到他们来家演出,是一件极有面子的事情。戏银包金流水一般地滚滚涌来,让李渔的腰包前所未有地鼓胀起来。

商业演出之外,李渔也经常以戏会友,金陵芥子园、苏州百花巷的李渔寓所,都曾是他当年与戏曲同行艺术交流的场所,备受全国戏曲名流们欢迎仰慕。康熙十年(1671)的端午节前后,他两次带家班在苏州演出经他改编的《明珠记·煎茶》等剧,并与著名戏剧家尤侗、著名诗人余怀等一同观演,共同切磋,成为当时戏剧界的佳话。

李渔的江河滚滚流淌,进入了人生最为华丽的航程,也迎来他创作生涯最为辉煌的阶段。他的创作灵感伴随日月升腾,终于促使他提笔写下了创作生涯的巅峰之作——《闲情偶寄》。

这是一部中国古典戏剧理论的集大成著作,其中的戏曲论著以结构、词采、音律、宾白、科诨、格局六方面论戏曲文学,以选剧、变调、授曲、教白、脱套五方面论戏曲表演,对我国古代戏曲理论有较大的丰富和发展。这是中国戏剧美学史上的一座里程碑,其中关于导演的论述,更比苏联戏剧家斯坦尼斯拉夫斯基早出两个世纪,是世界上最早的导演学。

除戏曲理论外,《闲情偶寄》还有饮食、营造、园艺等方面的内容,用林语堂的话来说:"是专门研究生活乐趣,是中国人生活艺术的袖珍指南,从住室与庭院、室内装饰、界壁分隔到妇女梳妆、美容、烹调的艺术和美食的系列。富人穷人寻求乐趣的方法,一年四季消愁解闷的途径、性生活的节制、疾病的防治……"

三个世纪以后,改革开放的中国人才给这类学问想出一个恰如其分的冠名——"休闲文化"。

在这段如诗如歌的黄金岁月里,李渔还完成了另一件让他千古留名的杰作——芥子园,只不过这件作品无法写在纸上,只能立体地耸立在南京城里。

他从小对园林设计有兴趣,在兰溪老家就设计过一座叫"伊园"的乡间别墅,到杭州后又设计过层园,不过碍于条件与心情,都没有达到理想的境地。这次他将高超的设计技巧、优裕的物质条件和创作的灵感相结合,呕心沥血创作出一件不可多得的园林精品。他的想象力在这方狭小的空间内如奔马般驰骋,让这方小小天地山水相济,楼阁相望,移步换景,咫尺天涯,成为浓缩的一块大自然,放大了的精美盆景。他甚至对每一个小小局部都呕心沥血,让这座溢满他独特想象的芥子园从此大放异彩,成为中国古典园林设计典范之作,而李渔也因此被誉为中国园林艺术的一代宗师。

在太阳月亮共同的映照下,李渔的生理生命也焕发出前所未有的活力,他又纳了几个妾,当然也是家庭剧班的成员。他甚至写下《肉蒲团》这样艳情的小说,为自己旺盛的生命力做一番别样的注解。

李渔享受美色,也享受美食,随着经济条件改善,他曾经被压抑的食欲开始苏醒,并在春风里绽放出一片勃勃的生机。

他喜欢四季时鲜水果,春天的红樱桃,夏天的黄枇杷,秋季的紫葡萄,冬天的白梨,妆点他一年四季的滋润。他胃口很好,食性很杂,秋天最爱吃螃蟹,从秋风起一直到寒冬来临,几个月时间他几乎天天都要享用。他爱吃海鲜,尤其爱吃那种叫"西施舌"的贝类。

他不但品尝,而且还像写作戏文那样亲自动手,平时最爱吃的"五香面"与"八珍面"就是他自己发明,然后由厨师精心调制而成,味道鲜美,营养丰富,让今天的我们看了也不由地食欲大开。

李渔的江河幸福地流淌着,尽管已经悄悄进入了生命的下游,但在年轻日月的轮番照耀下,河水依旧那般汹涌,波涛依然那般强劲。

(四)

李渔的太阳和月亮在旅途上升起,也注定会在旅途中陨落。

这段陨落的旅程开始时似乎顺风顺水,趣意盎然。那是康熙十一年

（1672）春节之后，李渔和家班踏上去武汉的旅程，这次他带了四个姬妾，是历次访问中规模最大的一次。

和往常一样，李渔家庭的演出沿途引起一次次的轰动，成为当地难得的一件文化盛事，达官贵人们都争着请他登门演出，李渔的演出计划一直排到了夏天。

世界上的凶险往往都潜藏在表面的幸福之后，就在李渔事业正达到顶峰的时候，不幸和挫败突然开始露出狰狞的獠牙。年轻的乔姬因产后风寒，积劳成疾，不久客死在航船上。祸不单行，年轻的王姬一年后也因病死在了李渔怀里。

台柱子倒了，家班自然无法维持，剧团只能关门歇业，李渔的生活也随之进入捉襟见肘的困顿，经常要靠举贷度日了。

浓重的黑暗笼罩着这条过去总是奔腾不息的江河，让它进入了回忆与伤感的暮年。那些日子里李渔总是老泪纵横，悲恸欲绝，现在他挥笔写下的，大都是《断肠诗二十首哭亡姬乔氏》、《重过江州，悼亡姬，呈江念鞠太守》、《自乔姬亡后，不忍听歌者半载。舟中无事，侍儿清理旧曲，颇有肖其声者，抚今追昔，不觉泫然，遂成四首》、《后断肠诗十首》这样哭悼乔、王二姬的诗作。他深情绵绵地为二人写下了《乔复生王再来二姬合传》，希望二姬能复生再来。

这不仅因为乔王二姬是他家班里不可或缺的主角，生活上形影不离的伴侣，更因为她们在艺术上最能领悟他的意图，是他在这片俗世红尘中绝无仅有的红颜知己。

1680 年，古稀之年的李渔在贫病交加中于杭州与世长辞。

"为渠那得清如许，为有源头活水来。"当我们这样赞美大江大河汹涌澎湃的气势时，总会举目向上游眺望，是的，正是源头那些最初貌似不起眼的潺潺溪流，开启了它们奔腾不息、源远流长的美丽。

所以，当我们啧啧惊叹于李渔那些与众不同的独特创作，那举世瞩目的创作活力，那些超前的理念与思维时，也请你举目远眺吧：兰江那片奔流的浪花，故乡夏李村起伏的山丘……

李渔的江河正是从那儿开始汇聚、开始奔涌，最终奔腾恣肆、一泻千里的……

第三章　思想的城市

一、婺学——我们的精神家园

毫无疑问,南宋也应该是中国历史上伟大的时期之一。
《剑桥中国史》辽西夏金元卷中这样评价这一历史时期:

> 宋朝最初未能收复边沿诸省,后来又丢失了北半个中国,这遭到中国
> 后来历史学家的严厉谴责。这种批评虽不可否认,但中国文明有许多方
> 面在唐、宋几个世纪中达到顶峰,这也是事实。文化领域尤其如此。在这
> 几个世纪中,出现了佛教经文和儒家经典的大百科全书;许多学者撰写的
> 各朝历史内容全面;伟大的诗人和艺术家的杰作大批涌现;写在书卷上的
> 书法艺术同绘画一样受到高度评价;精美的瓷器几乎如玻璃一样薄,一样
> 透明;印刷术的发明价值连城,被利用来复印和发行大礼佛经;科学技术
> 取得了至今才得到充分理解的非凡的进展。

美国著名历史学家斯塔夫里阿诺斯在《全球通史》中这样写道:

> 宋代工商业的高度发展和人文领域的巨大进步,不仅高度开发了读
> 书人的智慧,也促进了身处社会中下层民众智慧的提高。智力的进步和
> 工商业的需要,有力地推动科学与技术的进步。与前代相比,宋代技术发
> 明明显呈现爆炸性的发展,许多划时代的技术发明在宋代成熟运用于生
> 产与制造过程中。因此,到十四世纪之前,中国都是技术革新的伟大中
> 心,向欧亚大陆其他地区传播了许多发明。虽然来自中国的发明很多,但

对文明带有根本推动的，就是我们通常所谓的"四大发明"中的三大发明（火药发明于唐代，正式使用于宋代，指南针、活字印刷则被认为是宋代发明并开始使用）。

那个时期，以杭州为都城的南宋境内经济繁荣，贸易流通尤其是对外贸易非常发达，人民生活富庶安定，文学艺术欣欣向荣。如果没有边关上那些时时燃起的烽烟，没有金人时刻都会吹响的胡笳，真称得上是当年人间的一片乐土。江南的锦山秀水虽然不能描画一统江山的宏远博大，却确实描绘出了一片丰收在望的田畴，帆樯如林的港湾，还有那满城的笙歌曼舞，书声琅琅。

所以，英国史学家汤因比说："如果让我选择，我愿意活在中国的宋朝。"

所以，美国历史学家墨菲说宋朝是"中国的黄金时代"。"后来世世代代的历史学家批评它，但它却从960年存在到1279年，长于三百年的平均朝代寿命，它完全可以称得上是世界上最大、生产力最高和最发达的国家。"

所以，中国学者余秋雨说："我最向往的朝代就是宋朝。""因为宋朝是文化艺术的殿堂……"

当杭州作为临安正享受着都城的繁华尊荣，与它近在咫尺的婺州，也同样正在经历一次脱胎换骨般的发展与进步。

首先是人口的急剧增加，"靖康之难"迫使北方人口大量南迁，成为继"永嘉之乱"、"安史之乱"后的第三次人口南迁高潮，仅两浙两路，就有五百多万北方移民南迁。这些人不少年富力强，随身携来大量财富，使江南各城市在短期内迅速膨胀，城市化水平大大提高，各种经济产业迅猛发展。正如著名华裔学者刘子健谈及当年情况时所说："苏杭是天堂，其他城市也大有可观。虽有物价波动，纸币贬值的困难，大体能维持。"

南下的移民中不仅有劳动力，更有大量的社会精英，他们带来了先进的思想文化与艺术，使南方的文化艺术水准得到了迅速提高。

在这个堪称中国历史伟大的时期，金华带着江南特有的优雅，在南宋的舞台上伴随都城临安翩翩起舞，担纲一位十分重要的角色。而且此时它扮演的角色，已不再仅仅是农夫、工匠或者士兵，在一片富庶的光环下，它戴上儒巾，穿起长袍，迈着深思熟虑的方步踱进书斋书院，成为那个时代全国最重要的教育与学术思想基地之一。

　　不仅如此,金华还为南宋朝廷提供了许多治国的良才,终其一朝,共有九位金华籍优秀仕子先后担任南宋的宰辅,他们是楼炤、叶衡、王淮、葛洪、范雍、范锺、乔行简、林大中、马光祖。

　　就连正在逃难途中的李清照寄寓金华之后,也不禁借景抒情,把这样大气磅礴的诗句做成花环,毫不吝惜地挂在了金华的颈项上:"千古风流八咏楼,江山留与后人愁。水通南国三千里,气压江城十四州。"

　　在天堂近边,金华天使一般地思索着,天堂一般地亮丽着。它搜集流水般浩瀚的经史子集,开始苦苦探寻人类的过去;在如松枝一般稠密的探讨辩论中,激烈争论着世界的过去、现在与未来。

　　穷经极理,冥想苦思,一切都为了解答人类思想史上那个亘古永恒的命题:我们是谁? 从哪儿来,到哪里去?

　　这个命题已经折磨了人类几千年,或许还将再继续追问几万年!

　　在这些充满理性的思索和探讨中,金华诞生出自己独具特色的艰深学问,形成了一个在中国哲学史上具有重要地位的学术流派——金华学派,或曰"婺学"。

　　"婺学"其实就是具有金华地方特色的儒学,是儒学和金华地方特色相结合的精神产物。在当时众多的学术流派中,它直宗孔孟,却又独具自己鲜明的特色。在认识论上,它既承认存在于世间万物中的普遍规律"理"或"天理",又认为"心"是认识"理"和驾驭"气"的主宰,主张用孔孟的中庸之道将它们高度统一。

　　由此出发,婺学主张内外并重,本末并举,倡导用文道并重、经史并重、道德与知识并重、心性与事功并重的方法认知世界。它上承孔门之正传,下开浙东学派之先河,是一门旨在经世致用的求真务实之学。

　　婺学的源头,也许要从兰溪香溪人范浚(1102—1150)算起,后人尊称他为"婺学开宗"。

　　而它的鼎盛时期,则要从南宋初年算起,这时在全国范围内,已经形成朱熹的闽学、吕祖谦的婺学与陆九渊的金溪之学三家鼎立之势。而在婺州范围内,又有吕祖谦与陈亮、唐仲友三家并兴之盛。

　　这其中又以吕祖谦一门影响最大,不仅在婺中学术界居领袖地位,也是全国范围内三大学派之一,称得上是婺学代表。正如黄溍在《送曹顺甫序》所说:"盖婺之学,陈氏先事功,唐氏尚经制,吕氏善性理,三家者,唯吕氏为得其宗而独传。"

三位婺学大师相继去世之后,吕祖谦所开创的婺学,主要由其胞弟吕祖俭、从弟吕祖泰、儿子吕延年等众多吕氏子弟和学生继承,正如《宋元学案·东莱学案》所说:"诸讲学子孙,惟吕氏未坠。"绵延传承,方兴未艾。

不过外来的许多学派,如朱熹的闽学、张栻的湖湘学派、陆九渊的金溪学派以及陈傅良、叶适的永嘉学派等也在渐渐地流入婺州,其中又以朱熹的闽学门生最广,势力最大,一度甚至超过了本地吕、陈、唐三家。

而由何基、王柏、金履祥、许谦组成的"北山四先生",又被朝廷和后世视为朱学的嫡传。

就这样经过南宋中后期长达百年的交流融合,婺州各大学派基本形成了统一的学术特色:以吸取朱、陆的心性之学作为修身立德之本,以吕氏的经史文献之学和陈亮的事功之学为经世致用之资,旁求永嘉经制之学作为从政施治之具,充分体现了求真务实、各取其长的学术风格。

正是这种思想学术的融会贯通与相互交流,使婺州学术界呈现出强烈的共性,在相当长的历史时期里形成强劲的文化合力,在全国范围内凸显为一个强势学术群体。

与当时盛行的朱学、陆学不同,婺州学派既讲实学,又重道德,其最大特点是求真务实,经世致用,是对现实事物能够真正起到指导作用的现实之学。

例如,面对当时偏安一隅的南宋政局,号称"东南三贤"之一的吕祖谦政治上强调"恢复大事","方略当审",是稳健而务实的抗金论者。在淳熙四年两次《轮对札子》中,他提出多方面的革弊主张,强调应从改革朝政入手。他毫不客气地批评皇帝"独运万机"。并指出,重文治而轻武绩,是宋代最大的弱点,并提出了文治与武绩应并重的国策。

在教育方面,吕祖谦在《太学策问》中提出"讲实理、育实材而求实用"的培养目标。"讲实理"是其教育指导思想,"育实材"是其培养目标,"求实用"是其治学态度和目的,而基本的精神就在于"务实"。他主张德才并重,"德教为本",但又不轻视才能,认为只有德才兼备的人,才能有益于国计民生,一个人如果只有道德而无才能,对国计民生就起不到什么作用。

而陈亮的事功学派喜"谈说古今,说王说霸",显得更加豪放大度,他尖锐批评新儒家注重道德动机的思想倾向,极力推崇汉祖、唐宗那样因杂用霸道而确立丰功伟业的英明君主。他主张为学应以读书为事,志在通经达用、救时除乱,振兴国家。

婺学的第二大特点是注重创新,敢于批判。吕祖谦在丽泽书院讲学时,专门鼓励弟子"质疑"、"创新",认为"读书无疑,就是不曾理会"。在所著《杂说》一书中,他说:"小疑必小进,大疑必大进。盖疑者,不安于故而进于新者也。"要真正读懂书,就必须理会其"所以然",了解其义理之所在。

陈亮也主张做学问要有创见,不能人云亦云。叶适在为他的《龙川文集》作序时,特别指出陈亮修皇帝王霸之学,"其说皆今人所未讲"。

婺州学派坚持自己认为正确的东西,敢于批判,更敢于创造。对当时腐败的时政,吕祖谦积极呼吁"更革弊政"。在与当时学术界的权威人物朱熹辩论时,陈亮不把权威放在眼里,总是畅所欲言,大胆鞭挞,无所顾忌。

兼收并蓄,本末并举,是婺学第三个显著的特点。他们秉承儒家"执其两端用其中"的中庸之道,坚持中国古代哲学中朴素辩证法的观点,强调在事物各方面之间达到协调平衡,作为立身处世和治国安民的方法和准则,并借此达到事物的高度统一,做到真善美统一、道德与知识统一、内圣与外王统一等。吕祖谦十分强调治学中的经史并重、文道并重、体用并重、本末并举、道德与知识并进、性理与事功兼修等,在理论上力求各方面协调平衡,从而达到高度统一的境界,这也是婺学区别于其他学派的显著特点之一。

长期以来,儒家在经济方面虽然承认农乃立国之本,但一直存在重农轻商的倾向。吕祖谦却率先提出"本末并举"观点,陈亮更明确提出"商藉农而立,农赖商而行",这一提法在中国思想史上具有开创性的重大意义。

婺学是刻苦研习,严谨治学的产物,它的代表人物大都出身贫寒,命运多舛,一生坎坷,但却在艰苦环境中矢志不移,勤奋好学,著书立说,学以致用,为后人树立了一个个光辉榜样。

吕祖谦一生的治学步骤是:"意欲及筋骸尚未衰惫,考治训诂,极意翻阅;至五十以后乃稍稍趋约,庶几不至躐等也。"他对自己治学有严格的计划,打算 50 岁之前以博学为主,扎扎实实地打好基础,50 岁以后才进一步由博返约。

陈亮潜心研习王霸之学,"十年壁水,一几明窗",虽然一度生计窘困,三位亲人逝世都无法掩埋,还曾两度入狱,受尽皮肉之苦,却始终勤学不辍,矢志不渝,著书立说,志向远大。

宋濂在脍炙人口的《送东阳马生序》一文中,详细记述了自己刻苦从学的经历,那份艰窘,那份坚韧,那份达观,让天下所有的学子们阅读之后,都不由得振奋不已。

而今人让我们感动的,还有婺州学界当年那份沉郁通达,坦诚相见,友好和谐的学术空气与氛围。莘莘学子虽然学术上固执己见,据理力争,不惧权威,不轻易妥协,但在学术之外却依旧剖心沥胆,坦诚相待,互敬互让,不搞文人相轻的一套。不仅被公认为谦谦君子的吕祖谦是这样,就连性格豪放、不拘小节的陈亮也是如此。

据史书记载,陈亮对吕祖谦一直持有师长般的尊重与爱戴,从今天保留下来他们相互往来的34封书信看,陈亮每写一文,每刻一书,都要先送吕祖谦求正,只要是吕氏提出的意见,他都虚心接受,尽量修改。陈亮心情郁闷时,吕祖谦会好言开导,陈亮境遇不佳时,吕祖谦会温言相劝。他们经常见面,谈至深夜仍毫无倦意。当吕氏病逝的噩耗传来,陈亮跌足痛哭,立刻赶到金华吊唁,祭文竭尽哀伤痛惜之意。

陈亮与朱熹的关系,虽不如吕祖谦般亲密,在地位性格上也相差甚远,但却仍能在激烈论辩之余,尽力保持一份友情。他和当时各学派的领袖人物,如"东南三贤"之一的张栻,"心学"首领陆九渊,永嘉学派代表人物郑伯熊、叶适等也互有往来,在学术上坚持己见的同时皆真诚以待,坦诚相见。

"百花齐放,百家争鸣。"从南宋孝宗乾道年间开始,经元至明初两百多年,金华学派一直名人辈出,硕果累累,他们倡导的"求真务实"与"经世致用"学风,后来又为黄宗羲、章学诚等领军的清代浙东学派继承并发扬光大。

文学大师博尔赫斯有一句名言:"如果有天堂,天堂应该是图书馆的模样。"

在那些辉煌的年月里,金华阅读着、思考着、书写着,俨然成为江南读书人向往的天堂。作为它思想文化的结晶,婺学一直在发展着、繁盛着,为自春秋以来中国第二个学术思想空前繁荣的时代增光添彩,并最终让古城焕发出卓越的思想光辉,映照中国,辉映青史,光照今天。

西方学者曾经评出过"东方三大圣人",第一是老子,第二是孔子,第三是六祖慧能,正好代表了中国三教:中国文化的儒家、道家、佛家三大文化体系。

也有人说,古代中国人头上戴着的是儒家的帽子;身上披着的是道家的袍子;脚上穿着的却是佛家的草鞋。

这话很有道理,因为儒、佛、道三教合一,历来就是中国封建社会思想文化的根基,在唐代即"久已普遍朝野",在明代更得到朱元璋的大力提倡。千百年来,它们在保持各自基本立场和特质的同时,又你中有我,我中有你,在长期碰撞冲突中相互吸收和融合。到19世纪中叶以前,中国文化一直延续着儒、释、道三家共存并进的格局,充分体现了中国文化高度融合的精神。

因此,我们的祖先往往在伦理和社会生活上是儒家;在个人生活和健康上成为道家;而在烦恼和死亡面前则双手合十,成为虔诚而坚定的佛教信众。

号称明初文人之首的金华人宋濂日夜侍奉太祖左右,深谙明太祖旨意,他就大力提倡"三教合一"。他说:"大雄氏之道,不即世间,不离世间,乌可歧而二之?我心空邪?则凡世间诸相,高下、洪纤、动静、浮沉,无非自妙性光中发现。苟为不然,虽法王所说经教,与夫诸祖印心密旨,皆为障碍矣。"

这种融会贯通的现象因此也在八婺大地表现得极为完美,如果我们把儒家文化比作金华人精神家园的根基和土地,那么道教文化就是长年轻拂这块园地的清风,佛教文化则是滋润这块园地的清泉,它们三位一体,和风细雨,长年不息,共同孜孜不倦地培育着这块土地上一年年茁壮美丽的丰收。

(一)

道教文化在金华的影响极为深厚,这是因为,在道教的范畴,物质的层面,以金为贵,精神层面,以华为上,金华山三名即由此而来。金华山本就是一座驰名中外的江南道教名山,早在两千多年前,就是道家方士们的采药炼丹之地。中国现存最早的方志东汉《越绝书》里,就记载着金华山是"古人所采药也,高且神"。城名金华也以山名所得。

东汉末年的著名道家人物左慈在所著的《金丹仙经》中,将金华山(时称长山)与"五岳"即华山、泰山、嵩山等并列齐名(排名第七),称其为"精思修炼"、"合作仙药"之地,誉为"江东名山"。

而《晋书·地理志》记载,东晋时金华山就已建起著名的道教宫观"赤松子庙"(后称赤松宫)。

唐代道教人物杜光庭将金华山列为道教"三十六洞天之一",至此,金华山已跻身为古代公认的道教名山之一。

从古至今,这座道教名山上缭绕着许多引人入胜的五彩祥云,而其中最美丽的一朵,无疑就是关于黄大仙的那些记载与传说。

黄大仙的记载最早可见于晋代著名道教理论家葛洪所著的《神仙传》,迄今已有1600年历史,随后的历朝历代都有人为他立碑树传,仅见于明代道教经典《道藏》中的就有7篇。

也是从晋代开始,金华先民就为他们兄弟俩建祠祭祀,以后又不断翻修延建,香火绵延直至现在。如今更已延烧至港澳地区和世界各地,被称为"金华分迹"。

这是一个凡人的神仙,他施展的功力,他所作所为的一切,都是为天下平民百姓的平安幸福,无论是叱石成羊,还是二仙造桥、斗牛伏虎、教种佛手,甚至赐方种萝卜,无一不和衣食人群的日常生活紧密相关。以至今天在香港及东南亚,他被普遍视为"药神"、"财神"、"善神",百姓们日常生活有欲望需求,往往会去他的塑像前燃香祈求。

这又是一个神仙中的凡人,他出身草根,15岁前还是个小小牧童,唐代诗仙李白就直呼他是"金华牧羊儿"。得道成仙后他仍然常常牧羊采药,在"叱石成羊"的传说里,满山的石头都成为他放牧的羊群。在葛洪所著的"神仙传"里,他的地位并不高,但所作所为却得到人民群众一贯以来的深深喜爱。北山赤松宫的香火千百年来兴盛不绝,在宋代就被称为"江南道宫之冠","江南道流冠冕"。据统计,世界各地虔诚的大仙信徒据说至今仍有约两千万人,其中在港澳地区便有约四百万。

黄大仙的传说流传甚广,千百年来对金华人的影响极为深远。究其原因,是因为在这个偶像身上,极其完美地体现出道教文化的某些精髓部分:他顺应自然,处处流露"无为而无不为"的哲学主张;他对超自然力量和信仰的崇拜运用;它与人民生活、民族习俗的紧密相连等;都对祖祖辈辈向往平安和谐生活的百姓,产生着巨大而又不可抗拒的吸引力。

不知多少次了,当我凝目注视北山黄大仙祖宫中那尊五彩的雕像,心头总会止不住地浮想联翩:如果我们拂去千百年来笼罩在他脸上的那片祥云,这位大仙其实就是一个善良普通的金华农民,和如今仍然辛勤劳作在汤溪、武义山间地头的那些农民们完全一个样,都是那样地勤劳善良,与世无争,安贫乐

道······

（二）

千里莺啼绿映红，水村山郭酒旗风。

南朝四百八十寺，多少楼台烟雨中。

——（唐）杜牧：《江南春》

这是当年唐朝诗人杜牧笔下的江南春景，出没掩映于深邃迷蒙烟雨中的，都是些金碧辉煌、楼宇重叠的古刹佛寺，这幅朦胧迷离的水墨画卷，真实而又传神地描画当年江南佛寺遍布的春日景象。

这样的景象同样也铺展在八婺的土地上，婺江之滨，大盘山下，许多香火兴旺的佛寺曾经顽强地掩映在历史的迷蒙烟雨之中，留下许多至今无法抹去的历史印迹，而有些古寺旧庵历经沧桑，直到今天仍然晨钟暮鼓，香火兴盛。

金华历史上最著名的佛寺，当属义乌佛堂的双林寺，创建于 520 年，历经 15 个朝代，15 个世纪，历史悠久，底蕴深厚。据史载，北宋时尚余僧舍 1200 间；南宋时僧众仍以几千计数，寺内仅止观庵比丘尼就逾千人。

在中国传统文化史上，双林寺具有相当的地位。北宋时曾被宋宁宗定为"天下禅宗五山十刹"之八，元朝时称为"浙水东大刹"，明朝时誉为"震旦国中庄严第一"，清朝时号称"天下第三，江浙第一"。被载入《中国佛教名寺》画册，现代国学大师南怀瑾先生曾亲笔为双林寺题字："弥勒祖庭"和"东土维摩禅双林大士傅善慧大师祖庭"。

双林寺内至今仍残存一尊铸造于五代后周广顺二年（952）的铁塔，造型精美，别具匠心；花卉图案，形象生动；角兽奔马，呼之欲出；虽经一千多年风剥雨蚀，塔身除部分氧化生锈外，仍然乌黑发亮，令人叹为观止，是佛教艺术中的精品，也是研究古代铸造工艺的珍贵实物史料。据文物专家说，这样布满精美纹饰而又年代久远的铁塔，在全国尚无第二处，堪称中华瑰宝。

同样盛名远扬的，还有位于金华北山脚下的智者寺，于南朝普通七年（526）由梁武帝下文敕建，又名智者广福禅寺、智者圣寿禅寺。宋太宗淳化年间、明万历年间曾两度重修。香火鼎盛时亦拥有寺僧千余，为著名的江南名刹。唐时著名画家吴道子曾在此画有《童真观音像》、《释迦牟尼像》、《世支（势至）像》三幅画像，并刻石勒碑。至今该寺仍残存陆游手书的《重修陆游广福禅寺记》、《与僧仲玘八札》石碑,为珍贵的国家一级文物。

千年历史,千名僧众……透过这些令人印象深刻的数字,我们至今仍能想象出当年那些香烛缭绕、万众来朝的壮观盛景。

义乌在历史上历来就是个奇特的地方,往往不时之间便会闪现出一些奇幻莫测的身影,灵光一闪,然后便永久地定格在了渐渐泛黄的史籍上。

公元520年,又有一个这样奇特的人物出现了,这回是披着袈裟,以一个菩萨的形象走进了佛坛,他就是傅翕。据说此人24岁前只是个农民,一天在一口塘边遇见了达摩,对他说:"我和你都是第四天兜率宫来到世上救人,你什么时候回去?"。傅翕闻言瞠目结舌,达摩便说:"你不信,请到水边来照照影子。"

塘水清清,映出的果然是一幅圆光宝盖的庄严法相。于是记忆复活,傅翕从此按照达摩指点,在双梼树下的经庵潜心修行7年,方见释迦、金粟、定元三佛自东方来,道道金光汇集到他的身上……

这是个带有神话色彩的传说,不过真实的双林寺开山祖师傅翕倒也确实有些神奇,他又名弦,字玄风,是东阳郡乌伤县(今义乌市)稽亭里人,生于齐建武四年(497),陈太建元年(569)示疾。一生著述颇丰,在佛教思想史上有着卓越的贡献,所著的《心王铭》、《法身颂》诸篇成为佛教经典,被收入《续藏经》,其间还多次受梁武帝之邀进京讲经。

傅大士以其传奇人生和高超智慧,成为《高僧传》中唯一的在家居士,被尊称为弥勒化身、中国维摩禅始祖、佛教中国化的先驱、中国禅宗奠基者之一、中华多元共生智慧代表人物。他也是南朝梁代禅宗著名之尊宿,世界佛教史上的重要人物,被日本天台宗祖师最澄列为天台宗二祖。

在中国佛教史上有传的两千多名高僧中,号称大士的中国人为数极少,而傅翕就是其中之一。他与达摩、宝志共称梁代三大士(菩萨)。宋朝以后被列为五百罗汉之一,称为第"一百三十一善慧尊者",亦被后人称为善慧大士。

傅大士是一位深刻的哲人和思想家,对后世的影响很是深远。宋高僧佛印赞其为"道冠儒履释袈裟,和会三家作一家"的一代宗师。清朝学者朱一新称他"开达摩东渡之声",佛门更尊其为东方圣人。生平事迹被编入台湾彭楚珩编著的《历代四十高僧》书中。现代国学大师南怀瑾先生则评价他倡导"以儒行为基、道学为首、佛法为中心"的三家和谐思想,开中国禅宗原始宗风,合

"空""有"为一义,将解脱修行和社会参与二者统一起来,其心性论成为后世禅学的核心和源头。

又是一位农民出身的仙人菩萨,又是一位人民创造并且时时都在庇佑着平民百姓的尊神。千百年来,人民大众其实都是在按照自己心目中的向往需求,在执著地塑造着一尊尊至高无上的菩萨神仙。而这些菩萨神仙一旦走进宗教,又会极大地改变着他们的思想,影响着他们的心理与生活……

英国哲学家罗素说过:"中国与其说是一个政治实体,还不如说是一个文明实体———一个唯一幸存至今的文明实体。"

"千年孔乐归东鲁,万古衣冠拜素王",以"仁义"和"人为贵"为核心的儒家思想作为中国正统文化根基,两千年来已经深深影响了华夏各个民族,成为大中华文化乃至东方文化不可颠覆的基石,一种根深蒂固的文化基因,每时每刻都在观照、影响、制约着这颗星球上黄色皮肤的人们。时至今日,你把任何一个中国人抛到地球上无论哪个天涯海角,他都会自觉不自觉遵循华夏民族的思想准则行事,不仅自己默默无语地奉行,还会无声无息地延续给子孙后代。

或许他自己并不能说清,什么叫儒家文化? 它究竟从什么时候开始影响制约着自己。但他却会像普天下所有的候鸟在季节来临时北翔南飞、海龟生下来就奔向大海那样,天经地义自觉崇奉着这些祖祖辈辈的信条和原则。

这是因为,儒家精神早已无声无息渗透在他生命的每时每刻,成为他灵魂的自觉闪念,生活的自觉言行。

它的起源,也许只是记忆中那些父母早起耕作的剪影,小时候诵读的几篇课文或者吟唱过的几首童谣,是路人邻居不经意间的几声寒暄,跌倒时路人伸出的几双温暖援手……

举个例子吧,一个金华人自己津津乐道的例子:

金华籍著名史学家何炳棣先生晚年回忆外祖母的言传身教,吃饭时,外祖母经常会这样教训他:"菜、肉能吃尽管吃,但总要把一块红烧肉留到碗底最后一口吃,这样老来才不会吃苦。"何炳棣感慨道:"有哪位国学大师能更好地使一个五六岁儿童的脑海里,渗进华夏文化最基本、最深层的慎始敬终的忧患意识呢?"

对了,这就是文化,无所不在,无处不有,无所不为,无所不能,直至这天底下的每一个人,直至每个人的神经末梢。

当 21 世纪的太阳升起,暖洋洋照耀着我们这些捧着手机电脑,开着奔驰宝马,动辄就乘喷气客机环游世界的现代人群,人们已经很难说清,婺学对于我们还有什么重大影响,甚至已经很少还有人听说过金华学派,看过这些先师的著作,更别说聆听这些先贤的教诲了。

可是,婺学的精髓却没有随风飘逝,相反,它已经化成了清风,变成了流水,翠绿在我们天天遥望的山岭,飘逸在我们日夜聆听的风声雨点,甚至渗透在我们每天咀嚼的食物,自觉在我们每时每刻的言行里。一句话,它已经深深地渗透进入金华人的血脉,成为生活在这块土地上人们日常的言行举止,成为塑造他们性格心理的首要文化基因。

人的生理基因决定一个人的肤色种族高矮胖瘦,人的文化基因决定一个人的性格脾气心理走向!法兰西文化造就浪漫风流的高卢民族,俄罗斯文化造就斯拉夫民族的剽悍勇猛,而德意志文化,则塑造出日耳曼人精细刻板、一丝不苟的民族性格。

就是在这样的文化传承当中,当年的婺学大师把婺江的流水,南山的松涛悄悄融入进自己的文字与思想,让它们化做了一种精神营养、文化雨露,无声无息撒播在婺州绿色的山水之间,滋养着这块土地上世世代代的人们。

于是婺学便无可争辩地成为八婺大地思想的主脉、文化的主流、艺术的主旋律,悄悄而坚定地塑造着一代代金华子孙的人文性格、思想行为,制约着这块土地上人们的言行举止、风俗习性。

婺学求真务实,经世致用,崇尚事功,这块土地上的人们也因此事业心强劲,见利思义,注重实际,不尚空谈。

婺学注重创新,敢于批评,这块土地上的大多数人们因此敢为天下先,他们敢作敢为,对旧事物不迷信,对新思想很敏感,敢于走出自家狭小的三分土地,去走南闯北,搏风击浪。

婺学大师们学业刻苦,学风严谨,这儿的人们也因此尊师重教,勤奋好学,处处飘溢起浓郁的墨馨书香,即便是普通的日常劳作,也常常上升成为闪耀着文化光焰的知识性创造。

婺学主张"本末并举"、"农商相通",这儿的人们就挑起小火炉,摇起拨浪鼓,敢商向富,将"五金之乡"、"百工之乡"、"书画之乡"的美誉传播到五湖四海,直到今天涌现出全国最大的小商品城,亚洲最大的影视制作基地和五金博览城。

著名作家林语堂这样向世界介绍"老北京精神":

什么东西最能体现老北京的精神?是它宏伟、辉煌的宫殿和古老寺庙吗?是他的大庭院和大公园吗?还是那些带着老年人独有的庄重天性站立在售货摊旁的卖花生的长胡子老人?人们不知道。人们也难以用语言去表达。它是许多世纪以来形成的不可名状的魅力。或许有一天,基于零碎的认识,人们认为那是一种生活方式。那种方式属于整个世界,千年万代。它是成熟的,异教的,欢快的,强大的,预示着对所有价值的重新估价——是出自人类灵魂的一种独特创造。

婺学与和它融会贯通的中国古代文化精神、文化基因也是这样,它们就像岁月一双无形而神奇的大手,在悄悄塑造着婺州的过去,影响着金华的今天,刻画着中心城市的未来。于是我们身边的那些爱恨情仇,故事传说,便会在历史的朔风中馨香阵阵,千秋万代地绵延传承,生生不息。

中华文化,金华人永远的精神家园!

二、永远的丽泽

要描写这个人短暂辽阔的一生,就要从两个默默无闻,如今已经踪影难觅的湖泊写起。

这两座小湖坐落在宋代婺州光孝观侧边,而今市区内一览亭旧址东北,清代金华县学的后边。

没有水榭歌台、雕楼画舫,也没有芝径云堤、云帆月舫,只有一片粼粼清波和田田碧莲。这两座湖泊在婺城相偎相依,清澈得就像一对天真无邪的眼睛,朴素得就像湖边居住的那个人。

那个人常常会来湖边小坐,不是在晨曦微露的黎明,就是在夕阳西下的黄昏。他来了,坐在一块覆着陈年绿苔的临水青石上,凝目遥望二顷明镜一般的水面。

人和湖泊的眼睛久久对视，那是一种人与自然的对接，心灵与虚空的连通，冥冥之中思接千载，视通万里。

于是透过这个人静如止水的面容，湖水知道，此刻他胸间正翻卷着华夏历史千顷的烟云，他脑海中正流淌着古今学术万里的波澜。

听着宾客学生们恭敬的称呼，湖水知道了这个人，就是人名鼎鼎的"东莱先生"吕祖谦。

吕祖谦也一定深爱这两口朝夕相伴的小湖，所以才会取其景致，把自己兴办的书院起名叫做"丽泽堂"。

人爱其湖，湖如其人。

（一）

日夜面对两口宁静的湖泊，可吕祖谦的一生却远不能像湖泊那般宁静。他生于宋高宗绍兴七年（1137），字伯恭，祖籍山西，"后徙寿春"（今安徽境内）、开封。北宋灭亡之时，曾祖吕好望携全家随宗室南渡，定居婺州。他出身名门，历代先祖中不仅有许多权倾一时的高官，更有许多名满天下的大儒，后人考证："吕正献公家登学案者七世十七人。"

吕祖谦25岁那年世袭为右迪功郎，授严州桐庐县尉，主管学事。但一心向学的吕祖谦并不看重这些官职，甚至都不愿去上任，一心要走科举入仕，学贯古今的道路。

孝宗隆兴元年（1163）吕祖谦双喜临门，他先考中进士，接着又考中了博学鸿词科，特授为左从政郎，改差南外敦宗院宗学教授。年轻有为，学业有成，仕宦的辉煌生涯似乎正微笑着，在为他远大的前程铺开一条布满鲜花的坦途。

他向着鲜花走去，却不料前方等待着他的，竟然全是陷阱与荆棘。命运在给予吕祖谦出众才华的同时，更给予他数不清的磨难与挫伤。

从25岁开始，一连串不幸降临到这个才华盖世的年轻人身上，除丧父丧母之外，他还经历了三次丧妻，一次丧弟，二次丧子，一次丧女的痛苦，又在42岁盛年之时患上不治的风痹之症，生活不能自理，连吃饭穿衣都要家人帮助。44岁那年便英年早逝，早早离开了人间。

"才如天高，命如纸薄"，也许这八个字，才是吕祖谦命运真实而无奈的写照。

不过正如我们在历史上常常见到的那样,辉煌总是在苦难之后闪现,伟大往往借助悲惨完成。尽管经历一次次生离死别,加上病魔缠身,英年早逝。但吕祖谦却在 44 年短暂的人生里,笔耕不辍,苦读不已,为今天的我们留下了湖水一般广阔深邃的思想与著述。

他任史官时,曾参与编修《徽宗皇帝实录》200 卷,奉旨校正《圣宋文海》,重新编选了《皇朝文鉴》。这部书共 150 卷,所涉诗文集 800 余家,保存了北宋大量诗文。他留下了《古周易》1 卷、《书说》35 卷、《吕氏家塾读诗记》32 卷、《春秋左氏传说》20 卷、《春秋左氏续说》12 卷、《两汉精华》28 卷、《丽泽论说集录》10 卷、《历代制度详说》12 卷、《古文关键》2 卷及《东莱集》40 卷传世。

吕祖谦留下的未竟史著有《大事记》12 卷(通释 3 卷、解题 12 卷),是一部本拟"起春秋,后讫于五代"的编年体通史,虽只写到汉武帝征和三年便去世了,但却是一部严谨的史著,每个事目都注明出典,一丝不苟。

吕祖谦另一部较有影响的史著是《东莱博议》,又称《左氏博议》,全书共4 卷,选《左传》文 66 篇,分析透彻,议论明达,阐发了他卓越的史学思想,具有独特的真知灼见。

在身患重病后短短两年半的时间里,他仍然再次修订了《吕氏家塾读诗记》,撰写《书说》、《古周易》、《周易系辞精义》、《古易音训》、《宗法》、《祭礼》、《欧公本末》、《坐右录》、《卧游录》、《庚子辛丑日记》及历史巨著《大事记》等。临死前几天,还信心十足地给新任参知政事周必大写信,谈及自己的学术计划:"近日来读书,视旧颇不鲁莽。若得十数年余暇,无他病挠恼,于句读训诂间或粗有毫分之益也。"

吕祖谦学习刻苦严谨,从无止境。他为自己制订的一生治学步骤是:"意欲及筋骸尚未衰惫,考治训诂,极意翻阅;至五十以后乃稍稍趋约,庶几不至躐等也。"即在 50 岁之前以博学为主,打好扎实基础,50 岁后再进一步拓展。可惜天不假年,他未到 50 岁就去世了。

吕祖谦也是一位伟大的教育家,他以那两座小湖命名的"丽泽堂",开办于宋乾道初(约 1165 1166),后迁移到城北的新居,除自己教授、著书立说外,还先后邀请当时的著名学者朱熹、张栻、陆九渊、陆九龄、薛季宣、叶适、陈亮等前来讲学。小湖边一时群贤毕至,大儒云集,各种学派思想在这里交流,各类学术观点在这儿碰撞,金华城内文坛鼎沸,百家争鸣,学术空气浓郁,被天下学子赞誉为"小邹鲁"。

吕祖谦为丽泽书堂制定了以"孝悌、忠信、明理、躬行"为基本准则的学规,学生中如有"亲在别居、亲没不葬、因丧婚聚、宗俟讼财、侵犯公财、喧噪场屋、游荡不检"等行为者,即令退学。他编著了《东莱左氏博议》(25卷)、《近思录》(14卷)等教材,以"讲求经旨,明理躬行"为本。书院教学采用个别钻研、相互问答与集众讲解相结合的方法,每月授课2—3次,一年一次考试。先后培养出了著名学者吕祖俭、叶邽、楼昉、乔行简、王瀚、戚如琥、王深源、李大有等89人。

不久,丽泽书院就声誉鹊起,与岳麓、白鹿洞、象山并列,被称为南宋四大书院。

宋孝宗乾道二年(1166)、九年(1173),因母亲父亲先后逝世,吕祖谦在明招山前守墓6年,这期间他正式主持明招讲院讲堂,多次邀请朱熹、张栻、陈亮、叶适等南宋名儒前去聚会讲学,每次学生少则数百,多则上千。史载著名学生有85人,似乎比孔子弟子72贤还多。

自他莅临明招讲院讲学,周边所及郡邑科甲中榜便成倍增加,仅武义在短短几十年里,就先后出了四十多位进士。

(二)

清澈的湖水在丽泽书院门前荡漾,泛着满天流云星光,映着湖边山色柳荫。

吕祖谦在书院静静地伏案,永远那么好学,那么谦逊。清代学者全祖望在校补《宋元学案》的过程中,曾总结过吕祖谦的治学特点,他说:

> 宋乾、淳以后,学派分而为三:朱学也,吕学也,陆学也。三家同时,皆不甚合。朱学以格物致知,陆学以明心,吕学则兼取其长,而复以中原文献之统润色之。门庭径路虽别,要其归宿于圣人则一也。

"不私一说,兼取众长"的治学风格,是吕祖谦治学的最大特点,他像门前那两口波澜不惊的湖泊一样,以博大的胸怀吸纳着来自四面八方的清流。

当时的南宋重文轻武,学术风气十分浓厚,除朱、吕、陆三家之外,还有张栻的湖湘学派、陈亮的永康学派和叶适的永嘉学派等。各派之间门户之见,免不了互相诋毁攻击。而吕祖谦却以宽广的胸襟,与朱熹、张栻、陆九渊、陈亮、陈傅良、叶适等派都友好相处,平日里讲学讨论,融会交流,共同营造良好的学风。

作为一个心地善良的谦谦君子,吕祖谦胸怀宽广,也期望朋友和学术界同仁都能像湖水一样平静,少些争议,多些合作。因此,他经常在各学派之间协调劝和。正如全祖望所说:"小东莱之学,平心易气,不欲逞口舌以与诸公角,大约在陶铸同类,以渐化其偏,宰相之量也。"为此他不无天真地导演过我国古代哲学、教育史上的一起重大事件——"鹅湖之会"。

淳熙二年(1175)三月,吕祖谦由浙入闽拜访朱熹,两人合编《近思录》,一个多月后书成,朱熹亲送吕祖谦回家。途经上饶鹅湖寺时,见这里环境幽静,适宜治学,而且交通便利,想起朱熹与陆九渊两人素来操论不一,观点各异,争论激烈,而自己与朱熹过从甚密,友情深厚;又曾当过陆九渊的主考官,有"场屋之知",便想从中调和,让他们找个机会面对面交流一下,使其观点能"会归于一",于是便写信邀请陆九渊前来相会。

陆九渊和兄长陆九龄接到邀请,很快应约前来。四位理学大师会聚鹅湖讲学的消息一经传出,顿时轰动了当时的文坛,朱陆两派门生弟子纷纷赶来,一时间鹅湖寺"会者百人,云瀹雾聚,一何盛也"。就连不少在任官员,如临川太守赵景明、太平州司户进士赵景昭、泉州安溪主簿何叔京、庐陵主簿范念德等,也纷纷前来助兴。

朱、陆等人在鹅湖寺"逗留旬日","相与讲其所闻之学",并就理学中的道德观点和修养、教学等问题进行了面对面辩论。争论的焦点是朱熹的"道问学"和陆九渊的"尊德性"之间的门户分歧。前者认为应"先致知而后存心",后者则主张"先存心而另简自高"。

湖水一般平静的吕祖谦不会想到,他当初的灵机一动,竟会在中国学术的深潭里掀起一场绵延千年的轩然大波,鹅湖之会不仅在当时的大宋沸沸扬扬,而且还首开我国历史上学术辩论与会讲之先河,成为学术史上最著名的会讲之一。它留下的许多不朽之作,已经成为我国民族文化的宝贵遗产,促进了全国的读书风气,成为推动民族文化事业永远的动力。

正由于这样宽宏博大的襟怀,才使得吕祖谦创建的婺学兼容并蓄,成为一个独得孔门正传的著名学派。他也与朱熹,陆九渊一起,被并称为"东南三贤"。

（三）

吕祖谦逝世后27年（1208，嘉定元年），吕氏家人请求官府将位于光孝观旁的吕氏旧居之一半辟为一堂，以供祀吕祖谦。州官李大异同意并出钱50万，重修了丽泽书堂和吕祖谦祀室。共建屋十余楹，其中外门五间，祀室及前轩各三间，前为一堂，上悬"丽泽书院"匾额；后为"遗书阁"，用来保存吕祖谦生前著述。

端平年间（1234—1236），吕氏门人又将丽泽书院内的吕祖谦祀室改建为"吕成公祠"。州府又拨巨款并派得力官员主持，重修了"丽泽书院"。淳祐年间丙午（1246），婺州知州许应龙又拨款对丽泽书院进行重建，并迁址双溪之畔，奏请宋理宗赵昀御赐匾额。景定五年（1264），著名学者何基出任丽泽书院山长，不久又邀得著名学者王柏（金华人）任丽泽书院讲席。

宋末咸淳乙丑（1265），丽泽书院迁至旌孝门外印光寺故址，此后院址一直未变。

王柏逝后7年，南宋灭亡，丽泽书院却仍然书香不绝，改由金华学派之中坚，何基弟子金履祥任主讲，继续传授发展"婺学"直至逝世。元代著名学者许谦（金华人）、柳贯（兰溪人）都是书院的门生。

至元三十一年（1294），官府又对丽泽书院进行大修，并由王龙泽撰《修丽泽书院记》勒于石。大德年间（1297—1307），书院毁于大火，后至元年间（1335—1340）曾重建。元末又毁于火。明天顺年间（1457—1464），吕代后裔吕济晟、吕重濂重建书院，并追回被占学田。到明代成化三年（1467），浙江都指挥使司佥事辛访又命金华知府李嗣负责重修丽泽书院，时人魏骥撰有《重修丽泽书院碑记》记其事。嘉靖十四年（1536），巡按御史张景又命金华府通判汪昉负责重修丽泽书院，并设朱熹、张栻、吕祖谦三位理学大师的牌位，常年祭祀。

作为南宋"婺学"的文化精粹，吕祖谦大量著述一直被珍藏在金华丽泽书院的藏书阁里。直到清乾隆年间被纪晓岚征集，编进了《四库全书》。

直到明末，丽泽书院才在战火中最终毁灭。

自南宋算起，历经元明，丽泽书院共存世478年。

吕祖谦短暂而勤奋的一生，常常会让我们想起另一个伟大的先圣和学

者—孟子,想起他垂暮之年说的那番话:

> 故天将降大任于斯人也,必先苦其心志,劳其筋骨,饿其体肤,空乏其身,行拂乱其所为。(《孟子·告子下》)

这,不就是吕祖谦人生真实的写照吗?

今天,丽泽书院已像那两口和它同名的小湖一样,永远湮灭在现代城市壮观的倩影里。但在后世子孙心中,这两口湖泊却永远碧水滔滔,涟漪清波,犹如古城一双思索的大眼睛,永远清澈着、明丽着。

碧波湖心里,不时地又会绽放几朵亮丽的荷花,或是腾起几只轻盈的水鸟……

也许,这就是古城金华至今生生不息的思维花朵,依然灵动着的思想闪光……

三、男儿至死心如铁

(一)英雄泪

如果把吕祖谦比做一湾静谧的湖水,那永康陈亮就绝对是一条汹涌澎湃的大江;如果把吕祖谦比做一块善于吸收的海绵,那陈亮就像一块铮铮作响的铁石。

即使跨越千年,这样的英雄也会和今天的英雄们惺惺相惜,心心相连。

曾为晚年毛泽东做过手术的两位大夫唐由之、张淑芳谈起过这样一件事:1975年7月23日,毛泽东做了白内障手术。有一天他在读一首宋人的诗,读着读着,忽然涕泪滂沱,不能自抑。医生劝慰后询问原因,才知道毛主席读的是陈亮的《念奴娇·登多景楼》:

> 一水横陈,连岗三两,做出争雄势。六朝何事?只成门户私计……正好长驱,不须反顾,寻取中流誓。

毛泽东这时已年老力衰,终有如陈亮在这首词里表现的那种不畏强敌、长驱破贼的英雄气概,也已是力不从心了。

而短短一首词,竟然引起了毛泽东如此的伤感,可见陈亮人品文章跨越时代的强大感染力。

不仅是今天,即使在当时,和陈亮引为知己、放酒高歌的,也是一位剑心诗胆、千古流芳的大英雄,他就是辛弃疾。在上饶铅山,至今流传着他们第二次鹅湖之会的美谈佳话。

公元1188年(淳熙十六年)冬,陈亮自家乡出发,顶风冒雪跋涉八百多里,去信州会见辛弃疾。其时辛弃疾患病卧床,陈亮的到来让他重新燃起生命的火花,两人雪中煮酒,辛弃疾以传神的文笔记录下了他们当天会谈的情景:

> 我病君来高歌饮,惊散楼头飞雪,笑富贵千钧如发,硬语盘空谁来听,记当时,只有西窗月。
>
> ——(宋)辛弃疾:《虞美人·同文见和再用韵答之》

这一年陈亮45岁,虽然三次科举不中,仍是乡间区区布衣。但许多时候,一个人的魅力并不在地位高低,而在于人品与性格。陈亮特有的豪情和斗志深深打动了辛弃疾,让他又重回少年时那种"气吞万里如虎"的心境。

相见甚欢,两人便去信约朱熹来鹅湖相会,但朱熹却最终爽约没来,他后来致信陈亮,解释自己爽约的原因是不愿参与政事,只想在山里过读书隐居的日子。

没了朱熹,辛、陈两人聊得更加痛快,他们在鹅湖寺"长歌相答,极论世事",热烈讨论了整整10天,陈亮才飘然东归。

可陈亮走后第二天,辛弃疾便寂寞得受不了,又冒着漫天风雪抄近路去追赶陈亮。雪深泥滑无法前行,他只能在长笛悲歌的雪夜,对着孤灯为陈亮写下一阕《贺新郎》:

> 把酒长亭说。看渊明、风流酷似,卧龙诸葛。何处飞来林间鹊?蹙踏松梢残雪。要破帽、多添华发。剩水残山无态度,被疏梅、料理成风月。两三雁,也萧瑟。
>
> 佳人重约还轻别。怅清江、天寒不渡,水深冰合。路断车轮生四角,

此地行人销骨。问谁使、君来愁绝？铸就而今相思错,料当初、费尽人间铁。长夜笛,莫吹裂!

也许真是心有灵犀,这一夜归途中的陈亮也是灯下无眠,作书向辛弃疾索词。一到家中便收到辛弃疾寄来的新词,读毕立刻依韵填词赠还,词曰:

老去凭谁说？看几番,神奇臭腐,夏裘冬葛。父老长安今余几？后死无仇可雪。犹未燥、当时生发。二十五弦多少恨,算世间、那有平分月？胡妇弄,汉宫瑟。

树犹如此堪重别。只使君,从来与我,话头多合。行矣置之无足问,谁换妍皮痴骨？但莫使伯牙弦绝。九转丹砂牢拾取,管精金,只是寻常铁。龙共虎,应声裂。

——(宋)陈亮:《贺新郎·寄辛幼安和见怀韵》

几番唱酬,让辛弃疾文思潮涌,最终写下文学史上那阕著名的小令《破阵子》,让今天的我们读来,依然感受到强烈的震撼:

醉里挑灯看剑,梦回吹角连营。八百里分麾下炙,五十弦翻塞外声,沙场秋点兵。

马作的卢飞快,弓如霹雳弦惊。了却君王天下事,赢得生前身后名,可怜白发生。

壮士情,英雄泪,都不会轻易抛洒,只会在同样豪迈,同样昂扬,同样的锦心秀胆面前,才会"心有灵犀一点通"地恣意挥洒,然后成为豪情,成为佳话,成为历史。

(二)豪杰志

陈亮(1143—1194)字同甫,号龙川,浙江永康龙窟村人,《宋史》称他:"生而目光有芒,为人才气超迈,喜谈兵,议论风生,下笔数千言立就。"

这样一个少年才俊,一位被后世哲学史家称为中国"事功学说"代表人物的思想大师,终其一生却始终蜗居民间,直到51岁鬓发斑白时才戏剧性地状元及第,接着又马上病逝在赴任之前。

才华盖世,一生命薄,结局更不由地让人扼腕叹息,这一切,究竟是因为什么?

肯定不会是因为他才华不济,无力科举。史书记载:陈亮年轻时就在浙江地方考试中两次中举,一次还名列第一,被推荐到临安参加礼部主持的全国考试。他18岁就考察历代古人用兵成败的事迹,写出《酌古论》3篇,议论了19位风云人物。当时的婺州郡守周葵看后大加赞赏,认为是"他日国士也",并"请为上客"。

之所以一直被埋没,究其原因,还是由于"燕雀安知鸿鹄之志",他崇高的抱负,远大的志向,率性的作为,都与朝廷当时的意图相违背。陈亮的曾祖父陈知元在汴京保卫战中战死,祖父母从小就对他"教以学,冀其必有立于斯世"。因此,他胸中早就萦绕着国恨家仇,充满了抗金复国、经略四方的坚定信念,这就与当时朝廷的偏安方针正好相反。

孝宗乾道四年(1168),南宋朝廷与金人媾和,天下不少人都松了一口气,而陈亮却以布衣身份连上五疏,即历史上著名的《中兴五论》,全文24款,对当时的行政、经济、财政、军事、法制、风俗等提出全面改革的建议,内容主要有:鼓动抗金复仇的士气;实行国家体制的改革;改变国家"任人之道"。

所谓"国家之规模",也就是国家体制的全面变革。陈亮认为:宋朝的高度中央集权造成"郡县空虚而本末俱弱",整个国家机器死气沉沉,各级官吏不能充分发挥作用,"群臣救过之不及,而何暇展布体以求济度外之功哉!"他要求皇帝取消个人独裁;一切政事"付之会议","重六卿之权","置大帅以总边陲","任文武以分边郡",给中央各部和地方官以应有的权力。只有这样,才能"财自阜"、"兵自强"、"利自兴"、"守自固",达到国富民强的目的。

关于"任人之道",陈亮批评当时的朝廷只以儒家经典为内容进行科举取士,"以儒立国",致使士大夫"宛转于文法之中","而不知事功之为何物",让大批无用之人充斥朝廷,有真才实学的能人反而被排斥在外。陈亮认为应该"疑则无用,用则勿疑","与其位,勿夺其职,任以事,勿间以言",放手发挥各级官吏作用,做到人尽其才,才尽其用。陈亮主张通过实绩检验任用各级官吏,"人才以用而见其能否",并"策之以言,而试之以事",对在职官员的考核、升降、赏罚、唯才是举,"严政条以核名实","惩吏奸以明赏罚"。

两百年后的方孝孺读这篇策论后大加赞叹,认为:"士大夫厌厌无气,有言责者不敢吐一词,况若同甫一布衣乎! 人不以为狂,则以为妄"。

　　但当时的宋高宗赵构却对此不屑一顾,直到 10 年后换了皇帝,陈亮改名后又将这道奏折再次报送京城,这才引起了宋孝宗注意,有心下诏书提拔重用。他先派出同知枢密院事赵雄等大臣接见陈亮,做进一步考察。

　　谁知冤家路窄,赵雄正好就是陈亮在奏书中一再痛批的"庸愚龌龊之人",自然不会看好他,回去后向皇帝汇报,说陈亮是个只爱说大话的秀才,没有什么了不起。孝宗仍想给陈亮机会,指示下面先给他安排个官职,在实际使用中再考察任用。可这回陈亮却不干了,他说:"我来京城上书,是想和皇帝一起商议大事,不是为了谋个官儿。"说罢拂袖而去,径直回老家永康教书去了。

　　不仅如此,就在皇帝派赵雄接见他的时候,朝中小道消息沸沸扬扬,说皇帝要重用陈亮,一些趋炎附势的官员闻风而动,立马跑到陈亮住所想去巴结他,可心高气盛的陈亮看不起这些人,竟然自己跳墙跑掉了。

　　黄帝铸鼎,春秋铸剑,汉造弩机,唐铸铜铳,自古就将永康打造成为名扬四海的"五金之都",也将此处子民的性格塑造得如铁似钢,宁折不弯。陈亮平素常说:"吾乃人中之龙文中之虎,男儿到死心如铁。"他不懂趋炎附势,不愿随波逐流,当然也就很难让社会和官场接纳他。所以尽管接连参加了二次科举考试,上场后却全不按规矩出牌,只顾发挥自己的想象,阐释自己的观点,考官也就借口文字与考卷格式不合题意,将他干脆利落地刷了下来。

　　大志未遂,生计维艰,几番落第后陈亮回归故里,一度"落魄醉酒,与邑之狂士饮",他"其服甚野,其貌亦古。倚天而号,提剑而舞","醉中戏为大言,言涉犯上"。手下没有半个兵,平日里却喜欢谈兵论战,舞刀弄枪,指点江山,还曾亲自跑到建康(南京)、京口(镇江)观察地形,筹划渡江灭金的大计。他那首曾经引得晚年毛泽东英雄泪下的词作《念奴娇·登多景楼》,描述的就是这一次远行。

　　陈亮豪放的性格与激烈的言辞,在外人眼里常常毁誉参半,喜欢的夸他为当世之雄,反感的将他妖魔化为怪物,自然为朝廷中许多人不满。他一生两次入狱:一次被人诬告想造反当皇帝,另一次是因为家里一个仆人打死了一位曾得罪过陈亮父亲的人,被控为幕后主使,受尽冤屈。

　　为传播理想,并借以改善生计,陈亮在"退修于家,学者多归之,益力学著书者十年"后,于乾道八年(1172)开始聚徒讲学,并在 9 年后又到临安太学进修。近年来有些学者研究认为,他不仅著书教学,还从事过经商和房地产活动,不仅变得富有,还从中揣摩到了经商之道,巩固了他"义利并举,农商并重"的思想观点。

怀着抗金救国的远大志向,年已 51 岁的陈亮绍熙四年(1193)又再次参加了礼部进士考试。在这次答光宗皇帝策问时,他句句警策,字字诤言,让光宗皇帝"得亮策,乃大喜","奏名第三,御笔擢第一",并亲授建康军节度判官厅公事　职。

金榜题名,如愿以偿,自然让陈亮兴奋若狂。"复仇自是平生志,勿谓儒臣鬓发苍!"读他当时所写的文字,至今仍让我们感受到扑面而来的激越亢奋:"……出尖之才,百端并用;易世之怨,一洗而空。亮青年立志,白首奋身,敢不益励初心,期在重温旧业。出片言而悟明主,尚愧古人;设三表以系单手,请从今日!"

然而坎坷多难的人生早已耗尽陈亮的毕生心血,使他"精泽内耗,形体外离",再也没有机会实现那些远大的理想与抱负了,还没等到赴任,就于绍熙五年(1194)不幸病逝,享年 52 岁。

(三)王霸学

陈亮一生坎坷,仕途不顺,壮志难酬,但他的思想和学问,却给后世留下了一笔极为宝贵的精神财富。

陈亮在哲学上提倡"事功",是永康学派代表人物。这一学派认为,为学以读书为事,志在通经达用、救时除乱。他们穷天下之实,究兴亡之变;视圣人之道,如民生日用;重因事作则,讲开物成务。他们兴王霸并用,倡义利双行;以治史经世,佐"六经"参证。反对朱熹的"道在物先"、"理在事先"、"存天理,去人欲"等唯心主义道统论,提出"道在物中"、"理在事中"、"千途万辙,因事作则"等朴素的唯物主义观点。

陈亮同以朱熹为代表的理学唯心主义争论,整整持续了三年,主要也围绕着"王霸义利"问题展开。朱熹认为:决定历史变化的主要原因是人心好坏,其关键又是帝王心术的好坏。在他看来,夏、商、周三代的帝王继承了尧、舜、禹相传之密旨,其心术最好,所以他们"惟有天理而无人欲",是光明至善的王道政治;虽三代以后,天理失传,"汉唐之君,无一念之不出于人欲"。因此,要挽救社会倒退的危机,就只有"存天理,灭人欲"。

而陈亮却认为王霸、义利之间不存在绝对对立的鸿沟,"义"和"利"可以统一,"天理"和"人欲"也并非绝对不可调和。他认为物质欲望是人的天性,统治者不能对其简单地强迫禁止,只能"因其欲恶而为之节而已",应该用赏罚的手段使为善者得到富贵尊荣,为恶者受到危亡困辱,这就顺应了人的天性。与重视"事功"的思想相联系,陈亮认为"顺民之心,因时之宜",才是处理社会问题的正确方法。

为此还曾发生过中国文化史上一场著名的论辩,地点在永康五峰书院。南宋淳熙十年秋天,陈亮邀朱熹和吕祖谦在永康五峰的石室讲学,三位大儒在"事功"与"崇理"之间争辩了几十天,陈亮义利统一、王道与霸道相兼的主张在浙南"永嘉学派"等学人那里,得到了有力呼应。

在经济方面,陈亮提出"商藉农而立,农赖商而行",主张大力发展商业,在当时重农抑商的社会环境下,这一"农商相藉"的思想具有十分重要的社会意义,不仅走在了同时代经济思想前列,促进了地方经济发展,还对后世思想进步起到了十分重要的作用。

陈亮也是一位杰出的教育家,从乾道八年(1172)开始,他先后十余年在小崆峒"保社"和寿山石室(今五峰书院)等地收徒讲学,传播自己的学术思想。他一生勤奋,留下了《龙川文集》、《龙川词》等著作四十卷(现存三十卷)。所作的诗词情感激越,风格豪放,政论尖锐锋利,富有爱国思想,被后世誉为"人中之龙,文中之虎"。

明代方孝儒曾经感叹:"以同甫之才,而不得以一展之死,又岂非天哉!"是的,秉性豪放的陈亮历来"男儿有泪不轻弹"。但是他一生的不幸与遭际,却常常会让后世的英雄豪杰为其扼腕长叹,泪似泉涌。这其中的心境,也许只有用杜甫凭吊诸葛亮的那两句著名诗句,才能够稍稍形容一二:"出师未捷身先死,长使英雄泪满襟。"

四、最后的吼声

那个时候,"中华民族到了最危险的时候,每个人被迫着、被迫着、发出最后的吼声:

起来,起来,起来!"

119

在那些最危险的日子里,金华盆地仿佛成为一面锣、一只鼓、一杆号角,是全中国发出抗战吼声最响亮的地方之一。一批祖国最有知识才华的儿女在这儿用血肉、用枪弹,也用歌声、报刊、书画与台词,向侵略者发起最勇猛的回击。

正如茅盾先生在《抗战期间中国文艺运动的发展》一文中指出的:"事实上,今天的中国文坛已形成了好几个重心点,重庆是一个,而桂林、延安、昆明、金华,乃至上海,也都是其中之一,这许多地方,各有若干作家、戏剧家、导演、演员,站在抗战文艺的岗位上努力。这是一种'人自为战'的方式,然而目标是一个,步骤是一致的。"

学者周梦江也指出:"随着战局和政局的发展,金华一跃而成为东南文艺的据点。"

金华挑起这副历史的重担,是在 1937 年 12 月省会杭州沦陷,省政府搬迁到金华、永康以后,日军被暂时阻隔在奔腾呼啸的钱塘江东侧,战局暂趋稳定。当时主政的浙江省政府主席是广西人黄绍竑,他深知动员、组织民众、推动全民抗战的重要性,大力推行开明政策,对中国共产党提出的抗日民族统一战线政策持拥护态度。黄绍竑主持成立各种抗战文艺组织,如浙江省文化界抗敌救亡协会、战时教育文化事业委员会、战时儿童保育会、战时剧人协会、战时美术协会、战时作者协会、战时艺术协会等,大量吸收、容纳各种文化力量投入抗战。

那些日子里,金华不仅成为全省的政治、军事、经济中心,更成为东南抗战文化当之无愧的核心。危难之际,这颗"浙江之心"跳动得比以往更加强劲有力。

金华成为这样的中心,首先是由于独特优越的地理位置,它既是浙江中部第一大城镇,浙赣铁路线上的重镇,又是全省公路交通枢纽。对内可连接浙西南的丽水、温州等地,直达浙东的宁、绍、台地区;对外可经浙赣线与沪、宁、杭等地区接通,也是通往桂林、重庆等西南大后方的咽喉。这种地理优势使它具备了向外拓展、连接东南各省,乃至与大西南取得联系的条件。大批不愿当亡国奴的文化人从沦陷区向西南大后方转移,自然把这儿当成栖息地和集散中心。这样的状况,在钱钟书的著名小说《围城》中,有着十分生动有趣的描述。

最早来金华的抗日文艺团体,大概要数中共地下党员何思德率领的上海流亡青年歌剧团,他们在武义连演二场,盛况空前,并促成了武义县抗日救亡歌剧团成立,该团 1938 年 2 月易名为"武义县抗日宣传工作队",在武义城乡开展了大量宣传演出活动。

紧接着,各式各样的抗战文艺团队便接踵而来,不约而同地选择金华作为活动据点,其中较著名的,有杜国庠率领的国民政府军事委员会政治部第三厅战地服务团三十余人;以著名戏剧家刘保罗任团长的浙江流动剧团二三十人;以著名经济学家吴大琨为团长的上海各界慰劳第三战区将士流动演剧团,以上海救国会刘良模率队的上海基督青年服务团歌咏队,以台湾杰出爱国人士李友邦率队的台湾义勇队,上海同济大学"学生战时服务团"等。

一时间金华犹如强劲的磁铁,吸引着四方文艺家接踵而来。一些著名文艺家把这儿当成自己战时创作的大本营:如林默涵、邵荃麟、葛琴、骆耕漠、石西民、何家槐、聂绀弩、杜国庠、赖少其、尹庚、杜麦青、王闻识、汪海粟等。就连以画三毛闻名的漫画家张乐平也在这儿举办画展,并将画展的全部收入捐献给前线。

大量文化人汇聚,使这座当时人口不足 5 万的小城一时间热闹非凡,无论在文艺运动的声势、文艺队伍的组织规模,还是文艺刊物、文艺作品创作数量、群众性文艺活动开展规模等方面,都在东南地区首屈一指,成为东南抗战文艺辉煌的旗帜。一波又一波的抗战文化高潮从这儿兴起,然后迅速波及全国,推进到前线。

中国共产党及时注意到这一动向,为加强对金华乃至全省抗日救亡活动领导,1938 年 11 月在金华成立了以骆耕漠为书记,邵荃麟、葛琴为委员的中共浙江省委文化工作委员会。1940 年春又建立以邵荃麟为书记的中共东南文化工作委员会,面向福建、江西及皖南地区开展工作。

时任国民政府军事委员会政治部副部长的周恩来在来金华巡视时,也专门抽出大量时间看望歌咏队、剧团等文艺团体,并与《浙江潮》杂志主编严北溟彻夜长谈。

那个时候,是金华历史上创办刊物最多的时期,二三年间涌现出数十种刊物,传播较广、影响较大的有:1938 年 2 月创刊,黄绍竑、严北溟主编的《浙江潮》半月刊(后改为旬刊);1938 年春创刊,胡济涛主编《抗卫报》;1938 年 5 月创刊,林光宇主编的《战时生活月刊》《大路周刊》;1939 年 9 月创刊,陈怀白、杭苇主编的《东南儿童》月刊;1938 年 2 月创刊,赵文龙主编的《大风》周刊;1939 年 1 月创刊,骆耕漠、邵荃麟主编的《东南战线》半月刊并附《东南画刊》；这些刊物大多以在金华的文艺工作者为主要撰稿人，同时也拥有许多外地的知名作者。

邵荃麟欣喜地指出："例如金华这个地方，现在能有一二十种刊物，简直是空前的事情。这种现象是具有重大的意义的。"

"'春雨楼头尺八箫，何时归看浙江潮？'我们没有这样诗人骚客式的感伤。我们要占据这文字的战垒，向敌人开炮：我们有的是铁与血，不达到收复失土，歼灭倭寇，誓不停止。"这是当时浙江省政府主办的《浙江潮》创刊号上的"潮头语"。它于 1938 年 2 月创刊，由中共地下党员严北溟任主编，编辑队伍中还有十多位中共地下党员，三年多时间里共出版 128 期，全方位地反映抗战动态，内容涉及政治、经济、军事、文化，教育等领域，并专门辟有"文艺之页"，对抗战文艺起着积极的指导作用。

由骆耕漠、邵荃麟共同主编的综合性大型刊物《东南战线》于 1939 年 1 月 20 日在柴场巷 15 号创刊，这是中共中央东南分局宣传部的机关刊物，逐渐成为唤起民众抗日救亡的阵地和号角。何香凝、薛暮桥、夏征农、吴大琨、王任叔、艾青、尹庚、孙冶方等著名人士曾为《东南战线》撰稿，发行范围远及东南和西南各省，具有广泛的政治影响。

同年 7 月，中共地下党以战时儿童保育会浙江分会的名义，在金华创办了《浙江妇女》月刊。

值得注意的是，当时不少刊物适应抗战救亡需要，以中国老百姓喜闻乐见的鼓词、歌谣、时调等民间文艺形式，宣传抗战救国的新内容，深受当时文化水平普遍不高的读者们喜爱。以金华出版的《老百姓》旬刊为例，每期小 32 开本，篇幅仅五六十页，售价 2 分，除文字外，配以木刻连环图，一望而知就是真正"老百姓"的刊物。它发表民间歌谣、时调，如《江南谣》、《塞北曲》、《九一八痛史写真》，以及通俗历史故事，通俗小说、故事连载、通俗歌曲和绘画，如《战时民歌一百首》（连载）、《王大的血祭》（图画故事）、《王老头集众杀敌》（连环画十幅）等。这些作品大都出于无名作者之手，一些专业文艺工作者也有意识地运用这些大众欢迎的形式，在文艺的民族化上作出许多有益尝试，很受老百姓的欢迎。

活跃在金华抗战文艺前线的，不少是早已成名的金华本土作家，他们在家乡的土地上以笔当枪，保卫故乡。冯雪峰抗战初期乡居老家义乌，抗战文艺运动掀起后,立即加入"东南文委"领导;"皖南事变"后被投入臭名昭著的上饶集中营,受尽折磨,出狱后又继续从事写作和文艺副刊编辑工作。曹聚仁是20世纪30年代沪上闻名的作家,抗战爆发后脱下长袍换上戎装,作为出色的战地记者奔走于前线,写出大量反映东南战事的通讯报告,名震大江南北。义乌作家王西彦这时主要活动在浙江、福建、江西三省,他主编的大型文艺刊物《现代文艺》在东南一带影响很大,并创作了大量的抗战小说。

那个时候的金华,处处可以听到慷慨激昂的抗战歌曲,许多著名音乐家带着一腔悲愤谱词作曲,唱出了时代最强音,使音乐真正成为民族战争的有力武器。他们组织歌咏队深入部队、机关、学校、工矿企业,广泛开展教唱抗日救亡歌曲的活动。如杜国庠率领的战地服务团组织民众歌咏队,在金华街头广场举办音乐会,由著名音乐家孙慎、麦新担任指挥,让《国际歌》、《马赛曲》、《流亡》三部曲以及《大刀进行曲》、《救亡进行曲》、《救亡军歌》、《义勇军进行曲》等响彻金华城乡。刘良模带领上海基督教青年会歌咏队深入农村组织民众歌会,所到之处,慷慨激昂的歌声激起一片响亮的共鸣。

正如邵荃麟所说:"首先以崭新的姿态出现在战后浙江文化界的,是戏剧活动"。那时候金华的街头巷尾,有12个演出团体在同时巡回演出,到处可见抗战戏剧的即兴演出。如军事委员会政治部第三厅战地服务团先后在金华、江山一带活动,成员中有许多著名艺术家,如杜国庠、林默涵、何家槐、王亚平、石凌鹤、麦新等。他们在街头演出《放下你的鞭子》、《民族公敌》等久负盛名的流行活报剧,深深打动了观众心弦。1941年金华举办了抗战戏剧剧本比赛,共有二十多个剧本正式参赛,盛况空前。

这些演出团体中也有不少本地人的身影,如金华八婺女中剧团的演出,就很受市民们欢迎。

金华不仅制造抗战的精神武器,还借助自己便利的交通条件,把这些"武器弹药"及时输送到祖国的四面八方。1939年国民政府军事委员会发布命令,确定重庆、桂林、西安、金华、兰州五处设立文化驿站,主要任务是输送、运递宣传书报。金华文化驿站于是年10月成立,成为东南地区文化艺术敏锐的"中枢神经"。

这里要特别提及新知书店和生活书店在金华开设的分店,他们均创办于上海,前者负责人为钱俊瑞、薛暮桥和骆耕漠,后者负责人为邹韬奋、徐伯昕。分别于1938年3月和7月在金华开设分店,在东南地区书刊发行中起着重要作用,不但在浙江各地(除敌占区外)设有业务联系点,还将书刊销售扩展到东南各省,甚至延伸到皖南新四军抗战最前线。仅生活书店分店发行的《东南战线》便以浙、闽、赣三省为主,在全国设立 36 处发行点,每期销售量都达几千份,这在当时可是个十分可观的数字。

1942 年 5 月浙赣战役爆发,日军铁蹄越过钱塘江逼近婺城,原先云集金华的文艺大军渐渐退往大西南等地,继续书写着抗战文艺辉煌壮丽的续篇。

五、"举世皆醉我独醒"——呐喊在非常时期

金华在岁月的云烟里静静地凝望着、沉思着,不时会在某个历史的拐角处突然奋起,大声地呼喊,振聋发聩,警醒世界。就像 20 世纪 50 年代至 60 年代那些日子,义乌青年冯志来挥笔写下的那些醒世檄文,喊出的那些独特声音。

那些声音发自肺腑,来自一颗"举世皆醉我独醒"的大脑,一颗真诚无畏的心灵。

那时,冯志来刚从金华农校畜牧兽医科毕业,被分配到温州地区瑞安县政府农林科工作。不久,他就目睹了一次次从天堂到地狱的荒唐经历,受到了一次次强烈的心灵震撼。

那正是一个中国历史上空前绝后的时期,举国上下,正"雨天当阴天,阴天当晴天","星星当月亮,月亮当太阳",没日没夜地"放卫星"、"大跃进"。他曾亲眼目睹人民公社如何将几十亩田里的水稻归并在一起,创造出亩产两万斤的"高产奇迹"。

"播下的是龙种,收获的是跳蚤。"那十几亩将要成熟的稻子自然无可挽回,全都化成了一堆腐烂的稻草。不久更大的恶果降临,返乡探亲的冯志来亲眼目睹一幅幅痛断肝肠的饥荒场景:老家乔亭村人口 1400 余人,正常死亡率每年应为十七八人,1960 年却死亡约 80 人。堂叔冯永昧饿得受不了,吊死在写满了"总路线万岁"、"人民公社万岁"、"大跃进万岁"大幅标语的凉亭里。

与此同时,在下放劳动的过程中,他却亲身感受到干部、群众开荒扩种和经营自留地的自觉性、积极性。

无可辩驳的事实使冯志来从狂热转为清醒,痛苦转入沉思。他到处收罗经济、社会各方面的理论著作和文章,包括马列经典著作,挑灯夜读,试图在伟

人著作里找寻解答:这几年热热闹闹沸反盈天,搞的真是社会主义吗? 是什么原因酿成这样一场惨绝人寰的空前灾难? 在生产力极端落后的中国,应当怎样建设社会主义?

一颗年轻勤奋的灵魂,在厚重理论和灰色现实之间久久地徘徊,痛苦地思索。

经过两年多的学习思考,冯志来终于得出了自己的结论:从合作化特别是大跃进、公社化以来,推行的种种做法完全违背了马克思主义基本原理,违背了社会、经济发展的普遍规律,是一种脱离实际的"左"倾空想,必须立即加以纠正。

在昏黄的煤油灯下,冯志来挥笔疾书,终于在 1962 年 4 月完成了《半社会主义论》一文。

"真理只有一个,而究竟谁发现了真理,不依靠主观的夸张,而依靠客观的实践。"文章一开头,冯志来就引用毛泽东《新民主主义论》中这段名言,为自己的观点破题。

> 我们仍旧是一个经济落后的国家。如果我们将旧中国既有资本主义性质又有半封建小农性质的经济称作半资本主义经济,那么现在我们也可以说我们目前的经济是半社会主义性质经济。
>
> 中国不能通过资本主义而后进入社会主义,这是早有人论证过的,但是它也不可能马上进入社会主义。只有通过半社会主义的相当长的发展阶段,才能完成社会主义建设。这是由中国的生产力状况所决定的。

基于对半社会主义生产力水平的精确判断,他直言不讳地写道:"我认为包产到户确实是唯一出路。这样做,完全是从中国现阶段生产力水平出发,完全是为了调动农民的劳动自觉性……这是 6 亿人民的呼声!"

他提出:"从生产关系必须与生产力相适应这一马克思主义基本原理出发,在生产力极端落后的中国,搞社会主义,只能从'半社会主义'开始。在当前中国农村实行的半社会主义就是:从高度集体化退一步:实行包产到户!"

观点提出来了,文章写成了,但一个更大的问题也随之产生了:在那个"万马齐喑"的时代,在当时令人不寒而栗的高压政策下,是将这篇文章束之高阁,还是亲自送交给最高领导,公之于社会大众?

前者可能平安无事,而后者几乎肯定会身败名裂,备受煎熬。尤其对于冯志来这样一个头上长"辫子",身后拖"尾巴"的"阶级异己分子",下场注定非常悲惨。

冯志来出生在一个仅有 8 亩地的"地主"家庭,由于父亲当过国民政府教育局长,他从小就曾被陪斗,1957 年尽管没有资格"大鸣大放",却仍被打成"右派分子",开除团籍,"留用察看",工资从每月 30 元减为 25 元(实发 12 元)。直到 1961 年下半年,才摘掉右派帽子,送到山区农技站工作。

许多年之后,冯志来写出了当时心境,言语间仍然洋溢一派壮怀激烈的情愫:

> 我处在社会的最底层,只有人民的利益才是我的利益。何况我生于抗日战争前夜,一生下来,父亲就名我"志来",字我"铁肩",望我将来能"来匡中华"。也就是说,为了人民和国家,要肩担责任。所以,为人民为国家牺牲,本来就是父辈和我们这一代热血青年的心愿。我当时真有"风萧萧兮易水寒,壮士一去兮不复还"之感慨。

文章写成后一个星期,冯志来郑重地和亲友们一一告别,孤身乘火车直奔北京。

对于依然萦绕于胸腔的这种豪情,冯志来好像似曾相识,千百年来,它已经不止一次,同样激荡在许多从这块土地上走出去的豪杰勇士胸中:

1300 年前的骆宾王气冲霄汉,一口气写下那篇千古绝唱的檄文……

800 年前的宗泽饱含这种情怀,率领 8000 名子弟兵誓师北上,奔赴抗金最前线。

300 年前,18000 名义乌兵冒雨赴险,最终凝聚成塞北高原上那道巍峨耸立的长城……

还有艾青,还有冯雪峰……

"为天地立心,为生民立命,为往圣继绝学,为万世开太平。"从古至今,这就是中国知识分子恪守的坚定信念,也是这块土地上儿女们引以自豪的自觉使命。

一脉相承,心心相印,今天,后辈冯志来也来了,踏着先辈的足迹,肩负同样的使命,他义无反顾地跨出了那一步。他认定:拯救这个国家、这个民族,不能等待,也不能依靠他人,只能从自己,从现在做起!

到了北京,冯志来住进前门一家小旅馆,将文稿分送给了中共中央、《红旗》杂志和《人民日报》,并在所附信笺上抄录了文天祥的名句:"人生自古谁无死,留取丹心照汗青。"

很多年以后,冯志来对一位作家坦言:当时他还做了另外一种准备,花1.4元钱偷偷买了100粒安眠药藏在贴身衣袋里,随时准备以死殉道。

在中央办公厅信访接待处,一位阴沉着脸的青年干部接待了他,此人便是后来在"文化大革命"初期大名鼎鼎的乱世魔王戚本禹。他对冯志来的文章看也不看,便毫不客气地批评冯志来进京上访,是对党中央毛主席的不信任。

冯志来被打发回了浙江,但他并不想偃旗息鼓,很快又写出第二篇文章《怎么办?》,言辞更加激烈,开篇就一针见血地指出:自1955年加快农业合作化发展,至1961年悬崖勒马,这期间的"错","天灾是次要的,'五风'仅仅是社会生活所反映的五种表面现象,实质上是'左倾'错误。"

在这篇檄文中,冯志来重申了生产力和生产关系必须相适应的基本原理。列举一系列事实来检验所谓的"真理"(三面红旗):"更不幸的是不承认这些事实,竭力吹嘘与事实相反的三面红旗的正确性和不朽的成绩。在庐山会议上又掀起新的所谓'反右倾'。对坚持正确意见的同志予以无情打击。""不仅是一种轻率的表现,而且将(已)大大降低共产主义(更直接地说是社会主义)在人民心目中的标准,使共产主义(包括社会主义)的伟大理想,受到歪曲和庸俗化;这样也就把生产关系与生产力的矛盾,人为地导向尖锐,造成了空前的经济危机,这就是错误的根源和实质。"

多年后有位名家这样评论:"该文章笔锋之犀利,言辞之恳切,说理之透彻,逻辑之严密,呐喊之响亮真可说是气势磅礴,惊心动魄。"

他将《怎么办?》抄写成一式三份,再次寄给中共中央、《红旗》杂志和《人民日报》。为避免遭受上一次《半社会主义论》被打入冷宫、石沉大海的境遇,希望能够引起"大人物"们注意,冯志来灵机一动,想起了远房族叔、老资格革命党人冯雪峰,便在给中共中央的信上特别注明,自己是冯雪峰的侄子。

义乌人就是这样,要么不干,要干就干个轰轰烈烈,惊天动地,哪怕为此而引火烧身,粉身碎骨。

这一招果然见效,不久后,已被打倒的冯雪峰因此受到缺席审判。中央有关部门还立即通知浙江省委,要追查冯志来与冯雪峰的关系,揪出冯志来的黑后台。

处理意见很快下来了:重戴"右派"帽子,遣返原籍,监督劳动!

此时的冯志来已经辞去公职,游走在湖南、江西以爆米花、卖苍蝇药度日,但仍然在劫难逃。1963年他被警察押送回老家义乌乔亭村,重新开始被监管批斗的漫长生涯。

1987年10月党的十三大召开,题为《沿着有中国特色的社会主义道路前进》的大会政治报告,引起了国内乃至国际社会各界的高度关注。报告第一次系统阐述了关于社会主义初级阶段理论:"我国的社会主义社会还处在初级阶段……以为不经过生产力的巨大发展就可以超过社会主义初级阶段,是革命发展问题上的空想论,是'左'倾错误的认识根源。"

社会主义初级阶段理论,中国革命历经曲折坎坷后悟出的真理,中国改革开放的理论基石!

不过这一切,距离冯志来写下《半社会主义论》,已经整整过去了25年。

作为一个自学成才的思想家,冯志来还是个挺不错的格律诗人,多少年后回首往事,他写下了这样一首意味深长的律诗:

> 大梦谁先觉,平生几相知。
> 孤鸿悲落日,众鸟觅栖枝。
> 风雪终有尽,落花恨无期。
> 浩然浙江水,曲折顺时移。

第四章　丘陵上的立体记忆

一、耸入云端的信仰

　　生活在一座拥有一千八百多年历史的国家级历史名城,金华人总是感到分外骄傲分外自豪。在这儿随意撮起一把土,似乎都能闻见千百年前飘来的幽幽稻香;随意走近一条流水,似乎都能听见千百年前祖宗前辈的淙淙遗响。

　　年复一年,他们把这种骄傲与自豪高高地悬挂起来,市区的许多酒店饭馆里,常常可以看见一张清朝道光年间绘制的金华府城图。看着这张古色古香近乎泛黄的近代地图,不少人会惊讶地喊叫起来:"看那,古代金华多像是一艘整装待发的航船,船头向东,绵延的古城墙构成船体结实的轮廓。而那座唐朝建成的通济桥,活脱脱地就是一块跳板,斜斜地搭在了船体中间。"

　　既然是古代航船,自然离不开桅杆和风帆,那么古代金华的桅杆在哪儿呢? 面对这样的问题,许多人会不约而同地指向图中那座醒目高耸的宝塔,说:"看,不就在这儿吗,这宝塔就是金华城的桅杆。"

　　是的,从府城图上看,这座伟岸高耸的宝塔确实很像一艘巨大航船的桅杆,你可以想象,桅杆上当年曾经高挂洁白的满帆,在一阵阵劲风的吹拂下,推动这座名城在历史的长河里劈波斩浪,船头不时泛起缤纷的浪花,从那儿传来一阵阵时代的回响;而一群群的燕鸥正围绕着航船欢快翱翔,仿佛古城一代代儿女正在岁月的劲风中锻炼成长。

　　可是翻开今天金华城的地图,你却再也看不到这座高耸的塔影了,这是怎么回事?

　　从什么时候起,又是为了什么? 金华丢失了它引以为傲的塔影,折断了它高耸入云的桅杆?

原来这座宝塔就是大名鼎鼎的万佛塔,始建于北宋治平初年,最初的名字叫做密印塔,塔身原高九层,就建于重新修建的密印寺内。而密印寺的前身又是吴越国时期建造的永福寺。一年年的风雨摧残着它,一代代的人们精心维护修缮着它。清道光二十七年塔身大修时增高为13层,高约五十多米。自建成以来,万佛塔一直是金华城里最高的建筑物,塔身为砖木结构八角形建筑,楼角飞檐斗拱,飞檐上悬挂有一组组精巧的铜铃,每当微风吹起,那些铜铃便会随着风儿轻轻摆动,发出一阵阵悦耳动听的音响。

密印塔最大的特点,便是在那砌成塔身的数万块砖头上,全都烧制有如来佛祖的精美造型,无数尊栩栩如生的佛像密密匝匝,构成了这座高耸入云、巍峨庄严的塔身。据史料查证,这些塔砖并非由当时的府县政府拨款烧制,而是由寺院僧人们逐户登门化缘,城里城外的居民们自愿捐助的,这其中的许多人并非富裕殷实的仕宦商贾,只是些"贩夫走卒,引车卖浆"之类的市井小民。这些日常生活远非滋润的平民百姓们节衣缩食,把自己积年累月好不容易攒下的点滴财富变成一块又一块的塔砖,再把一尊尊他们顶礼膜拜的佛像细细镌刻在这些塔砖上,砌成了他们眼前这座高耸入云的宝塔。

他们这样做,其实就是在把生平所有的信念、所有的理想,此生所有的幸福和来世的所有冀望全都砌进了宝塔,让它成为一面信仰的风帆,高高飘拂在古城的天空,呼唤着一代又一代古往今来的漫漫风云,激励自己绵延不尽的后代子孙。

正是因为这个特点,密印寺塔渐渐被人叫做万佛塔,原先的名字反倒慢慢被人淡忘了。

万佛塔内设有扶梯,游人可拾级而上,登临塔顶极目远眺,古婺州的城郭山河此刻全都铺展在眼底,一只只翱翔的飞鸟仿佛就在身边盘旋,苍翠流芳的大地就在脚下延伸。远远的北山如同一面翠绿的屏风向你招手,而银链一般的婺江从遥远的地平线蜿蜒奔流,曲曲弯弯缠绕到了你的身旁。

这一切都会让人深深陶醉,心头不由自主会升腾起许多白云般飘忽的联想和感悟。顷刻之间,古城的历史便会随同潺潺流水,一幕又一幕地奔腾在你的眼前。而历朝历代从这儿走过去的先贤列祖,此刻也会像那些巍峨蜿蜒的山峦一样,庄严肃穆地耸立在你的眼前。

这座凝聚着金华人千百年的信仰追求,不仅耸立在城市上空,也屹立在一代代人心头的珍贵古塔,却在我们祖国与民族的航船面临巨大艰险的时刻倾覆了,沉没在神圣抗日战争最为艰苦卓绝的岁月,如同一个魁伟勇敢的斗士,扑倒在了民族命运最为黑暗深重的黎明。

那是在 1942 年 5 月的浙赣战役期间,气势汹汹的日本侵略者如同一股汹涌的黑潮奔涌而来,妄图席卷金华占领不远处的衢州飞机场,以对盟军刚刚实施的首次东京轰炸(即历史上著名的"杜立德轰炸")进行疯狂报复。当时驻守在金华、衢州一带的中国军队毫不示弱,按照重庆政府的部署积极备战,准备先坚守城郭,消磨侵略者的气焰,然后埋伏在城外山峦中的大部队再四面包围,将进犯的日军瓮中捉鳖一举围歼。

而这守城计划的部署之一,竟然是要拆毁金华的万佛塔,以使日军空袭的飞机失去目标。命令一出,举城哗然,不少金华市民泣血跪谏,拆塔部队也深知此塔在居民百姓心中的分量,不肯贸然下手。但当时的重庆政府下了严令:"地方上有人敢阻挠拆塔者,以汉奸通敌论处;军队有敢阻挡者,以抗拒军令论处,格杀勿论。"

为了抗日这一中华民族最为神圣的事业,此时的金华人如同壮士断腕,眼睁睁看着雄伟壮丽耸立千年的家乡古塔毁于一旦! 这是多么惨烈壮美的毁灭呀,不由又让人想起一艘正在怒海飓风中颠簸着前行的帆船,为了全船的安全毅然砍去了桅杆。

此刻的金华城就是这样一艘为搏击风浪而自行砍去桅杆的帆船,它在屏息等候瞬息将至的骤雨飓风,决心用自己局部的牺牲,换取抗日大局整体的胜利。

凶狠狂暴的飓风果真来临了,可是就在人们准备与风浪殊死拼搏的一瞬,不知出于什么原因,处于全船最关键地位的舵手此刻却产生了某种疑虑,临时改变了战前部署。重庆政府传来号令:原先按计划据城死守的部队立刻退往山区,于是日军未经血战便轻易地占领了金华城。而衢州的守军在浴血奋战 4 天 4 夜之后,也接到了冒死泅水冲入重围的传令兵通知,只好洒泪突围,把一座已经如同废墟的城市,连同宝贵的机场一起留给了日寇。

时至今日,有关当初重庆临战改变部署的原因仍有多种说法,千秋功罪只能留与后人评说。可是我们看到的,却是万佛塔在这场战役中先行壮烈地"捐躯成仁",可惜它的牺牲并没有如原先预想的那样,换得母亲城及其子民的胜利。金华的航船按计划忍痛砍去了桅杆,可船只却仍然在狂暴的飓风里令人痛惜地沉沦了,沉没在一片血泊中,沉没在太阳旗惨烈的光焰里。

同样的事情也发生在距金华城仅仅40公里的兰溪,日军攻城前夜,守城的国军也以日军空袭时目标过于明显为由,拆毁了耸立在大云山上的七级宝塔能人塔,当时也有许多兰溪市民表示反对,但最后还是以"军事第一,抗战需要"的理由加以拆毁。这座宋时修建的宝塔是用来"镇水"的,拆毁当年,兰江上爆发了特大洪水,大半个兰溪城瞬间成为一片汪洋,这偶然的巧合又引来许多人的加倍不满。

万佛塔就这样消失了,消失在金华天空里,消失在金华大地上,于是民间便多了许多惶惶的传说:金华要败了,"桅樯"(万佛塔)拆了,"跳板"(通济桥)炸了,金华要沉没了。

70年的岁月慢慢流过,万佛塔当初的辉煌已经湮灭得近乎杳无踪影,只留下几个似曾相识的名字如"塔下寺"等,还有一连串关于它库藏宝物令人瞠目结舌的传言,在不时提醒着、刺痛着金华人心中的什么?

没有了万佛塔的金华城似乎从此缺少了点什么,没有了塔影的金华天空此后寂寞空旷了许多。一年年流逝的风儿从这座日渐长大的航船上掠过,留下一阵阵窃窃的私语:万佛塔呢,那座往日里总是唱着歌的宝塔呢?那根古城引以为傲的桅杆呢,那些凝聚着人们千百年来信仰追求的佛砖呢,哪去了,哪儿去了?

转眼间十余年过去,消逝的万佛塔旧址早已荒草萋萋,形同废墟,就在这一片荒芜之中,万佛塔再次浮出水面,带给已经生活在五星红旗下的金华人又一次意外的惊喜。

那是1954年元月的一天,刚从朝鲜归国的驻军某部在原万佛塔遗址上修建营房,突然发现一处岩石有些异样。带队的工兵营长让人在岩上凿了个碗口大的洞,用长柄手电筒往里一照,顿时就大惊失色,原来这黑洞洞的地穴里竟然满是文物。于是立刻停止作业并封锁了现场,然后马上向军部首长报告。闻讯赶来的省文管会工作人员判定,这就是传说中的万佛塔"镇塔地宫",于是便组成挖掘队伍连夜施工,当年主持这一工程的原浙江省文物考古研究所所长王士伦先生这样记载了当年的场景:

万佛塔地宫就是由六块大石板砌成的一个方盒子,里面放满了文物。

整个地宫高 1.57 米,底部铺有一层碎石块,最下面为岩石。地宫四壁刻满经文,石板外有一层坚实的夯土。

地宫内文物众多。文物主要分布为,靠北壁正中有一座经幢(另一说为灯幢),幢前有一只铁箱。铁箱内,残存几件文物。铁箱盖子已经侧倒在石座上。铁箱高 60 厘米,宽 62 厘米,长 68 厘米。铁箱盖上阳刻"金华县大云乡祥符东第四保居住弟子姜永□并妻朱二娘阖家等,舍入此龙宫内铁函一所,永充供养……"等字。其余文物多是佛像、金涂塔等,大都摆在靠东、南、西三壁的石座上。部分文物倒在地上。另外在地宫顶板之上,发现有两尊残破的铜造像。

这次发掘共清理出 35 个种类的 183 件文物,1970 年出版的《文物杂志》中一篇由浙江省文物管理委员会供稿的文章中,摘记了几个简单的数值:"金华万佛塔发现文物为 1956 年 6 月,考古挖掘为 1957 年 1 月 12 日;文物有铜造像巨细共 60 余尊、金涂塔 15 座、铜镜 10 多面,铁箱一只,盖被打破,已推翻"。

在大小 60 多尊铜佛造像中,有观音菩萨,有地藏王菩萨,有坐有站,形态各异,造型生动古朴。其中一座鎏金水月观音铜像尤为精美,故宫博物院在展出这尊造像时,采用了这样的介绍文字:

五代十国(907—979)时文物;高 53 厘米;1957 年浙江金华万佛塔地宫出土。此造像神态宁静安详,造型优美自然。观音坐于山岩之上,头戴高冠,身佩璎珞,前方置有净水瓶。身后的圆轮状大背光,边缘装饰镂空火焰纹,极富特色,他处鲜见。是目前中国国家博物馆收藏的观音像中最为精美的一件。

塔基中还发现大小铜镜五十余面。除了大量的素面镜、花鸟镜、葡萄镜外,还有雕刻精美的飞天镜,雕饰四禽四飞天,四飞天首足翘起腹部低下,作飞舞状,形象生动,栩栩如生。还有雕饰神人骑马、骑仙鹤的神骑镜,充分反映了唐宋时期的艺术风格。

此外还有铜盒三只,小石碑一座,铁箱一具,铁箱盖上部阳刻"金华县大云乡祥符东第四保居住弟子姜水□并妻朱二娘阖家等,舍入此龙宫内铁函一所,永充供养"等字样。

在一片厚厚的废墟底下,原来万佛塔依旧醒着,它要将自己的信仰再次铸上云端,献给沐浴在阳光下的家乡和祖国。

转眼已经是 21 世纪,地球进入了信息社会的今天,当世界上所有的海洋都奔驰着现代化巨轮的时候,金华这艘已经相当现代化的航船,还需要那根古代的桅杆吗?还需要桅杆上那面总是乘风破浪的风帆吗?

想起不少耳熟能详的文艺作品,其中有许多这样的情节:远方游子回到阔别多年的家乡,第一眼看到的,便是那高高的古塔,滚滚而出的泪水顿时模糊了双眼,他们纷纷向着古塔深深叩拜。也曾经看过抗日战争时期那些冲破国民党封锁线投奔圣地延安的青年学子们写下的回忆录:当他们在黄土高坡上风尘仆仆九死一生,终于看到宝塔山上那座高耸的古塔时,热泪顿时盈满他们的双眼,喜悦顿时溢满他们胸腔:到家了,终于到家了!

是的,古塔有时对于人们如此重要,就像心际航程里灵魂的桅杆,神圣的象征,它作为当地最高,也最有代表性的标志性建筑,曾经千百年伴随和引导着塔下的人们,陪伴他们的祖宗先辈,陪伴他们的子孙后代,陪伴他们的白天,也陪伴他们的黑夜。久而久之,这古塔便成为人们精神境界的寄托与向往。家乡的古塔常常是他们心头高耸的桅杆,是信念在脑海中神圣的象征,真理在黑夜里熠熠的闪光。他们会在这根心灵桅杆上升起奋斗的满帆,驱使自己在人生的怒海上破浪远航。

但是我想,重建地理上的万佛塔其实已不重要,就像北京总有人争论要不要重修当年被英法侵略者烧毁的圆明园一样。重要的是每个金华人都要在心头铭记:为了击败那些企图毁灭我们祖国、我们民族的外来侵略者,我们的城市、我们的先人曾经付出过多么惨痛的代价,作出过多么壮烈的牺牲!

金华城有形的桅杆可以折断,但我们心底的桅杆一定要更高地耸入云端,上面仍然要高高升起信仰的满帆,让城市的蓝天白云之上,有一片千秋万代永不消逝的塔影。

二、壮士们最后的背影

居住在全国重点文物保护单位——太平天国侍王府附近是一种幸福,面对这座我国迄今为止保存最为完整的太平天国遗址,你仿佛每天都在翻阅一本巨大的历史教科书。

当年天国的各位英雄造反是把好手,享受起来也毫不含糊。天王洪秀全一到天京就建起富丽堂皇的天王府。侍王李世贤 1861 年 5 月 28 日攻占金华,也马上在原明"千户所"和清"试士院"的遗址上大兴土木,历经数年建成宏伟壮丽的侍王府,作为自己的指挥和居住中心。

侍王府原占地面积 63000 平方米,现遗存 10000 平方米左右,建筑面积达 3040 平方米。王府大门前有一座高 7.6 米、宽 17.2 米的大照壁,照壁上的石雕团龙雕工精致,线条流畅,极富特色,为国家一级文物。大照壁后分东院宫殿建筑和西院住宅建筑等,大门、仪门、甬道、庑廊、大殿、二殿和耐寒轩,由南向北逐级而至。

整个宫殿建筑坐落在一条中轴线上,气势宏伟的大殿是当年的议事厅。耐寒轩前那二株高达数丈的千年古柏,据说还是五代国吴越王钱镠亲手所植。西院住宅建筑共分四进,一进为入口,二进为正厅,亦称"小花厅",为侍王办公之处,四周墙上有珍贵的壁画"四季捕鱼图"等,三进为当年侍王的住处,四进为卫队驻地。

这儿不仅是威严壮丽的王府,也是我国保存太平天国时期壁画、彩画最多的地方,现仍存有壁画 119 幅,彩画 407 幅。众多的木雕、石雕、砖雕等,遍布在王府各处墙上、壁上、楼板上、梁柱上,俨然是一处文化艺术的宝库,让如今的游客们不禁时时猜度,当年这儿的主人不仅是太平天国后期统兵 20 万的重要将领,也是一位狂热的美术爱好者、艺术"发烧友"。

居住在侍王府附近,却也常常是一种折磨、一个近乎残酷的问题总在心头盘桓:当年李世贤兵败身死之后,他麾下曾有的那 20 万雄兵哪夫了？是融入了战场上殷殷的血泊,还是成为战俘营中绝望的身影？天国覆灭之后,满清统治者对这些农民造反者的报复十分严厉,太平天国被俘的高级将领大都被凌迟处死,而普通士兵官员也往往不能幸免,有时甚至整支部队都被屠杀殆尽。

每思至此,我都不禁为侍王的部下们担忧,这些当年的金华驻军能够逃脱不幸的厄运吗？何处才是他们最后的归宿？

我一千遍地发问,侍王府却总是沉默不语,只有斑驳的青苔在高墙石阶上一年年变幻着谜面,微风细雨淅淅沥沥飘洒着,黝黑的屋檐历史一般神秘,不时滴答着无言的泪珠。

这个时候,总会有一首诗突然浮现在脑际:

> 这深锁的宫殿内有太多的秘密,
> 太多的感慨。
> 尽管春来阶草丛生,
> 当年的血迹依稀可见。
> 混杂着泪水、呐喊、残戟断甲,
> 似乎仍在诉说内心的沮丧与沧桑。
>
> ——柯平:《太平天国侍王府檐前的飞龙》

可是最近,我却突然从网络上发现了一篇资料:有一支太平军余部曾在遥远地球的那一边智利、秘鲁一带战斗,为自己赢得了生存之地和巨大声誉,这支部队是从福建漳州远涉重洋的,他们正是当年侍王李世贤的残部!

遮蔽了百余年的烟尘渐渐散去,一段让人难以置信的故事悄悄地浮出水面:

原来当年兵败之后,散落在漳州一带的太平军残部不肯投降,为逃避几乎注定是要被屠杀的命运,他们卖身为"猪崽"去遥远的南美洲当"契约矿工"。那一年,有一万多名太平军余部连同家属去了当时秘鲁的伊基克港,从事挖鸟粪和硝石的工作。此时他们的身份其实等同于奴隶,一天要干活 14 个小时以上,吃得饭食猪狗不如,洋人们荷枪实弹看管着他们,动不动就拳打脚踢,随意处死。

大约 1866 年,智利与秘鲁、玻利维亚两国为争夺硝石引发了战争,这些太平军余部终于看到了希望,为了摆脱这奴隶般的命运,他们发动起义打死了矿监,夺取武器,按太平军原有的编制进行整编,并主动和智利军队取得联络。

正在陷于苦战的智利军队闻讯大喜,立刻派人送来了总统的亲笔信,信中答应给予太平军将士及其家属智利国籍,并表示战争结束后将把伊基克港交给他们管理。

于是天涯海角的遥远战场上，便出现了一支最初番号为智利第六边境纵队"褐衣军"的奇特军队，他们头戴黄色或红色的头巾，身穿褐色服装。不按西方军制编组，而是沿袭原太平军的建制组成两个军，军官职务仍称为军帅、师帅、旅帅、两司马等。他们手中的兵器也别具一格，智利军队的西拉皮佐将军曾这样描述："这支军队没有西方军队的纪律，却有着独特的中国特色纪律，他们配备了许多三角形的旗帜，用螺号代替军号，他们的战士有拿各种兵器的，但更多的是使用两把东方式的短刀（太平刀）。"

甫上战场，这支军队便杀出了威风，在南美人看来，他们使用的战术十分奇特，例如诱敌深入的伏击战，等等。在著名的波内达要塞伏击战中，他们先派出300人佯败，把追击的玻利维亚骑兵引诱到一处茂密森林，然后一声炮响，一千多名伏兵鼓噪四起，冲入追兵中大砍大杀，尽管追兵人数要多得多，却仍被杀得遗尸遍野，有约一千名印第安雇佣军弃械投降。他们还十分善于使用攻心战，打仗时往往锣鼓喧天，尘烟四起，先从气势上将敌方吓倒。

这些源自《孙子兵法》的古老东方式战法，在遥远的南美战场也颇有成效，几仗下来，便让敌军闻风丧胆，望风披靡。

在这些残余太平军参与下，智利军队经十余年苦战，终于战胜了对手，取得了南太平洋战争的胜利，秘鲁与玻利维亚被迫与智利签订协议，将伊基克等地割让给智利。而智利政府也提出要将伊基克港交给中国人建立自治镇，但条件是要继续帮助攻打秘鲁。这一要求遭到了拒绝，这些经历太多腥风血雨的汉子们不愿再充当异国炮灰，宁愿悄悄地融入当地生活，成为当地社会平凡的一分子。

一百余年过去，如今的伊基克城已成为智利一处重要的港口，据说镇上四分之一的人口有中国血统，还保留着不少的中国习俗，一些语言带有明显的两广、浙江地方口音。

……

久垂的历史帷幕终于悄悄揭开一角，透过茫茫无尽的尘烟，我隐约又看见了那些似曾相识的背影，满腹惊喜自然是难以形容。我宁愿相信这会是真的，因为多年来，海外就不时传来有关太平天国后裔的消息，有些日本人就自称是洪秀全的后代。而在遥远的南美洲国家圭亚那，据说也居住着太平天国干王洪仁玕的后代。当年天京陷落，洪仁玕的儿子洪葵元和幼天王洪天贵福一起逃往湖州，途中把好马让给幼天王，自己骑着一匹骡子逃命。谁知命运往往捉弄人,骑好马的不幸后来被逮住凌迟处死,骑骡子的反而逃脱了厄运,在一位外国传教士帮助下辗转来到遥远南美洲,如今繁衍成为当地一个人口众多的旺族,有的还当上了国防军军官。

我尽可能地搜集资料,努力想证实心中的期望。果然不久就搜集到智利港口伊基克的介绍,找到了19世纪太平洋战争的资料。虽然还缺乏一些直接的佐证,但我宁愿相信,确实有这么一支残余的太平军部队曾在天涯海角创立过鲜为人知的赫赫战绩,而他们威风八面的军旗,最初也就是从我身边的侍王府前飘拂出去的。

不是吗?我们的祖先曾经在全球各个硝烟弥漫的战场,不止一次地创造过类似的奇迹:古巴独立战争的烽火里闪现着中国起义军的身影;苏联"十月革命"内战中的"中国军团",曾经受到列宁的喜爱和赞扬。他们锄强扶弱,匡扶正义,留下了许多至今仍在铄铄闪光的非凡传奇。

即便是解放战争末期,被击败流散到东南亚"金三角"等地的国民党残军,其强劲的战斗力也仍然为全世界所瞩目。

中国人是蒲公英,不论被命运的狂风裹挟到何处,都会牢牢地扎根土壤,然后喷枝吐叶,努力生长出一点点茁壮的新绿。

中国人是一棵树,不论根须扎在怎样贫瘠荒芜的土地,都会伸展出参天的枝叶。

中国人是一朵花,不管命运多么的曲折严酷,都会努力绽放出点点绝世的美丽。

就像这群但愿是从我们身边的侍王府,走出去的无畏壮士!

三、金华山色与天齐

金华山色与天齐,一径盘纡尽石梯。
步步前登清汉近,时时回首白云低。

——(唐)袁吉:《登金华山》

你不是虚无缥缈的蓬莱仙山,也并非传说中虚幻无涯的昆仑仙境。你是金华山,一座离现实很远,却离传说很近的山峦。

你离开尘世很远,却距离天空很近,你离开人世很远,却距离自然很近,传说中的大仙们已经悄悄隐进了史书与传奇,可是飘浮的流云间仍不时闪现他们走过的小路,清澈的涧水清溪里仍然流淌他们的影迹,松风林涛间仿佛仍飘荡他们的欢笑,清晨的朝露闪烁,仿佛仍然有着他们若有若无的呼吸……

一行仙鹤在仙与佛的虚空里御风,从隐士们断断续续的五弦琴声里掠过,从往事与松涛若有若无的呜咽声中飞越,艳红的丹顶凝聚一片不可超越的神圣,雪白的翅膀上仿佛从来就不曾沾染过一丝尘埃。

祖宫的钟声响了,从远远的晋朝飘来,一直飘过太极八卦那庄严的星宿;历史在一片静谧中沉沉地安睡,只有金华山醒着、醒着………

祖宫的钟声飘过沉静的山峦,仙山婺水铭记着那个从这儿走向神坛的赤子,他的乐善好施,见义勇为,行侠仗义……①

四、卧龙岗上散淡的人

我本是卧龙岗上散淡的人……

这是京剧《空城计》里,诸葛亮摇着他那把招牌式的鹅毛扇,登上舞台后的第一句唱词。

伴随"西皮"意韵悠长的慢板,他还将尽情抒发自己毕生的志向与作为:

……
论阴阳如反掌保定乾坤。
先帝爷下南阳御驾三请,
联东吴灭曹威鼎足三分。
官封到武乡侯执掌帅印,
东西征南北剿博古通今……

---

① 黄大仙为金华道教传奇人物,幼时乐善好施、行侠仗义、惠泽百姓,后受仙人指点,在金华赤松山得道成仙,其"叱石成羊"的故事脍炙人口,被当地百姓尊为"赤松仙子"。在港澳、东南亚香火尤为隆盛,影响深远。

寥寥几句,一个"火烧赤壁,七出祁山,鞠躬尽瘁,料事如神"的"古今文臣之首"便跃然舞台。

诸葛亮殚精竭思,终究无法扭转乾坤,当他积劳成疾,终于在五丈原油尽灯枯后的一千七百多年,却仍然有一群也姓诸葛的人,在一处低矮的丘陵之间高卧着,他们散淡为人,低调行事,耕读医贾,勤俭持家,淡然面对这千百年来的星移斗转,沧桑变迁。

只是这些人高卧的地方不再是南阳卧龙岗,而是在浙江省兰溪市西部,一个过去叫高隆,如今叫做诸葛村的地方。

(一)

无论是倾心仰慕,还是半信半疑,只要走进这座躲藏于绿色丘陵间的古村落,你就会不得不承认,当初选中这个地方,并且确定村落布局的,确实是个精通"阴阳八卦阵"的方家里手。

时间回转到九百多年前的南宋末年,诸葛亮的第 27 世孙诸葛大狮迁居兰溪,要为家人寻找一块安全宁静的所在。他从青灰色的道袍里掏出罗盘和五枚铜钱,犀利的眼睛跟随罗盘的指针,缓缓地转向这片被叫做高隆岗的地方。

这儿丘陵交错,如屏如障的绿色群山环抱着一片平地,山环水绕,可耕可住,可樵可渔。望着这片心仪的绿水青山,诸葛大狮缓缓铺开一张他名垂青史的祖先在当年运用得出神入化的"九宫八卦图"。

这张"九宫八卦图"的基点,便是那口清波荡漾,名叫钟池的水塘,钟池不大,但半边有水,半边为陆,形状恰似"九宫八卦图"里的太极。

以池为中心,八条小巷向八方延伸,形成一个内八卦的图形;偕着村外那八座秀美、翠绿、烟雨蒙蒙的小山,一个外八卦的环抱之势也浑然天成。这精巧的布局似连非连,环环相扣,彼此制约而又相克相生,在神秘莫测的玄机中尽情享用着大自然的恩赐。

一座座青砖白瓦的房屋,一条条狭窄有序的弄堂,就在这幅八卦图中井然排列。

一缕缕炊烟渐次升起,一阵阵孩子的欢笑飞扬腾空,兆示着这个名扬四海的古老家族,正在这片肥沃的土地上繁衍兴盛。

到明代中叶,这儿的高隆诸葛氏族已成为兰溪的大家望族,后裔以姓氏为地名,将高隆改称诸葛村,本名反而渐渐被人淡忘了。

星移斗转,沧桑变迁,透过历史茫茫无绪的烽烟,诸葛村的后代子孙们越来越体会到先祖那神秘莫测的奥秘玄机。八卦般的村庄布局不仅让他们尽享山水的美丽富饶,还让他们世代生长在一个精心构筑的"保险柜"里。原来当初诸葛大狮们煞费苦心,就是为了让后代子孙避乱防险,他们用诸葛亮定鼎天下的宏大智慧,精心布局自己家族千年延续的平安环境。

这确实是明智之举,因为平安历来就是人生的第一需求。而一部中国历史到那时为止,就是一部动荡不安的战争史,先祖诸葛亮智慧的结晶,很大程度上也就是战争的智慧。

依靠先祖们的远见卓识,诸葛村子孙在这片美丽的青山绿水间惬意地安卧了千年。他们透过万顷狼烟,笑看外界红尘中纷乱不息的刀光血火,一次次与近在咫尺的凶险幸运地擦肩而过。

1925年北伐战争期间,北伐革命军的部队就在村子附近与军阀部队激战三天,却没有一颗子弹炮弹落入村子。

抗日战争时期,一队凶残的日军从村外高隆岗大道经过,也没有发现这个村庄。

据说也有盗贼们多次混入村庄,却由于村里地形纷纭复杂,变幻莫测,让他们转晕了脑袋也辨不清东西,最后只好乖乖地束手就擒。

村子落成之后唯一的战争灾祸,就是抗战期间日军飞机投弹,炸毁了村里一所房子。这并不奇怪,因为无论诸葛先祖们如何神机妙算,也很难在千百年之前就预料到未来会出现空军,九天之上竟然能够悠悠地投下炸弹这种杀人的利器。

在这片青山环抱、绿水扬波、宁静富庶的天然"保险柜"中,诸葛亮的子孙们生生不息,终于繁衍成为全国最大的诸葛后裔集居地。据1993年全国第七次诸葛亮学术研讨会统计,中国诸葛亮的后代共约16000人,光一个诸葛八卦村就有约四千人,占了大约四分之一。

(二)

诸葛先祖们为后代筑起玄机重重的天然保险柜,也为他们构筑了一道坚不可摧的心理防线,那便是"修身齐家"的人生理念,"淡泊以明志,宁静而致远"的生活哲理。

我到诸葛村那天,正好是农历的八月廿八日,按照古老的家族传统,每年这一天村里都要举行盛大的祭祖大典。三百多名诸葛后裔们穿起盛装,举着旗幡,组成一支浩浩荡荡的迎会队伍,先在全村巡游一番,然后聚集到那座建于明万历年间的丞相祠堂,在一尊尊先贤威严的塑像前举行祭祖仪式。

祭祖大典庄严隆重,共有宣读祭章等十八道仪式,据说完全承袭了明朝的原始祭祀礼仪。

其中非常重要的一项,便是孩子们现场背诵诸葛亮的《诫子书》。这些平日里活泼好动的孩子,此刻却显得老成持重,朗朗的童声载负着祖宗千年前的遗训,在古村的上空久久地轻舞飞扬。

我的思绪顿时飞越千古,跨越千年,回想起中华民族辉煌历史上那些可歌可泣的神圣往事,追忆着茫茫烽烟里那些令我们骄傲的神圣楷模。

而身为"古今名臣之首"的诸葛亮,就是这些楷模里的翘楚。且不说他"鞠躬尽瘁,死而后已"的奉献品格,不说他"明知不可为而为之"的牺牲精神,单说他"修身齐家"的高尚情操,对后人和亲属的言传身教亲为力行,就足以让我们顶礼膜拜、肃然起敬。

诸葛亮在《诫子书》中说:"夫君子之行,静以修身,俭以养德,非淡泊无以明志,非宁静无以致远","非学无以广才,非志无以成学"。

他这样说,也这样做。诸葛亮的子孙们不管本事如何,品德修养却确实是无可挑剔。当初魏军兵临城下,以高官厚爵招降他的儿子诸葛瞻,诸葛瞻却绝书斩使,最终携子诸葛尚血洒沙场。被后人赞为:"勤王事,大好儿孙,三世忠贞","外不负国,内不改父之志,忠孝存焉"。

身为一国之相,诸葛亮的生活十分节俭。他曾上表后主:"臣死之日,不使内有余帛,外有赢财,以负陛下。"诸葛亮逝世后,刘禅派人清理诸葛亮家的财产,发现果真"家无余财,妾无副服"。在他身体力行下,蜀汉的政风十分清廉,是当时三国中最有条理的一国。

诸葛亮早已走进了茫茫史册,但他的精神和家风却在千年之后的诸葛村代代相传。村里的孩子从牙牙学语开始,就要背熟《诫子书》,从描红开始,就要临摹《出师表》。

一颗颗灵魂的种子撒播进幼小的心田,在清风明月伴随下他们节节长大。古村学风蔚盛,好学上进,自强不息,历代人才辈出,科第不绝。仅清光绪年间《兰溪县志》中列传的诸葛后裔就有16人。明、清两代全村中进士5人,举人11人,占了同期兰溪进士和举人总数的5%和4.8%;贡生(拔贡、岁贡、恩贡、优贡)35 人,占同期兰溪四类贡生总数的 9.8%。乾隆五十三年(1788)戊申科兰溪中举人 3 名,全是诸葛村人。据不完全统计,现在世的还有诸葛籍教授和高级工程师 19 人。

诸葛村的孩子不仅学业优秀,更加难能可贵的,是他们秉承了先祖良好的处事心态:宁静为人,低调处世。

他们遵照先祖当初的遗训,"不为良相,便为良医",世代将中医中药当做家族潜心钻研的方向。早在北宋时期,村里就习药成风,三尺孩童也能朗朗背诵《药性赋》,男丁们半数以上从事中药行业。村子里遍地开满金银花,每当制作中药的季节来临,空气里便弥漫着浓浓的甘草香。

在我的印象里,行医是另一门需具备大胸怀大气魄大智慧的职业。不少的志士仁人,如果不能负起定鼎天下的政治重任,便会转而从事这个以解除天下病痛为己任的特殊行业。鲁迅和郭沫若当初步入社会,也都不约而同地选择学医,作为施展人生抱负、拯救天下苍生的起点。

诸葛村那股飘荡了千百年的浓浓药香,浓缩了多少人生的志趣,洋溢着多少生活的智慧呵。

诸葛村人行医,也像他们的先祖从政一样,洁身自好,重视自身信誉与商业道德修养,总是以"道地药材","货真价实","童叟无欺"取信天下。当年兰溪著名的"天一堂"精制全鹿丸,事先总将要宰杀之鹿,先陈设三天,然后再游中街当场宰杀,所以人人信服。他们出产的诸葛行军散、卧龙丹,皆按诸葛亮认定的古方配制,疗效显著,为家藏救急的必备良药,至今畅销不衰。

正因如此,诸葛村人经营的中医药业父子相袭,子孙相传,生意越做越大,一直扩展到全国各地。他们目送自己成年的儿女从小村出发,将一片片药香洒满大半个中国。许多诸葛子孙开药店办药行成为老板,在金华八县市的药行中,诸葛村人开设的占据大半。而明清至民国期间,诸葛村人在全国开设的药店就有两百多家。

(三)

当年诸葛亮修身立学,寄情山水,并不真是为了避世隐居,而是以退为进,在默默守候着恰当的进退时机。"穷则独善其身,达则兼济天下",他用一只眼睛欣赏窗外美丽幽静的山水,另一只眼睛却时刻紧盯变幻不定的政坛风云。

一旦心目中的贤君明主出现,他便"士为知己者死",立刻龙飞凤舞,大展宏图,成就一番惊天地泣鬼神的千秋伟业。

900年来,诸葛村人也在这片原先叫做高隆岗的丘陵上静静隐居,冷眼看着一支支大军从自己身边毫无察觉地过去。他们用一只眼睛盯着中国古老的医书,一只眼睛也像祖先一样敏锐观察着中华大地那些变化无常的风云际会。

20世纪末期的中国大陆天翻地覆,改革开放的大潮汹涌拍击着所有曾经紧闭的门户,也在叩击着诸葛村人紧闭的心扉。他们敏锐地感觉到时代变迁,就像三国时诸葛亮在卧龙岗一样,听到了历史无法抗拒的呼唤。他们再也不愿让机遇一次次擦肩而过,而要主动地走出千年八卦阵,打开古老神秘的大门,让世界走进古村,认识诸葛。

果然有人骑着现代的骏马,一而再再而三地上门来了,不过这回不是当年三顾茅庐的刘备,而是清华大学和国家文物局的古建筑学专家。

踏进这宁静幽远的古老村落,连这些见多识广的专家们也不由惊呆了,这是什么地方?分明是一座中国"传统民居古建筑的富金矿",是中国南方乡土建筑文化极具代表性的古村落。那些当年在外经商的诸葛村人,如同到一定时间必须回游的鱼群一样,不时把财富从四面八方带回故乡,这些盖着各个票号印鉴的银票和顺着浦阳江运送来的青砖、巨木和黑瓦,经年累月将这儿建设成了中国江南民居的经典之地。

村里现有明清时建成的18座厅、18座堂、18口井和8条主巷。目前保存完好的厅堂还有11座:大公堂、丞相祠堂、崇信堂、崇礼堂、雍睦堂、大经堂、崇行堂、春晖堂、文与堂、燕贻堂和敦复堂。这些建筑类型的楼上厅和前厅后堂楼,全国范围内都很难见到。现存的304座明清民宅建筑古风盎然,那些"青砖小瓦马头墙,肥梁胖柱小闺房"的结构之精、布局之奇,令人惊叹。

看看那座始建于明万历年间的丞相祠堂吧,这是诸葛氏族们祭祖的场所,它坐西朝东,平面按"回"字形布局,由门厅、中庭、庑廊、钟楼和享堂组成,总面积1400平方米。头门为歇山顶、五开间、八字门。庭上四根擎柱分别以松树、柏树、桐树、椿树作材料,寓意"松柏同春"。梁上雕有9个鱼形太极图和9只金狮抢球图,四周柱上的牛腿雕刻非常精细,庑廊里供奉着诸葛氏族14位先贤塑像,享堂左右筑有钟楼、鼓楼,享堂上则供奉着诸葛孔明坐像。诸葛氏族历代子孙考中举人、进士或升官,族中出现重大事情而举行祭祖、庆典仪式等都在这里。为纪念诸葛先贤孔明,每年在其生辰、忌日即农历四月十四、八月十八及冬至日,都要举行大的祭祖庆典活动。

再看那座江南唯一的武侯公纪念堂——大公堂吧,这是江南唯一的武侯公纪念建筑物,为三进两明结构,牌楼式的大门,正门当中额枋上有"敕旌尚义之门"横匾,门的两侧上楷书有"忠""武"两个大字,处处显示出诸葛氏族的显赫威严。进入大公堂后可看到堂内山墙上挂有几大幅画卷,画中记述着武侯公的生平。其中二进大厅两旁分别挂着"三顾茅庐"、"舌战群儒"、"草船借箭"等八幅画卷。第三进大厅的正中写着武侯诫子书:"非淡泊无以明志,非宁静无以致远。"这已经成为我国传统文化的传承写照,也成为中国文人的座右铭。

犹如一位掠开重重纱幕突然现身的绝世美女,诸葛村的美艳古朴顿时震惊了世界。它很快被誉为"神州第一奇村","中国第一八卦村"。1996年,诸葛镇作为一个整体被国务院公布为全国重点文物保护单位,2005年成为国家4A级旅游区。

大大小小的车辆如今停满村口的停车场,每年都有几十万中外游客从四面八方涌来,争相目睹这座"八卦村"的古朴神奇,体会诸葛文化的博大精深。

临街的所有住房都成了饭庄店铺,琳琅满目的各式旅游商品引得旅客们争相购买,此起彼伏的导游声不时响起,取代着古村延续百年的宁静;仅旅游门票一项年收入就达千万元以上。

不过在许多人的心目中,即使再过几百年,诸葛村也应该是这样的。

从繁忙的330国道转入重重绿荫遮掩的村口,你会感到时间突然变慢了,手表的指针仿佛被岁月胶水一下子粘住,再也不肯轻易地向前踏出一步。

碧波荡漾的钟池依旧那般清澈,一半为阴,映着天边那弯皎洁的明月;一半是阳,托举着天边火红的旭日。棕黑的古藤爬满曲曲弯弯的小巷,遥遥指向村边那八座绿树掩映的山冈。蓝天映衬着斑驳的白墙黑瓦,鸟雀鸣叫着从那些长满青苔的瓦背上掠过。

正是开花的季节,家家户户篱笆边缠绕着白色的金银花,连空气里也飘散着浓浓的药香。耳畔又传来童子们诵读《诫子书》的声响,踏着这朗朗的节拍,有人正牵着一只梅花鹿,缓缓走向远处的"天一堂"。

大公堂上仍在举行隆重的祭祖仪式,不过那不是表演,而是一种延续千百年的精神本能。

……

开放、封闭、淡泊、喧嚣……究竟哪一种,才是我们心目中真正的诸葛村呢?

告别村子的时候已是傍晚,不知谁家店铺的音乐又响了起来,仍然是那段悠悠的唱腔,在夕阳的余辉下缓缓地、梦幻一般地游走着:

我本是卧龙岗上散淡的人……

五、等你,在芝堰

尽管已经过去了 300 年,我依然相信,那个名叫兰儿的姑娘还在等我,就在村口那棵如伞如盖的大樟树下,在长长青石板巷边那间熙熙攘攘的杂货铺里,在西山脚下那条流珠溅玉的水渠边,在孝思堂前那几株开得如火如荼的山茶花里,在那个从前叫做芝溪如今叫做芝堰的小小村落里。

我是在乾隆年间一个花开得最艳的日子走到这儿的,沿着一条长长的被叫做严婺古道的驿路。那时江南的天空正弥漫一片令人感伤的烟雨,如丝如缕的青葱柳枝正蘸着细雨编织一片无穷无尽的思念。就在那样一个季节我踏上商旅,到古道那一头的婺州采购一批去冬腌制的火腿,然后带着它们经过富春江、大运河去遥远北方的京城。

山随路转,路沿山移,大约行程第四天的下午吧,前方金黄色的斜阳下,突然缓缓凸现一幅令人心醉的水墨画,近乎浓黑的苍翠是它不变的底色,片片隆起的山岚勾勒出淡淡的轮廓;那些黑瓦白墙的房屋镶嵌在或浓或淡的底色里,勾勒出画面清新淡雅的基调;闪光的流水和漂浮的炊烟,为它增添着灵动的气韵。这幅景色是那么熟悉亲切,就像我那素以风景闻名天下的徽州老家。

可是我焦灼的心并不想在这片熟悉的风景里停留,虽说芝堰是驿路上一处热闹的驿站,但毕竟只是商旅中的一个节点。那辘辘不息的车马脚步声,在我耳边永远是出发的号令,在催促客商们忙碌的脚步,匆匆踏上那永不停息的商路。

就在即将跨过村口小桥的那个瞬间,我看见了你,是在偶然一回眸时看见的,不知道这次回眸,是否就是佛经里所说,那种前世修行 500 年才能换来的相逢。

起先只看见一把悠悠的油纸伞,伞骨处正滴落无数断线的珍珠。就在纸伞缓缓抬起的刹那,路边美丽的茶花蓦然间一齐开始绽放,我原先轻快的脚步就在那个瞬间里感到无比沉重,心儿却忽然像桥下小溪的流水,飞珠溅玉般地跳跃起来。

我突然明白这江南的春天为什么总是湿漉漉的,夕阳为什么会突然间滑落到西山,明白了这原先素净淡雅的炊烟,为什么会在一瞬间变得那么缠绵。

这都是因为你呵,此刻在雨中,正有一把油纸伞像孤寂的花朵,秀丽出千娇百媚,踏靓了一道道风景,在这儿等我,等我从长路那一头遥远的地方赶来,等我们在这座青石铺成的小桥上相见。

你是从什么时候开始,就在这座小桥上等我的,莫非,也是在 500 年前?

我悄然回身,跟着你那把花一般开放的油纸伞走去,走向村中那条由青石板铺成的长长月亮街,走过路旁那些鳞次栉比排列着的酒肆茶楼、钱庄当铺。巷子深处不时有人出来向我招手,用极具诱惑力的语言邀请我跟着他们走,巷子深处还有更多的戏院烟馆和澡堂歇店。但是我目不斜视眼前只有你的背影,我跟着你走进村口那一间小小的杂货铺,那是命运的呼唤呵,不可抗拒的召唤。

我们相识了,你是杂货铺老板的女儿,姓陈名字很好听叫做兰儿。从此我的耳边便总是响起你金声玉振般的笑声,眼前便总是飘动你柳枝飞絮般的腰肢。

你领我走遍了村里的"九堂一街",这街,自然就是那条喧嚣热闹的月亮街,处于严婺古驿道的中端,据说从宋朝以来,就是往来客商歇脚过夜的地方。那些酒肆茶楼,烟馆戏院,钱庄当铺,澡堂客栈,还有剃头、濯足店遍布古街两旁,一年年营造着喧嚣与繁华。而此刻,青色的砖瓦、斑驳的白墙、透着清亮的青石板路和小桥洗净了铅华,正与相伴的流水一起迎候我们的到来。

你带我走遍分布在村子东西南北的"九堂",那其实就是你们陈氏家族的祠堂宗庙。其中最气派的,当然要数那座"孝思堂"了,它宽阔高大,堂内合抱粗的八根柱子取"松柏同春"的意思,分别用松、柏、桐、椿四种木材做成,是族人们集会祭祀的地方。

走出孝思堂,转过一条小巷是建于明朝嘉靖年间的承显堂,它规模很大有三进两明堂，进门便会看见一个戏台，隔着天井是听戏的大堂。如果说孝思堂的威严常常让我喘不过气来，那么在这儿，我却能和你一起尽情地欢笑，让笑声跟随戏剧开场的锣鼓声飞扬。

可惜这常常只是美好的愿望，你们陈家严守男女有别的族规，我可以在大堂里看戏，你却只能随其他女宾一起，到承显堂最后一进的那座阁楼上去，那儿才是专供女人看戏的地方。你说这阁楼封闭得很严实，坐在那儿，压根就看不到戏台上的表演，只能透过几扇敞开的小窗户，听一听那悠长悦耳的曲调，想象一下那优美生动的表演。不过，这据说已经流传一百多年的金华戏，我听起来却非常悦耳，就像家乡大柏树上那几只老喜鹊的鸣叫一样亲切，旁边有老乡悄悄告诉我，这金华戏的韵腔里，果然有几分我们家乡的徽调。

小村有许多条曲曲弯弯的弄堂，两边不时可见精雕细刻的木门深锁，从门缝朝里窥望，常见木雕砖雕间杂草丛生，一树梨花兀自雪白，间或有一老人依门独坐，瓦檐上一缕苍白的阳光照着他，膝上摊一册线装书，像入定禅坐的老僧，一坐千年。

江南有多少这样的小村这样的小巷，默默隐藏在青山绿水的一角，让我们多少次情不自禁地停下脚步，感受一下祖宗们的生活印记，聆听一下昨日时光的呼吸。

而我最喜欢的，还是和你一起，沿着那几条环绕全村的渠道漫步，这是陈姓先祖为了引水饮用灌溉，很早就用一色青石修建的。清澈的碧水沿着渠道从山间奔涌而下，先在村口形成一个半月形的池塘，然后依次流过村子每户人家门口。家家户户都会在门前砌一个小小"石埠头"，在那儿和清清渠水亲密接触。

我常常站在石埠头上看着你洗衣浣纱，兰儿，那是你最恬静、最美丽的时候，你姣好的面容在清澈的流水里映现，就像清风在微微描画着一幅美人画。不知道有多少次，我就在这样的眺望里将我们的一切回望。

哦，芝堰，长长商道上一处舒适安逸的驿站，茫茫心海中一座安恬宁静的港湾。疲惫的心会在你这儿找到激情，伤心的人会在你这里寻到欢乐，失意的人会在这儿看到希望，烦躁的人会在你这儿遭遇温馨……

永远在等待、等待，芝堰总能给远方游子们一片爱的缠绵。

可是对我来说，芝堰已经不再是驿站了，它会是我永远的家园，我生根发芽的地方，这一切全都是因为你呵，兰儿，从看到你的那一刻起，我的心就属于这片青山绿水,我的情就开始奔流在这些潺潺的渠水里。

你父亲终于答应了我的求婚,我成为这个世界上最幸福的人,我打算赶紧去做完这笔生意,然后带着全部的积蓄回到这里,就在这长长的石板巷边再开一家新的店铺,然后和你一起,做一件天底下最幸福最浪漫的事:朝夕相处,永不分离,相互看着对方慢慢变老!

告别那天老天爷哭了,漫天洒下一片蒙蒙细雨,仿佛我们离别的泪水正在化做雨丝,洒满了天地。你依然撑着那把油纸伞,还是站在那座小桥上,站在一片金黄得令人心醉的油菜花里,挥手看着我离去。

雨飘落到伞上,敲打出一片叮咚的声音;千里万里的思绪,此刻都浸润着金色的浪漫,滴落在那把油纸伞上,敲响了心底那份浓浓的情思。

我从婺州购到那批火腿,为了缩短行程,搭上了从明州出发去直隶的航船,却不幸中途遭遇暴风雨,在航船沉没的最后瞬间,我回首,看见的依然是那把油纸伞……

……

300年了,穿梭的日月已经无数次洞穿了我的心,但我依然记得那个叫做兰儿的姑娘,记得古道上那个叫做芝堰的小村……

还有雨中那幅淡淡的水墨画,那雨巷里撑起的油纸伞,那朦胧的身影,淡淡的愁怨……

尘缘如水,一切都恍然若梦,望一眼大海的波涛,千千万万的相思便如柳絮散落在了风里,多少浓情,多少厚意,都在顷刻间化为流水落花,伴着一溪春水无言地流进东海。

尽管记忆仍然在风中飘荡,不时还会溅起一地绵远的惆怅……

尽管那长长的驿路已经不在,那个曾经兴盛的驿站早已清冷……

尽管那个村口物是人非,已经在无言之中,悄悄立起了一块刻有"全国重点文物保护单位"的铭牌……

六、追求,以一个家族的名义

理想,当这个辉煌的字眼跃出地平线的时候,整个世界都会洒满金色的光华。

有些人的理想是拯救危难中的祖国，把受苦受难的百姓从侵略者或专制者的魔爪中解救出来；有些人的理想是建立自由公正的社会，让兄弟姐妹们过上富裕欢乐的生活；有些人的理想则是创造发明，用最新的科学技术造福人类。

为了理想，丹柯剖开自己的胸膛，让心脏像火炬一般燃烧，照亮人们前进的道路；为免除天下百姓的苦难，耶稣情愿被钉上十字架；更有无数革命先烈为实现神圣理想，"砍头不要紧，只要主义真"，即便抛头颅洒热血也在所不惜。

我们为这样崇高的理想而感动，但同时，我们也对另一些人肃然起敬，对他们的不懈追求同样敬佩不已。

这些人或许没有"治国平天下"的雄心，更没有指点江山、挥斥方遒的豪言壮语。他们只想"修身齐家"，在自己家族的范围内探索理想、传承信念、维护公正。

但是他们穿越了宋、元、明三个朝代，经历了三百三十多年苍茫的风雨，聚族而居，世代沿袭，在中华民族的浩瀚史册上，同样唱响一曲悠长壮美的理想之歌。

唱响这曲壮歌的家族就在浦阳江边、仙华山下，他们的名字叫——郑氏义门。

（一）

郑氏义门祖祖辈辈的追求，其实就是中国人世世代代传承不息的共同信念。自从孔子在两千多年前的那个黑夜点燃明灯，它就千年不熄，从此成为照耀华夏民族灵魂的太阳。

那10个大字如今还醒目地镌刻在建于南宋的郑氏宗祠墙上："忠、信、孝、悌、礼、义、廉、耻、耕、读"。

为追求这样的理想，这些春秋时郑桓公的后裔们奋斗了一代又一代，在62世郑渥、郑说、郑淮三兄弟时颠沛流离来到浦江，此刻他们已经痛心地认识到，自己的力量太弱小了，也许终其一生都不能号令于天下，但他们愿意在自己家族的范围内实践探索，用家族的模范行为去教育世人，警醒天下。

是的，也许一个家族的理想不能照亮中国，但千万不要因此就偃旗息鼓，让它在家族的范围内继续熊熊燃烧吧，照耀家族，照耀孩子，照耀千秋万代的子子孙孙。

大约北宋年间一个朔风烈烈的日子，一抹斜阳辉映着郑氏祠堂那幅悲壮的场景：一位白髯飘拂身穿吉服的老人强撑病体，挣扎着用银针刺破自己的手指，让鲜血染红杯中的酒液，他高举酒杯祭天祀地，发出了铮铮誓言："吾子孙有不孝不悌不共财聚食者，天实殛罚之！"

言毕，老人叉手正容，在子孙共同的誓言声中溘然长逝。

这位滴血誓盟的老人名叫郑绮，被尊为郑氏"同居一世祖"，他以自己的生命揭开了家族崭新的一页，从此开始郑氏"尚义一门，九世同居"，共财合食长达三百三十余年的历史。

青史邈邈，这部历史却称得上是震古烁今，独一无二。按照族人共同的约定：凡郑氏家族子弟都必须有福同享、有难共当，成年男子要从事稼穑、畜牧、园艺等劳动，即使在外为官经商，所有收入也一律要上交祠堂。而妇女则从事纺织或其他内部事务，年满60岁时才可退休不再劳作，由大家共同赡养。

家族设掌膳二人，专管众人日常膳食，凡60岁以下的人都吃统一饭食。年满60岁以上，可由食堂单独为他们做适合口味的饮食。

族人的穿着也由家族统一供应，凡郑氏男女满一周岁可领取衣料，男子16岁以下领布料，40岁以下的布料之外领取一部分帛，40岁以上全部领帛，领取布料的同时领取成衣费。妇女则两年领一次布料，姑娘到及笄之年，可领一副银首饰。

个人也不能拥有私财，吃穿以外的生活用品由公堂统一置办，均匀分发给各房，禁止私自置买。族人私买田产或私存金银钱财的，将会被叫到祠堂接受处分，严重的送往官府，以不孝之罪论处。

为保证这套制度的实施，郑义门从第五世开始，就制定了"法齐其家"的治家准则，又经过几世子孙修订补充，在第八世郑涛期间，才由宋濂帮助修订完善。

规范共168条，对郑氏家人的行为准则做了详细严格的界定，并定名为《郑氏规范》。它以"孝义"为宗旨，融道德修养、行为规范、生产管理、生活学习等制度及奖惩措施为一体，从日常的起居言行，到为人行事道德准则，都作出了细致周密的规定。甚至连妇女理发不能用剃头匠人，妇女10天能洗一次澡，都有具体条款，可谓世上最齐全详尽的家庭管理规范。

规范尤其重视子女的学习教育,凡郑家儿童从 5 岁开始就要学礼,8 岁进家塾读书,12 岁可出外读书,读到 21 岁时,如取得功名,可继续学习,否则就得回来参加家族的生产活动。

学生在学期间必须严守纪律,晚间统一住学舍,不许出中门,10 天一次轮流背书,16 岁后能背诵"四书五经"的举行冠礼,如同今天青少年们的"成人典礼"。

族中男女的婚姻一概由家长们安排,选择对象时不能看对方的贫富,而要看是否出身温良之家,是否有家族病史。

有了如此严密的规章制度,还要有执行的机构和监督机制。郑义门对此也作出周密安排,他们设立了 17 个管理职位,即宗长、家长等,由 26 人分别担任,共同管理家族事务。这些职务互相关联、相互牵制,形成一个完整有序的网络式管理机构。

家族还另设"监视"一职,权限有点像今天的"纪检委、监察局",专门监督检查这些管理人员。对怠惰不法者可给予惩治,严重的可经公议罢免,另选贤能来保证制度的实施。

让我们想象一下十五代三百三十多年漫长的岁月里,那些壮丽得一丝不苟,而且年年岁岁重复上演着的恢宏场景吧:

每逢初一、十五的早晨,天刚蒙蒙亮,郑家祠堂的大钟就"当——当——当"地响起来。悠远的钟声霎时传遍了整个村庄。24 声之后,人们衣着停当。钟声很快又是连续四下,于是各房之中便齐齐传出了汲水盥洗之声。

不多时,铜钟再次击起。八响之后,千百人迎着钟声,按着长幼男女,排队进入了村子的最中心——宗祠。

宗祠的有序堂上,家长们早已正襟危坐。族人们男左女右,分别伫立堂下,形成一个个宏大的方阵。座中站起一个十多岁的童子,出列来到堂上,朗声背诵族中世代相传的祖训:

> 听、听、听,凡为子者必孝其亲,为妻者必敬其夫,为兄者必爱其弟,为弟者必恭其兄。
>
> 毋徇私以妨大义,毋怠情以荒厥事,毋纵奢侈以干天刑,毋用妇言以间和气,毋好横非而扰门庭,毋耽曲蘖以乱厥性。

诵毕训诫,众人起身,向家长一揖,复分左右,会揖而退。

到九下钟声响起的时候,黑压压的人群又出现了膳堂,以家为单位分桌饮食,膳食都是一式一样的,年纪大的老人可以额外优待,请膳堂为他们做自己喜欢的饮食。

吃完饭,庞大的人潮条分缕析,分散成为缕缕细流,分别奔向各自不同的工作岗位。学生们走向家塾,去"四书五经"中寻觅真谛。做官为吏的分赴自己办公室,务工稼穑的奔赴田野工地,开始一天紧张的劳作。妇女们或者穿针引线,或者纺织蚕桑。

而老人们则在阳光下眯缝着眼,开始回忆他们一生的往事。不过许多时候他们也没闲着,你听,有序堂上又传来阵阵议事声和训斥声,那是族中长老们正在会商议事,或者训斥一些顽劣的子孙。

这种紧张有序的场景一直延续到明月当空,当夜深人静,钟声再次响起的时候,一扇扇窗户的灯光渐次熄灭,郑氏义门全都沉浸在甜蜜的酣睡里……

这是怎样的一幅画面啊,它让我们想起了什么?

是孔夫子的"大同世界",圣西门的"乌托邦",还是陶渊明笔下的"桃花源",以色列的"基布什"……只不过那些画面大都停留在人们的憧憬想象之中,或者如同电光火石一般稍纵即逝。

而郑氏义门的这种生活场景,却实实在在地敷衍延续了整整三百三十多年!

(二)

当九百多年的风雨渐渐褪去,跨过九座气势不凡的石牌坊,斑驳的宗祠门前,那幅明朝开国皇帝朱元璋赐封的"江南第一家"巨大匾额仍旧赫然在目。

整个郑氏宗祠占地6600平方米,前后分为五进,结构宽敞,风格古朴,端庄肃穆。有序堂是宗祠的主体建筑,可容纳千余人活动,郑氏族人们的重要活动都在这里举行。有序堂后是孝友堂,正悬"孝友堂"匾,左悬"会善钟",右放"听训鼓"。

见证沧桑岁月的,还有祠内那九株枝干遒劲的龙柏,据说是明代"开国文臣之首"宋濂亲手种下的,屈指算来已有六百五十多年的历史。

古柏参天,像一杆杆招展的旌旗,一座座不朽的华表,吸引着四面八方尊崇的目光。清风微拂之下,它们更像是慈祥的老者,正在给年青的人们讲述着岁月,讲述着风雨,讲述着良心、道德与人生的真谛。

站在这几株苍老的古柏前,你会不由自主地凝神细思,究竟是因为什么,让有着浓厚的古典社会主义,甚至是共产主义色彩的理想,能够在这个庭院之中生生不息?

而曾几何时,那些同样的憧憬与追求却大都灰飞烟灭,重归宁静。即使不久以前还曾经轰轰烈烈的人民公社,如今又上哪儿再去找寻踪影呢?

望着那些刻在墙壁上,订在族规里的如椽文字,听着微风中老柏树娓娓的诉说,我的心里豁然开朗:是的,这是一种文化的力量、传统的力量、教育的力量。

正是坚持不懈地运用它们,郑氏家族才让"忠、孝、节、义"的传统理念生生不息,犹如门前白麟溪、孝感泉的潺潺流水,源源不断地流淌到了今天。

文化,就是郑氏家族心灵深处执著的混凝土,把一代代的族人们紧紧凝聚起来,共同塑造这"江南第一家"的古老奇迹,塑造郑义门百世独立的恢宏英姿。

中国传统伦理道德的核心首推"忠义",忠于祖国,而在那个"君即是国"的年代,爱国必须忠君,忠君即是爱国。在郑义门每天清晨的族训中,忠诚信念犹如老柏树长长的根须,深深地扎进了子孙后代心灵深处,激励他们长大后忠君报国,"士为知己者死"。

这样的教育在和平年代也许不显山不露水,可一旦遭逢烽烟战火,国难家仇,便会在危难时刻熠熠生辉,显示出它与众不同的巨大威力。

这是一个至今仍在流传的故事,也是一个至今仍未解开的谜团:据说明朝建文四年,燕王以"清君侧"之名发起"靖难"之变,挥师攻克南京,被迫退位的建文帝仓皇出逃,就在他走投无路之时,一直跟随他的翰林待诏,郑义门人郑洽主动提出,让建文帝到他浦江老家去暂避一时,他说:"臣蒙高皇隆恩无以为报,今正其时也。"

建文帝同意了,于是郑洽领着他历经千辛万苦,终于到达了浦江,郑义门家长得知此事,立刻让建文帝藏身于万松岭和古树蔽天的东明山西麓,悄悄供养了起来。

就这样安然过去了大半年,当元宵节迎龙灯的锣鼓声震撼天地的时候,寂寞太久的建文帝憋不住了,执意要微服出去看看热闹。谁知刚在人群中露头就被百姓认出,也惊动了暗藏在人群中的朝廷特务,朱棣的心腹锦衣卫立刻团团包围了郑家。

私藏前朝君王,这可是桩弥天大罪,足以让郑氏家族倾家荡产,满门抄斩,相反,如果这时顺势献出建文帝,则可获得新朝廷的巨额奖赏。

在这样事关家族生死存亡的抉择关头,郑氏家长毫不犹豫选择了忠诚和道义,他们派人把建文帝藏于一口枯井,并用蜘蛛网将井口覆盖起来,以此瞒过了搜捕的大兵,使建文帝又逃过了一次劫难……

历史的风雨无声地冲刷,让许多往事深深掩藏成为永久的秘密,郑家私藏建文帝的事,至今也只能是个无法证实的传说,但"孝友堂"上那块建文帝亲笔御赐的匾额,那又称"老佛灶"的昌七公祠,却仿佛仍在默默无语之间,诉说着郑义门矢志不移的赤胆忠心。

中国传统伦理的另一核心理念是"孝义",在《郑氏规范》168 条里,概述"孝义"的有 6 则,涉及孝义行为的有 32 款,"孝义",贯穿于整个《郑氏规范》始终。

围绕"孝义"二字,郑义门里也流传着许多千古佳话。

那个首创"共财聚食"的郑义门一世祖郑琦,就曾以"纯孝"儒生的形象为后世敬仰。他的父亲郑照因得罪权贵,被官府以"莫须有"的罪名定了死罪,他"号泣奔视","以额叩门",直至"血淋被面",并且"力陈父子大义",说:"父有罪,子愿代死。"让刺史深为感动,查明真相后放回了他父亲。

有一年天大旱,母亲想喝泉水,但门前的白麟溪已断流,挖地数尺仍不见泉。郑琦伤心得大哭了三昼夜,直至清泉奔涌,"味甘如醴"。母亲因病大小便不能自理,郑琦 30 年如一日,像抱婴儿一样服侍她如厕。

这条自西向东的白麟溪如今依然横贯全镇,溪边老树横斜,繁花疏枝,仿佛仍在清澈的流水中寻找着那些一去不返的往事。

孝感泉清波荡漾,辉映着亭柱上那幅仿佛已经嵌进历史视野的古老楹联:"千古风流麟溪水,一泓懿范孝感泉。"

关于郑氏家族的"义",还有许多说不完的故事,不过最有名的,当是那个"兄弟争死"的故事。说是在明洪武十三年(1381),因丞相胡惟庸一案,郑义门当时的家长郑濂也被捕入狱,眼见就要开刀问斩。他的 6 个兄弟都要争着去为哥哥顶罪。最后最小的弟弟郑题背着众人只身来到南京。

但哥哥郑濂不肯,说:"我居长,理当承罪。"弟弟说:"你是老大,一家之长,家里不能没有你,我最小,理该替你承罪。"

从来只见为了求生互相推诿的,还没见过抢着顶罪去死的,这俩兄弟"争死"的奇闻立刻风一般地传遍朝野,最后传进了朱元璋的耳朵。他立刻召见了兄弟二人,说:"你家九世同居,孝义名冠天下,果然名不虚传,可谓天下第一家。"他放了郑濂,钦点他为福建布政参事,并规定吏部今后每年都要去郑家挑选人才委以要职,郑家今后每年派人朝见,可与孔、孟、颜、曾子孙同班行礼。

这份感动一定在朱元璋心底埋藏了好些日子,以至四年(1385,洪武十七年)之后,他又欣然为郑氏御笔亲题"江南第一家",以示旌表。

每个人心底都有一轮理想的太阳,有些人的理想会像旭日一般临空喷薄,光耀神州。而更多人的理想,只会在历史的斜风细雨中渐渐湮灭。

可是朋友,千万别让你理想的火焰随意熄灭。如果它不能燃烧,就让它化做一株小小的树苗吧,一株苍松或者翠柏,把它种植在自家庭院,扎根在儿女子孙们的心上。

就像我们今天在郑义门庭院里所看到的那样:无数的苍松翠柏栉风沐雨,交织成一片生气勃勃的绿色生机,给这个世界带来了绵绵无尽的理想光焰。

七、假如我是一棵树

假如我是一棵树,请千万别把我栽种到别处,就把我栽种到武义,离小城15公里,那个叫做郭洞的地方。

因为我是一棵树,我会在这儿拥有许许多多的兄弟姐妹,尤其是在那个叫做龙山的地方。它就紧挨在村边,总是像巨人那样亲切地俯瞰着这座小村。我会在这儿扎下根须,然后融入一个郁郁葱葱的绿色大家庭,加入一个小小的森林王国。专家们给我们取了个名字,叫做"原始古木林",目前仍处于原始的生长状态。他们会考证,说我们的祖先并不是人工栽种,而是大风和鸟儿让它们长上翅膀,飞到这儿来圆一个绿色的梦。我的有些兄弟姐妹平凡普通,如苦槠、红枫、榕树、金桂、罗汉松、虎皮楠、杜英等等,他们只是森林家族中的"平民百姓",大江南北到处可以看到他们平凡的身影。而有些伙伴却出身名门、身世显赫,堪称为树木王国里的"王公贵族",譬如那几株高大挺拔的红豆杉,大的直径有 1.5 米,小的也有 70.80 厘米,树龄都在五六百年以上。它们还有另一个令人肃然起敬的名字,叫做"植物活化石",从几万年前的冰河时期就已经屹立在这块高地,在这儿眺望岁月,守护着周边的生命。

因为我是一棵树,在这儿我可以放心大胆地生活,颐养天年,尽享自然界作为一棵树的所有权利与尊严。因为我早就是这个古老村落和全体村民的组成部分,深深融入了他们所有的生活,甚至成为了他们生命中不可或缺的一部分。炎炎夏日我就是他们清爽的凉风,是他们天然的"空调";三九寒冬我为他们采摘天边每一朵晶莹的雪花;春天到来时,我为他们铺开绿色的希望;秋天又为他们送上满山的绚丽与壮美。他们病了,我就是他们的良药;他们饿了,我为他们悄悄孕育着满山的丰收。

在这儿我绝对不必担心刀斧的杀伐、电锯的疯狂,因为出于最原始朴素的生态观,村民们早在几百年前就已经定下严厉的族规:"上龙山砍柴拔指甲,砍一小树断一指,砍一大树断一臂,还要跪在祠堂前向祖宗请罪,立誓永不再犯。"他们比任何人都清楚,如果没有严厉的族规,呼啸的泥石流或许会在某一个清晨或夜晚飞流直下,吞噬掉他们曾经拥有的幸福与梦想。在那个叫做"大跃进"、叫做"文化大革命"的年代,无数我们外地的兄弟姐妹都如同枯草一般大片大片地夭折,也曾有人提着斧子赶来,想要把我们也变成小高炉里熊熊的烈火,或者他们口袋里流水般滚来的钱币。但是村民们提着火铳赶来了,他们轮班站岗,日夜巡逻,保护着我们的安全,让那些曾经乌云一般降临的威胁顷刻间烟消云散。

因为我是一棵树,我会以树的姿态和色彩站立在村口,和近百个身躯雄伟的兄弟姐妹一起,组成一堵绿色巍峨的城墙,凝聚成这个村庄蓬蓬勃勃的标志,让无数慕名而来的人们远远地就能看见,成为他们美好旅程的开始。我们会绕着村口内外整齐地排列,簇拥起古老的回龙桥、凭虚阁和回龙庵。我会努力涵养水源,不放过每一缕晶莹的水滴,让它逐渐流淌成清澈的小溪,绵延成一串串珍珠般的项链,妆点起小村那雅致的脖颈。然后潺潺地流淌,汇成一个个明镜般的深潭,映照蓝天上的白云,周围四季盛开的鲜花。可千万别小瞧了这些站立在村口的我们,在中国古老的风水学问里这叫"水口",常常是注定一个村庄抑或一个城市兴衰成败的命脉。清代诗人方西畴曾对水口有过一番生动的描述:"故家乔木识便楠,水口浓郁写蔚蓝,更着红亭供眺听,行人错认百花潭。"而我们就成年累月地站立在这儿,用绿色的风光描绘着天下最美的风水,让整个世界都远远地仰慕,急急地慕名投奔到小村静谧的怀抱里,来赞叹这片古树的风韵,赞美这片绿如生命般悠远浓郁的生态。我们用这种方式向整个世界宣告,环保生态绝不是今天才从西方输入的舶来品,其实中国人很早就形成了环保绿色的概念,它就孕育在华夏古老的文明里,生长在中国广阔的村落与民间土壤上。

因为我是一棵树,我会用树的姿态伴随小村一代又一代生命的轮回。我迎接着小村里每一个新生命的诞生,看着他们在我的浓荫下蹒跚学步,在我的枝干上小鸟一样地攀爬跳跃。清晨我会在他们琅琅的读书声里愉快地醒来,晚上又在他们缠绵的情歌声中甜甜地睡去。他们热恋时,我为他们遮挡那些羞红的脸庞,用"沙沙"树叶声响掩饰那些大胆的情话。我看着那些长大的学子们布衣草鞋告别父母,只带一个小小的行囊,急匆匆地奔赴那不可知的前程。这个时候,我就是他们最后回头时眼睛里望见的故乡。

不久之后我又听见马蹄声急骤地响了起来,看见报子们飞马送来的士子们金榜题名喜讯。然后在若干年后的某个时辰他们又衣锦还乡了,还是我最先看见他们那双垂泪的眼睛。不论他们此刻是显赫的太守,还是告老还乡的尚书,又总是我目视着他们蹒跚地回归祖先的土地,然后让下一代人重复他们的轮回,再次演唱一阕又一阕生命的歌谣。

假如我是一棵树,请千万别把我栽种到别处,就把我栽种到武义,离小城15公里,那个叫做郭洞的地方,栽种到那些善良的人们身边,那儿有一片生态文化深深的土壤。

八、梦中的太极

这是一位智者在青山绿水间写下的田园诗话。

这是岁月之手在冥冥中创作的一曲半人半仙的优美神话。

几百年了,这首田园诗歌仍然被明月清风一天天地吟唱,让天地万物一年年在它的流韵里沉迷陶醉。

几百年了,这个神话仍然在一代代人中绵延传诵。让人们终于相信,原来这天地之间,原本确实有着某种神圣的准则与规律,尽管它最初看起来那么凄迷、那么朦胧、那么神秘,但却总是那样地千真万确、确凿无疑……

（一）

元朝至正十二年(1349)一个春末夏初的日子,火辣辣的阳光洒泼在武义俞源村边那座叫做梦的小山冈上,山冈上站着一围人,正众星捧月般仰望着站得最高的那位中年人。

中年人面容消瘦,骨相清奇,几缕长须微微飘拂,仿佛正蘸着微微清风在书写某种人莫能解的谜语。他眯缝起那双明亮得有些让人受不了的眼睛,细细打量眼前这片青山环抱的小小盆地。

一条晶莹的溪流像一把闪光的利刃,从东南方向猛地划过,刀锋直指山脚下不远处那个叫做俞源的村落,等到掠过村落和西北方向流来的另一条小溪在远处山脚下交会后,才猛地转弯掉头向西。这条眼下看起来格外平缓沉滞的小溪,显然不久以前刚刚发泄过一番淫威,河岸两边残留着大片洪水冲刷后的砂砾,村子里不少房屋东倒西歪,已成为一片残屋废墟……

几声鸟啼声婉转地响起,山冈上变得分外幽静,然后响起了俞源主人俞涞痛苦的诉说:这条貌不起眼的小溪流年年山洪暴发,冲破堤岸毁坏田地,让俞源的村民几十年来吃尽了苦头。

一片揪心的静默之后,只见中年人的右手慢慢抬起,缓缓地指向那条溪流,他指出,必须要在前方的不远处筑起一道堤坝,让原先近乎笔直的小溪改道,形成"S"形,绕过大半个平原之后,再和村那边的小溪汇合。改造后的河道南边要植起高大的乔木,平原中间要开挖一口圆形的水塘,今后以种植旱地作物为主;而河道北边仍可保持为水田。

河流改道之后,村子的建筑布局也须作相应调整,然后在村边按一定顺序,开挖七口水井和七口水塘。

周围的人们全都信服地点头,因为这中年人可并非等闲,而是当时名满天下的饱学之士刘基。他小小年纪就博览群书,上通天文下知地理。这次是作为主人俞涞的好友,在辞官归家途中特意留下小住,并指导俞源村落改建工程的。

俞源山水村落的布局,就这样按照刘基的指点改建完成。说来也是奇怪,俞源村从那以后果真变得旱涝保收、风调雨顺,六百余年间再也没有发生一次洪水。每年秋收时节,满畈的稻谷如同金浪翻滚,让辛劳了半年的村民们心花怒放。收割之时,打谷场上的稻谷堆积成一座座小小的金山,交田租的独轮车排列起一条条欢乐的队伍。各地姓俞的富家大户们慕名之下纷纷迁来定居,村里富豪最多时达28家。

"仓廪实而知礼节",村子里从此以后耕读传家,好学成风,仅明清两代就出过尚书、抚台、进士、举人等二百六十多人,村民的健康状况也比周围村子要强得多,成为远近闻名的长寿村。

安居乐业的人们享受着生活的欢乐,也深深感谢那位当年指点他们改换山河,后来又辅佐朱元璋定鼎天下,成为"明朝国师"的大军事家、政治家刘基。顶礼膜拜之余,村民们也禁不住会常常猜测,这传说中半人半仙的刘伯温究竟依据什么学问,能够让他们一举摆脱洪水侵扰,从此享有世世代代的富足与安乐?

一个巨大的谜语就这样凝铸在青山绿水之中,萦绕在一代代村民心底,并伴随着明风清风四处传扬。

(二)

1974年中国考古界有一个轰动一时的考古发现:在河北宣化一座辽墓里挖掘出土了一幅古老的星相图。这张星相图吸引了全世界好奇的目光,也引起了俞源村民们的注意,他们把这幅图像与自己村庄的格局进行对比,却不由大大地吃了一惊。

原来这俞源村神秘的建筑格局,竟与这幅古老的天体星宿图如出一辙,看来老人们世代讲述的那个传说确有其事,刘伯温当年果真是按照"天罡引二十八宿,黄道引十二宫环绕"的规律,对俞源村进行改造布局的。

中国古老的太极阴阳学说名不虚传,正是小村六百多年的安定之本、幸福之源。

让我们踏着六百多年前刘伯温一行的依稀足迹,再次踏上那座叫做梦的小山冈,再次俯瞰这片梦一般宁静的小平原吧:如环的青山之中,那条原先刀锋般划过平原的小溪已经改道,现在从东西方向横穿过村子,至村西山脚后再复折向北流向村口,成为"S"形的河道蜿蜒曲折,犹如一支巨笔巧手描画,在村口绿油油的土地上勾勒出一幅巨大的太极图形。

用仪器测量,这幅巨型太极图直径达320米,面积8公顷。"S"形溪流恰好构成这条巨大阴阳鱼的界限,把田野分割成为"太极两仪"。溪南"阴鱼"处古树参天,鱼眼处一条公路贯穿而过;溪北的"阳鱼"里稻谷金黄,鱼眼处种着一大片旱地作物。太极图置于村北口子,据说既能挡住北方的寒冷空气和"邪气",又好似一座天然"气坝",可防止村庄的祥瑞之气外泄。

再朝不远处的村子眺望,你会惊奇地发现,原来俞源村的房屋建筑布局,也是按照这古代的天体星相图排列而成的。村口的太极图即是环绕俞源村的"双鱼宫",与围绕村子的 11 道山冈正好组成"黄道十二宫"。村中的 28 处古老的建筑群则按东方苍龙七宿、北方玄武七宿、西方白虎七宿和南方朱雀七宿的方位有序排列。七口水塘(又名"七星塘"),按北斗七星的形状排列,组成"天罡引二十八宿"的布局。更为巧妙的是,位于西方"白虎"之首"奎"宿的俞氏宗祠恰好就装在北斗星的"斗"内。

按照这统一的规划,当年俞氏宗族大兴土木,建造了一大批气势恢宏、结构精美的居民大宅。如建于康熙二年(1663)的声远堂,建于乾隆二十三年(1758)的(上)万春堂,建于道光二十五年(1845)的精深楼,建于嘉庆十年(1805)的高坐楼,建于乾隆五十年(1785)的裕后堂,建于乾隆五年(1740)的(下)万春堂,建于道光初年(1821)的七星楼等一千余间,占地面积达 3.4 万平方米。

经历了几个世纪的风雨洗礼,如今的俞源村古风犹存,现存的明清各类古建筑琳琅满目,仍有 395 幢,几乎囊括了我国江南所有古代建筑的风格,而且规模宏大,类型齐全,气势辉煌。宗祠、寺庙、民居、堂楼、门楼、绣楼、戏台、牌坊、书院、花园、店铺、桥梁、亭阁、塔台、磨坊、照壁、街面、墓葬等门类齐全。既有专事幼儿教育的家训阁(培英书屋)、少年教育的六峰书馆,又有青年人操办婚姻大事的堂楼厅、中年人消闲的藏花厅、养老敬老的养老堂、纪念先人的祠堂,还留下了 16 间孝思庵、12 层皆山楼、12 间迎玩堂、12 间静学斋(藏书阁)等,从摇篮到坟墓成龙配套,一应俱全。

天地人间,浑然一体,刘伯温当年精心布局,原来正是安排下了这样一座巧夺天工的人间太极,它让这座山环水绕的小小古村天人合一,与日月山水融会贯通,交汇成为一个有机和谐的整体。

(三)

面对一幅这样巨大的太极星宿图,面对俞源人六百多年的安谧宁静,我们不由会发自内心地赞叹:源远流长的中华文化原来真得神鬼莫测,诡谲神奇;这般博大精深,浩瀚无际!

它是我们祖先一代代观察着风云变化,测绘着斗转星移而记录下来的,是他们岁岁年年在与暴雨狂风、水神旱魃拼搏劳作中总结出来的。古老的中华文化教会了我们祖先敬畏天相,崇拜自然;教会他们善辨风水,天人合一,与大自然巧妙地融为一体。当然也教会了他们审时度势,顺势而为,适度地利用自然,改造山水,让大自然生生不息,更好地为人类服务。

提起人与大自然的关系,常常让我们脱口而出的,竟还是那些曾经让人热血沸腾的豪言壮语:"与天奋斗,其乐无穷,与地奋斗,其乐无穷。""人有多大胆,地有多大产。"好像大自然只是任人索取的工具,仅此而已。有人不仅这样说,还真敢这么干,于是一连串的闹剧和悲剧就纷至沓来,给生态环境造成了累累伤痕,酿成了地球深重的环境危机,以至今日全球气候变暖,地震频频,海平面上升,极端气候频发,不仅危害自身,而且还遗患子孙,直接造成了人类社会的生存危机。

我们真该要认真地审视这个深藏在青山绿水间的这个小小奇迹,看看当年中国人的老祖宗是怎样改山换水、利用自然的。按今天有关专家的分析,当年刘伯温按天体星相原理规划布局,其实已经完全具备朴素生态学的意义,是古代生态环境意识在村落建设上的完美体现。

村口建造的那幅太极图,其实是建立在科学基础上的水利改造工程。俞源村地形四面环山,仅在北面有一个小缺口,整个村庄就像一只口小肚大的瓶子,原先那条小溪就从瓶颈处笔直流出村外,由于雨季时山上雨水滚滚涌入小溪,溪水流量陡然增加,溪道笔直,出口狭小,溪水下泄速度极快,瓶颈处短时间内势必滞留大量溪水,形成可怕的涝灾。刘伯温将溪流改成"S"形,就是要把溪道变长,溪道容积加大,这样可使溪水下泄速度减缓,使瓶颈口处的水量不至暴积,溪水可以缓缓流向村庄。

我的眼前这时徐徐铺开一本古籍、一本经天纬地的奇书。据说刘伯温少年时因家贫买不起书,只好凭着"一目十行"、博闻强记的本领到处"蹭"书读。一次他发现书铺里有本昂贵的天文书,便央求书店老板拿给他看了两遍,老板佩服他的学识,要把书送给他,刘伯温却说:"用不着,我已经把这本书全记在脑子里了。"祖先们就是凭着这样的学习精神,把浩瀚无垠的天文地理全都注入了自己渴求知识的心灵,然后再用它在天地间奋笔疾书,造福人类。

同样，刘伯温也是运用"黄道十二宫"的理论，才把环绕俞源的山冈变成"神山"，培育了村民们自觉保护山林的生态意识。据史书记载，刘伯温的好友俞涞还带头在家乡营造过两片人工林近5公顷。太极文化日积月累，已经完全融入村民的日常生活，为世世代代的村民们认同和崇拜。

中国历史地理学界权威、浙江大学终身教授陈桥驿考察这儿后认为：俞源可称为中国古代村落生态建设的典范。它已作为中国唯一的太极星相村，被列为中国首批历史文化名村。

（四）

每年的正月十三和六月二十六日，俞源村都要举行大型庙会活动，其中最热闹的要数"擎台阁"，一般几户人家合一组，搭一个木架台子，台上站立一个或两三个五六岁的儿童，这些天真无邪的儿童此时浓妆艳抹，扮演成一台台古戏中的人物角色，如"桃园三结义"、"麻姑献寿"、"西游记"、"南海观音"等，台下由4个大人抬着行走。踩街的队伍浩浩荡荡，彩旗飘扬，前有仪仗鸣锣开道，后有五响弦索伴奏。队伍沿着村道行走，村民们摩肩接踵，争相观看，一派热闹喜庆景象。

在我看来，这天最有意思的活动不在白昼，而是晚上村边洞主庙的"圆梦"活动。

据《宣平县志》载："龙宫山洞主庙在县东北四十里，俞源祀清源妙道正君祈梦甚灵。年后春圆梦者众。"

庙宇始建于南宋，如今占地面积1500平方米，分正殿、清幽间、两厢及附属屋，共51间。右边三层楼18间清幽间专为圆梦人而设，殿旁的古樟树下有梦仙桥，桥侧有一座梦山。据说在这儿做上个好梦，梦中的好事便会在现实中应验。

活动期间，熙熙攘攘的善男信女会从四面八方涌来，白天游仙桥，赏梦山，探古樟，视古庙；晚间便纷纷到洞主庙"清幽间"席地而卧，很快就会进入梦乡徜徉仙境。

数百年来，因这儿的梦应验如神，信者越来越多，每年正月十三、六月二十六前后，来圆梦者都达三千多人。

那天晚上我也在洞主庙就寝，早早便沉入了甜蜜的梦乡，醒来却忘了自己究竟在梦里许过些什么愿，只记得仿佛穿过迷云淡雾，登上过一座叫做梦的小山冈,在那儿遇见了一个骨相清奇的中年人,还有一幅巨大、巨大的太极图形……

哦,俞源,你果然是一个天人合一,总是在梦境里漂泊出没的地方……

九、卢宅梦履

在辉煌了八百多个春秋之后,卢宅似乎依然没有疲倦的时候,无论春夏秋冬,也无论晴天雨季,它都带着深深的依恋,把才气凝做笔架山那巨大的剪影,把向往绣满雅溪如丝绸般飘摇的流水,让底蕴在青石板上继续烙印着深深足印,看深沉在烛影摇窗刀剪烛芯的遥远年代里徜徉,然后静静地蹲坐着,思索着历史,回味着人生。

斑驳的照壁依然那般高大,只是淡淡隐去了往昔的威严,仍如一位老者正轻抚着满脸皱纹,娓娓低诉那些比记忆还要幽远的往事。

红漆脱落的旧门上残留着两枚古旧的扣环,如同一双洞幽深邃的明眸,正在无言中流淌着经年的感怀与哀伤,见证那些如院落一般深邃幽远的往昔。

"吱嘎……"低沉悠长的声音响起,记忆便如同一把锋利的快刀缓缓掠过,划破古宅内那些积年尘灰一般厚重的静谧,让你不由得再一次抬起头来,久久地四处眺望。

映入眼帘的,永远是天庭中那片瓦蓝色纯净的天空,还有远处那一抹抹黛青色的山影。

高高翘起的屋檐还在,只是不见了庭前那对去年来过的燕子;雕花的窗棂依然厚重,只是少了许多漫漫流淌的月痕;高大结实的梁柱仍然巍峨,只是多出了些许岁月雕刻的痕迹……

可是,那些华贵红木雕刻的桌椅呢,怎么会陡然间增添了许多黯淡的哀愁,莫非是岁月也感觉到了无言的疲惫,正斜斜地倚靠在墙角那座美人榻上,执意要藏匿起那些刀刻斧凿的日月流痕。

幽幽青史的烛光不时跳跃着点亮,闪闪烁烁明灭在庭院的深处。沿着那条盖满青苔,已经如同流年往昔一般艰深的甬道,一抬腿一举手都要轻盈,轻盈得就像那片不知何年何月从檐前飘起,如今依然还在明月清风之中飘逸的羽絮。

踏着这梦一般飘摇的光影,我又一次缓缓走进卢宅,踏入一个镌刻在岁月老人胸口的古老文明符号。

静静的,一切都是静静的,时光给这儿的一切都披上一袭暗淡的纱幕,如同漫天里垂下了一片厚重深沉的夜色。就连空气也像哲学老人一样半睁着眼,总在注视着前方不远处仍在徘徊低回的往事。

似真亦幻,多少往事在缓缓地飘摇,不时悠悠地洞穿我的视野,让我想起,这也许是一座举世无双的古宅老屋,世界文化遗产基金会2006年在纽约,就已将它列入世界百大濒临危险的文化遗址。

所以,千万让你的脚步轻些,再轻些,即使像这岁月的轻纱一样飘忽无定,也千万别踏碎这片经年的和谐,就像千万不能击破墙角那只古朴沉稳的青花古瓷瓶一样。这样,只有这样,才能呵护这片已经漫长了不知多少世纪的静谧。

不过即使沉寂,卢宅仍然显示出一种别样的气度,别样的光景,时时给人一种宁静深邃、广博宏伟的美丽。

凝神细听,有一丝若有若无的悠扬笛声正在古宅里回旋,如泣如诉,挟带着一丝凄怨、一份悲凉、一片雅静……

可是,那些往日里总是如同水流一般漫延的笙箫呢? 那些曾几何时总在这厅堂上高歌豪言的旧主过客呢,譬如文征明、董其昌,譬如刘墉……他们那总是恣肆汪洋着的欢畅奔放,如今已经漂泊着去了哪里? 流向何方?

还有,那些总是闪耀着执著追求的灯火呢? 为什么如今堂前照耀着的,只有天边那些或明或灭的星辉月影,在一片静谧中洒落一地的惆怅。让这所总被誉为"民间故宫"的硕大宅院,恍然在梦境中成为一首昨日的歌谣。

其实,卢宅并不是此刻才开始成为梦境的,当年伴随它的梁柱一起巍峨耸立起来的,就是一个家族坚定不移的信念和追求。

这个雄心勃勃,曾经养育过"初唐四杰"之一卢照邻的显赫家族,从遥远的河北艰苦跋涉辗转千里,决不仅仅是为了逃避刀光剑影,而是为了追逐一个祖辈相传四季常青的信念,实现世世代代矢志不渝的梦想与志向。

就在浙江的东阳城外,他们惊喜地发现了这个似乎祖祖辈辈就已经魂牵梦萦的地方。

"云外插三峰,好安画石笔",那天造地设一般的笔架山,在他们渴望的眼神里,正徐徐托举起家族世代相传的执著向往,描绘出一片祖宗们梦寐以求的宏大理想。

仿照这幅祖祖辈辈不知描绘了多少遍的画图,卢氏家族在雅溪水边兴建起规模宏大的厅堂宅第,它的园林、楼阁、书院,都曾经一次又一次让古城东阳喜出望外,弹冠相庆。

那时从东阳县治出东门,跨过吒驭桥,沿着一条宽敞的鹅卵石大街走到村东还珠亭,抬头就可望见高大的忠直名臣坊、解元坊、南国文章坊,二十多座牌坊遥相呼应,气冲斗牛,四十余处园林、书院、寺庙道观巍峨耸立,气度非凡。整片古宅东西达 3 里,占地 500 余亩,厅堂房屋数千间,街巷纵横,院落连片,人丁逾万。

从明代开始,一个个按照传统理想定制塑造的翩翩身影就从这儿迈步,进士 8 人,举人 28 人,有为学子总共一百二十多人踏入了漫漫仕途,登上煌煌殿堂,开始书写家族仿佛没有穷尽的辉煌。历经元、明、清、民国八百多年,雅溪卢氏长盛不衰,成为江南远近闻名的大家望族,也成为历代朝廷的依重,乡里的厚望。

这就是那条长达 320 米的中轴线吧,如同它的赫赫声名一般漫长,不愧是传说中全国所有民居建筑轴线中最长的一条。

踏着它缓缓举步,你就会发觉自己仿佛正在踏入半部漫长的中国编年史。那些往昔的辉煌虽然已经零落,但古宅那种无与伦比的气度仍在包裹着、牵引着、托举着,让每个来到这儿的人,都在刹那间化为一泓萦绕着往昔庄严的光影微尘,轻轻飘过那座前后九进的肃雍堂,飘逸着,升华成一行行一列列泛着历史苍茫的心履梦境。

比起同样规划严谨气势恢弘的云南大理董家大院、山西祁县乔家大院等古建筑群,卢宅占地 23000 平方米的规模并不算大,但要论建筑群的华贵典雅、建筑构件的雕刻细缕,建筑细部的精美绝伦,却要数独一无二。东阳人用无与伦比的巧手雕刻了它的华贵堂皇,厅堂宅第均大量采用东阳木雕装饰,无论建筑的斗、拱、梁、雀替、牛腿、隔扇,还是家具的设计和制造工艺,全都精雕细琢,别出心裁。

放眼望去,一片片看似不起眼的隔扇、裙板和绦环板上,《八仙过海》、《水浒》、《百寿图》、《姜子牙遇文王》,多种透雕浮雕争奇斗艳;岁寒三友、渔樵耕读、福禄寿喜等许多图案巧夺天工,构建成一座中国雕刻艺术品的宏伟宝库。

　　我的思绪再次掠过构思精巧的宏大庭院,在一片浩瀚的视野中徐徐腾空,俯首翱翔:只见雅溪的两条支流环绕于房前屋后,一处处青瓦粉墙,卵石铺路,曲径蜿蜒,翠竹假山,既有北方的大气布局,又有南方的精雕细刻。屋顶有重檐、单檐;檐顶有卷棚、硬山、悬山。每一栋建筑都尽力突出浙江民居风格的风火山墙、那高耸的垂脊和起翘多变的屋面,让整体建筑清晰呈现出南方民居清淡、典雅、含蓄的特色。

　　我的目光凝注在正堂上悬挂的那盏高 4.05 米、直径 2.1 米、重 255 斤的堂灯上,只见华美精致……自天以降,令人目不暇接。宝盖下以羊皮、料丝、羊角 3 盏大灯上下相接,外围垂 6 串 24 盏羊角小灯和珠篮灯,40 万颗彩色玻璃珠穿就出一派雍容华贵、流光溢彩,据说已经载入了世界吉尼斯纪录。

　　百年一瞬,片刻之间,我已经融入这所古老的宅院,在岁月遗留的心影梦履之间,尽情欣赏中国古建筑的雍容华贵,深深回味着中华文化的洞幽深长。

　　循着一股檀香般令人沉醉的馨香,我的脚下渐渐踩踏出一派雅致与宁馨。对了,这就是那神秘的闺阁吧? 那些曾经溢满过春思秋愁的地方。

　　屏风的前面还垂挂着一幅画像,那可是她往日的模样? 眉黛似云似雾,双眸若启若迷,正是"懒起画娥眉,弄妆梳洗迟"的时光。可是,我们从她的杏眼里看见了什么? 哀怨,闺愁? 是缠绵百年的蛛网没能网住的思念? 还是飘逸了几个世纪的灰尘也难以遮掩的向往? 肃雍堂那几张雕花的木床上,可还曾有明朝的流韵清时的遐想,闺阁那张已经斑驳的梳妆镜里,可还映照着民国早已淡去的红妆……

　　轻轻推启朱红的窗棂,一缕缕阳光正在树隙里明明灭灭,眼前那把香木梳里依稀的青丝,分明已经被岁月轻轻染上了白霜。空荡荡院落里,却有一座大红的秋千依然在飘摇着,穿越时空,在萧瑟的秋风中荡漾起漫天云絮一般的惆怅。

　　就在那架秋千飘荡着,即将飞过高高院墙的那一刻,我忽然清晰地感受到许多针刺一般尖利的目光。对了,那是春愁,那是闺怨,那是美人们当年的情思在纷飞迸溅,追逐着远方那些猎取功名利禄的儿郎……

　　而当秋千缓缓垂落下去的时候,古宅又陷入了一片深潭似的沉寂,仿佛正在坠入一片凝固了的梦境,一片早已谢幕的辉煌……

十、八面厅,岁月熬制的苦茶

放下你的生意,背起你的行囊,走吧,跟我去浙江的义乌上溪!

沿着一条曲折的道路蜿蜒前行,我们去找寻一个义乌商人珍藏在深山幽谷间的梦境,寻找一个商人150年前书写在大地上的复杂情思。

对了,就是这儿,就是这座依山傍水外形规整的古代建筑,它前临凰溪,背依一座叫纱帽尖的小山,粉墙黛瓦,马头墙高耸,显得是那般尊荣华贵,而又素致雅净。

是的,它原有的名字叫振声堂,现存建筑面宽41.42米,进深56.71米,占地面积2350平方米。外墙四周开设了八个进出的门户,不管从哪一个门户进去,都可以廊廊相连,去到你想去的每个角落。因此大家又叫它八面厅,久而久之,原来的名字倒渐渐被人淡忘了。

通常南方民居建筑都采用前厅后园的设计理念,而八面厅却别出心裁,有意将花园放在整体建筑的最前沿。宾客来了,必得先走过花团锦簇的前院,才能进入肃穆庄严的主厅堂,想来心情也必定会变得不一般。这样的建筑格局,既说明主人别具一格的审美观念和生活情趣,又能巧妙地将建筑融入周边的山水风光之中。

从建筑学的眼光来看,八面厅具有清中期浙中民居典型的风格特征,它以一条中轴线和两条横轴线布局主体与附属建筑,沿中轴线依次分布着花厅遗址、门厅、大厅、堂楼。中轴线南北两侧又分别安排两个三合院,两条横轴线与中轴线相交,整体布局严谨、规整、对称。其中门厅、大厅、堂楼为宗祠建筑,也是主体建筑,是陈氏宗族举行祭祀、聚会和各种典礼的场所,既宏伟壮观,又尊卑有序。

这儿最值得一提的,是精湛的雕刻工艺,木雕、砖雕、石雕作品全都精巧雅致,一丝不苟。尤以木雕工艺最为精致,所有的门厅、大厅的梁、檩、枋、雀替、斗、撑(牛腿),及走廊的几腿罩、天花板和门、窗上,均布满了各式各样的雕刻。作品题材十分广泛,人物、山水、花卉、鱼虫、飞禽、走兽,应有尽有。许多直接来自古典文学作品,如《三国演义》、《水浒传》、《封神榜》、《说唐演义全传》、《杨家将》等;有的取材于民众喜闻乐见的神话传说及历史故事题材;还有的反映当地景物风俗,如樵夫、农夫与牧童等。画图大都构思精巧,立意娴熟,布局时充分考虑了建筑物结构和雕刻之间的相互关系,有主次地选取多种表现技法,并采用浅浮雕、高浮雕、镂空雕、圆雕、半圆雕、镂空双面雕、锯空雕、平雕、线刻等多种技法加以表现。工匠的雕刻刀法简练娴熟,线条流畅,立体感强,形象生动逼真,充分展现了东阳木雕精湛的雕刻技法和艺术成就,据说即使在东阳,这些作品也堪称经典之作。

八面厅的主人叫陈子寀,是清代乾隆、嘉庆年间义乌西乡富甲一方的富翁,靠做火腿生意发财致富。他从清嘉庆元年(1796)开始建筑这一规模宏大的新厅堂,历经18个春秋的设计和建造,"慢工出细活",直到1813年方才建成。

为建好八面厅,这位素来精明的商人这回不惜工本费尽心思。主厅柱料全都是选用严州(现建德)出产的百年香榧木,木质细腻坚硬;梁材则一律选用樟木,木质细密芳香。以致建德三都镇附近至今仍有一座山称为义乌山,就是因为当年陈子寀为选择建房材料,而将整座山全都买了下来。所用的石料也都是上品,一律用人工精心雕琢,许多石头看上去光可鉴人。

不过颇让人费解的是,据说房屋建成之后,陈子寀自己却一天也没有在此居住过。

2001年6月,黄山八面厅被国务院公布为第五批全国重点文物保护单位。

我在八面厅精美的建筑与雕刻间漫步,一颗心却像鸟儿一般向着东方展翅飞翔:越过义乌,穿过西湖,在杭州清河坊的附近,也有一幢比它稍晚时候兴建的古代建筑,只是规模比这儿更为宏大,装饰比这儿更加奢华。

对了,那便是清代著名"红顶商人"胡雪岩的故居。

仔细想来,这胡雪岩和陈子寀还真有几分相似之处,他们都出身于徽商,活跃在清朝中叶。个人经历也颇有几分相同,据说胡雪岩刚刚出道时,也做过几天火腿店的伙计。

他们都是极具人生智慧、有志向、有顽强意志力和判断力的富商,年少时因家贫而读书不多,到晚年却都具备了相当的文化品位。据说陈子寀从小喜欢读书,却几次考秀才都名落孙山,后来掘地时挖出了他人埋藏的银两,这才用作本钱贩运火腿致富。

他们富裕之后,都不约而同在自己晚年,建起了这样精华奢美的宏大建筑。

踏遍浩瀚中华,放眼辽阔神州,烟云浩渺之中,还有多少晋商、徽商、浙商、粤商……建起的华屋美舍? 在山西,有著名的祁家大院,乔家大院;在广东,有中西合璧的开平碉楼……

或许,在古代中国这样一片商业文化历来贫瘠的土壤里,作为在漫长"官本位"背景下艰难成长的巨商富贾,即便是富可敌国,也同样会被人瞧不起。他们只能以这样的方式,来获得自身所缺失的价值,通过这样精美的建筑,来向社会验证自己的成功,在那些趾高气扬的达官贵人面前,略微挺直一回弯得太久了的脊梁,让自己苍白病态的脸上,勉强浮现几分强装的红颜。

在正统儒家文化千锤百炼的精神营垒面前,中国古代的商人只能这样去玩高雅,炫奢斗富。除此之外,很少还有其他证明自己成功的他途。即便是在商业文化氛围相对浓厚的义乌和浙江,商贾们仍然摆脱不了这样的怪圈,时不时便会感受莫名的屈辱和尴尬。

从这个意义上说,我想八面厅其实不仅仅是建在青山绿水之中,更是牢牢建筑在中国古代商人的财富观念之上,犹如封建时代商人们一片精美华贵的招魂幡,既追思着陈子寀们年轻时那些不能通过科举实现的理想抱负,追忆那些闯荡商海所经历的苦难辛酸,更在极力展示着他们现今的成功与实力,苦苦追寻着他们应有的社会地位与人生价值。

精美的雕刻无言,但这儿的空气却始终在默默诉说着那个时代商贾们顽强的思绪;门前的流水一年年流淌的,全是他们如泣如诉的不服、愤懑与抗争。

于是八面厅在我眼前慢慢幻化,恍惚成为岁月熬制出的一盏浓浓苦茶。对了,它就是陈子寀用纱帽尖山为盏,用凰溪水泡出的一杯浓稠功夫茶。

我在商城的土地上细细啜饮着、品味着,舌尖上溢满那个时代中国商人,即便是腰缠万贯的巨商大贾,也依然无法摆脱的苦涩、辛酸与无奈……

十一、扎根——磐安孔氏家庙记怀

当年孔夫子周游列国之前,曾在自家门前亲手栽下过一棵桧树,期望自己的事业也能像这棵小树那样迅速成长,枝繁叶茂,造福后人。

岁月匆匆,世事茫茫,当孔子早已化作"孔庙"里那尊万世敬仰的雕像,这株古老的桧树却仍旧郁郁葱葱,繁衍成一大片峻伟苍翠的桧林。那参天的枝干,皱褶的树皮,墨绿的树冠,至今仍在一天天地吟唱无言的颂歌。

不知是不是从孔夫子开始,树木崇拜逐渐成为中国人根深蒂固的习俗之一,不论漂泊何方,树木都是故园生命形式里一种根深蒂固的精神性礼拜。小小的一棵树,常常会凝聚起无比厚重的人文思想与精神内涵。

南宋建炎四年(1130),又一个离别家园的时刻到了,南侵的金兵即将占领山东,孔子第47代裔孙、大理寺评事孔若钧决心带着儿子孔端躬,和哥哥孔若古、侄子孔端友等一道,跟随高宗皇帝赵构南下。临行前他特意去孔林选了一株桧苗带在身边,并立誓:"此桧苗木何处生根,即吾新址也。"

来到临安,孔若古等被朝廷册封去衢州,在那儿建立后来举世闻名的"孔氏衢州南宗"。而孔若钧、孔端躬父子仍然护送高宗皇帝前往台州。到了台州章安镇后才辞别皇帝,想到三衢去和孔端友等人会合。

行经现今磐安县双峰乡的榉溪时,孔若钧因旅途劳累突然病倒,只能暂时安歇下来养病。他怕随身带着的那棵桧苗有不测,便嘱咐儿子暂时移植到村边清澈的榉溪旁,准备等病愈动身时再挖起来带走。

谁知世事难料,孔若钧病情不断加重,生命之烛不幸就在榉溪边熄灭了。孔端躬含着眼泪安葬了父亲,然后打算按他的嘱咐挖起那根桧苗,继续去衢州和孔若古等会合。

可是当他来到那株桧苗前时,却不禁惊奇地瞪圆了眼睛:不知什么时候起,这株桧树苗已经扎下了坚实的根须,褐色的枝干陡然间长粗长高不少,狭长的枝叶蓬蓬勃勃,俨然已经融进了周围那片苍茫无涯的碧绿。

父亲泣别家乡时的那个诺言,这时间在孔端躬耳边缓缓响起,一声声敲击着他的心扉,让他觉得这是上苍冥冥间的刻意安排,他那神圣的先祖正在向他暗示着什么。孔端躬的双眼缓缓扫过这片还没来得及细细察看的土地,只见双峰夹峙,山峦青翠,中间一条叫做榉溪的清流潺潺而过,河两岸土地肥沃,气候温润,是一片适宜农耕居家的宝地。

双膝陡然间一软,孔端躬不由自主地慢慢跪下,双眼溢出大滴大滴的泪水,群山之间响彻了他悠长的呼喊:"天意啊,从此以后,这儿就是我的扎根之地了!"

小小桧树长得很快,不久后就枝繁叶茂,浓荫蔽日。孔端躬和他的家人结庐而居,生活逐渐安定下来。没事时他总要站在河的这边向对岸默默凝望,那儿有他父亲新添的坟墓,有那棵从千里外的孔林带来的桧树……望着望着,他突然觉得这株桧树的造型十分别致,很像是一根正在燃烧着的绿色蜡烛,一根父亲用生命点燃的巨大蜡烛。

对,他的先祖孔子,不就是一枝春秋暗夜里燃烧的蜡烛么?尽管列国纷争,战乱频繁,但孔子依然让自己的生命燃烧出精神的火焰,用知识道义的光亮划破黑暗,启蒙世界,努力拯民于水火,匡世于既颠。如今他在这片山野里安家,也要像那棵来自孔林的桧树一样,不仅让生命和家族延续,更要让孔孟的思想也像蜡烛一样地熊熊燃烧。他下定决心,要在和桧树隔溪相望的土地上建起一座家庙,点燃祭祀明灯,供奉祖先牌位,让这片深山冷峦从此远离蛮荒,撒满孔子神圣的光焰。

孔端躬的努力得到了朝廷首肯,虽然他后来作古,但1253年左右,宋理宗还是给予他家"婺州南孔"五级恩典,其中一级恩典就是在榉溪南岸的杏檀园赐造至圣家庙。这座家庙从南宋宝祐年间(1253—1258)建起,经元、明二朝不断,终于由政府拨款修造扩建而成。

榉溪水又"哗哗"淌过了七百多年,许多事物都已物是人非,沧海桑田。当年孔氏聚居的榉溪村已经成为一个拥有二千余人口的大村落,家庙也已被国务院公布为全国重点文物保护单位。但当你循着当年的足迹,踏进这座青山环绕的村落时,仍可看到许多弥足珍贵的熟悉事物,就像曲阜孔庙那千年不变的巍峨造型一般亲切。

没有改变的首先是那株从孔林带来的桧树,如今依然苍翠挺拔,遮天蔽日,处处显示一种不同凡响的伟岸风姿。它的树荫一年四季守护着孔端躬的坟墓,仿佛一位老人正在朝霞落日里凝目沉思,端望着对岸那座宏伟博大的孔氏家庙。

尽管饱经沧桑,几经损毁,如今的孔氏家庙依然宏伟高大,由门楼、戏台、前厅、穿堂、后堂和两个小天井组成,它通面阔21.50米,通进深30.30米。门楼采用三柱穿斗结构,戏台为轩阁式结构。前厅、后堂是五开间,招梁式和穿斗式相结合。小天井地面全部用均匀的鹅卵石铺设,还放置了旗杆石。家庙里的柱石有宋、元、明、清四朝式样,忠实记载着沧桑的变更。家庙后堂中间悬挂"如在"两字匾额,寓意"孔子的精神永远流传"。两边挂一副意味深长的对联:"脉有真传尼山发祥燕山毓秀,支无异派泗水源深桂水长流"。家庙原来还存有"万世师表"的金匾一块,不幸在"文化大革命"时期被焚毁。现在仍珍藏的文物有《孔氏家谱》、至圣先师牌位、吴道子画的孔子刻像拓本等。

没有被岁月改变的,还有先圣那种无所不在的精神。古人言曰:"圣人之泽,五世而斩。"如今磐安孔子的后裔们早已远远超过五代,但祖先的精神仍然泽被乡里,默默孕育着"礼义仁智信,温良恭俭让"的乡风民气。

一切都犹如诗人描写的那样:

> 夕光中颓败的建筑威仪犹存——一座宏伟宫殿,
> 但你能够看到的只是它的物质部分。
> 那些精神的学说未展的宏图,
> 深藏于国家的血液与心灵里面。
>
> 御匾,家谱,牌位,寂寞的旗杆石。
> 曾经拥有过的辉煌,也许并不因时代的变迁,
> 而改变它们的核心与本质。
> 钱江源的流淌中,当年的韶乐依然清晰可闻。
>
> ——柯平:《孔氏南宋家庙》

踏进山村,你会觉得一股好学重教之风正在扑面而来。村中最漂亮的楼房是学校,孩子们正在明亮宽敞的教室里读书。不少村民家中挂有字画,书架上摞着图书,处处透露出遮掩不住的书卷气息。这儿的孔氏子孙明礼好学,诗书传家,七百多年来人才辈出,不少子弟功德圆满,青史留名。村子里多年没有打架斗殴、刑事犯罪,村民们遇事礼让,谦恭和谐。步入这样的仁义之乡、忠恕之宅,常常让人想起陶渊明笔下那个"不知有汉,无论魏晋"的世外桃源。

古桧依依,家庙巍巍,榉溪的涟漪里常常会依稀掩映出一派斗檐飞拱、绿树红墙的景象,还有那块"万世师表"的匾额。对了,这似曾相识的,不就是远在千里之外的那片神圣的孔庙孔林吗?

"泰山苍苍,黄河泱泱,孔氏之风,山高水长。"孔子神圣的思想,古老的文明已随同那苍老的桧树,在这儿深深扎下了根基,让曾经的深山冷峦燃烧着,温暖人心,照彻世界。

第五章　我的火腿我的城

一、我的火腿我的城

金华人出门在外,经常会碰到这样的事情:说起家乡"金华",许多人茫然不知,可一提起"金华火腿",却是没人不知,无人不晓。

一条火腿的名气,竟然盖过了偌大一座城池!

这种事经历多了,我便常常会不由自主地产生一种疑惑,觉得每条金华火腿上必须加盖的那枚"原产地"印章,不仅盖在了火红的腿肉上,也盖在了每个金华人的身躯和血液里,让我们浑身上下都透着一股永远洗不去也散不尽的火腿清香。

火腿,每个金华人心底的辉煌名片!

(一)

火腿和金华亲密接触,据考证开始于唐朝,唐开元年间(713—742)陈藏器撰写的《本草拾遗》上记载着:"火腿,产金华者佳"。算起来已足足有一千二百余年历史。

古籍《东阳县志》中,详细记载了火腿最初的制作方法:

> 熏蹄,俗称火腿,其实烟熏,非火也。腌晒熏将如法者,果胜地常品,以所腌之盐必台盐,所熏之烟必松烟,气香烈而善入,制之及时如法,故久而弥旨。

而民间则把发明火腿的功劳归之于宗泽,说这位宋代金华籍抗金名将曾把家乡的"腌腿"献给朝廷,康王赵构见其肉色鲜红似火,赞不绝口,赐名"火腿",故又称"贡腿"。后辈遂将他奉为火腿业祖师爷。早年开设的火腿行店铺,堂前一律悬挂着宗泽画像,以显示名门正宗。

到明代,金华火腿的年产量已达十多万只,成为本地主要特产和官府必征的贡品之一。1526年明《嘉靖浦江志略》食类中,仅选入"曰擂茶,曰火腿"两种产品。而《金华县志》记载,贡赋类"万历六年(1578)派办物料,火肉派自礼部",1606年,明《万历兰溪县志》记载:"火肉皆每岁额办之数派办"。金华火腿也是当时官家豪门餐桌上必备的佳肴,《金瓶梅》里这样描述宴席的丰盛:除金华酒外,"都是烧鸡、火腿、海味之类,堆满春台"。

至清代,金华火腿制作更是遍及八婺各县,因方言不同各自又有不同的叫法。1669年清康熙《金华府志》称为"烟蹄",1681年清《东阳县志》称为"熏蹄",1776年清《浦江县志》和1823年清《金华县志》均称为"火腿",1888年清《兰溪县志》称为"兰熏",1894年清光绪《金华县志》称为"熏蹄"。其中又以乾隆年赵学敏的《本草纲目拾遗》中的论述比较详尽:"'兰熏',俗名火腿,出金华者佳。金华六属皆有,唯有东阳、浦江者更佳。其腌腿有冬腿、春腿之分,前腿、后腿之别。冬腿可久留不坏,春腿夏则变味,久则蛆腐难食。又冬腿中狮取后腿,以其肉细厚可久藏,前腿未免较逊。最上者曰淡腿,味美清香,可以佐茶,故名'茶腿'"。

民国以后,因火腿产地义乌、东阳、浦江、金华、兰溪、永康、武义等县均属金华府,开始统称为"金华火腿"。民国十八年(1929),浙江《工商半月刊》第十三期载:"金华火腿之生产地,遍及金华府属各县"。

火腿也是金华最早走遍全国,走向世界的出口产品与技术,其腌制方法元朝初期就由意大利旅行家马可·波罗传往欧洲,今天意大利、加拿大和法国等民间制作的火腿,还保持着中国的传统特色。此说虽不可考,却从某个侧面说明了金华火腿的深远影响。

清代咸丰年间,兰溪客商到江苏如皋,用金华技术仿制成功"如皋火腿",因地处长江以北,又称"北腿",开始与金华"南腿"一争高下。清末,四川眉州赖氏兄弟移植金华加工技术,试制成功"眉州火腿"。1954年,湖北恩施地区在金华协助下招聘了一批火腿技师,在恩施建厂制成"恩施火腿",声名鹊起;金华还先后选派火腿技师受聘于四川省食品公司、云南省商业厅及其昭通地区食品公司任技术指导,在外省开展火腿生产,发展成为今天的"云腿"。

火腿作为金华最知名的地方特色,和西湖龙井茶、绍兴黄酒一起并称为"浙江三宝"。1905年获德国莱比锡国际博览会金奖。1915年参加巴拿马国际商品博览会,又和茅台酒一起荣获金奖。

(二)

在许多国人眼里,金华人个个都是饱尝美食,精通美味的"美食家"。而这毫无疑问,都是因为沾了火腿的光。

不信?请看北京人艺常演不衰、反映北京烤鸭由来的著名话剧《天下第一楼》。那里面有个"专门会吃的主儿",也就是通常所说的"美食家"修二爷,如今国宴上专配北京烤鸭用的六瓣荷叶饼,就拜此公发明。戏里介绍这位爷们来自专门出火腿的浙江金华,他有句很为经典的台词:"金华火腿所以好吃,是因为每做一批火腿的时候,中间一定要夹杂一只狗腿。"

在许多戏剧电影里,最好吃的那味菜肴也总是跟火腿脱不开干系。《射雕英雄传》里聪明绝顶的少女黄蓉,为了让"九指神丐"洪七公收下郭靖为徒,费尽心思蒸了一碟"天下最好吃的"豆腐讨好他:先把一只金华火腿剖开,挖了24个圆孔,将豆腐削成24个小球分别放入孔内,扎住金华火腿再蒸,等到蒸熟,金华火腿的鲜味已全到了豆腐之中。这味菜肴有个少女一样美丽的名字——"24桥明月夜"。

出身"锦衣美食之家"的曹雪芹精于烹调,他在《红楼梦》中列举的火腿菜名目多达十多种。第十六回中有凤姐请赵嬷嬷吃炖火腿的描写;第五十八回中宝玉喝一口火腿鲜笋汤,然后赞道:"好汤";第八十七回中紫鹃吩咐厨房做一碗火肉白菜汤,专给病后的黛玉开胃。

《儒林外史》第二十二回中,说到牛玉圃从南京去扬州监院乘船途中,有长随沿船洗金华火腿的描述。说明在没有冷藏设备的古代,易于携带的火腿,是人们旅途中难得的一味佳肴。

不仅是文学作品,在现实生活里,那些爱吃而且会吃的作家文豪们,也往往对火腿情有独钟。

李渔是金华人,却在出产"北腿"的江苏如皋长大,这个中国古代文人里数一数二的大美食家有个结论:"豕(猪肉)以金华为最……甜而腻……"

鲁迅先生会自己动手做清炖火腿、干贝炖火腿等菜肴招待客人,他还向日本川岛先生传授过烹饪火腿菜的技艺。

著名作家郁达夫爱吃火腿蒸豆腐,认为这是荤素双全的好味道。他游金华双龙洞时,吃着火腿菜肴,风趣地说:长三百余里的金华北山,就是天赐的大火腿,够几辈子享受了。

印度诗人泰戈尔到中国,在北京由梁启超、梅兰芳等作陪,品尝了火腿鸡丝方饺点心后赞不绝口,对火腿制作技艺十分感兴趣。

在梁实秋先生笔下,火腿不仅是一款美食,更是孤岛台湾治疗乡愁的良方。在散文《雅舍谈吃——火腿》里,他追忆了当年在上海大马路天福火腿店买熟火腿的情趣,写得栩栩如生:"瘦肉鲜明似火,肥肉依稀透明,佐酒下饭为无上妙品。""至今思之,犹有余香。"

文章最后还有这样一个故事:"有一次,得到一只真的金华火腿,瘦小坚硬,大概是收藏有年。菁清(梁妻)持往熟识商肆,老板奏刀,砉的一声,劈成两截。他怔住了,惊叫'这是道地的金华火腿,数十年不闻此味矣!'他嗅了又嗅,不忍释手,要求把爪尖送给他。结果连蹄带爪都送给他了。他说回家去要好好炖一锅汤吃。"

新加坡作家尤今从金华回国:"……一路上小心翼翼地提着、抱着、拖着,乘搭汽车、火车、飞机,千辛万苦而又心甘如饴地携回新加坡来"的,是一条"足足重达四公斤的火腿"。"跌跌撞撞地把偌大一条火腿带回来后,我不揣冒昧地送到超级市场去,要求善心的店员代我以切割机切成四份。自己留一份,其他三份分赠给近亲。我以利刃将火腿切成一片一片薄薄薄薄的,装在大大的盒子里,慢慢享用。

切开的火腿,红彤彤、亮闪闪的,瘦者艳丽如火、肥者透明似玉,入口时,浓郁鲜美,酥香已极,确是上乘佳品。不论是煎鸡蛋、煮白菜、熬肉汤、炒饭、只要加入几片切碎了的火腿,味道马上得到提升,那个鲜味啊,在嘴里快速膨胀,好似在舌上绽放了一朵鲜花。有时,切细,在油里煎香,夹白而软的面包,吃得惊喜无限。

记不得究竟吃了多少次,终于,有一天,在放火腿的盒子里惆怅万分地看到了一个冷寂的句号……"

不会全是喜剧,也不乏悲剧的回味,那个在清初"文字狱"中不幸被砍掉脑袋的金圣叹,在断头台上传给儿子的遗嘱是:"记住,花生米与豆腐干一起吃,能嚼出火腿的滋味。"

在作家们嘴里,在他们笔下,火腿不仅是中国传统的美味佳肴,也是治疗乡思乡愁的灵丹妙药,一道中国饮食文化中灿烂的风景。

(三)

金华火腿的名字,曾经和中国历史上的许多大人物联结在一起,其中最著名的,就是它曾和蒋介石的性命紧紧联系在一起。

1931年7月3日,"啪!啪!"两声清脆的枪响打破庐山清晨的寂静,枪声中,一个层层护卫中的大人物翻身落轿,顿时激起一阵不小的骚动。

这落轿的不是别人,竟是在庐山参加会议的蒋介石,此刻正和夫人动身前往庐山名景之一的太乙村,在一处狭窄的崖口遭人暗杀。

几个贴身侍卫箭步上前,用身子护住了蒋介石,随行的卫队长蒋孝先带领侍卫们赶到刺客藏身的地方,发现山坡上有几只被丢弃的金华火腿。拿起来一看,只见火腿中间都被挖空,一只只仔细辨查,发现其中一只的内壁上有枪油的痕迹。

从这儿入手,军统局费尽周折后查明,原来是广东军阀陈济棠等人筹集了20万元巨款,游说有"民国第一杀手"称号的王亚樵进行这次暗杀行动。为躲过检查,他们将所购买的金华火腿割开,将手枪拆成零件藏于火腿内,再用盐泥封口,然后由两个妇女带着,这才避开重重检查上了庐山,但在关键时刻仍然功亏一篑。

在冯雪峰1968年3月2日写的,有关30年代在上海的回忆材料里,记载着他当年给在延安的毛泽东送金华火腿的事:"在鲁迅逝世前不久,即36年10月初或9月底,我曾由交通送一只金华火腿(鲁迅送给主席的),三罐或五罐白锡包香烟(是我送给主席的),一二十条围巾(我为中央领导同志买的)到西安转延安。我记得以后刘鼎对我说过鲁迅送的火腿和其他东西,都已送到了中央了的话,这是我记得完全确实的,只是好像是在37年1月我到西安时他对我说的,又好像是在36年10月间鲁迅逝世前后对我说的,我总是记不确实,如果是他在36年10月间鲁迅逝世前后对我说这话的,那么在这时我一定在上海见到过他(如果我在37年1月在西安见到他时对我说这话,也一定是在我从西安到延安去之前,因为我一到延安就知道火腿和纸烟都没有送到,只有围巾是送到的。我见到主席时,主席只说他知道鲁迅送火腿的事情)。张闻天对我说过,火腿和纸烟都给西安他们吃掉了,围巾是送到的,其实送的一些东西,我在同时送去的报告中也都写明确的。张闻天的话,我也记得确实的……"

在有些史料里,还绘声绘色地描写毛泽东收到了这些火腿,细细端详后笑着说:"可以大嚼一顿了。"然后切成许多小块分送给其他中央领导。

不管这些史料是否准确,也无论毛泽东有没有真的"大嚼一顿",但金华火腿的清香肯定曾经弥漫在延安窑洞,飘溢在这些伟人们的心间。

(四)

火腿不仅能文,而且善武,它来到这个世界,就是听着厮杀呐喊,闻着血腥味儿赶来的。

又想起那个古老的传说:北宋末年金兵攻陷汴梁,又将大举南下。危急之时,宗泽赶回老家义乌,紧急招募了 8000 名义军,奔赴中州前线抗敌。告别之即,乡亲们送来很多鲜肉猪腿,却苦于路途遥远无法携带。于是宗泽灵机一动,拿来许多食盐,厚厚一层涂在猪腿上,然后装进船舱随军运往前线。数月后打开船舱,只闻到一股浓浓香味扑鼻而来。取刀剖开,只见鲜红如火,取而食之,鲜香味美,将士们不由得士气大振。

火腿,就这样与前线将士结下了不解之缘。

千年之后,火腿又在中国的反侵略战争中大显了一番身手。

1951 年春节刚过,两位志愿军军官急匆匆来到中国土产公司金华支公司,要紧急采购 30 万斤火腿,立刻转送抗美援朝前线。可当时公司已加工好的新腿仅有 6 千多斤,正在加工的也仅有 9 万多斤。2 月 17 日,省土产公司又派干部会同华东军区后勤部军官来金,再次紧急采购支援朝鲜的火腿腌肉,最低目标是 20 万斤,"务希兼日即商同当地工商部门星夜赶办,限于本月底前坚决完成,并将收购情况随时上报"。

透过来函急切的语气,我们可以想见当时朝鲜前线急如星火的战况,想见志愿军将士在零下 40 度的冰天雪地里,是怎样地爬冰卧雪,焦急等待着祖国的军需食品。可以想见金华人民、尤其是火腿行业职工和商人们当时的紧张工作,他们肯定打开了每一家作坊的仓库,把库存的最后一只火腿也搬出来;他们跑遍城乡,把那些农民挂在屋檐下,原准备自家过年享用的火腿也收购过来;而那些因为年庆,原本已经关门歇业的火腿作坊如今灯火通明,昼夜忙碌,一支支火腿在冬日阳光下泛着火一般温暖的色调,一箱箱一件件被紧急捆扎包装,立刻送上火车赶赴朝鲜前线。

我们可以想见那些切成薄片的火腿肉怎样被夹入馒头送进战壕,送到那些饥肠辘辘的前线将士手中,那浓郁的清香、那充足的营养,让他们仿佛又回到了祖国,沐浴在南国温暖的阳光下……

当冲锋号再次响起,他们又一次跃出战壕,向着胜利发起了勇猛的冲击。

(五)

火腿是母性的,我宁愿把它想象成农家母亲一道道殷切的目光。宰杀了亲手养大的肥猪却不舍得吃,要想尽办法腌制起来,留给节日里回家的儿女子孙。

一支支农家屋檐下随风摇曳的火腿,就像一面面召唤着远方儿女的旌旗,是母亲们一颗颗火红的心灵。

也有另外一种说法,香港作家李碧华认为:把肉腌制风干长期保存,是贫穷、悭俭和聪明的中国人天性。一不小心,"发明"了美食,实"无心之得"。

不管怎么说,火腿确实诞生于浙中农家,是农家母亲们爱心与节俭的产物。

随着城乡商品经济不断发展,火腿的腌制开始逐渐脱离农户,发展成一种手工业作坊的商品,在江浙商业流通领域占有重要的一席之地,成为父辈们积聚财富的法宝。

从明清开始,金华民间出现了一些专门从事火腿制作的小作坊,名为腿栈,其中大的雇工数十人,小的也有十余人,最多的年产量达上万只,是家庭手工业从封建生产方式向资本主义生产方式渐进转化的产物。1920年东阳腿商自发组织起东阳腿业公所,参加作坊有姓名可查的350户,其实多达500户以上。一些较有名的腿栈开始使用商标(以东阳为多),如大东阳、何乾元、蒋雪舫、马虹魁等。

在激烈的市场竞争中,一些作坊的产品逐渐脱颖而出,其中最著名的,当推东阳县上蒋村作坊主蒋雪舫,他继承祖辈技艺,改革工艺,精于制腿,品质特佳,在前清即被列为贡品。咸丰九年(1859)开始成立作坊,号称"雪舫蒋腿",不久便名闻遐迩,"金华火腿出东阳,东阳火腿出上蒋"。一般认为"蒋腿"或"雪舫蒋腿"是金华火腿中的极品。民国的蒋氏后裔更善经营,每届作销季节都在各地报纸上刊登广告,大肆宣传,广招宾客,生意兴隆。

据 1932 年"国际贸易局"出版的《中国实业志》记载:金华火腿的年产量 1931 年达到了鼎盛时期,为 814196 只,时价值约 2849693 元;风肉产量 20354.95 担,时价值 712506 元。1932 年产火腿 692141 只,时价值 2422495 元;风肉 19303.54 担,时价值 605626 元,在金华农村经济中占有相当大的份额。

在流通过程中,杭州又出现了专门从事金华火腿销售的居间行业——火腿行,至今已有二百多年历史。最初名为牙行,兼营买卖活猪,后来才发展到专营火腿。1912—1935 年间,杭州有福大、和济、振东、大同、仁昌等 13 家。上海、天津、广州、南京、香港等地也出现了专门销售金华火腿的商号。民国时杭州还出现一家专门为火腿商号服务的"火腿银行",可说是古今绝无仅有的"行业银行",也从一个侧面说明了金华火腿在当时市场上的地位与影响。

每年端午之后,是金华火腿的购销旺季,成批的火腿乘着竹筏从东阳江婺江运至兰江,再换乘大船直达杭州。这时从上海、江西、香港等地来的火腿客商,都早已云集在杭州鼓楼一带的腿行焦急等候了。各地来的火腿经检验后立即论价批发出售,雪舫蒋腿是价格的最高标尺,蒋腿价格定了,其他的火腿才能依三六九等次第递减而定。

在漫长的岁月里,火腿这种诞生于农家的普通肉食品,俨然成为一根根坚实牢固的经济支柱,支撑起金华手工业和流通业的半壁江山,为古城金华源源不断地赢得巨大的财富与美名。

经历了千余年沉浮,今天这支和城市一样古老的火腿,已经获评为"国家级非物质文化遗产",又重新开发出"生吃火腿"等一批符合绿色健康理念的新型产品,依然是那般老当益壮,产销两旺,继续在为家乡增光添彩。

看样子,金华的这张城市名片还将光耀千秋。即使岁月消逝千年,当我们的子孙后代行走世界,甚至登上外太空的时候,只要提起金华,无论是黑色眼睛、蓝色眼睛,还是那些没有眼睛的太空人都会朗朗地笑起来,说:"哦,知道,知道,金华,那个出火腿的地方!"

二、婺州窑——从海底捞出的谜

1976 年春天一个湿漉漉的日子,一条惊人的消息让韩国新安郡道德岛上的渔民们目瞪口呆:崔享根和他的弟弟因为上交了 6 件从海底捞来的中国古瓷器,得到了政府的重金奖励。

得知消息,这些文化程度普遍不高的渔民们全都后悔莫及,因为在这片海域,捞上几件中国瓷器是常有的事,只是过去他们一直以为,这些粘满贝壳的瓷器是白白耗费他们劳力时间的废物,因此全都直接扔回了海里。当初崔享根捞起这 6 件完整的青瓷器,也以为没什么用处,自己留下一件,其余的全漫不经心送给了邻居。只因正巧到他们家玩的弟弟是位教师,发现以后告诉哥哥,这些肯定是古物,应该交给政府的文物管理局,说不定还能得到一笔奖金。崔享根听弟弟的话,收回了送给邻居的 5 件青瓷,把它们交给了汉城文化管理局。6 个月后,崔氏兄弟果然收到了政府发给的 100 万元奖金。

周围的渔民们这下如梦初醒,全都悔恨得瞪圆了眼睛,原来自己当初丢弃的不但不是废物,还是能够带来大笔银钱的宝贝! 于是许多人不再打鱼,整天合伙找寻这些海底沉船。1976 年 9 月 1 日,6 名渔业潜水员成功找到了一艘古沉船,并打捞出 123 件青瓷,把它们卖给了一个古董商。不过他们没能高兴几天,很快就因非法出卖文物罪被警察逮捕。但鉴于他们发现了沉船的确切地点,功过相抵,后来又被政府无罪释放了。

不久,一支韩国的海军舰队封锁了这一海域,文物专家会同蛙人潜入海底,找到了那艘沉船并让它浮出水面。这原来是一艘中国元朝的沉船,上面搭载了无数宝物,仅陶瓷器一项就清理出 20661 件。其中浙江龙泉生产的外销瓷有 1 万多件;还有景德镇生产的青白瓷、福建白瓷等,船上还有钱币 800 万件,重达 28 吨,两千多件金属制品、石制品和紫檀木,其他杂件一批。

这就是当年震惊了世界考古界的"新安沉船"事件,就凭着这艘中国古代沉船,韩国人在文化和财富两方面都狠狠发了一笔横财。

不过在研究这些珍贵古瓷器时,考古专家们才发现,原来他们同时捞上来的,还有一个深不可测的谜:沉船上的青瓷主要来自龙泉窑系,青白瓷来自景德镇,可还有 144 件类似"钧窑系"的精美变釉瓷器谁也不认识,它们属于什么窑口? 产地在哪? 专家们无法分辨,只好暂时以"钧窑系花盆"命名。

20 世纪 80 年代初期,中国最著名的古陶瓷学家冯先铭来到专为这批珍宝修建的韩国木浦市国立海洋遗物展览馆,在面对这些"钧窑系花盆"时也不禁犯了难,它们决非钧窑,可一时又难以判断出确切产地。

冯先铭久久审视着、思考着,良久,突然有一点鲜活的印象浮出记忆水面,他想起 50 年代曾在浙江金华考察过一处名叫铁店的古代窑址,在那儿发现过类似这样的残片……

莫非这些来自海底的古代遗物,竟然是已经失传多年的婺州窑产品?

大约同一时期,在位于浙江金华醋芳岭行署大院后侧一栋破旧的二层办公楼里,昏黄的灯光总是映出一张略显苍老疲惫的脸,他时而翻阅厚厚的古籍,时而举起一些瓷器瓷片用放大镜细细审视。每到白天,这个瘦小身影又会出现在许多考古发掘的现场,亲自下到墓址深处察看,而对于那些不时出土的古代青瓷器皿,他更是细细查验一丝不苟。

他就是当时的金华地区文管会主任、著名考古学家贡昌先生。此时他也对失传多年的婺州窑产生了强烈兴趣,像个潜水员一般跃入这深不可测的海底,在古籍和墓葬的波谷浪峰间细细寻觅,搜寻着金华人丢失已久的这一宝物。

1983 年,冯先铭经反复察验后确定,"新安沉船"中这一百多件瓷器,正是产自金华铁店的婺州窑产品。他在《中国陶瓷史》一书中写道,婺州窑"在唐代以前的瓷业中,仅次于越窑"。

1983 年开始,贡昌也在《考古》等国家级专业杂志发表了《谈婺州窑》等一批论文,1988 年又在病中完成了《婺州古瓷》一书,交由中国文物出版社出版。

1989 年,位于琅琊镇的铁店窑遗址被列为浙江省政府重点文物保护单位;2001 年被国务院列为全国重点文物保护单位。在全国数以万计的瓷窑遗址中,能够列入全国重点文物保护单位的只有 22 家。

2007 年,《婺州窑传统烧造技艺》被列入浙江省第二批非物质保护遗产名录。

透过千年深不见底的海面,越过文化浩劫的万载巨澜,已经在历史海洋里湮灭多年的婺州窑就这样艰辛地浮出了水面,向世人重新展示它晶莹亮丽的面容。

中国漫漫陶瓷史上记载着这样一桩史实:浙江是中国成熟瓷器的发源地之一,而婺州窑又是浙江青瓷的代表作之一,自汉代到明朝一千八百多年间走过了漫长历程。它在西汉时开始出现,东汉中晚期烧制出真正意义上的成熟婺州窑瓷器,在六朝时得到较大发展,到唐宋时期趋于鼎盛,是唐代六大青瓷产区之一。

那时站在金华、武义的许多地方,放眼四周苍翠的群山,影影绰绰随处可见一座座低矮的瓷窑烟囱。夜幕低垂,那些黑黝黝的山影里便会跳荡山一团团橘红色的光焰,一座座山峦渐渐烧得通体透亮,让人觉得这儿的每一座山坡,似乎都在永不停息地燃烧。明眼人一看就会明白,每一团跳跃的红光里,其实都有一座炉火熊熊的瓷窑。

到目前为止,金华已发掘出古代窑址六百多处,数量之多,生产年代之长,在我国瓷器生产史上均属罕见。

婺州窑烧制的主要是民用瓷,大量生产人们日常生活用的碗、盆、罐、壶等以及一些民器,和人民生活的关系非常紧密。东汉至三国初创时,这儿烧制的品种还比较少,主要生产盘口壶、罐、碗、盆、碟、水盂、盏托、瓶等器皿。三国西晋时以盘口壶、罐、碗、盏、簋、熏炉、笔筒、水盂、虎子等为主,也不乏鸡笼、猪圈、狗栏、火盆、堆塑罐等民器。东晋时,常见器物为盘口壶、罐、钵、碗、盏、水盂、鸡首壶、羊形烛台、唾壶等。唐宋时期造型设计面貌焕然一新,生产的蟠龙瓶、多角瓶,五代至宋的堆纹盖瓶、粮罂瓶造型优美,以多角形短流壶及双系罐,集人物、动物于一身的堆塑瓶为典型代表。至宋代时演变成堆纹瓶,肩腹部堆塑人物、飞鸟及禽兽等,均为民器。

婺州窑具有较高价值,唐代茶圣陆羽在《茶经》曾这样评价:"碗,越州上,鼎州次之,婺州次,岳州次……"中国工艺美术馆馆长、中国艺术研究院博士生导师吕品田先生认为:婺州窑延续历史很长,作为民间窑场,在中国陶瓷史上占有很高的地位。

自古以来,金华人就一直敢于求变,善于创新,婺州窑恰恰将这一特点发挥到了极致。在瓷器制作史上,它至少夺取过三个世界之最:一是三国时期创造了釉下褐彩装饰技术,这是我国乃至世界上最先发明的彩瓷;二是西晋末期发明了瓷胎上釉前采用化妆土装饰的工艺,成为我国陶瓷工艺史上最早运用化妆土美化胎体的技术,也是陶瓷工艺上的一大突破;三是唐代创烧成功乳浊釉窑变瓷工艺,比北方"钧窑"至少早100年,而铁店窑所用的两次上釉、一次烧制先进工艺,在当时更是独一无二的首创。

金华人另一个特点是面向市场,善于经商,这一优势也在婺州窑上发挥得淋漓尽致。它当时主要面对国内与国外两大市场,尤其国内大众市场,这是一个无限大的市场,也是一个竞争十分激烈的市场,要求"价廉物美"、"雅俗共赏"。从现有考古资料证明,当时的"婺州窑"产品适销对路,畅销全国,在市场上具有很强的竞争力。

许多专家认为,当时婺州窑的出口路线是从婺江起航,经兰江、钱塘江到杭州或明州(或曰庆元,即今宁波),然后起航驶向中国北方或世界各地。韩国新安打捞上来的那艘沉船,就是从宁波港出发,不幸在中途遭遇风浪沉没的。它的发现,证明金华婺州窑至少在元代就已跻身国际贸易,在外贸市场上很受欢迎。

让我们穿越时代,在宋、元时期来到婺州,站在婺江或兰江的码头上放眼远眺吧,映入你眼帘的,一定是这样一幅壮观的景象:江面河宽水急,江心一年四季白雾茫茫,乍看上去,就好像天空那些飘荡着的白云全都飘落下来,就飘落在这片碧水殷殷的江面上。其实那是一片片雪白的桅帆在飘拂,密密麻麻停泊着的,全是四面八方载运瓷器的大船小舟。每隔一段时间,就有几艘船舷压得低低的船只解缆起航,载着满船沉甸甸的瓷器悠悠驶去,一直驶入那片正被金色夕阳浸染得仿佛变成一江碎金的江流深处,渐渐不见了踪影。那些船上载运的瓷器,不久之后就会出现在世界的许多角落,近的被运到江宁天津,远的可就说不清楚了,反正不是被载往高丽、琉球,就是被运往更加遥远,甚至连名字也很少听人提起的波斯、大食……

婺州窑就在这样一片壮美的景色中缓缓地驶向远方、驶入历史,成为岁月之海中一个深不可测的谜!

从清朝中期开始,也许是制作材料上的原因,也许是受到外来优势产品倾轧,婺州窑逐渐停止生产,慢慢淡出了人们视线。

而那个曾为解读婺州窑之谜呕心沥血的贡昌先生,也仿佛是专门为了婺州窑和爱情而存活世上的。这个外表毫不起眼的小个子男人,情感世界却极为丰富,他深深爱着比自己年龄小得多的妻子,当妻子在 1986 年的婺州公园"2·23"灯会事件中不幸因踩踏逝世之后,从此茶饭不思,整日沉浸在悲痛与思念中。在挣扎着完成了那本关于婺州窑的专著之后,就追随妻子走进了另外一个幽远深邃的世界。

三、黄酒的史书，或许该从这儿写起

有一句法国谚语说得好："打开一瓶法国葡萄酒，就像打开了一本书。"

当我举起一杯香味四溢的金华酒，就是打开了一本有关中国黄酒源远流长的史书。

琥珀色的酒液里，摇曳着一片绿油油的水田，一片金黄色的稻浪，我们远古的先祖上山人，正在培植采集着中国最早的野生水稻。

他们用简单的骨石锄深翻着土地，用粗制的石镰斩获着丰收。

在他们粗粝的石磨上，一粒粒原始的稻米脱去外衣，渐渐露出了珍珠般剔透的笑脸，然后一个个陶罐在篝火上沸腾，渐渐飘溢出米饭那诱人的、如同江南一般的清香。

稻米的清香飘拂千年，在历史深处的某个拂晓或者黄昏，突然飞升出某种浓郁的异香：

不知是有心还是无意，某个陶罐中的稻米悄悄发酵了，飘溢出几缕异样的浓香，流淌出些许异样色泽的液体……

我们的某个先祖久久审视，端详着这些当时还不为人所知的陌生液体，终于他再也经受不住这扑鼻浓香的诱惑，迟疑地伸出舌头，轻轻地舔了一下……

那点滴的水流里，不知浓缩了多少日月的精华，霎那间便喷发出一缕奇异的火焰，如同有一轮太阳突然升起，点燃了祖先心灵深处不可抑制的欢欣与喜悦。

他陶醉了，倾倒在一种从未体验过的激情欢愉里……

人类酿酒的史书就这样翻开了崭新的篇章，黄酒，这个琥珀色的小精灵就这样不可思议地闯入了人间。

它属于江南，属于稻米，属于温润的气候，属于清澈的水流。

它是稻米的产物，必定诞生在人工栽培稻米最早、产量也较高的沃土上。

只是从此，这片土地上的男人便多了一副胆，多了一把剑，飘香的酒液翻滚着，流淌出了许多英雄、许多豪杰、许多故事、许多历史。

它是这块土地上文人们共同的墨汁，他们心底永远流淌不尽的灵感源泉，曾经孕育过多少美妙的诗句，催生过多少不朽的华章。

它是金华女人四季常开的鲜花，是她们腮边胭脂一般诱人的红晕，她们眸子里倾诉不尽的情愫,当然,也在春夏秋冬的许多个傍晚与黑夜,催生发酵着闺阁中那些连双溪蚱蜢舟都承载不动的秋思春愁。

几千年之后,一个同样诞生在这片土地上的诗人艾青,在飘溢的酒香中,活灵活现地描绘了这个精灵:

　　她是可爱的
　　具有火的性格
　　水的外形

　　她是欢乐的精灵
　　哪儿有喜庆
　　就有她光临

　　她真是会逗
　　能让你说真话
　　掏出你的心

　　她会使你
　　忘掉痛苦
　　喜气盈盈……

——艾青:《酒》

也不知从哪一年开始,这个琥珀色的精灵有了个响亮而又贴切的名字——"金华酒"。

"金华酒"的名字并非今天臆造,当唐朝的明月冉冉升起的时候,它就已经在月光下熠熠生辉了。

唐代诗人韩翃《送金华王明府》中,有"家资陶令酒,月俸沈郎钱"的诗句。这是至今能见到的,有关金华酒最早的吟咏。

一种地方风物,要达到能够知名的程度,必定已经跨越了遥远浩渺的时空。金华酒的酿造历史其实可以追溯到商周时期,春秋时期金华地区已经出现以糯米白蓼曲酿造的"白醪酒",首创了泼清、沉滤等工艺,提高了酒汁,延长了贮存期。

唐初,金华酒以糯米白蓼曲酿者为首席名酿。酒色清纯,甘醇似饴的"瀫溪春"金华酒,那时它的芳名已经传遍江南各大都会,并因品质上乘成为首运长安的婺州名酿,成为大唐"春"酒宝库里的佼佼者。"殷勤倾白酒,相劝有黄鸡","白醪充夜酌,红粟备晨炊",就是当时真实的写照。

唐代中叶,红曲在福建问世,因糖化力、酒精发酵力胜过白曲,且酒液色、味袭人,酒力持久,更为酒人所青睐。诗人李贺"小槽滴酒真珠红",《苕溪渔隐丛话》里"江南人家造红酒,色味两艳",就是它形象的记录。这种技术迅速传到金华,聪明的金华人又创造性地将红、白曲兼用,创制成了既有白曲(麦曲)酒的鲜和香,又有红曲(米曲)酒色味风格的寿生酒。

今天业内和史学界专家们普遍认为,寿生酒工艺是我国古法白曲酿酒和当时新兴的红曲酿酒过渡型工艺的遗存,也是古代红、白曲联合使用的一种优选技术的传承,在世界酿造史上具有里程碑式的深远意义。

唐代官府都设酿酝局,官府酒坊之酒专供公务饮用。"金华府酒"之名,即始于此。金华府酒品质出众,名驰遐迩,是唐时的名品官酒。

五代吴越王钱镠统治江南时,岁岁向梁、唐、晋、汉、周各王朝进贡。金华酒被列入贡品中的定制。其中品质优异、风味独具的寿生酒,占的比例很大。贡品的生产,从一个方面促进了金华酒的发展。

南宋是江浙空前鼎盛繁荣的时代,金华酒的品种也随之增多,产量更大,名气更盛。据《北山酒经》记载,当时金华酒已有泼清、中和、过滤、蒸煮、后贮及用桑叶或荷叶封坛等成熟工艺,开创了黄酒高温灭菌的先河。同期红曲米酒异军突起,发展迅猛,大有与福建沉缸酒等红曲黄酒并驾齐驱之势。"曲生奇丽乃如许,酒母浓华当若何","桃花源头酿春酒,滴滴真珠红欲燃"的诗句,就吟咏出了这种盛况。那时另一种清醇如碧泉,酒力久长又能久贮,名为"错认水"的金华酒也扬名于世。据《竹屿山房杂部》记载,其要诀是多种曲酵蓼药并用,又以枥柴灰取代石灰降酸澄滤,品质优雅,深得酒人赞许,可惜今已失传。

金华酒历史的源远流长,近年来又有了一个强有力的佐证:据浙江省商务厅认定,金华排名最早的"老字号"就是两家酿造黄酒的企业,第一家叫东龙酒业,创立于南宋,距今已有上千年历史。第二家是义乌的丹溪酒业,创业于

1327 年。

元代时,官府将金华酒曲方和酿造方均定为"标准法",并加以推广,极大提高了中国黄酒的酿造工艺水平,也使得金华酒业更加兴旺发达。名医朱丹溪在《野客丛书》里,就对义乌的白字酒大加推崇赞美。看来,白字酒的起源演变,至今至少也有 700 年的历史。

到了明代,金华酒的浓香更是让举国闻香沉醉。《客座赘语》中这样记载:"京都士大夫所用,惟金华酒。"《弇州山人四部稿》中说:"金华酒,色如金,味甘而性纯。"

明嘉靖时冯时化著《酒史》中记载:"浙江金华府造,近时京师嘉尚。"

李时珍在《本草纲目》中引用汪颖《药物本草》的话说:"入药用东阳酒最佳,其酒自古擅名……饮之至醉,不头痛,不口干,不作泻;其水称之,重于他水。邻邑所造,俱不然,皆水土之美也。"他诠释说:"东阳酒即金华酒,古兰陵也。李太白诗所谓'兰陵美酒郁金香'即此,常饮入药俱良。"

明朝时金华酒的盛况,从小说《金瓶梅》里也可见一斑,全书直接提及"金华酒"的,就有 16 处 33 次之多。在西门庆和他那些娇妻美妾眼里,唯有金华酒,才配得上当时豪门贵族的时尚生活。

明清以后,金华酒更进入"曲米酿得春风生,琼浆玉液泛芳樽"的黄酒状元时期,引导着华夏的黄酒潮流,美名誉播四方,清代中叶以前的声名多在绍兴酒之上。《曲本草》、《事林广记》、《名酒记》、《曲洧旧闻》等书中都不乏这样的记载。

张雨诗云:"恰有金华一樽酒,且置茅家双玉瓶。"

柳贯诗云:"溪酿独称双�美,津船才许一帆通。"

钱惟善诗云:"故人远送东阳酒,野客新开北海樽;不用寻梅溪上路,春风吹与满乾坤。"

《浙江通志》说:"俗人因其水好,竞选酒。一种清香远达,入门就闻,天香风味,奇绝。"

明冯时化《酒史》所记:"近时京师嘉尚语云:'晋字金华酒,围棋左传文'。"金华酒竟占字、酒、棋、文四绝之一。

此外,金华历史上的三白酒、桑落酒、顶陈酒、花曲酒、甘生酒等品牌,都各有千秋,汇聚出金华酒的整体实力和艺术魅力,作为浙江酒的主力军而久传不衰,故又有"浙酒"美称。

我国古代酿酒和饮酒,都有专用酒具和酒器,酒器的兴盛,也可从一个侧面验证酒业的辉煌。从婺州窑和古墓葬的发掘考古中得知,西周早期金华已出产通体施青釉的酒樽,之后褐釉酒盉和执壶又相继问世。春秋战国时期,青黄色釉酒盅,已成平常酒器。三国时,婺州窑烧制大型瓷酒罍,唐代婺州窑已生产行酒令游戏的"投壶",民间劝酒的风俗由此可见一斑。酒器中容量更大的酒碗,施乳浊釉呈天青月白色,具玉质感,中唐时已较多见,可知民风尚酒之盛。

金华酒品味醇美,其实得益于金华的水。宋代田锡《曲草本曲》就说:"金华酒其水最佳,秤之重于它水,其酒自古擅名。"

清代著名文学家袁枚《随园食单》所载:"金华酒,有绍兴之清,无其涩;有女贞之甜,无其俗。亦以陈者为佳。盖金华一路水清之故也。"

清光绪年间的金华知府继良是个有心人,他深谙金华酒的兴衰历程,为纪念辉煌了近千年"色如金,味甘而性纯"的金华酒,特意把如今的金华古子城酒坊巷中段西侧,当年酿制过名酒的一口宋井命名为"酒泉井"。

"酒泉井"至今尚存,一年四季清波荡漾,传递着弥足珍贵的历史文化信息,并以其特有的文化潜质,载入了《中国井文化》一书。

1915年,在为庆祝巴拿马运河开通,而在美国举行的万国商品博览会上,金华酒与金华火腿同时获得金奖。1963年全国首届评酒会上,金华酒被评为优质酒,在黄酒系列中与绍兴加饭、福建陈缸齐名,是中国三大黄酒之一。在1988年首届中国食品博览会上,仍获得金质奖。

很难结束这样一篇有关金华酒的史话,正如你永远无法拒绝一杯芳香四溢的琥珀色金华酒。

只有她心爱诗人儿子那些天才的诗句,才能为这缕异香再增添几缕奇幻的光焰:

喝吧,为了胜利

喝吧,为了友谊

喝吧,为了爱情

你可要当心
在你高兴的时候
它会偷走你的理性

不要以为它是水
能扑火你的烦忧
她是倒在火上的油
会使聪明的更聪明
愚蠢的更愚蠢

——艾青:《酒》

四、东阳木雕、竹编——化平凡为神奇

在一般人眼里,木头和竹子是那样地平凡无奇,最大的用途不过是点火燃烧,释放热量,燃烧成灰烬。或者作为绝好的建筑材料,"大庇天下寒士俱欢颜"。许多地方的房屋干脆用整根整片的原木原竹搭建,白森森的木板竹片袒露着原始的生命,营造出人类永远的舒适安怡。

"非是不堪为器用,都因良匠未留心。"同样的一片木头毛竹,到了东阳人手里,却会顷刻间便化为一朵鲜花、一片云霞,一种千变万化的美丽,一个生机勃勃、应有尽有的世界。

这是怎样神奇的魔力? 这是怎样高超的技艺? 究竟是凭借一双怎样的巧手,一颗怎样的锦心,东阳人才能化普通为伟岸,变平凡为神奇,把栩栩如生的灵魂与生命,赋予那一截截平凡普通的毛竹与木头。

踏入东阳,走进这片神奇的山水,你才会发现,这双巧手,这份锦心,其实都来自于一颗颗勤奋学习的头脑,包容吸纳的心胸。东阳人是在借助知识与文化的魔力,才把平凡普通的技艺上升成为创意,将普通的日常劳作升华成为发明创造,这些平日里毫不起眼的木头毛竹才能粉墨登场,刹那间绽放神话般奇幻的光焰。

正如一向崇文重教好学成风的东阳人自身,在小城千百年的发展史上勤耕苦读,科举成风,把在许多人心目中枯燥乏味的读书学习,上升成一种永恒

的精神享受,变为攀登者永远的乐趣。

就连"千古帝师"宋濂那篇众口传颂的劝学文章——《送东阳马生序》,都不是写给别人,而要专门写给东阳人马生。这个全名叫做马君则的有志书生,其实只是千千万万个古今东阳人的一位代表,一个缩影。

他代表的,是一种高度发达的地方文化。

他浓缩的,是一种勤奋耕读的东阳精神!

自古以来,科举就是东阳人祖祖辈辈最为向往的神圣目标,不过这条道路太狭窄了,能够顺利通过这根独木桥的幸运儿,只能是凤毛麟角的极少数。大量读过书有了文化的东阳孩子最终只能望桥兴叹,然后回过身来,寻找着其他通向成功的生存之道。

此刻,他们带有几分学识的目光已不仅仅局限于农耕,而是开始选择更为复杂细致的劳动,更能运用他们知识技能的行业。他们往昔提笔的手很快拿起了瓦刀、雕刀,开始捻起了竹丝、席草……

于是那些原本平凡无奇的木头毛竹,便开始与文化知识遭遇,开始与一双又一双的巧手、一颗又一颗的锦心碰撞交合,融汇一体。

于是这些木头毛竹便开始脱离平凡,超越普通,如同被施以神术,开始在漫漫的华夏文明史上,唱响一支又一支神奇的歌谣……

"犹太人的脑,埃及人的嘴,中国人的手。"在这个星球上,中国人历来就以心灵手巧名满天下。

手巧的中国人十分善于雕刻,木雕的历史可以一直追溯到7000年前的新石器时代晚期。

在离东阳不远的余姚县河姆渡遗址中出土的木雕鱼,是迄今发现的我国最早木雕。

中国木雕的种类很多,有硬木雕、龙眼木雕、黄杨木雕、樟木雕、软木雕等。根据木雕的外表装饰,又可划分为金漆木雕、彩绘木雕、本色木雕等。

华夏民族的巧手加上东阳人的文化,于是东阳木雕便注定要在品种繁多、流派纷呈的中国民间传统木雕中脱颖而出,成为最负盛名、影响力最大的雕刻品种。它以悠久的历史,丰富的品类,生动的神韵,精美的雕饰,精湛的技艺,与"青田石雕"、"黄杨木雕"并称为浙江"三大名雕",是省首批重点保护的传统工艺美术品种、国家级首批非物质文化遗产,也是中华民族当之无愧的艺术瑰宝、东方文明璀璨夺目的明珠,在世界雕刻园地中也独树一帜。

东阳木雕始于唐代,发展于宋代,鼎盛于明清,算来已有一千三百余年历史。现存最早的东阳木雕实物,是1963年东阳南塔寺倒塌时出土的一尊善财童子像,系北宋建隆二年(961)之作。这尊莲花座上伫立的善财童子,眉清目秀,神态生动,在造型设计和雕刻技巧上都已达到很高的艺术造诣。

到明代,东阳木雕已形成一套完整的装饰手法和艺术风格。雕刻形式有深浮雕、浅浮雕、圆雕等。题材内容也非常广泛,有人物、山水、走兽、花鸟、虫鱼等,以历史故事为题材的装饰木雕也开始应用。已有五百多年历史的明代"肃雍堂",整个建筑群雕梁画栋,气势雄伟,其中有座牌坊全部采用木结构,瓦檐、斗、拱的木雕装饰极其精细。

到了清代,东阳木雕技艺更是全面提高,这时期作品的最大特点,就是雕刻形式由简到繁、由粗到精。题材内容也有了很大拓展,许多题材取自《三国演义》、《说唐演义全传》和唐诗宋词等古典文学作品,或者《白蛇传》、《木兰从军》、《司马光砸缸》等传说和故事。还有些作品直接反映当地的民风民俗,如樵夫、玩秋千、放火炮、舞龙灯、养猪妇、农夫与牧童等。

北京故宫代表了中国古代建筑的最高水平,清乾隆年间,东阳就有400多名木雕艺人在北京故宫从事雕刻装饰,从宫灯、龙床、家具到帝王的宝座,一片锦绣光华里,处处闪耀着东阳木雕无可替代的一份精彩。

辛亥革命以后,东阳木雕中出现了专供外销的工艺品和专供欣赏的木雕艺术品,远销美国及南洋等地。1953年东阳木雕艺人雕刻的释迦牟尼佛像高19.6米、重26吨,矗立在杭州灵隐寺大雄宝殿内;在北京人民大会堂里,陈列着一百多件东阳木雕工艺品;新加坡董宫酒家的24幅巨型条屏,更是东阳木雕史上的一大创举。

东阳木雕分大、中、小三种形式:大型的主要用于庙宇、厅楼、舞台顶、梁柱等;中型的主要是床、柜、橱、桌椅、屏风等明面的刻制;小型的大多是陈设品,有盒、盆、挂屏、文房用具,也有圆雕的人物、花鸟、动物等。大部分产品既是实用品,又是观赏品。

从设计取材开始,东阳木雕要经过粗坯雕、细坯雕、修光、刻线、装配等工序。雕刻以浮雕技法为主,高浮雕,多层次,繁而不乱,富有立体感。在长达千年的实践中,东阳木雕形成了十多种雕刻技法,如浮雕、圆雕、半圆雕、锯空雕、透空双面雕、半雕、阴雕、镶嵌雕等,而完成一件作品所需的各种雕刻刀具,就多达四五十支。

东阳木雕是一片鲜花盛开的园地,那些著名的木雕艺人,如郭凤熙、郭金局、申屠章讳、杜云松、黄紫金、楼水明、陆光正、冯文土……便是这一片姹紫嫣红中最为美丽的几枝。

东阳竹编

一对红灯笼
正月里梅花香
梅花女子看见了
编在那心坎上
金线编花蕊
银线织霓裳
在梦中呀在梦中
亮在那高楼上

一对红灯笼
三月里桃花旺
桃花女子看见了
织在粉脸上
金线编春风
银线织鸳鸯
在梦中呀在梦中
亮在那郎心上

一对红灯笼
九月里菊花黄
菊花女子看见了
编在那巧手上
金线织锦绣
银线情丝长

在梦中呀在梦中

亮在那洞房上

——王晓明搜集改编

　　一片婉转优雅的歌声里，东阳艺人的巧手编织着金丝银线，编织着绮丽多彩的神话传奇，其中有一个是关于故宫的，它深藏于北京那片耀眼的金碧辉煌之中，一藏就是两百多年。

　　两百多年前，那位偏爱江南风情的乾隆皇帝，为了准备给自己"颐养天年"，召集全国的能工巧匠，在故宫打造出一座具有浓厚江南特色的乾隆花园，取"耄期倦于勤"之意，命名为"倦勤斋"。

　　内务府深知这位皇帝的喜好，特意指定两淮盐政督办宅院书房并负责装修，所用的珍贵材料均来自南方，施工匠人也大都来自南方，其中就有许多东阳的木雕与竹编艺人。他们操着北方人听不懂的吴侬软语，把大运河的流水牵进北国，让西湖的荷花开放在中南海。

　　跨进斋门，宽大的房间里迎面摆放着乾隆皇帝宝座，宝座两边是屏风隔扇。据《倦勤斋陈设档》等史料记载，倦勤斋楼上楼下共有宝座13张（楼上7张，楼下6张），每张床都有木雕竹编，上面铺有黄炕毡垫、红花炕毯、床褥、靠背等，放着唾盂、容镜、如意、顺刀。床垫两侧安放炕几、柜格，上面摆放玉、瓷、珐琅、竹、木、牙、角等材料雕琢而成的珍玩文具。

　　1917年，废帝溥仪被逐出故宫，这座宅院也被封闭，此后尽管世事沧桑，天翻地覆，这儿却从未被开启，仍然维持着二百多年前的原貌。

　　2001年，故宫启动了自1911年以来最大规模的修复工程，其中"倦勤斋"修复工程中有一道手艺要求极高的竹簧工艺。有关部门遍访古代竹产地四川江安、浙江嘉兴与黄岩以及湖南韶阳，都无法找到修复办法，俨然成为一道"国家级"的棘手难题。

　　解铃还需系铃人，主持工程的负责人最后想到，或许在当年编织精美器物工匠们的老家，还能找到无愧于这些老祖宗们的杰出传人。

　　于是，当今江南竹编代表人物之一、中国竹工艺大师、东阳竹编国家级非物质遗产唯一传承人、东阳市东风竹编厂总工艺师何福礼便因此走进了"倦勤斋"。

　　作为东阳竹编界的技术权威，何福礼2003年就和其他11人一起，被国际竹藤组织和中国竹产业协会评选为全国首批中国竹工艺大师。他毕生从事竹编，掌握着千余种竹编技法。20 世纪 80 年代，由他主创编织的大型竹编《九龙壁》融合了 150 余种技法，其中的"鳞形编织撮花"、"反穿圆孔六丝"等技法更属他独创。作品荣获中国工艺美术百花奖金杯奖，被列为国家工艺美术珍品。

尽管如此，当何福礼和徒弟穿越两个假山洞，来到被一排脚手架包围着的"倦勤斋"，面对那座乾隆皇帝坐过，由龙椅、屏风、隔扇三部分组成，主体部分为紫檀木，饰以竹编玉石的宝座时，仍不由得暗自心惊。

事隔多年，何福礼回忆说："当时乍一看，只见到一些竹丝镶嵌和竹簧雕刻，除此之外全是灰尘。"轻抚宝座上的扶手，纤细的竹丝便会根根折断、脱落。以至陪同的工作人员都不敢搬动，生怕屏风上的竹簧雕刻画会脱落。

何福礼小心翼翼划过宝座的扶手、靠背以及屏风的边框，取下一些竹丝、竹簧的碎片，用纸包好并做上记号，作为修复宝座的重要线索和资料。把碎片小心地清洗一遍后，他发现，宝座上的竹簧比"倦勤斋"所用的更薄，只有 0.05 毫米，对着光一照，几乎是透明的；竹丝也不是笔直的，因为要镶嵌成画，许多用作勾画花、叶的竹丝都有固定的弧度。"倦勤斋"的角牙丝（角牙多为紫檀木，在隔扇两边，角牙上镶嵌竹丝）也脱落了，好些都是大面积脱落，要一根根修补十分困难。

宝座上的图案也对何福礼的技艺提出了严峻挑战：以前的竹簧雕刻都贴在平整的木头上进行，而这次要把竹簧依照宝座不同部位的弧度紧密黏合，在有弧度的竹簧上雕刻，稍不留神就可能折断。另外，用来拼画的竹丝，粗细也只有大约 0.5 毫米。

他还发现，在故宫原有的竹簧雕刻中，有些古人用过的手法闻所未闻，见所未见，让他这个做了一辈子竹编的人也感觉眼界大开。

何福礼父子师徒想了好几个晚上，先把竹丝固定在棉纸上，一排一排地修补，既费时，又效果不理想。由于故宫内不能使用明火，对材料的炭化、弯曲等过程都得在厂里事先完成，才能带过去，他们只能先回到东阳。

从故宫回来之后，何福礼一天也没闲着，修复工程对毛竹的要求很高，只有三至五年的竹子才能用，太老易裂，太嫩易变形。他白天带徒弟们上山挑竹子，回到厂里，又马不停蹄地锯断、去青，刮竹簧的刮竹簧，抽竹丝的抽竹丝，刮好的竹簧还要水煮，变韧之后再晾干。竹丝则要经过炭化处理，放在锅炉里干蒸两天,把糖分和水分都蒸干了才可以使用。就这样夜以继日忙碌了三四个月,才修复了故宫"乾隆花园"的一套宝座和屏风。

从 2005 年到 2008 年,何福礼三进故宫,历时 3 年,用濒临失传的"竹丝镶嵌"和"竹簧雕刻"技艺,最终修复了故宫最精美的建筑"倦勤斋"。这一成功让他成为"大师中的大师",被美国世界文化遗产基金会的副总裁吴·亨利赞誉为"天才的艺术家"。

何福礼的成功让古老的东阳竹编声名大振,也让千千万万的人重新关注它的前世今生。

东阳竹编这门古老的技艺,早在殷商时代即已问世。宋代时,东阳竹编的元宵花灯、龙灯和走马灯等竹编工艺灯就已名扬四方。明清时期,竹编工艺品的艺术性与实用性进一步融合,技艺发展迅速。据清代康熙年间的《东阳县志》记载:"笙竹软可作细篾器,旧以充贡。"竹编工艺品上至送往京城皇亲国戚的"贡品",下到寻常百姓的家常生活用品,可分为人物、动物、器皿、仿古品、陈设品、家具、灯具、文具、浴具、花具、装饰品、竹丝镶嵌(竹木结合)、竹编书画艺术品、竹艺园林建筑、竹艺室内外装饰、竹编墙纸、竹根雕、留青雕等 25 大类,编织着一个广阔斑斓的世界。

1915 年东阳竹编在巴拿马国际博览会获奖,新中国成立后,尤其是改革开放以来,更如枯木逢春般迅速发展。据不完全统计,东阳竹编的编织技法现有一百五十多种、三千多个花色品种;全市从业人员 6000 余人;其中中国竹工艺大师 2 名,省工艺美术大师 2 名,高级工艺美术师 4 名,中级工艺美术师 98 名。产品远销欧亚美六十多个国家和地区,2004 年全市竹编工艺品总产值达 2 亿元,出口创汇 1.5 亿元。以其高超的技艺、独特的风格、优美的造型、精细的编织、典雅的色彩、欣赏与实用紧密结合而著称于世。

近年来,创品牌,织精品,已成为新时期竹编工艺生产的一个亮点。至 2005 年,在国家级、省、部级工艺美术大展、大赛或博览会上,东阳竹编工艺品共获奖项 95 件,其中金奖以上 42 件、银奖 18 件、铜奖 15 件、优秀奖 20 件,成绩在全国县市级竹编同行中遥遥领先。其中有何福礼的竹丝白鹤鼎、大象、咏鹅图、哪吒闹海等金奖作品,卢光华的大型竹编壁挂《兰亭序》、百马图、威虎图、苏东坡前后赤壁赋书法、立体竹编《唐寅山水画》等金奖作品,徐经彬的千禧龙盘金奖作品,特别是卢光华的《兰亭序》、《八骏图》和何福礼的《八仙竹丝花篮》先后被评为浙江省工艺美术精品,在各自工艺领域里达到了出类拔萃的艺术高度,为全国专家、行家和广大群众所称道。何福礼 1997 年为香港社会服务联合会庆祝香港回归而特制的 2500 米长的巨型龙灯,由香港特首董建华亲手为其点睛开眼,获当年吉尼斯世界纪录奖牌。中央电视台也曾多次报道东阳的竹编传统技艺。

五、永康五金——从神话的烟火中走来

我是在一个十分荒唐的年月,第一次见到来自永康的小炉匠。

那是 20 世纪 50 年代的后期,上级号召大办钢铁,把许多人家的金属物件包括做饭的铁锅都搜罗了去,一齐填进村口匆匆搭起来的小高炉。等到那阵疯狂劲头过去,所谓的"人民公社大食堂"又停办以后,大伙才发现这下子糟了,许多人家连做饭的锅都化成了铁水,只剩下一些裂着口子的破锅。

于是我看见隔壁的大伯大妈总是把手搭在额头上,久久地朝村口那边的小路张望,嘴里还不时念叨着:"怎么还不来,怎么还不来呀?"

一打听,原来他们是在期盼永康打铜补锅的小炉匠呢。

终于有一天他们来了,是师徒两人,都挑着一副担子,前边装的是小火炉和五金工具,后面的是被囊铺盖。他们在村头打谷场安顿下来,放好风箱和炉子,然后将补锅用的铁料砸碎倒入坩埚,等坩埚中的铁料在炽热的炉火中融化之后,便开始补锅。

只见那徒弟蹲在锅灶门口,伸手用一块耐高温的料子托在破损了的锅底处,师傅再从上面将融化了的铁水浇铸。接着用一块磨光石在新浇铸处打磨一番,等冷却后,再叫主人端一盆清水倒进锅里,检验破锅修复后的状况。

他们手脚麻利地忙碌着,一个上午便补了十几口锅。然后吃了点自己在小火炉上做的白饭,收起几张又脏又破的毛票,便在大伯大妈的一片感谢声里,又踏上了村口那条通往远方的崎岖小路。

望着他们渐渐远去的背影,我心里不由涌上来一阵难以抑制的好奇:永康在哪里? 究竟是为了什么,他们愿意这样地四处漂泊?

长大以后我才渐渐明白,原来永康就在金华城东南方,那儿的天地间总是

升腾着神话般离奇的烟尘火光,那些小炉匠就是披着这样的神秘光焰奔走在四方。

在永康人的心里,他们才是黄帝最后的关门弟子,老人家嫡亲的后裔,2000多年前黄帝不仅选择在这片青山绿水间制炉铸鼎,还把他亲自发明的五金手艺,全都毫无保留传授给了这儿的子民。

这可是件十分了不起的事,因为据说中国人所有的技艺,最初都是由黄帝和他的家人、臣子们发明的:黄帝的史官仓颉创造了文字,黄帝的妻子嫘祖教会人们养蚕制丝,黄帝的粮官杜康发明了造酒,黄帝的陶正宁封子发明了烧陶,黄帝的医官雷公、岐伯发明了医术,等等。

而黄帝自己不仅是个优秀的统治者,还会亲手采矿冶铜,锻铁铸造,是个手艺十分了得的铁匠。当年为寻求合适的兵器,与已经开始使用铜器的蚩尤作战,黄帝派部下四处寻找矿源,终于在永康发现了炼铜铸造的绝好材料高岭土。于是他亲自来到这儿,在城南石城山打造杀敌的利器。为纪念这次战争的胜利与天下平定,后来他又亲自到山上化铜铸鼎,其鼎高三丈三尺,大如十个石瓮,如龙腾云,"百神螭兽满其中"。

这些传说可不全是捕风捉影,中国远古志书《山海经》里,就曾引用三国魏时期张氏在《土地志》上作的注解:"东阳永康县南四里有石城山,上有小石城,云黄帝曾游此。即三天子都也。"

乾隆《钦定四库全书》收集有南朝·陈·虞荔所著《鼎录》,在这部中国古代鼎器的权威著作里,也白纸黑字,记载着永康"黄帝铸鼎"的故事。

不管对这种传说还有多少存疑吧,反正是那片升腾而起的鲜红炉火照亮了永康远古的天地,更照亮了世世代代永康人的心灵。"叮叮当当"的响亮锤击声震醒了永康祖先朦胧的梦境,也成为一代代永康子孙生活中永远的韵律。

从黄帝铸鼎,到春秋铸剑,汉造弩机,宋采铜矿,清制枪管,五金行业逐渐发展成永康百姓谋生的主要手段、地方经济发展的命脉。一代代永康人种田之余开始拿起铁锤,燃起火炉。从宋代开始,永康的铜矿就得到大规模开采,到了元代,永康生产的铜锁被列为贡品。手艺世代相传,工艺精益求精,源远流长的永康五金业越做越大,涌现出许多的能工巧匠,成为永康发展永不枯竭的鲜活动力。

这段悠长的五金历史,也造就了永康以五金产业为主导的传统区域特色经济:衡器集中在胡库,锉刀、剪刀集中在古山,刨刀、菜刀集中在方岩,绣品集中在四路,电动工具集中在古丽,有色金属冶炼主要分布在芝英。

据《永康县志》记载,民国十八年(1929),永康手工艺从业门类47种,其中从事手工或手工为主的金属加工、铸造冶炼的五金工匠有4827人,新中国成立前增至2万多人。

改革开放的春风吹醒了中国,也让永康古老的五金业如沐春风,迅速成长为枝干参天的大树。今天的五金制造业注入了现代化的内容,已成为浙江的区域特色产业,更是永康的支柱产业。主要分为五金材料工业和五金加工工业两大类,产品涵盖机械五金、装潢五金、日用五金、建筑五金、工具五金、小家电等10000多个品种,其中出口创汇产品500余种,初步形成了电动工具、不锈钢制品、铜铝加工、防盗门、衡器、滑板车等特色产业,具有较高的市场占有率。电动工具年产量达2300万台以上,总产量和出口量分别占全国的四分之一和三分之一,是我国最大的电动工具出口基地之一,与日本、德国一起被称为全球电动工具三强。建筑铜条、防滑条、燃气灶具炉头、铜板、铜排、铜带等占全国销量的70%;台秤、案秤、电子计价秤等衡器产品及零配件占国内市场的60%;小家电、电暖锅占全国市场的50%以上,电动剃须刀出口量居全国第一位;小型拖拉机、柴油机出口量连续12年名列全国第一,是全国农用车、摩托车配件及整车的重要生产基地,年产量约10万辆。铝轮毂、轮胎、刮雨器等汽车配件的市场占有量也不断上升;年产电动滑板车和电动自行车300多万辆,是重要的生产和出口基地;防盗门产量占全国总产量的70%,是中国最大的防盗门生产基地。

全市现有五金机械企业1万余家,产品涵盖机械五金、装潢五金、日用五金、建筑五金、工具五金、小家电等1万多个品种,五金工业产值占全市工业总产值的90%左右,上缴税收占全市财政收入的90%左右。

有人用这样一组光怪陆离的数字,形象反映了今天永康五金产业的现状:

这里是五金之都、中国门都、中国杯都、中国休闲车之都。
这里的中国名牌、中国驰名商标、国家免检,在浙江县级城市排行第一。
这儿的杯类产品年产2亿只,占全国80%;
这儿的休闲车年产450万辆,占全国70%;

这儿的安全门日产 3 万扇，占全国 70%；

这儿的不锈钢餐具系列用品占全国 52%；

这儿的日用衡器产量占全国 45%；

这儿的电动工具产量占全国 33%。

这儿的市场年交易额达 500 亿。

这儿每天诞生民企 17 家。

陈亮"义利统一"的古老学说在新时代发扬光大，永康人更加注重市场的力量，将专业市场与特色产业交织发展，并成为浙中区域经济发展的又一大特色。依托发达的五金产业，永康市各类五金专业市场得到了快速发展。

创建于 1992 年的中国科技五金城，是国内目前最大的五金产品流通、信息、商贸中心，现拥有营业面积 67 万平方米，由金城、金都两个市场群组成，商铺 4600 多间，位居"中国十强品牌市场"之首，是浙江省重点市场、浙江省四星级文明规范市场、浙江省文明单位。主要经营日用五金、建筑五金、工具五金及机电设备、金属材料、装饰建材等 19 大类、数万种五金产品及相关产品，辐射全国各地及 180 多个国家和地区，市场成交额以年均 16% 的速度递增，连续多年居全国同类市场榜首。

在永康科技五金城醒目的位置上，分别展览着一座古代的打铁炉灶，和一副近代永康工匠打铜补锅的铜壶担。

而在另一边更加醒目的位置上，陈列着一排永康近年来研制出的新能源轿车，那精巧华美的造型，那时尚新颖的构件，强劲清洁的动力……

两相对比，无言但却形象地展示着永康的昨天、今天与明天！

那首苍劲的歌儿又唱起了，这一回唱得格外嘹亮：

用钣金淬火智慧，用钢铁铸就理想，

用执著锤炼信念，用科技制造辉煌。

日复一日的跋涉，年复一年的奔忙。

啊，永康！

你的美丽你的富强！我的青春我的梦想！

——胡建勇、文俊：《让世界知道》

歌声中,这些黄帝的子民们驾驶着亲手制造的新型动力轿车,正风驰电掣,驶向比神话更加美丽的天际。

六、书香漫卷溢婺州

16世纪来华的意大利传教士利玛窦,曾经对中国的一项手工技艺赞赏不已:

> 他们的印刷比我们的历史悠久,因为在五百年前已经发明了印刷术……印一本中国书比一本西方书的费用较低。中国人的办法还有一个优点,即木版常是完整的,何时想印就印;三四年后,也能随便修改;改一个字易如反掌,改几行字也不甚难,只需把木版加以裁接。

这种令利玛窦赞不绝口的手工技艺,就是中国古代的四大发明之一——雕版印刷,它起于唐五代,盛于宋代。在华夏的漫漫青史上,无数的雕版书刻印着文字,承载着思想,飞扬着历史,传播着文化,随风化作一片又一片浓厚的书香,漫卷中国,飘飞世界。

在这片让人心醉神迷的书香里,最浓重的几缕来自我们脚下的这片土地。史书记载:"今天下印书,以杭州为上,蜀本次之,福建为下是也。"金华是宋代浙江最重要的刻书地区之一,为我国的古代图书出版事业曾经立下过汗马功劳。

图书业之所以兴盛于金华,首先是因为这儿文人荟萃,群星闪烁,是当时全国最重要的思想学术基地之一。全祖望在《宋元学案》中说:"乾淳之际,婺学最盛。"以吕祖谦、陈亮、唐仲友为代表的"婺州学派"在这儿开展了大量学术交流研讨活动,他们写书立说,著作等身,广泛传播自己的学术思想和研究成果。

金华学派重要人物之一唐仲友父子创办的"婺州市门巷唐宅刻坊",就是当时传播"婺学"思想与教育成果的重要阵地。他们重刻的《周礼》(亦称《周官》或《周官经》),是一部搜集周王室官制和战国时代各国制度,寓以儒家政治理想,经增损排比汇编而成的职官专著,是研究先秦社会政治、经济、文化、礼法诸制的重要儒家经典著作。他们刻印的汉郑玄(127—200)注释古籍,是历代读经之凭借,通经之津梁,以至后世儒学家们说:"读经而不由郑学,犹欲入室而不由户也。"

在婺州学派大力倡导下,当时金华的教育事业十分发达。官方兴办的州学和义乌、武义、东阳、浦江、兰溪、永康各县县学相继建立,而婺州民间兴办书院的热情更高,仅方志记载的民间书院就有三十多所,规模超过了官办学校。吕祖谦创建的丽泽书院,曾与岳麓书院齐名,"四方之士争趋之",绵延489年,培养出大批学者名家。

据楼钥《东莱吕太史祠堂记》中记载,丽泽书院就谋求收藏号称"东南三贤"之一吕祖谦的手稿,称其:"又欲前为一堂,匾以丽泽书院,以存公之旧,且为后来讲习之地;后为遗书阁,以庋平日所著书,如《大事记》、《读诗记》、《闺范》、《近思录》、《春秋》、《尚书讲义》、《家法》、《祭祀》及他书之未成者,皆可以传远垂后,而工费尤未备。"值得注意的是,遗书阁只收藏吕祖谦一个人的著作及手稿,开了现代图书馆名人专有藏书之先声。

至宋理宗时,丽泽书院的藏书已相当丰富,除自刻吕祖谦的《新唐书略》外,绍定三年(1230)刻印的司马光《切韵指掌图》(二卷),至今犹存,成为宋版"书院本"中珍品。

据光绪《浙江通志》卷二十八卷载:南宋初年蒋友松在浙江东阳也创建了南园书院,"藏书三万卷,宾硕儒以教其族党子弟"。

"好马配好鞍",有了书院和师生,自然就需要大量物美价廉的讲义与书籍。吕祖谦在书院讲学时的"丽泽讲义",是根据学生们的听讲笔记整理汇总刊印的;《朱子语类》一百四十卷,也是辑录朱熹99个弟子多年听讲笔记刻印而成。这些需求与日俱增,不断刺激推动着印刷术的改进发展。而印刷术的改进发展,又反过来为书院兴盛提供了坚实基础。如理宗绍定三年(1230)丽泽书院刊印的司马光《切韵指掌图》二卷,就开创了书院刊印图书的先河。此后许多书院纷纷仿效,大量刻印发行自己编纂的图书。

金华一带出产的宋代浙本用笔方正,刚劲挺秀,刀法娴熟,转折笔画轩细有角,不留刀痕,反映原字体最为忠实,成为后世刻书的楷模,极大地影响了我国千年古籍刻本的风格,这与东阳、永康等地是"百工之乡",拥有雕版印刷所需要的大量熟练工匠有关。据叶德辉《书林清话》记载:当时东阳刻书印坊"则有岳氏乏相台家塾……婺州东阳湖沧王宅桂林堂……三十二家"。其木刻印的宋版《三苏文粹》工艺精湛,被历代藏家视为珍品。东阳南马葛府人葛洪所著的宋刻版《蟠室老人文集》现尚残存十卷,采用白口、掌鱼尾,字欧、柳体,字体秀雅古劲,被收入北京文物局出版的《中国版刻图录》。

雕版印刷在金华盛极一时,还得益于得天独厚的地理物质条件。雕版所用木材以枣木或梨木为主,而嘉庆《义乌县志》就记载:"本县宋时,青枣、三花梨即已闻名外郡。"

雕版需要纸张,据南宋陈《负暄野录》卷记载:"今越之竹纸,甲于他处。"义乌苏溪等地水源丰富,盛产水竹。清代诗人范干在《水竹洞天》一诗中写道:"苏溪溪上亭还好,水竹清幽胜倍加。安得携朋并载酒,烂题诗句发英华。"今北京图书馆藏南宋乾道七年《史记集解索隐》、绍兴戊辰《毗庐大藏》,都用这儿出产的竹纸刻印。而印刷需要的墨,当时在江南也早已发展成熟。

天时,地利,人和,雕版印刷的鲜花就这样在婺州土地上得天独厚地开放,并收获了许多至今仍然芳香袭人的硕果。

据李致忠先生《宋版书叙录》记载:北京图书馆收存的汉郑玄注《周礼》12卷和《礼记》5卷两部儒家经典著作,现存只有两部,一部完帙,一部仅存前六卷;全集为20卷,现存卷一至卷五,书后镌有"婺州义乌苏溪蒋宅崇知斋刻本"长方双栏版记。虽为残缺版本,但宋版书传至清代已成稀世之宝,今日更属珍本。

而标明为婺州市门巷唐宅刻坊所刻印的那套《周礼》,书上镌有牌记,标明此书刻工为王珍、沈亨、余宏、徐林、李才等人。其中沈亨和余宏是南宋初期婺州一带的刻字工人,曾在孝宗年参与刊刻《广韵》一书。故此书刻印年代应在南宋孝宗时(1163—1189)。全书字体秀雅,刀法剔透,皮纸造印,墨色匀净,宋时浙刻风貌鲜明。它采用的每半页十三行款式,是古代《版本学》私刻本和坊刻本的典范。

1171年唐仲友出任台州太守,仍大量雇用东阳等地木雕匠人,用公使库的钱雕刻印刷了《荀子》等书六百余部。这部书雕得精细明晰,比一般书的质量好得多,被当时世人视为珍版,称作"宋椠上驷"。除三分之一"赠阅"上司、关系户外,余下的"悉数发归婺州本家书坊贷买",据说赚了不少银两。

更有甚者,在刻《荀子》期间,唐仲友还让一个叫金婆婆的取"一贯"会子要样,让匠人在梨木板上照样雕刻,先后印出2600多张,足以乱真。此事最后被朱熹告发,闹出了一场很大的官司。

雕书匠人竟然能够逼真的仿造当时官方发行的纸币,也足以从一个方面,真实反映出金华等地雕版印刷技术的高明。

当时浙江运书大都通过纵横交错的水路,据《湖录》等书籍记载,书船一般都是向北经大运河直入嘉兴、湖州以至苏州,向南穿越钱塘江,通过浙东运河直下宁波、绍兴,"购书于船。南至钱塘,东抵松江,北达京口,走士大夫之门,出书目袖中,低昂其值,所至每以礼接之。客之末座,号为书客,问有奇僻之书,收藏家往往资其搜访。"

广阔的江南就这样被极具诗意画意的方式串联了起来,来自杭州、金华的墨香一路随风飘溢,弥漫了江南大地的山径水巷,飘落到华夏神州的南北大地,更飘逸在世世代代学子仕人的心间。

七、明月酥饼慈母心

一千多年前的月亮比现在的圆,一千多年前的月亮比现在的亮。就在这样一个皓月当空的夜晚,婺州城边一间低矮狭小的茅草屋里,一点如豆的灯火费劲地摇曳着,照亮一位母亲苍老伤悲的脸庞。

老人忙碌着,眯起一双早已昏花的老眼,默默地揉着家里剩下的最后一点白面,然后放上央求了半天才好不容易从肉贩那儿赊来的一点肥肉,还有从邻居家七拼八凑讨来的一点霉干菜,做成了几个面饼。那饼不大,在母亲精心的揉搓下,就像窗外高悬的月亮一样精美一样浑圆。

饼圆了,母亲的心却碎了,碎得一块块残缺不全,一块块心血相连,然后在彻夜的揉搓中全都融进那些做好的饼里。她想用这样的办法伴随这个明天一早将要远行的儿子,走出千里万里,她仍然不离不弃,时刻厮守在儿子身边。

她用枯干的手又往炉膛里添了一把火,然后把那些面饼一个个小心地贴在锅里。这时屋里响起一阵雷鸣一般响亮的酣睡声,母亲布满皱纹的脸上泛起了几道苦涩的笑纹。她知道,自己那个身高体壮的儿子已经坠入了甜蜜的梦乡。

母亲小心地盖好锅盖,端着油灯蹒跚地走到床前。昏黄的灯光抖动着,慢慢照亮儿子沉睡的脸。尽管那张棱角分明的宽大脸庞上早已长满浓密的大胡子,但在母亲眼里,那仍然是一张婴儿长不大的脸。老人在床头默默地坐下,眯缝起老眼细细看着,两只劳作了一辈子的手颤抖着,一遍遍轻轻抚过儿子粗糙的脸颊……

有几滴泪珠无声地滴落,打湿了儿子的衣襟,母亲却什么也没有察觉,仍然那样细细地端详着,抚摸着。

不知不觉,窗外已经响起几声长长的鸡啼,儿子闻声醒来,一骨碌从床上跃起,伸了个长长的懒腰,就对母亲粗声大气地嚷起来:"妈,有什么吃的吗?快给我拿点,待会儿我得赶紧上路,投奔义军去呢!"

母亲一惊,这才如梦初醒地跳起来,糟糕,她只顾看这即将远离的儿子,竟把锅里正烘烤着的那些饼给忘了!该死呀,家里只剩下这么点吃的,现在肯定已经变成了焦炭。儿子马上就要长途跋涉,难道要让他饿着肚子上路去吗?

老人吃力地迈动两只小脚朝厨房奔去,心里一遍遍地责怪自己老糊涂。忽然她闻见厨房里多了股子奇异的香气,浓浓的,沉沉的,香香的。

母亲有些惊讶地揭开锅盖,两只昏花的老眼顿时瞪圆了:咦,锅里面的是什么? 圆圆的,黄黄的,竟然有些像天边还没有完全落下去的月亮,或者重阳时节刚刚蒸熟的螃蟹,那一阵又一阵的香气,就是从那儿飘飞出来的。

身后突然伸来一只蒲扇般硕大的手,不顾三七二十一抓起那圆饼就往嘴里填,然后响起一阵响亮的咀嚼声,转眼间儿子风卷残云一般把那些饼一个不剩全都吞进肚里,这才兴犹未尽地抹了抹嘴,说:"咦,这是什么东西,这么酥这么脆这么香,还有吗? 我还要吃!"

母亲高兴地望着儿子笑起来,半晌才嘻起嘴说:"我也不知道这该叫什么? 既然你说又酥又香,我看干脆,就叫它酥饼吧,你等着,那儿还剩下点面和干菜,我再去做几个。"

……

几年的日子轰轰烈烈过去,那个长着大胡子的儿子上了瓦窑寨,成了名满天下的大英雄,江湖上到处汹汹流传着程咬金三斧头的厉害。他爱吃老母亲亲手做的酥饼,因此这酥饼的名字,也就随着那三斧头很快地流传开来。大家都知道这小小月亮一样焦黄酥脆的烤饼不但好吃,还寄托着家乡慈母们浓郁得解不开的思念,凝聚着远方游子们浓浓的乡情,那些情意是如此浓烈,如此深沉,一遇炭火,便会凝聚成一团挥之不去的美味。

　　浓浓的香味飘拂着,飘荡着……一直飘过了上千年漫长的岁月,飘过了几百公里山海阻隔的遥远空间,在 21 世纪初叶台北市一间小小的店铺里汇聚。那店铺坐落在一条十分热闹的商业街上,门楣上方挂一块古色古香的匾额,上面题着四个同样古意盎然的隶书大字:"金华酥饼"。

　　也是在一个皓月当空的夜晚,也有这样一个衰老的身影颤颤悠悠地走进这间小小的酥饼店,她吸吸鼻子,先闻了闻那股十分熟悉的浓烈异香,这才开口说:"老板,来几筒酥饼。"

　　炭炉那微微的红光映出炉边一张同样皱巴巴的老脸,那张脸上此刻挂满了惊喜:"咦,听口音,你好像是浙江金华人呢?"

　　"是,我是金华的,家住在城里的小码头边,离通济桥很近,你呢? 做酥饼的,想必一定是我们老乡喽?"

　　老板点点头,张开没有门牙的大嘴嘻嘻笑着,说:"当然喽,我老家罗店,就在北山脚下,从小喝着双龙的泉水长大。你买酥饼是自己吃吗?"

　　老太太沉默了一会,才说:"不,儿子明天要出远门,我买几筒酥饼让他随身做干粮。这东西好啊,好吃,抗饿,又不容易坏。"

　　"儿子上哪? 美国,还是欧洲。"

　　老太太的声音听上去有些颤抖:"都不是,他是去大陆,回金华老家。"

　　老板停下忙碌着的手,问道:"回去干吗,扫墓还是探亲?"

　　老太太的声音变得充满欢悦,她说:"不,他是回去投资,办了家电子仪器厂,听说产品要全部销到欧洲去呢。"

　　老板的双手又动起来,灵巧地翻动着那一炉已经微黄的酥饼,说:"回去报效家乡,好啊,太好了,我要好好做几筒酥饼让他带回去。叫老家的人看看,远在台湾,这酥饼仍然那么地道,又香又酥。"

　　几筒酥饼用粗草纸包好,递到老太太手上,老板突然有些动情地说:"老乡,有几句话我不知该不该说。我觉得你很像一个人,不过那个人已经一千多岁了。"

　　老太太有些吃惊,问:"是谁?"

　　老板说:"她也是一位年纪很大的母亲,也是在这样一个月光很亮的晚上,送自己当义军的儿子出门远行,无意中做出了这香喷喷的酥饼。她不是别人,就是我们酥饼这一行的祖师奶奶,大名鼎鼎的唐朝英雄程咬金老娘。这程咬金么,不折不扣,就是我们酥饼行业的祖师爷。"

　　老太太朗朗地笑起来,说:"当然像喽,别说刚过去一千年,就是再过去几千年,这天上的月亮也不会变,母亲的心更不会变。只是不晓得这酥饼,现在老家还有吗?"

　　老板高兴得咧开嘴笑了,说:"放心,我去年刚去金华探亲回来,那边做酥饼的兴旺着呢,不但城里乡下到处都有,就连高速公路的休息站,大超市大商场,如今都开起了酥饼店。听说一年的产值呀,有十几个亿的人民币呢。"

　　一片朗朗的笑声里,老太太提着酥饼渐渐走远了,她颤颤巍巍的双脚踏着那一地如水的月光,远远看去,好像正在走进一轮圆圆的月亮,一片酥饼浓郁的异香。

第六章　那些古老,那些神秘

一、凤仙花,蓬蓬开

> "凤仙花,蓬蓬开
>
> 娘想囡,心花开……"

听着这首十分动听的金华民歌《凤仙花》,我眼前浮现出的,却是一朵朵比凤仙花更美丽芬芳的金华民间艺术之花。

这些花朵的枝蔓伸展着,一直伸向历史幽远的星空,当人类最初的文明曙光喷薄在蛮荒的天际,伴随着那片扬花吐穗的稻米,金华民间艺术就在这片朦胧的晨曦里悄悄地萌芽吐蕊。

今天,当我们聆听着磐安县深泽乡出土的那些商周打击乐器青铜钺时,仿佛仍能依稀听到远古祖先祭祀娱神时唱响的那些婉转悠长的钺歌。当我们观赏至今仍在义乌等地流行的民间舞蹈《叠罗汉》,为那几十种剽悍勇武的造型赞叹叫好时,不由会想起这块土地上的列祖列宗们,早在春秋时期就已养成的尚武崇勇习性,那个时候,"义乌拳头"就已经面对荒山野岭、虎狼猛兽锤炼得如铁如钢了。

武义桐琴等地出土的三国陶制堆塑瓶上,清晰塑造着当年土著民间舞蹈的阵形和舞姿,让我们惊讶在那样遥远的年代,祖先的舞蹈艺术就已经达到了非常完美的地步。

随着南宋定都在咫尺之遥的临安,中国的社会重心从长江以北向江南地区转移,婺州政治经济也迎来一个空前繁荣的时代。就在这片黄金一般璀璨的岁月里,永康庙会逐渐成形并发展成规模盛大的迎神赛会,由此催生繁衍了一系列以"十八××"命名的娱神祭祀舞蹈,如《十八狐狸》、《十八和尚》、《十八猴子》等,声情并茂,想象力广博,表现力丰富,形式多姿多彩。即使让今天的观众看了,也会击节赞叹不已。

从呱呱坠地的那一天起,金华民间艺术的舞步便深深地踏在这片绵延起伏的丘陵上,坚定的足印不是指向庙堂宫廷,而是实打实地踩在泥泞的田埂上,和那些辛勤劳作着的草根民众同呼吸,共命运,并且以特定的思想内容,特有的表现手法,灵动地反映出特定时代的风云变幻、人心向背和喜怒哀乐;它的浑身上下,全都深深烙印着所处时代的历史印记,它的一举一动,都辉映出变幻莫测的时代风云。

例如,明清时期抗倭反清的生死争斗,在东阳演化出了民间舞蹈《盾牌舞》。

20世纪30年代土地革命风起云涌,武义、东阳等地曾经传唱过《红军歌》……

早期原生态的金华民间艺术表演,和那时人们的生活起居一样地粗犷,一样地蛮荒,但随着社会的进步,生活的丰富,人们的审美趣味也在发生着奇妙的变化,金华的民间艺术一天天变得好看好听,一步步走向丰富多彩。

例如,民国以后的社会渐趋开放,女性社会地位有了较大提升,许多原来只能男扮女装表演的舞蹈,开始改由妙龄少女出场表演,这种娇美的女性形象一出现,便在很大程度上增加了节目的可看性与美感度,大大提高了作品艺术感染力,如声名远播的永康民间舞蹈《十八蝴蝶》,就活脱脱经历了这样的演变过程,从最初只由男性表演,到后来全由妙龄少女登台,其变化程度可想而知。再加上道具服饰的演化发展,最终使得它脱胎换骨,美仑美奂,一举成为当代中国民间舞公认的精品。

许多精美的金华工艺美术如东阳木雕、竹编,浦江麦秆画等,也是在岁月长河一年年的冲刷之下,如同大浪淘沙那样地剔粗存精,逐渐显露自己独特的风格特色,焕发出特有的夺目光焰。

金华民间艺术由草根百姓自己创造,又由代代儿女绵延传承,理所当然会受到乡民们的倾心喜爱。每逢重阳,永康方岩山上山下便会人潮汇聚,周围几十里甚至上百里的士绅村民欢呼踊跃,争相赶来参加这一自南宋就开始形成的方岩庙会。

元宵佳节金华农村几乎家家都会扎灯结彩,每个村子都会推出如迎桥灯、舞龙灯、放水灯、走马灯等项表演……民间自发的狂欢通宵达旦,从夕阳低垂一直欢腾到旭日东升。一些具有浓郁宗教色彩的民间舞蹈如《西方乐》,可以连续表演24个套路,时间长达三天三夜,光是其中"栽茶"一段,就有"茶园"、"选茶"、"栽茶"等不同的表演内容。

作为浙江省非物质文化遗产项目最多的一个地市,金华迄今已有28个项目被列为国家级非物质文化遗产,80个项目被列为省级非物质文化遗产,274项被列为市级非物质文化遗产。丰富多彩的形式,琳琅满目的名册,俨然是一张张精美独特的文化名片,吸引着全世界艳羡的目光。

那些古朴,那些神秘,那些灿烂,那些美丽,在这片黄土丘陵上岁岁年年,唱响一支又一支非物质文化遗产优雅激昂的长歌……

二、婺剧——丘陵上"最优美的音乐元素"

(一)"潜伏",只为寻找"最优美的音乐元素"

大约在1963年的一天,一条紧急情报被秘密传送到金华县公安局,内容是:有几个操外地口音的人总在金兰汤水库一带活动,他们白天在水库附近溜达,晚上跟随一些剧团四处看戏,还不时在附近茶馆里出没,到处找人聊天打探,行迹可疑。

这一情报立刻引起金华县公安部门的高度关注,几个精干的侦察人员立刻奉命前去盯梢。谁也不敢掉以轻心,因为那是"备战备荒"、"准备打仗"的年月,举国上下人人都绷紧阶级斗争的弦,随时准备粉碎帝国主义入侵和"阶级敌人"破坏。而那时刚刚建成的金兰汤水库,是金衢盆地上百万人生产生活的重要水源,万一被阶级敌人放上颗炸弹或是毒药,后果不堪设想。

一天之后侦察结果出来了,这些"形迹可疑"的人不仅没有锒铛入狱,反而被县委领导视为上宾,请进了招待所设宴款待。原来他们不是"美蒋特务",而是北京空政文工团的著名艺术家。领头的叫羊鸣,其中一个人很值得一提,就是曾经作为嘉宾主持过2011年央视春晚的那个小老头文职将军阎肃。他们是为歌剧《江姐》的创作专程来江南文艺采风的。

原来歌剧《江姐》的剧本创作完成后,当时的空军司令刘亚楼上将就将其列为空政歌剧团重点打造剧目,定下了"精雕细做,打造精品"八字方针。歌剧,音乐自然是基础与根本,担纲音乐创作的艺术家立即下到四川等地搜集素材体验生活,可一次次审查全都被否定。上级严令他们扩大范围去全国各地,广泛收集南北各种风格的音乐素材,从中寻找中国最优美的音乐元素。

于是那几年间,《江姐》剧组成员跑遍大江南北,先后学习了川剧、豫剧、越剧、河北梆子以及杭州滩簧、金钱板、评弹等戏曲曲艺。四十多年后这些老艺术家回忆当年,仍然传递出初次接触婺剧时的意外与惊喜:

> 走到浙江时,发现了一个历史悠久的剧种婺剧。这个剧种包括昆腔、高腔、乱弹、徽戏、滩簧、时调六大声腔,它常与昆剧、徽戏同台演出,相互影响又彼此保持各自特色。因一直广为流传于江南农村,婺剧的唱腔优美动听,呈现出一种健康、淳朴的自然之气。正因如此,一行人被婺剧所迷,跟着一家婺剧团,每天晚上看演出,积累音乐素材,白天就在当地一个水库边溜达。

这就是本文开头有趣的一幕,婺剧音乐中的许多精华,作为中国"最优美的音乐元素",被有机地融入《江姐》这部中国民族歌剧经典之作,包括那首脍炙人口的主题曲《红梅赞》中,为这一剧目成为民族歌剧经典立下了汗马功劳。

不仅空政歌舞团的艺术家们,就连大名鼎鼎的国歌词作者、新中国第一任戏剧家协会主席田汉,在20世纪50年代第一次观看婺剧演出后,也一口气说了三个"没想到":

> 第一个想不到的是……竟然在金华能看到如此传统丰富、行当齐全并且如此涉特色鲜明的乱弹声腔的剧团……

也是在那几年,浙江婺剧团、金华市婺剧团先后上北京演出,毛泽东、周恩来、陈毅等老一辈无产阶级革命家连续观看了剧团演出并接见演员,给予很高的赞誉。

撩开遮蔽了几百年的面纱,婺剧在那个激情燃烧的岁月走出山乡,以不同凡响的形式惊艳京城,从此登上国家级的艺术殿堂。

(二)婺剧其实就是"金华戏"

婺剧这个名称,直到新中国成立之后才正式叫响,过去长期被称为"金华戏",是流传在金华一带的多种戏曲、曲艺(即高腔、昆曲、乱弹、徽调、滩簧、时调)的合称。

姗姗来迟的名称后面,有着婺剧漫长曲折的发展历程和辉煌光焰。

如屏如障的低矮山丘环绕着一块块肥沃的水田,形成一个个自给自足的自然经济体,农耕文化的发育与成熟,奠定了金衢盆地最本色的人文经济基础,涵养着一代代高度发展的农耕文明。

中国最早的戏曲形式"南戏"诞生在温州,作为温州通向广阔内地的要道与关口,金华的土地上早早回响过这华夏最初的戏文。

元朝灭宋之后,南戏和元杂剧开始在江浙一带盛行,这时期杭州最出名的一位女演员叫"芙蓉秀",这美丽的艺名,显然源于家乡城边那座秀丽苍翠的芙蓉峰。

艺术没有边界,透过东边翠绿的山口,沿着西边蜿蜒的水路,在漫长历史进程中输入到金衢盆地的,不光是景德镇的瓷器,杭嘉湖的丝绸,还有各种流派、各种风格的戏剧艺术形式。

昆剧从东边流入,慢慢演变成草昆;弋阳腔从西边涌进,渐渐化做高腔;而徽调尾随徽商从北边势不可挡地南下,逐渐化做徽戏;再加上金华土生土长的原有表演形式滩簧、时调等,南腔北调在这小小盆地里融和汇聚,一起喧嚣热烈地回响。

外来戏曲进入金华方言区,首先遭遇的自然是方言隔阂,为打破这种障碍,演员们尝试运用本土方言演出,在音乐上也逐渐向本地曲调靠拢。

众多的南腔北调开始慢慢融合,渐渐汇入婺江欢快的涛声,融进北山松涛那浩荡的风韵。通过融会贯通,优势互补,竞争重组,三合班、二合半独特的表演形式慢慢形成,一种博采众长、特色独具的本地唱腔开始咿咿呀呀地唱响。

婺剧就这样在农耕文明的沃土上悄悄诞生了,它很像是一朵随风漂泊的蒲公英,乘着南来北往文化的季风,跨过江河,越过山脉,寻找着属于自己的那块土壤。而一旦在丘陵上扎下根须,便贪婪地汲取着本土丰富的养分,汇聚四面八方各具特色的色彩音调,拔节扬花,吐穗结果,最终绽放成一朵地地道道的本土艺术鲜花。

(三)最美丽的鲜花开放在旷野

在中国文艺百花园地中,戏曲属于俗文化范畴,是最本土化、大众化的艺术形式。

在全国 360 种至今仍在演出的戏曲剧种里,婺剧农民化的特点十分突出,可谓是典型的农家"草根"艺术。

四百年前这样,今天如此,明天也难以改变。

"什么藤结什么瓜,什么阶层说什么话。"婺剧唱词中说的,全是金华农民喜欢听的话。

这些话,豪门官吏不爱听,认为它们太悖逆;秀才举人不爱听,认为它们太粗鄙。可土生土长的农民们听了,却字字入心,句句入耳,酣畅淋漓,痛快舒畅。

婺剧剧目有大小五百多个,不少是连台本戏,连篇累牍,系出名门,可以连续演上几天几夜,行话叫做"骨子戏"。

也有不少是"路头戏",即事先拟个大致的故事提纲、情节走向,然后老练的演员们上台现编现演,天马行空,自由发挥,纵横驰骋。

许多戏反映的是忠奸斗争,忠臣君子披肝沥胆,忠君报国,奸人贼子卑鄙龌龊,卖主求荣。这些戏让爱憎分明的农民们时而看得热泪盈眶,时而听得牙关咬碎。

更多的戏反映的是社会生活:婚丧嫁娶,才子佳人,邻里乡亲,纠葛矛盾,在充满生活情趣的画面场景中,处处洋溢着忠孝节义、尊老爱幼、扶正祛邪、见义勇为的中华传统理念。

农民们的天性纯朴善良,爱憎分明,因此也要求故事情节无论如何离奇曲折,人物的命运无论怎样大起大落,都一定要有个"大团圆"结局。好人有好报,恶人遭天谴,因果明确,善恶分明,痛快淋漓,皆大欢喜。不然,农民便不准你谢幕,不让你下台。

虽然是"看他人受苦,替古人流泪",但那些欢笑和眼泪却会化成一粒粒善良的种子,播撒在一代代农民观众淳朴的心间,成为他们今后评判是非、鉴别真伪的标准,也是他们教育子女、行事做人的自觉准绳。

　　几百年来,婺剧一直就是金华农民循循善诱的"讲师爷",是这些不识字或很少识字人群唯一潜移默化的形象教科书。

　　婺剧的表演地点,大都在农村露天草台,或是祠堂庙宇,看台下熙熙攘攘,毫无例外全是些普通百姓。在这儿,过于细腻的动作观众看不清,过于含蓄的表情观众看不懂,过于纤细的声音观众听不到。因此势必逼迫着婺剧去粗犷、去夸张、去浓烈、去载歌载舞、去边唱边做、满台出戏。久而久之,便自然形成了婺剧文戏武做、武戏文做的特色以及"大花过头,老生平耳,小生平肩,花旦平乳,小丑平脐"的表演艺术风格。

　　婺剧文戏武做的特点,突出地体现在《断桥》一折。在京剧和昆剧同名折子戏里,这本是一出优雅细腻的感情戏。但婺剧却别出心裁,偏偏要以强烈来表现柔情、以粗犷来刻画细腻、以高难度的武功来表现人物细致入微的情感。

　　戏演到高潮时,只听得耳边大锣大鼓,情绪跌宕起伏,演员们满台飞舞,腾挪翻转,在雷霆万钧中见侠骨柔情,在剧烈冲撞中显真挚情愫。

　　正因如此,婺剧《断桥》在全国诸多同名戏曲中奇峰突起,后来居上,被周恩来总理誉为"天下第一桥"。

　　婺剧不仅"文戏踏破台",还讲究"武戏慢慢来",十分理性地处理"动与静"、"粗与细"的艺术关系,在武戏中下足文戏的功夫,动态地在舞台上展现一幅幅颇具雕塑感的优美画面,呈现出一种截然不同于北方戏剧的特殊美感。

　　婺剧的许多动作直接来自生活,例如用模仿动物的动作来表现特定人物的身份性格,同时还保留了许多古老傩戏、百戏、目连戏的表演动作和程式,处处呈现出一种浓烈的古风古意。

　　婺剧中最华美的部分,其实是在它的音乐,其中不少还是明朝乃至更早岁月年间的遗响。当它颤颤悠悠唱响起来的时候,你也许会听到四百年前黄河的滚滚涛声,还有煤山上那株古柏呜呜咽咽的泣诉。也正如此,婺剧常常被称为中国戏曲的"活化石"。

　　但婺剧音乐中最为现代观众所称道的,却是从金华民歌中移植继承的那一部分,如"小桃红",如"三五七",许多曲牌已是今天乐队在重大场合演出的保留曲目,和广东音乐中的"喜洋洋"、"步步高"齐名。

（四）从"草台"到华堂

"三耕一闲"，当冬季雪花飘舞起来的时候，正是金华农家一年四季里最为闲适的时候，火腿在这个季节泛红，老酒在这个时辰飘香，"咚咚锵锵"的婺剧锣鼓声，也在这个季节里轻舞飞扬。

> 家传耕读，乘闲时扮作生旦净丑；
> 戏作君相，结局后仍是士农工商。

许多乡间的戏迷们早就按捺不住地开始自发聚集，你演旦角，我扮小生，你敲锣鼓，我拉二胡，角色分派停当，一个小小的业余剧团很快就锣鼓喧天地登场了。

剧本是现成的，曲调是固定的，上台就演，开口就唱，演得好不好是一回事，不过那份认真，那份快乐却明明白白，全都挂在一张张粉墨登场的脸上。

那些演得好的，很快就赢得四村八乡的喝彩，挣得大把大把的戏金，并聚集起为数不少的铁杆"粉丝"，从此便搭起个固定的班子，取一个好听的名号，叫做什么"品玉班"、"文锦社"，或者"大连升班"、"大荣华班"，然后择个良辰吉日，在"梨园老祖"李世民神像前点上几炷香，从此唱起了"二合半"，或者"三合班"，正式走上了半职业化甚至职业化的道路。

婺剧最早的班社，许多就是这样组成的。

"舞台小天地，天地大舞台"。当这些平凡普通的农家子女披上戏装，涂上油彩，扯着嗓子，唱起了高腔乱弹的时候，婺剧便有了许多田园式的发展与改变。白素贞不再是峨眉山上那条千年修炼的蛇仙，她娓娓的唱腔里平添了许多村边竹林的情韵；小和尚也不再那么孤独拘谨，一举一动里多了不少邻家小子式的顽劣。在他们扮演的人物、演绎的故事中，总是有意无意渗透进许多农家的理想和田园的风景，掺杂融合进不少的乡间俚语，让台下的乡亲们看得更为亲切，更为熟悉，更为过瘾。

婺剧演员就这样自发地集聚、慢慢地成形，渐渐地成熟乃至成名。

历史上很少有文人秀才愿意掺杂到婺剧当中来，他们甚至连婺剧的名字都不屑于提起，好像只要提起这个名字，就会贬损了自己一世的清名。

所以在历代史书经传里,我们很少能够看到有关婺剧的记载,更没能看到秀才文人们原创的婺剧剧本或者评论记载。

李渔写过著名的《十种曲》,写过《闲情偶记》,甚至亲自组织过声震全国的戏曲家班,凭借这些赢得大把大把的戏银。但可惜那并不是婺剧,而是已经雅化了的昆曲。充其量,最多也就是婺剧诸多前辈中的一位。

近代文人唱婺剧的唯一例外,恐怕只有清末民初时期的张恭,这位清朝的举人曾以极大的热情组织过张恭大班、张恭小班,亲自编写婺剧剧本,组织演出,让金华观众们看了许多家乡味十足的好戏。

但张恭骨子里其实是一个革命者,他是早期同盟会会员,组织了反清地下组织"龙华会",在孙中山领导下秘密进行反清革命活动。他看中的是婺剧群众性广泛、戏班流动性大的特点,把婺剧当做了一种发动群众、唤醒民众的宣传手段,利用剧团四处联络会党,散布火种,酝酿武装暴动。因此曾几次遭清政府追杀,险些掉了脑袋,剧团也几度被迫遣散。

辛亥革命胜利以后,张恭出任金华军政府分都督,仍然亲自为剧团编写《大破南京》、《民国记》等时装新戏,在婺剧史上书写出独特而又辉煌的一页。

新中国成立不仅给了婺剧正式的名号,更给了它荡漾的春风,和煦的春雨,让这株已经四百多年的梨园老树枯木逢春,在焕然一新的文化土壤里花开满枝,鲜艳夺目。

1955 年浙江省文化厅下文成立浙江婺剧团,一大批省艺校婺剧班科班出身的文化青年来到金华,和部分老艺人一起,共同开启了婺剧史上一个崭新的篇章。

在党组织调配下,一批文化人首次加入到婺剧队伍中,使这个古老剧种过去少有文人参与的历史从此终结。这些充满了新思想新观念新技巧的现代文人迅速整理改编出许多传统剧目,创作出许多全新剧本,成为现代婺剧常演不衰的精品。自 1956 年成立以来,浙江婺剧团共收集整理了八百多个大小剧目和三千余首唱腔、曲牌及婺剧独有的传统脸谱和服装图样,还创作、改编、整理、演出了一系列优秀剧目。

随着经济与社会的发展,在某些高端剧团演出的剧目中,婺剧慢慢地变得时尚精致,少了几分田野的粗犷,多了几分优雅的美丽,适应了北京、上海等大城市观众的欣赏需要。

在那些剧目里,泥红的轿子里流水一般,飘出身穿前朝彩衣彩裤扮相俊美的花旦,轻盈摇曳着风摆杨柳般的婀娜水步。一摞鼓点,一溜板眼,簌簌旋转出水上漂似的圆场。弦起琴落,岁月在那些微微翘起的兰花指上铮然一拨,滑向了桃花飘零、姹紫嫣红的后花园。

如今的先锋也不再像以前那么凄凉悠长,夹杂着电声的音乐常常犹如音韵醇厚的丝绸轻轻飘起,恣意飞扬在婺江编织起的绿水青山之间。

或许是从徽调曲库里重新汲取了丰厚营养;或许是从宋词的婉约里嫁接了些淳美意象;或许是从盛唐奢靡的歌舞里遴选了朝衣出水的媚艳;或许是从上山最初的稻浪里截获了些素朴的音响……

婺剧正在从过去的田间地头迈步,蘸着婺江的清流洗去百年来积累的许多粗犷,然后优雅地转身,时尚地举步,摘取着中国戏曲舞台上一连串令人眼花缭乱的艺术大奖。

但在骨子里,在熟悉它的人眼里,婺剧依旧姓"农",依然属于田园农家。浙江婺剧团现在仍每年下乡演出三百多场,演员们像百年前的先辈一样,仍然吃着百家饭,睡着地铺,然后一年年获得"全国送戏下乡先进集体"等难能可贵的奖项。

(五)农家的盛大节日

三熟丰收创历史,十月农闲戏一场。

在几百年漫长的岁月里,没有电影电视,很少麻将扑克。唯有看戏,而且非得婺剧,才是金华农村农民最精彩的休闲娱乐享受。

"咚咚锵锵"的锣鼓声一响就是四百年,伴随我们的祖先度过了许多如醉如痴的时日,成为许多先人一生中最为快乐浪漫的时光。

虽然那舞台往往简陋,不过是村口打谷场上临时搭起的木台,或者祖传祠堂里那些狭小的戏台。但只要消息传开,举村顿时欢腾,不分男女老少,早早就有人拿着凳子争相占座,一眨眼,高高低低的大小板凳已经黑压压挤满了场院。

消息不胫而走,冬日里那原本冷清的田埂小路眼见着热闹起来,四面八方的亲朋好友不请自来,长长的人流潮水般漫延。主人家杀鸡宰鸭,满面春风地款待这些往日里难得一见的宾朋,在飘拂的酒香肉味里,炫耀着今晚将要演出的剧团剧目和名角。

看戏是乡间难得的社交良机，也是乡村里又一个盛大的节日。

乡间演戏照例不舍昼夜，即便是正午红日当空，"咚咚锵"的锣鼓声照样欢乐地响起。冬日暖烘烘的阳光照耀缤纷五彩的戏台，也照耀着舞台下观众那些心满意足的笑脸。

老人们是婺剧最忠实的观众，他们一个个正襟危坐，抽着烟喝着茶全神贯注，有的还摇头晃脑一个字不拉地跟着哼唱。

台上在演绎虚拟的爱情，台下却早已如火如荼，悄悄碰撞出许多真实的爱情火花。小伙子、大姑娘抓紧这宝贵时机，一边看戏，一边眉来眼去悄悄传递着情愫。

最忙的自然是那些半大不小的孩子，他们要么拥挤在台前，抢夺着前排的那些最好的位置，要么攀上戏台爬进后台，去偷看演员们化妆，或看乐队拉琴。

戏台上的灯火很快催落了夕阳，迎来一片昏黄的夜色。锣鼓声如同潮水般地泛起，一浪接一浪将欢乐推向高潮。

如果有幸碰上"斗台"，那就更加热闹了。实力雄厚的村子有时会一次同时请几个剧团，同时搭起几个舞台，遥遥相对，如同比武场上比斗的擂台，让这些剧团们同场演出，一决高下，一辨雌雄。

斗台演出的首日必须"两头红，"从今天太阳没落一直演到明天的朝阳升起。红红的落日犹如剧团老板和演员们兴奋得通红的眼睛，他们知道，自己职业生涯中决定性的时刻来到了。

照例先是"祭台"，由那个历史最短的剧团先演出，然后其他剧团一一开场。各剧团都排出最强的阵容，最拿手的剧目。演员们斗志昂扬，唱做念打，一丝也不敢马虎。

午夜 12 点是最激动人心的时刻，一声铳响，宣告了斗台的结局，戏台下观众最多的那个剧团获胜，演员们披红挂彩，喜气洋洋。而台下观众最少的剧团却哭丧着脸，像斗输了的公鸡一般再也提不起精神。

常常有这样的经历，戏演到半途，大公突然变脸，不是降下瓢泼大雨，就是飘起片片纷纷扬扬的雪花。但无论演员还是观众都毫不为之所动，演员们唱得更加起劲，观众们看得更加着迷，一直要在风雪雷电中坚持到收场的锣鼓响起。

戏终了，观众却常常不愿意散去，许多人仍然痴痴地站在那儿，一颗心不离不弃,还在眼前的舞台上盘旋。有的观众兴致勃勃地拥到后台,争相邀请自己喜爱的演员去家里做客。更多的人东一伙西一帮高声大嗓地争论,评价今晚哪位角色演得好,哪位名角又多了许多的风流韵事。

剧团离去了,但关于婺剧的话题却照旧百谈不厌,成为田间村头很长一段时间议论的主要内容。又有许多人在扳着指头默默计算,还有多少日子,婺剧团又该到村里演出了………

在长达几百年的锣鼓欢唱中,婺剧就这样潜移默化,悄悄营造着这块土地上源远流长的文化,世代传承的精神。

三、真情如四季花开——金华民歌记趣

许多时候,往事就像游弋在水中的鱼儿,被岁月的流水匆匆漫过,再也寻不见踪影。

有时候,那水面上还会飘起迷雾,泛起漩涡,于是一切都变得如同镜花水月,扑朔迷离,踪影难觅。

这时候,唱上一支心中的歌儿吧,尤其是那些从小耳熟能详的民歌小曲,那感觉,就像是往岁月的流水中随手抛出一根心灵的鱼竿,轻轻一提,许多久违的往事便会从水下露出头来,连接起一串又一串鲜活的回忆。

于是往事开始苏醒,记忆开始复活,心灵又在喋喋不休地诉说着过去,那些亲人,那些往昔,那些情缘……

歌曲之所以具有这样的魅力,是因为它来自人心,是心灵的宣泄,情感的结晶。尤其那些原生状态的民歌,源自民间,发自草根,在生活的江河里已经沉淀了千年百载;没有粉饰,毫无伪装,纯粹就是平民百姓情感的真挚流露,心灵的直白呼唤,是生活在历史回音壁上随意碰撞出的真实回响。就如《乐记》所说:"凡音之起,由人心生也。人心之动,物使之然也。"

诗人艾青曾以金华民歌为例,向学生说明什么是真挚的诗情:"什么是好诗,我看最具有真情的诗就是好诗。旧社会时,有一次我回故乡去,在故乡的街头漫步,正巧碰到有户人家办丧事。我们那里乡俗兴'哭歌',即用唱歌一般的腔调来哭亡人。一个年轻妇女抚着亡夫的棺木哭道:'夫呃——宁隔千重山哎/莫隔一层板哎……'我看她哭出的这两句话就堪称好诗。"

　　最早的民歌是劳动号子,它是有节奏有简单音调的声音,主要为了协调劳动步伐,鼓舞劳动热情而用,演唱气息较重,单个的发语词较多,音乐具有刚强有力的特点。金华有不少这样的劳动号子,譬如《打夯号子》、《踏水歌》等。

　　在专家们看来,浙江的民歌大致分为两类:钱塘江的那一边水网纵横,从水乡飘飞出来的歌声自然也是湿漉漉、软绵绵的,叫做吴歌。而杭嘉湖以外两浙广大的丘陵山地及沿海诸小块平原飘起的是山歌,其中金华民歌是浙江山歌的典型代表。

　　千万别望文思意,认为山歌就是在山里唱的歌。其实山歌是指那些诞生于山野劳动生活、声音高亢、嘹亮、直畅而自由抒发感情的民间歌曲,唱词较多地运用了民间方言,演唱具有浓厚的乡土气息。

　　金华山歌完全具备这些特点,它从丘陵上飘出,田埂上飘起,既有山的挺拔,又有水的含蓄,是这块盆地上真实独特的声音。

　　历史上金华是典型的农耕地区,农本经济发展得相当完善成熟,农业、手工业、商业、市集、城镇相对完备,居民大多自给自足,悠然自乐,具有鲜明的自然经济特色,各个以农为本的地区间虽然频繁交往,但大多尚处于半封闭状态。

　　生活在盆地里的人们举目四望,看见的往往是眼前的景物,熟悉的风景,接触的也是日常劳作,心中产生的也是由这些劳作生涯激发的情感纠结,所以从他们嘴里迸发出的歌声,毫无疑问也是农本的、丘陵的、盆地的、小康的。它朴素,朴素得有点俗,它土,土得让高雅的文人学者经常皱眉头。它吟唱的,大多是农家日常的纪实,是用音符记录下的劳动生活写真。它们在田间地头,村头巷口随意飘荡,细致入微地反映着农耕生活的方方面面。

　　金华山歌唱出的风景,大多是亮晶晶的水田,绿油油的茶山,四季花开的村落。大量歌谣表现的是农事耕作,例如《放牛歌》、《织布歌》、《采茶歌》等,不厌其烦地从正月一直唱到腊月,每个月的农事都唱得详尽细致。即使一些表面听去咏花弄月的歌曲,如《十二月花名》等,实际上表现的也是节气对农业生产的影响。

　　这一切,恰恰与通常吟唱大漠边关、长河落日的北方民歌形成了鲜明对比。那些从黄河北边飘进我们耳朵的歌声所表现的,往往是生存状态的艰辛,兵荒马乱的无奈,生离死别的哀痛。而对于金华农民来说,那样的风景、那样的生活离他们太遥远,太陌生,遥远陌生得甚至有些难以想象。

现存的金华民歌里,当然也不乏一些政治内容相当浓烈的篇章,例如歌唱太平军农民起义的歌曲。但细细推究,它们的出处往往会惹人生疑,在经历了几十年片面强调"阶级斗争"的畸形岁月之后,许多民歌都被改得面目全非,有些干脆就是当时文人们根据政治需求,自个儿捉刀代笔弄出来的。

在表现方式上,金华山歌与北方民歌也有明显区别。它委婉含蓄,常常托物比兴,借情寓意,处处流露着相对安宁,相对细致的地域人文习性,旋律间飘溢着耕读传家的文化气息。即使同样表现真挚强烈的爱情主题,也不会像北方民歌那样哭天抢地,直奔生死。

让我们听一曲黄土高坡上那首著名的《圪梁梁》吧,在风沙扑面的黄土高坡上,朴实的陕北汉子这样扯着嗓门,为他们心目中的恋人引吭高歌:

> 对面山上那个圪梁梁上,那是一个谁
> 那就是俄(我)那要命的二妹妹……
>
> ——陕北民歌:《圪梁梁》

又例如:

> 呦! 山药蛋开花一片片白
> 揉碎泥土捏个你
> 妹是黄土哥是水
> 和点稀泥捏个你
> 哥哥你是俺的心尖尖

高亢的语言滚烫炽热,一出口就是死,就是命,就是那般置生死于不顾的炽烈情焰,一如那片赤裸裸的黄土高坡那样坦荡无忌,这就是黄土地上人们生命意识的自然表述。在那样恶劣艰苦的生存环境里,人的生命本来就如同小草树叶,轻易地飘落,轻易地枯萎,轻易地舍弃。

可地处江南腹地的金华就不同了,这个郁郁葱葱充满生命原绿的地方草长莺飞,到处温情脉脉,子民们活得滋润,活得小康,活得比有些地方少了几分忧患,多了几分安逸。从这样绿莹莹的心田里面飘起来的歌声,自然也就少去了几分愁苦、几分惆怅。当它的爱情歌谣唱响的时候,我们听到的,分明就是

春季田野上的一片清风细雨,那样舒缓动听,温情宜人:

> 姐在山坡把茶采
> 哥在路边口难开哪
> 采茶先把茶心摘
> 你有心事慢慢来哪。

> 四月插秧乐悠悠
> 哥一丘来妹一丘
> 唱句山歌试妹心
> 好比日晒油麻望开口

> 有情装作无情样
> 妹心就是神仙猜不透
> 但愿老天落阵雨
> 冲毁田塍同一丘

——金华民歌:《唱句山歌试妹心》

即便同样表现苦难,表现劳动者的不幸与不平,金华山歌与北方民歌也有明显的不同。比如陕北山歌《脚夫调》等,常常只有感叹式的叙述。而同样表现金华人苦累劳作与不平的歌曲,却一般都是娓娓道来,不慌不忙,从正月一直唱到了腊月。

金华人唱山歌,很大程度上或许只是为了开心:

> 坐坐起来唱山歌
> 别人讲我真快活
> 不是山歌当饭吃
> 不是山歌当老婆
> 唱个山歌开开心罗

——金华山歌:《唱个山歌开开心》

金华山歌高亢嘹亮,反映着江南丘陵天然秀美的自然环境,反映着当地人对故土的眷恋之情。在这种相对优越的自然条件下,人们大都恋土爱乡,家庭观念浓重,反映在民歌里,自然也就多了不少家庭的温馨情调,少了些远游思归的情绪。不过比较起来,金华山歌还缺少几分北方民歌常有的幽默意味,例如山西民歌《想亲亲》中那样生动有趣的生活场景:

> 想亲亲想得我心花花花乱,
> 煮饺子下了一锅山药蛋。
>
> 头一回看妹妹你不(那个)在,
> 你妈妈劈头打我两锅盖。

不过有一首《反唱歌》倒很值得一提:

> 反唱歌,倒唱歌,先生弟,后生哥。记得舅舅生外婆,我在屋里端洗盆。记得爹爹接媳妇,我在轿前敲大锣。当我生下第一日,我就会唱古怪歌。唱得太阳西边出,唱得石头滚上坡。满天月亮星一颗,天下奇事多又多。

值得称道的是,一些金华民歌的用词遣句十分讲究,不时呈现出某种雅致,某种精巧,某种完美,成为这块号称"小邹鲁"土地上人们文化修养与精神追求的自然表露,请看《对花》中的这一章节:

> 月月红的姐,粉球花的郎,
> 芙蓉花的帐子木雕花的床,
> 绣球花的枕头兰花的被,
> 牡丹花的褥子铺起象牙床
> ………
> 腊梅花的丫头来扫地
> 金银花的小姐进绣房
> 月光花开三更鼓

紫荆花开到大天亮

多么精美的语言,多么优雅的场景,即便是放在今天,放进高等学府讲坛,或是任何一个顶级的表演场所,都依然会让人沉醉其间,感叹不已。

金华民歌中还有不少小调,这是一种在民间广为流传的形式比较规整、短小精悍的歌曲形式,是民歌中最易流传开来的体裁之一。它不像山歌、号子有特定场合限制,表现内容也往往比山歌、号子更加细致,手法更为多样。在内容上,它们以情歌、劳动歌号及抒发百姓感情为主,而且往往带有一定的故事情节和叙事规则,例如《茶山春》、《探亲洞房》、《十二月花名》、《花锣鼓》、《凤仙花》、《亲家母》、《十字莲花》、《牧牛山歌》、《韭菜歌》、《麻雀娘》等。

在音乐表现上,小调也往往比一般的山歌更为细腻委婉,曲调富于变化。

金华民歌的历史十分悠久,伴随人类在这块土地上的第一行足迹,它的音韵或许已经飘飞了千万年。但直到唐代人写下《婺州人山中歌》一文时,才第一次看到有关的文字记载:

婺州有僧人入山,见一人古帽褐巾,骑牛,手执鞭,光铄日色,扣角而歌:

静居青峰里(来),高啸紫烟中(罗)

法世(那个)连仙界(呀),琼田前路通(哟)

听着读着,便会有一幅古意盎然的青葱画面栩栩如生地展现在我们眼前:险峻幽深的金华山小径上,一位老者一边骑牛欢唱,一边叩击牛角打着拍子,歌声绕着山梁飞舞,不时惊起路边一群群的小鸟……

那些鸟儿在歌声里寂寞地飞翔,飞过一个又一个斗转星移的朝代,直到20世纪50年代,才飞进了一片民歌的黄金岁月。

1955年,一批杭州来的音乐家来到金华、兰溪、东阳等地,第一次原生态地接触到《小弟歌》、《李有松》、《韭菜歌》、《盼姑娘》、《亲家母》、《青丝鸟》等金华山歌,不由一见倾心,如获至宝。经过一番打造琢磨后,1956年去北京参加了全国第一届音乐周会演,一鸣惊人,尤其是《小弟歌》、《韭菜歌》、《盼姑娘》3首,得到了吕骥(全国音协主席)、贺绿汀(上海音乐学院院长、全国音协副主席)、王莘(天津音乐学院院长、《歌唱祖国》作者)等权威专家的青睐与赞扬,获得了许多奖项。东阳民歌《韭菜歌》除在演唱会上获得轰动外,吕骥在闭幕时的总结报告中,还特地表扬它是:"温情脉脉,曲而不直。"

会后,《小弟歌》、《韭菜歌》、《盼姑娘》3 首歌曲由中国制片厂灌制了唱片,金华山歌插上现代电波的翅膀,一夜间红遍了全国。

金华民歌拥有自己的"刘三姐",当今的代表人物叫钟新女,是武义大源乡一位畲家女子,从小学唱山歌,14 岁登台盘歌就一炮打响,16 岁挑起对歌的大梁。据说能唱三千多首民歌,其中自编的有五百多首。

30 岁那年,钟新女受邀到深泽乡陈弄村嫁囡人家婚礼上盘歌,对手是 6 位乡间著名的男歌手。按盘歌规矩,前面唱过的,后面就不能再唱,一夜至少得唱四、五十首不重复的山歌。正所谓"难者不会,会者不难",只见钟新女不慌不忙,随编随唱,即兴应答,歌声高亢,直到 6 位男歌手全都无法应答,她才最后高歌一曲:

> 硬对硬,软对软
> 软硬功夫娘学全
> 老的山歌师傅传
> 娘把山歌又装满

> 直对直,弯对弯
> 弯弯直直会调旋
> 娘的歌古搬不完
> 不怕你郎搬歌山

——畲族山歌:《娘的歌古搬不完》

金华民歌有自己的"腾格尔",代表人物叫方耀生,是婺城区竹马乡西宅村的一个农民,小时放牛,长大了种田打工,一辈子都是个"泥腿子"。放牛的山上,种地的田里,都是他从小到大唱山歌的地方,被乡亲们称为"铁喉咙"。

自 1957 年起,方耀生先后 7 次参加省级文艺调演,9 次参加市文艺比赛,全都获得了一等奖,还曾获得市里专门为他颁发的"特别奖"。

方耀生的山歌大都是自编自唱,也有少量是与人对歌时学来的。小时候,他最爱唱的就是《牧牛歌》了:

> 东方发白天刚亮喽
> 清早放牛东山岗喽
> 牛儿吃了露水草哎
> 养得膘肥体又壮喽

在这些耳熟能详的金华民歌中,有几首让我们听起来格外亲切,不仅因为它们曾经唱响过中国,唱响过世界,更因为它们唱响的,是金华人诚挚的情感,亲切的乡音。其中最脍炙人口的,大概要算那首风趣幽默的《李有松》了:

> 李家庄有一个李有松,
> 封建思想老古董。
> 青天白日来做梦,
> 勿许女儿嫁老公,
> 胡须摸摸一场空。
>
> ——金华民歌:《李有松》

别以为这是什么下里巴人,经过上海音乐学院著名教授黎英海"画龙点睛",这首歌已经飞遍大江南北,多次登上过顶级的大雅之堂。20世纪50年代在上海《广播歌选》发表后,曾作为高等音乐院校的教材登堂入室,直到今天仍然宝刀不老,一次次为金华捧回沉甸甸的奖项。

近年来,有一首新创的汤溪民歌在网络上十分走红,它有个土得不能再土的名字,叫做《老老嬷》:

> 婆婆,那年你到山背,对她说,你去去就回。她日日望着那条路,再没见着你回。那些日子,你和她都还年少;可这么些年过去了,她总说不出心里为啥还有点怕。怕你回来变成个老头,怕你回来依然后生一般俊;怕你回来看见个老太婆,怕你回来一眼就认出她。山背的猕猴桃熟了,树上

的毛栗子空了;溪塘里的水流空了多少,为什么还有鱼为什么还有青蛙?

这首歌是一个道地的汤溪老乡写的,他叫张广天,是近年来活跃于我国话剧舞台的一位编剧兼导演。他偏爱家乡古老的、至今仍存留着古越国口音的汤溪方言,写下了这首用地道方言旋律演唱的歌曲。不过歌曲中最能打动人心的,恐怕还是那份深深流露出的人性意味以及对乡间爱情那份至死不渝的坚守与向往。

而由歌手陈越唱响的那首《江南有座金华城》,则是因为歌中有许多金华人熟悉的景物,巧妙地叩响了他们心中乡情的弦索:

> ……你可曾经听过
> 你可曾经去过江南有座金华城
> 你可曾经听过
> 你可曾经去过城边那座白龙桥
> 桥下外婆在讲着那故事
> 坐在桥上看到星星掉进了那条小河
> 坐在桥上想想那些流逝的岁月

金华民歌中的儿歌也很有特色,摇篮中的婴儿,就一次次在这些方言唱出的歌声中沉入梦乡。等到他们长大,又会把这片梦一般甜美的歌唱给自己的子女。在一代代的传承中,这些儿歌渐渐融入婺州文化广阔的天地,铺展成其中最富有情趣的童稚星空。

让我们节录其中的几段,让它在记忆的时空里再一次轻舞飞扬:

《照我半夜望外公》:萤火虫,夜夜红,飞到西,飞到东,高高低低,爬落嬉戏。勿要你的金,勿要你的银,只要你的屁股亮晶晶……

《一粒星》:一粒星,格粒钉,二粒星,挂油瓶。油瓶漏,好炒豆,豆炒焦,碾胡椒。胡椒碾勿细,好种荸荠,荸荠空壳,好种菱角。菱角两头尖,妈妈烧索面。爷爷分铜钱,分给姐姐买花线。花线买来骨骨断,分给弟弟吊蜻蜓。蜻蜓飞到荷叶塘,摘张荷叶垫明堂。蜻蜓飞到菱角塘,摘个菱角请姑娘,蜻蜓飞到清水塘,撮个木槌送姑娘。

　　《毛竹娘》:毛竹娘,毛竹娘,旧年是你长,今年是我长,明年你我一样长。

——引自《金华民歌谚语集成》

四、炼火

　　这是一幅似乎在神话传说中才会出现的画面:100箩筐的木炭被点着,平地上燃起一个直径约十米的熊熊火坛。一双双缀满老茧的赤脚踏过那片熊熊燃烧的炭火,一个个矫健的身影在暗夜的火光中穿梭……

　　哦,这群赤膊光足,毫无畏惧踏过通红火焰的高歌狂舞者,他们是凡人还是神仙?

　　不,这不是神话,也不是传说,而是至今仍然保留浙中深山磐安县的一种古老民俗活动——炼火!

　　炼火又称踩火,是一种极具东方原始神秘色彩的民间舞蹈,源自于远古先民对火的神秘崇拜,通常于每年农历八月十三日和重阳节表演。演员们赤膊光脚,手持钢钗,在熊熊燃烧的炭火上高歌狂舞,表现对祖宗先人和自然神灵的敬畏祭祀崇拜。其仪式通常由10个固定程序组成,参加者必须是成年男子,事先要斋戒7天,然后在家里沐手浴足,上场前,还要先过"火浴"。

　　仪式开始,所有参与者先向设在场上的天坛、龙王坛诸神位上香点烛,献供祭酒。然后随着坛外两声鞭炮,场内也响起了隆隆鼓声,披发执剑的"执道山人"(也称主科法师)踏着鼓声登坛,一丝不苟地进行净剑响鞭、宰鸡淋血、招将请圣、发符焚牒、开水、火门6步仪式。然后稍待片刻,"炼火"才正式开始。

　　几支长长的铜号发出低沉浑厚的长啸,高亢激越的锣鼓声震荡着黑漆漆的山谷,十多名"炼火"者在领头者"降侗"带领下,光着脚从北门踏入火坛,踩着温度高达七百多度的炭火依次走向南门。

　　火光烁烁,烈焰腾腾,表演者却好像毫无察觉,走得那么从容,那么悠闲,就好像平日里赤脚踩在自家水田,或是村前清波荡漾的小溪里一般,让人不由目瞪口呆,惊叹不已……

　　七百多度的高温能够融化金属,危害生命,却不能损害信念,损害艺术,损

229

害民俗!

看着那些仿佛只能在梦境里出现的场景,我的眼前先是渐渐模糊,然后又变得透彻清明。是的,这片火分明不是燃烧在今夜的山谷,而是闪耀在遥远的昨天,那些个地老天荒的远古。也是在这样一个月明星稀的夜晚,也是在这样一片谷深林密的山涧……

熊熊的火光明灭闪烁,映照出这片土地上第一个躁动的人影,飘溢出这片空气里第一只被猎杀野兽烤熟的香味,映照出这片空间第一把在月光下打造出的石斧石镰,温暖着这块土地上第一对悱恻缠绵的男人和女人……

一双双赤脚踩着那熊熊燃烧的炭火,淌过岁月,踏过尘烟,映出了一代代先祖们顽强争斗的身影……

历史在这片炭火里静静地燃烧,

精神在这片炭火中悄悄地锻冶,

灵魂在这片炭火里默默地塑造,

我们的祖先如同凤凰涅槃,踏过一片又一片燃烧着的火焰,一代代地兴衰更替,走向红火,走向未来……

五、龙虎大旗

那是怎样的一杆大旗哟! 旗杆高达 33 米,旗面长 26 米,宽 22.3 米,面积差不多有一亩地约 600 平方米大小,旗上精心绣出龙与虎的图案。

将这样的一杆大旗竖上半空,让它迎着山野的劲风猎猎飘拂开来,那会是怎样一幅惊心动魄的画面? 它会像一块云,一片霞,还是一片森林,一座山峦……

也许,它更像是一种呼唤,一种激励,一种坚忍不拔的精神,一股凌空飞舞的信念与志向!

可是,要将这么大的一杆旗竖立在半空,需要多少人力? 多少智慧? 多少代人孜孜不倦的探索与积累?

我在《磐安县志》中看到了以下记载:"农历十月十六日,从各村来的大旗均竖于庙前田畈中,主竿一根,撑竿 60 根,放松索 8 条。主竿分上下两段,下段由一根大杉木做成,长 2 丈 7 尺;上段由一根特大毛竹做成,套在下段之梢,衔接处用 9 个铁环紧扣。60 根竿头系于套接之处,似伞架。主竿顶旗头。旗头高 2.5 米,直径 1 米,形如葫芦,饰以流苏。旗头下系麻绳 8 根,为旗索,备竖旗时用。旗面套在主竿上段,用绸 300 丈做成,上绘龙凤花鸟,边饰翠布。旗杆下端有井字形脚架,供迎竖时扛抬。参加迎竖者称旗脚,每面需 120 个壮汉。竖大旗时,密锣敲鼓,喊声震天。竖起后,由众人扛抬,徐徐绕场一周,尔后固定于场上。"

明白了吧,竖起这样一杆大旗,需要 120 个大汉齐心协力,十多米长的毛竹和木头相拼接,再加上 32 根细毛竹,约半个小时的齐心协力,百折不挠,才能将这面 33 米长、重五六百斤、约十几层楼高的旗帜成功竖立在半空!

还需要从远古到如今,一代代人不间断的探索实践,积累传承。

龙虎大旗这项民俗活动的由来,至今有三种说法:第一种说法和戚继光抗倭有关。龙虎大旗既能威慑敌人,又能鼓舞士气,是戚家军克敌杀敌阵形的一部分。也有人说晋代时,道士许逊游历磐安,帮助茶农种茶销茶,制成了"婺州东白"茶,畅销各地,还被列为贡品。当地茶农为了庆丰收,在每年的农历十月十六,举行隆重而庄严的盛大庙会,做了面龙虎大旗纪念他。第三种说法小朋友爱听。说是西天取经后,白龙马路过磐安并定居在此,孙悟空把花果山上的镇山大旗,当礼物送给了白龙马,帮它保平安。

无论哪一种说法,屈指算来,都已经具有千百年漫长的历史。

千百年来,这面大旗年年月月都会在这儿的天空中升起,如云似霞、如虹霓,如森林,如山峦……它在昭示一种已经深深植根于这块土地的坚定,呼唤着一种已经飘拂在这片蓝天之下的昂扬。

每年的农历十月十六日,让我们踏破山峦,到山环水绕的磐安玉山镇,去那儿观看别处肯定难得一见的精彩——竖大旗。

这样的精彩眨眼即逝,你可千万不能错过!

六、方岩庙会——人民的盛典

1959 年 8 月,刚刚开完庐山会议的毛泽东返京途中路过金华,在列车上接见了当时的永康县县委书记,并对他说了这么一段话:"你们永康不是有块方岩山吗？方岩山上有个胡公大帝，香火长盛不衰，最是出名了。其实胡公不是佛，也不是神，而是人。他是北宋时期一名清官。他为人民办了很多好事，人民纪念他罢了。为官一任，造福一方，很重要啊！"

毛泽东说这番话的时候，心头想必萦绕着一种感慨与领悟：人民可以让一个普普通通的人成为神仙，人民也可以让一个再平凡不过的日子成为盛大庆典。

永康方岩的胡则就是这样一个活生生的例子，他是永康胡库人，宋端拱二年（989）的进士，在 47 年浮沉宦海的岁月里，始终宽刑薄赋，清正廉明，政声斐然。尤其在明道元年（1032）衢、婺两州大旱期间，奏请皇上免除了百姓身丁钱。两州百姓感恩，遂于方岩山顶他少时念书的地方设立庙堂纪念他。公元 1162 年，宋高宗赵构又应百姓之请求，用"赫灵"两字作为胡公的庙额，从此香火日盛。

《永康县志》中这样记载胡公大帝的功绩："则尝奏免衢婺身丁钱，民怀其德，户立像祀之，在方岩者，赐额曰赫灵祠。"

近千年岁月过去，当初的皇帝已经被人遗忘，而胡公却依然如方岩山一般巍然耸立，并成为远近闻名、"有求必应"的活菩萨。每年农历八月十三生日那天，四方百姓都会举办规模浩大的方岩庙会，以各种各样民俗风情活动祭拜这位胡公大帝，并渐渐成为永康民间规模最大的庆典集会。

方岩庙会的主要形式叫"打罗汉"，据说最初是一种民间武术活动，"罗汉节"迎胡公"案"时，以村为单位组织"罗汉班"，参加者以青壮年男子为多，一个个身穿红灯笼裤，腰扎白褡布，威风凛凛。"罗汉班"专门聘请武术教师传授，教习拳、棍、钗、刀、矛、盾、叠罗汉等武术项目。游行串街时，队序为锣鼓、案头旗（4 面或 8 面）、大刀（4 把）、滚钗（4 把）、钗（4 把）、棍（4 到 8 根）、马刀、盾牌、荷花等排成长蛇队。传统"打罗汉"的仪式十分隆重，程序繁多，从开殿门、请胡公神、演胡公戏、祭锤、游案、迎案到换香火、归殿门、堂罗汉，没有十天时间"打"不下来。沿途村落都要请进表演，并以茶、酒、点心招待。有时几支罗汉队同时经过一个村庄，还要圈坛"品会场"，真枪打斗搏杀，非要分出个强弱高低不可。

"打罗汉"成为方岩庙会主要的运作形式之后更加庄严隆重，一丝不苟。上山祭拜那天，喧闹的锣鼓声随着雄鸡一起叫响，循声望去，一队队穿红戴绿的罗汉队，已经行走在通往方岩的乡村小道上。队伍以村为单位，少则四五十人,多则上百人,一律排成长蛇队。队伍以 12 面头旗引导,随后是高举案头旗、手执十八般兵器的 18 勇士,他们呐喊着排成两方,边走边舞刀弄拳。接着是手拿花巾和纸扇的"大面姑娘",她们一面唱歌,一面翩翩起舞。一支名为"十字莲花"的乞丐阵紧随其后,在头儿的带领下整齐地敲着竹板子,乞丐头儿用《永康莲花》调即兴编唱讨彩的话语或逗笑词,众乞丐则"哩玲花呀,哩玲花"地齐声唱和。

接着是五颜六色的"旋车"队,由一名车夫推着竹扎纸糊的彩车缓缓而行,车上坐一位盛装彩衣的漂亮姑娘,窗上贴着大红对联:"妹在前来唱山歌,哥在后来助澜波。"接下去是身着彩装的十八蝴蝶、风流搞笑的十八狐狸、穿古装的小台阁以及由一名姑娘同时装扮风瘫女和哑老头的"哑背疯"表演。队伍一路上锣鼓喧天,载歌载舞,路边观众看得眼花缭乱,目不暇接。

最惹笑的队伍肯定属于那支"十八狐狸",也叫"十八大姑娘",节目最早源于儒堂头村,据说是根据一个妓女院故事改编。演员头戴各种表情的年轻女性面具,颈戴银项圈,上穿花边蓝色大襟衣,配上绣花披肩,系黑色百褶裙,脚穿绣花鞋,一手扇着纸扇,一手耍动绸帕,扭扭捏捏地走路,风情万种。为首的那个扮作妓院老板娘,戴老年女性大面具,穿红色花边艳丽的大襟衣,系彩带、彩裤,着绣花鞋,一手拿着凉笼篮,一手执麦秆扇;另一个扮嫖客,头戴老年男性大面具,身穿长衫,外加马褂,黑布鞋,手握烟管,舞姿风流。后面紧跟着一对老夫妻,两人不带面具,面对着美色,老头想入非非,时而还有非分之举,跟随其后的老婆便要用滑稽的表情动作,对老公进行劝阻。只听她一边柔声劝解"老公,还是自己的老婆好,会疼人";一边用扇子给老公送上清爽的凉风。这风趣朴素的语言,搞笑夸张的动作,在博人哈哈大笑的同时还巧妙地给予劝诫。这支队伍行进到哪儿,都会笑翻一片观众。

时至今日,方岩庙会已经发展成现代民间文艺精彩纷呈的大会串,除本地保留节目如罗汉、罗汉孙、叠罗汉、十八蝴蝶、十八狐狸、十八鲤鱼、十八尼姑、十八和尚、讨饭莲花、三十六行、台阁、长脚鹿、九串珠、戏曲坐唱班、纸马、舞狮子、颠布龙、九狮图等外,一些如扭秧歌、打腰鼓、木兰扇、排舞等外来节目也纷纷加盟,花样不断翻新,吸引力更加强大,成为景区不可替代的亮丽风景,每年都会引来大量看客。

走进这样的胜景,这样的盛会,你才会真正理解,什么叫人民的神仙,人民的节日,人民的欢乐!

七、十八蝴蝶

1946年秋,永康城东7华里的高镇村村民王春山等人在筹备方岩庙会演出时,从传统民舞"蚌壳舞"的表演中得到启发,制作了"蝴蝶"道具,编排出舞蹈造型,一种从"蚌壳舞"转化而来的新颖民间舞蹈由此像美丽的蝴蝶翩翩飞起。

传统的十八蝴蝶由18名少女背负五彩蝶翅道具扮演蝴蝶,另有两个姑娘扮演花神,彩蝶尾随花神翩翩起舞。演出时走时唱,跳时不唱,随着音乐鼓点扇动双翅飞舞前进。花神则甩动腰间绸带,与蝴蝶相互穿插,通过摆阵、走圈、交叉组成各种舞蹈画面,舒展飘逸的舞姿和悠扬婉转的音乐相映生辉,令人耳目一新,让人联想起江南四季盛开的百花和美丽少女,成为具有典型江南女子民间舞蹈特色的代表性节目。

一只只花枝招展的蝴蝶翩跹起舞,像一片片缤纷的彩云凌空环绕,飞向全国,飞向世界,让人不由对永康这片富饶的土地横生出许多美好的联想:

是这块土地绽放着太多的鲜花,是这片花海中飞舞太多的蝴蝶?

是因为蝴蝶翅膀飞扬太多的爱情,才使得这块土地这么娇艳如此多情?

缤纷的爱情在永康的花海中荡漾,昂扬的情思追随着蝴蝶翅膀轻舞飞扬……

八、"九狮图"

"节日到,九狮跳",每逢农历正月十五闹元宵,永康民间都要举行别具一格的舞狮表演,道具独特,阵容庞大,九狮共舞,引人注目,具有非常鲜明的民族性、民间性和地域性特色,当地人称之为"九狮图"。

狮子是中国人心目中力量与意志的象征,九又是中华民族的吉祥数字。经过千百年挖掘提炼的"九狮图"既有雄健强劲的张力,又笼罩一层东方的神秘色彩。黄铜浇铸而成的狮架上,刻满精美的龙图和花纹,不仅展示出"中国五金之都"深厚的五金文化底蕴,更体现了东方古老国度的富贵尊严,透露出中国人民庄重自强、威武不屈的民族性格。

永康"九狮图"最早流传在象珠镇石桥头村,距今已有 300 年历史。据说当时金华的知府太爷听说永康有个石桥头村,供奉着石井姑娘的佛像,就带人到石桥村求雨,村里的头人就命村民们准备节目夹道欢迎。村里有个心灵手巧的篾匠,拿出家里一张破方桌,在横档中间绑了一根长竹竿,竹竿顶端挂一个彩球。方桌内侧用两根绳子吊起一只竹狮子,随着两根绳子一拉一松,竹狮子就会活动起来。府太爷到来之后,夹道欢迎的村民们各显神通,争相献艺,但府太爷偏偏对篾匠的竹狮情有独钟。从此村民们便一起研究加工竹狮,由单狮而至三狮、五狮、七狮,最后发展为九狮,"九狮图"便由此诞生。知府为取"长久"与丰足的吉祥之义,特意以"九"为之定名。

"九狮图"表演时,9 只狮子和 1 个彩球全由幕后的 11 名女子通过 38 条二十多米长的纤绳"遥控指挥"。在激越的鼓乐声中,狮王率先跳出,它上下扑腾,左右跳跃,衔住长杆上的彩球一阵欢舞。之后狮笼中又有 4 只小狮子腾跃而出,在狮王的带动下扭头摆身,跳脚抓痒。不久,只见笼顶上方又蹿出两只守门狮,7 狮群嬉群舞。

最精彩的时刻随着激烈的鼓声来临,只见狮笼上方一个彩球突然打开,两只幼狮欢腾而出,慢慢爬向狮王,让狮王亲密抚爱。此时满堂狮群嬉群舞,扑腾、跳跃、抓痒的动作活灵活现、传神入化、栩栩如生,却又有条不紊,步调一致。而正当人们啧啧称奇、如痴如醉之时,狮王开始呼风唤雨、吞云吐雾,狮笼顶上正在戏珠的龙嘴里突然吐出阵阵水珠,演出场地顿时甘霖普降,正应了"风调雨顺"的好兆头。

九、板凳龙

> (百度搜索)板凳龙:俗称长灯,早在西汉武帝年间就已兴起,由龙头、龙身、龙尾三部分组成,龙身更由几百节甚至上千节板凳串联而成,舞动穿行,极为壮观,是金华民间规模最大、气势最雄伟的节庆活动之一。

我心目中的"中国龙"正是这样的:气吞山河,声势浩大,势不可挡!

它绝不会是小小的个体或者局部,而是一节节、一个个、一段段、一条条,天衣无缝地紧密连接起的一个整体,它雄壮威武、气象万千,就像 13 亿中国人那样地精神抖擞,紧密相连。

你可以想象,当几百节甚至上千节板凳龙紧紧连接在一起,那条巨大的长龙会是一幅怎样宏伟的景象,它的出现肯定会让山河震荡,为日月增辉。

它跨上山冈,龙头已在山顶吞云吐雾,龙尾还在山脚飘摇;它走向江河,那长长的龙体蜿蜒曲折,宛如大地又增添一条滚滚东去的巨流;它走向平原,每一次欢跃的奔腾,都开拓一条宽阔的大道,它飞舞腾空,每一次漫卷风云,都席卷一片气势恢宏的云霓。

它的身躯是那样漫长,它的舞姿却又如此轻灵,只要龙头轻轻一摆,转眼间已经腾飞数里,而龙尾轻轻一点,转瞬间又见多少翻转腾挪。

它的体形庞大,却从来不失敏感多情的思绪,它的身躯百回千折,却总是洋溢坚定不移的信念。

那五彩的龙头总是朝向幸福来临的方向,那通天的耳朵总在聆听岁月神圣的号令。

它是中华民族的图腾和信奉的祖先,是华夏精神的象征,既体现了中华民族团结合力、奋发开拓的精神面貌,又包含了天人和谐、造福人类的文化内涵,是中国人吉庆和祝福时节最常见的娱乐方式,它气氛热烈,催人振奋,是中华民族极为珍贵的文化遗产。

这样的中国长龙就诞生在浙中,诞生在金华!

每当春节将至,金华乡村到处可见扎灯头、刻灯头、制灯板、画龙灯、剪龙头的盛景,男女老少全村人一齐动手扎制,刻、雕、画、剪十八般武艺竞相风流。龙头下托木板,以竹篾扎成,高2米余,长约4米,外面裱上棉纸,再绘上色彩鲜艳的龙鳞、云脚,白须飘逸,龙头前悬一龙珠,写有"五谷丰登"或"风调雨顺"等字样,白天看去雄壮威武,夜晚华灯燃起,长龙通体明亮,鲜艳生动。

岁月的巧手就这样百载千年精心打造,将金华乡间的"板凳龙"编织成一个集书法、绘画、剪纸、刻花、雕塑艺术和扎制编糊工艺为一体的完美艺术品。

让我们走进那盛大节日,走近那些欢天喜地的舞龙人群吧:只听鞭炮鼓乐齐鸣声中,龙头领先,龙身龙尾相随,呈圆形盘旋。盘旋的圈数一般为顺时针三圈、逆时针三圈。盘旋的速度随着鼓乐由缓到急。

人们举着板凳,模仿龙舞动时的姿态盘旋着,变幻出麦饼团、元宝阵、风炉栅、铁索环、梅花形、盘屋柱、剪刀箍、抽山门、青蛇挂、甩尾巴等十余种复杂的阵形。龙身越盘越紧,舞龙者的脚步也越来越快,到最后几乎是在疾步狂奔。如有舞者因为跟不上步伐摔出去,按照家乡的说法,这摔出去的人今年肯定交好运。

"板凳龙"就这样传承着代代精英的记忆,踏着岁月欢乐的舞步蹦跳前行,逐步发展成群众体育和广场舞蹈相结合的完美艺术形式。它游动时融体育、杂技、舞蹈为一炉,兼具粗犷、细腻、奔放、严整的风格,将激情与哲理、娱乐教与化,在激越的舞蹈形式中巧妙融合,让节日中欢乐的人们总是获得感官和心灵双重的愉悦。

哦,板凳龙,我心目中的"中国龙"正是这样的!

十、魁星点斗

魁星是神话中的奎宿之神,每逢庙会"开光"或婺剧戏班"过场",婺州乡民常以神龛抬扛佛像至戏台前"接佛看戏",村民们焚香礼拜,鼓炮齐鸣,祈望儿孙后辈"麒麟生贵子,必中状元郎"。表达了金华人祖祖辈辈尊文重教,望子成龙的深厚人文传统。

> 魁星出华堂,
> 提笔做文章,
> 麒麟生贵子,
> 必中状元郎。

崇文重教的遗风在钟灵毓秀的土地上生生不息,一代代婺州男儿童年的梦里,总有魁星在点斗……

第七章 只因为在人群中多看了你一眼

一、八咏楼，和谁一起走向千古

描写金华，如果不描写李清照，就如同描写中国诗词史，却不去描写这位"婉约词宗"一样，是一个显而易见不可饶恕的错误。

尽管她在金华的全部时间算起来不到一年，尽管那些日子正是她一生中最为暗淡的时候，但金华仍然怀着深深的敬意，感谢造物主让她在这个时候来到奔腾的婺江之畔，来到美丽的双溪口。

千万别忘了李清照还是一位诗人，而且是位居古代中国所有诗人最前列的一位佼佼者。"国家不幸诗家幸。""愤怒出诗人。"国难家仇对于一个诗人来说，往往就是催生美丽辞章的天然良方。而李清照恰恰就是在这样一个国家不幸、个人悲伤的黑暗时期，举步踏上了金华这块总是贮满了诗情画意的土地。

于是，整个婺州都在屏息静气地等待，等待着那些锦句华章横空出世。滔滔婺江更是在八咏楼前久久驻足，期待自己能够和这个伟大的女词人一起，被历史幸运地定格，从此走向永生与不朽……

古往今来的茫茫人海中，也许很难再找到一个像李清照这样的女人，她的前半生和后半生恰恰构成强烈的反差，前半生有多少幸福，后半生就有多少凄惨；前半生有多少欢乐，后半生就有多少哀愁；前半生有多少浪漫，后半生就有多少孤寂！这一切，就像黑与白、明与暗那样截然分明。

李清照是山东安丘人，父亲李格非是当时齐、鲁一带的知名学者，官至礼部员外郎。套用一句现代话语，她不仅生得好，干得好，而且嫁得更好。丈夫赵明诚英俊儒雅,出身官宦豪门,正是李清照心目中的理想伴侣。这对才子佳人蜜意柔情,婚后风雅相许,伉俪情深,整日沉醉在金石文物和诗词歌赋中,可谓一对珠联璧合的神仙眷侣。

从当初的一首《减字木兰花》里,可以窥见小夫妻生活是多么甜美温馨:

> 卖花担上,买得一枝春欲放。
> 泪染轻匀,犹带彤霞晓露痕。
> 怕郎猜道,奴面不如花面好。
> 云鬓斜簪,徒要叫郎比并看。

只要稍稍离别,就会诞生许多的思念与哀愁,这首《一剪梅》写出了夫妻小别时候,那种说不清道不明的缠绵思念:

> 红藕香残玉簟秋。轻解罗裳,独上兰舟。云中谁寄锦书来? 雁字回时,月满西楼。
> 花自飘零水自流,一种相思,两处闲愁。此情无计可消除,才下眉头,却上心头。

可是"覆巢之下,安有完卵",个人的幸福,总是不可避免地要和国家安危紧密联系在一起。1127 年"靖康之变"翻开了中国历史上极为屈辱的一页,也翻开了李清照个人命运截然不同的篇章。赵宋王朝南渡的第三年(1129),赵明诚在去京城述职途中染上痢疾和疟疾,等李清照接信赶到,等待她的已是与丈夫的永别。这一年李清照 46 岁,膝下无儿无女,孤苦无依,那份刻骨铭心的悲痛可想而知。

不久朝廷又传出赵明诚把一把玉壶送给金人的谣言,悲痛万分的李清照为替丈夫洗清冤屈,更为了避免灭顶之灾,将家中所藏古器全部献给朝廷。但此时的朝廷只顾逃跑,哪还顾得上什么文物,这些珍宝玉器不是毁于战火,便是落到了其他发国难财的官兵手里。

金人逼近,皇帝赵构望风而逃,李清照带着剩下的几车古书,一步不离紧紧追逐着心目中的唯一希望——皇室。从这个秋天开始,她先后辗转越州、明州、奉化、嵊县、台州,到黄岩雇舟入海,后又随御舟至温州。三月间高宗返回浙西,李清照也亦步亦趋,经定海、明州、余姚,到越州,跟着他们来到了临安。

一年多的颠沛亡命,使李清照饱尝战乱流离的痛苦,在《清平乐》一词中,她用"今年海角天涯,萧萧两鬓生华"的词句,来概括这些身心亲历的痛楚。

也许是孀居的孤独,也许是浪漫的天性,在临安期间李清照经历了一次非常失败的再婚,匆匆嫁给了一个自称是丈夫老同学的"小白脸",婚后才发现,这人其实是个相貌堂堂的骗子,结婚的目的只为侵吞她剩下的那些古物。于是她又以巨大的勇气,冒着坐牢的风险坚决和他离婚。

为此她果然被抓进大牢,幸好不久就被亲友救出。但年近半百的李清照此时已被孀居之苦、沦落之痛和经济窘困重重逼迫,整天挣扎在巨大的理想与现实的落差之间,心理创伤日益深重。她把心灵的悲伤与哀痛,全都写在了那首著名的《声声慢》中:

> 寻寻觅觅,冷冷清清,凄凄惨惨戚戚。乍暖还寒时候,最难将息。三杯两盏淡酒,怎敌他、晚来风急?雁过也,正伤心,却是旧时相识。满地黄花堆积,憔悴损,如今有谁堪摘?守着窗儿,独自怎生得黑!梧桐更兼细雨,到黄昏、点点滴滴。这次第,怎一个愁字了得!

"房漏偏逢连阴雨。"局势不仅没有好转,反而再次传来金兵南下的凶讯,于是李清照匆匆收拾行装,再次加入了逃难行列,这一回,她去的是金华!

宋高宗绍兴五年(1135)秋天,位于金华八咏楼西南方的陈寓迎来一位不寻常的女客,年已半百,消瘦脸庞上,仍能看出当年的华贵与美貌,而仆仆的风尘,掩饰不住眉眼间那份依然灵动的生气,她就是大名鼎鼎的女词人李清照。

刚到金华,小城的美丽和富庶便给李清照留下了深刻印象,在一首名为《晓梦》的诗里她这样写道:

> 晓梦随疏钟,飘然蹑云霞;因缘安期生,邂逅萼绿华。秋风正无赖,吹尽玉井花;共看藕如船,同食枣如瓜。翩翩垂发女,貌妍语亦佳;嘲辞斗诡辩,活火烹新茶。虽乏上元术,游乐亦莫涯;人生以如此,何必归故家?起来敛衣坐,掩身厌喧哗;心知不可见,念念犹咨嗟。

或许是为寻找一种心境的安宁,刚刚安顿下来,李清照便开始为自己编著的《打马图经》写了篇序言。其中写道:"余自临江溯流,涉严滩之险,抵金华,卜居陈氏第。乍释舟楫,而见窗轩,意颇适然。更长烛明,奈此良夜何。于是博弈之事讲矣。"

可是无论金华主人如何热情,她和宾客们如何夜以继日地博弈,集国恨家仇于一身的女诗人也难以平息自己的心境。穿越千年的烽烟,我仿佛看到她总是在婺江的流水边不停地漫步,在高高的八咏楼上久久徘徊。

我相信,就在那些时候,多少亲历的流离失所画面又随着流水涌回到她眼前,多少凄楚悲哀的情感又再次萦绕在她胸间。

于是在那个必将永垂史册的春天,当义乌江和武义江的流水奔涌到双溪口,向久久伫立在八咏楼的她索要一份春天的华章时,那股郁积多时的灵感与诗情终于萌发,化做一腔恣肆汪洋的春潮,向着伟大与不朽滚滚而去:

> 风住尘香花已尽,日晚倦梳头。物是人非事事休,欲语泪先流。闻说双溪春尚好,也拟泛轻舟。只恐双溪舴艋舟,载不动许多愁。

一首《武陵春》词就这样永远铭刻在了婺江千古流淌的胸膛上:这份愁,这份泪,这份真情,这份发现,足以让双溪泪洒千古,永远地感动中国,打动世界。

可是这份愁,这份情,这片忧伤,绝不只是诗人自己的,它更是金华的,是婺江的,是华夏的,是中国的,也是人类永远的!

李清照在金华吟出的,绝不仅仅是愁,是悲,是"一字一泪,满纸呜咽"。正如中国李清照辛弃疾学会副会长、中国人民大学教授朱靖华先生所说:"李清照在金华的避难时光中,形成了她人生思考的大反思、大总结、大领悟、大转折的飞跃性发展,其文风也全面显现出从婉约阴柔趋向豪放刚健的进程印迹。'避难金华',可说是李清照后半生的社会心理、价值取向、思维模式和审美情趣发生整体性变化的特殊历史时期,其意义十分重大。"

不信,请看她登临八咏楼后写下的那首气壮山河的诗篇:

> 千古风流八咏楼,江山留与后人愁。水通南国三千里,气压江城十

四州。

何等壮阔的胸襟,何等豪迈的语言,正因为有了它,"明月双溪水,清风八咏楼"才从此跃然婺江之畔,平添了一份接天连海的雄浑气魄,昂扬出一份俯瞰南国、称雄八方的豪迈气概。

八咏楼,你是幸运的,因为一个词人的吟唱,你从那个春天开始,和中国文化一起,昂然走向了十古。

其实,在金华的每一天,李清照何时有过一天的安宁。虽然表面上她经常邀约邻里女伴来玩"打马"游戏——据南怀瑾说这是中国麻将的前身,但就在她走打马棋、貌似闲适的时候,胸间也依然飘动着抗金前线的烈火烽烟,耳边也仍然回响旌旗连营的号角。或许,她又在默念自己逃难路上的那首《夏日绝句》了:

生当作人杰,死亦为鬼雄。至今思项羽,不肯过江东。

或许,她又在默默地激励着自己:"老矣谁能志千里,但愿相将过淮水。"

不知道是因为什么,反正当快要离开金华的时候,李清照的诗中虽然仍有悲有泪,却一反常态地多出了许多高远与豪迈,风格竟与苏轼、辛弃疾有几分相似了。

或许,这正是婺江或者双溪给予她的,是血色的金华丘陵赐予她的。

从那个美丽哀愁的春天过去,又有约莫一千个春天结队走过了婺江身边。

八咏楼头,又曾有过多少诗人词家在寻章索句,"爱上层楼,爱上层楼,为赋新词强说愁",一年年苦苦地吟唱着春天,吟诵着哀伤与忧愁。

只是,再也没有一首诗词能够让婺江再像当年一样地惊喜,一样地动容,至多,也就"却道天凉好个秋"了。

于是每个春天,婺江水总会在双溪口一遍又一遍地留恋盘桓,向着江岸上那高高的楼台久久眺望。也许它仍在盼望一个消瘦的身影再次伫立在那儿,期待着春风又能送来她那带着浓重山东口音的吟咏声?

吟咏声果真响起来了,不过不在江边,不在双溪,而是在今天的北京。北京一所小小的四合院里,刚从故乡金华归来的诗人艾青,对迎接他的朋友开口说的第一句话就是："李清照真了不起,我真佩服这个女人。"

接着他一口气将那句"江山留与后人愁"吟诵了 28 遍,然后,老泪纵横……

二、只因为在人群中多看了你一眼

世界上最无情的事物要数时光,它能够消磨一切曾经闪光的东西:金钱、权势、美色……

然而,时光却无法消磨爱情!

当 20 世纪的潮水慢慢退去,许多当初的丰功伟绩、盖世英名转瞬间化为过眼云烟,却有一桩爱情的伟业在缓缓浮出水面,被许多人誉为"20 世纪最伟大的爱情"的男女主人公被称为"东方的罗密欧与朱丽叶"、"20 世纪两支最美丽的玫瑰"。

这位"东方罗密欧",便是因发动"西安事变"而名满天下的张学良,而那位"东方朱丽叶",则是我们的兰溪老乡赵一荻。

（一）

赵一荻又名赵绮霞,祖籍兰溪洞源,自幼跟随父亲在天津长大,因在家排行老四,人们都习惯称她为赵四小姐。她和张学良这段旷世奇缘的开端,恰像王菲在那首名叫《传奇》的歌曲里唱的那样:

> 只是因为在人群中多看了你一眼
> 再也没能忘掉你的容颜……

这儿所说的"人群"可不简单,是当年在天津租界赫赫有名的社交场所范家公馆舞会,有幸出席的人不是达官显贵,就是公子名媛。这一天华灯初上,当舞会主角、东北军"少帅"张学良缓步进入舞场时,仍然引起了一番不小的骚动,许多珠围翠绕、粉妆玉琢的小姐佳人挤上前,争着想和这位名满京城的民国"四大公子"之首翩翩共舞一曲。

见惯了这种场面的张学良微笑着不置可否,目光轻轻掠过一张张布满期望的俏脸,当他的目光扫过人群侧边一位高挑的少女时,却不由惊异地睁大了眼睛。

偌大个喧嚣欢腾的会场,只有一位少女没有进入舞场,而是坐在桌边一张椅子上。她大约十五六岁,穿一件粉红色的百褶曳地纱裙,自然披肩的长发,素妆天然的俏脸,一双清亮的眸子正好奇地打量着眼前的一切。在满场珠光宝气、衣着时尚的佳丽中,唯独她没有粉黛雕琢,却不但不见逊色,反而更显得超群脱俗,气质高雅,犹如一支天然去雕饰的出水芙蓉,一株挺拔于灌木丛中的白桦树一般挺拔俊美。难怪当时天津的《北洋画报》要把她的玉照作为"封面女郎"了。

也许是听见了冥冥中某种不可抗拒的呼唤,少帅丢下了身边一大群红男绿女,径直朝那位少女走去。

少女就是赵一荻,这年只有 16 岁,是跟着二姐来舞场看热闹的。面对大名鼎鼎如雷贯耳的东北军少帅,初出茅庐的她不觉有些手足无措。

这时悠扬的舞曲声响了起来,乐队奏起了施特劳斯那首著名的圆舞曲,少帅向赵四小姐轻轻伸出手,微笑着问:"可以吗?"

赵四小姐那时还没有正式上过舞场,正想开口拒绝,左手却不知怎地已经伸过去握住了少帅的手。在周围一片艳羡得有些嫉妒的目光里,这对年轻舞伴缓缓步入舞池。起先他们还有些拘束,但不一会便显现出一种难能可贵的默契,一种心灵深处的融会贯通。他们翩翩旋转,少帅军服的徽章在灯光下闪耀,赵四小姐的裙裾鲜花一般打开。俩人心中都泛起一种无法言状的快乐,那是一种琴瑟和鸣般的愉悦,一种踏遍人生高山流水,终于寻觅到知音后的欢欣。

从这个缤纷的时刻开始,一场延续 70 年的爱情便在历史风雨中揭开帷幕。赵一荻生平第一次感受到了相思的滋味:

> 想你时你在天边
>
> 想你时你在眼前
>
> 想你时你在脑海
>
> 想你时你在心田
>
> ……

这是一种充满了思念与回味,期盼与懊悔,战栗与心碎的心灵悸动,那些天回旋在她脑海中的,全是少帅潇洒矫健的身影舞姿,不久她又和少帅有了几次接触。但紧接而来的,就是一次近乎生离死别的辞行!

1928年6月的一天,张学良的副官匆匆跑来找赵四小姐,把她带到了张的临时住所,神色不安的张学良正在那儿焦急地等着她。

原来就在前一天,沈阳发生惊天动地的事变:为夺取东北三省的控制权,日本人在皇姑屯附近铁道上埋设炸药,炸死了刚从北京返回沈阳的张作霖。为稳定军心和大局,张学良要尽快回去收拾残局。临走时他无论如何,都想和这位与他年龄相差11岁的小妹说声"再见"。

赵四小姐怔怔地望着张学良,怎么也不肯挪开眼睛。狠毒的日本人炸死了张作霖,此刻正到处查找张学良的下落。死亡的阴影正笼罩着她的心上人,眼前一去,或许就是生离死别。

张学良望着赵四小姐清纯的脸庞,一时难舍难分,通过前段时间的接触,他已经喜欢上这个纯真美丽的姑娘。如今前路凶险,他再也遏制不住,把对她的爱恋一股脑儿滔滔倾诉出来,两人紧紧拥抱在一起。

汽笛声撕心裂肺地响起,整装待发的列车已在外面催促,两人不得不难舍难分地惜别。以后几天的经历就足够写一部惊险的传奇故事了:日本人荷枪实弹四处寻衅,想找出张学良的下落。重重阴影下的张学良不得不装扮成普通士兵,穿着旧军装挤上一辆破旧的闷罐运兵车返回沈阳,然后悄悄进入大帅府。他迅速接掌兵权,稳定了局面,不久就换旗易帜,率领东三省回归中央怀抱,让日本人的阴谋破灭。

这次波折让初涉爱河的赵四小姐成熟了不少,也让她早早有了某种预感:他们的爱情前路不仅仅有浪漫甜蜜,更多的,恐怕还会是艰险磨难,坎坷惊吓……

(二)

就在张学良稳住东北大局后不久,赵四小姐悄悄离开天津来到沈阳,以张学良私人秘书的身份开始新的生活。据说她一进帅府大门便对张的原配夫人于凤至双膝跪下,请求她接纳。而一向贤惠大度的于氏夫人也就欣然接纳了她,并从此以"姐妹"相称。

就在这时天津发生了一场不大不小却十分耐人寻味的风波:赵四小姐的

父亲突然宣布将她永远逐出宗祠！

赵四小姐的父亲可不是个寻常人,他名叫赵庆华,号燧山,晚清监生出身,担任过京广铁路督办、交通银行上海行经理、津浦铁路及京(南京)沪——沪杭甬两路局局长,一直做到北洋政府交通部次长等要职。他为人耿直,做官清廉,一生十分注重自己的名声。人到老年,突然听说自己宠爱的小女儿和大名鼎鼎的张学良有来往,而对方却是个有妇之夫,不禁大发雷霆,严令今后对女儿严加管教,不许她再随便出门。

在发现小女儿悄悄离家进了沈阳帅府不久,赵庆华便在天津的报纸上刊发了一则启事,名为"兰溪赵燕翼堂启事",原文是这样的:"我族世祖清献公,系属南宋后裔,居官清正,持家整肃,家谱有居家格言,家祠有规条九例,千余年来,裔孙遵守,未尝败坏。历朝御赐文联,地方后吏春秋致祭,即民国前大总统、总理亦赠匾对,荣幸何似! 讵料四女绮霞,近为自由平等所惑,竟自私奔,不知去向,查照家祠规条第十九条及第三十二条,应行削除其名,本堂为祠任之一,自应依遵家法,呈报祠长执行。"

这则启事于 1929 年 9 月 25—29 日在天津报纸上连登 5 天,从启事中可以看出,父亲只是将赵四小姐从祠堂中除名,对她以后的言行概不负责,虽然并无脱离父女关系之语,但意思已经说得很清楚了。虽然以后众说纷纭,但赵庆华直到 1952 年病逝于北京,仍不肯原谅这个小女儿。

(三)

离别了父亲的爱,赵四小姐全身心投入了张学良的怀抱,她居住在沈阳大帅府一座二层小楼里,期间为张学良生了个儿子取名张闾琳。"九一八"事变后张学良通电下野,她陪伴他由上海乘意大利邮轮启程到欧洲考察,随后又跟着他来到西安。

随后发生的事件尽人皆知、也深刻改变了中国的命运:张学良多次劝说蒋介石无果,便会同杨虎城毅然发动"西安事变",逼迫蒋介石同意建立抗日统一阵线,中华民族从此投入团结抗日的圣战,而为此立下首功的年轻"少帅",却从此步入图圄,终身囚禁!

张学良起初被软禁在蒋介石老家溪口,随着战事发展又辗转到了江西、湖南、贵州。这段时期赵四小姐和张的原配夫人于凤至一月一换,轮流陪伴这位特殊的囚徒。其余的日子她可以带着儿子去上海或宁波小住几天。但是到了

1940年冬天，一个真正的考验就像这严酷的季节一样突然来临了。

那时张学良正被囚禁在湖南西部阳明洞，偏僻阴冷，风雪交加，生活窘困。饱受惊吓的于凤至突然被查出患了严重的乳腺癌，急需去美国治疗，而且看情况，今后已很难再回来陪同张学良了。事不宜迟，几封紧急电报发到了正在香港的赵四小姐手中。

望着这几封紧急电报，赵四小姐陷入了深深的沉思。她知道如果这次回去，就不会再有人前来替换她了，只有她自己伴着心上人，一起去度过那些漫长得没有期限的囚禁岁月，去面对漫无止境的贫寒、寂寞以及不知什么时候就会突然而至的死亡。那时她还只有30岁，红颜依旧，青春未改，在香港有房产，有存款，身边还有年仅10岁的儿子，可她在张家却没有什么正式名分。据说当时连发电报的特务头子戴笠都不信，这么个红粉佳人会抛亲别子，放弃花花世界的美好日子，甘心情愿地到荒山野岭充当一名没有刑期的囚徒。

什么是真正的爱情？那就是当苦难或者疾患来临的时候，世界上会有一个异性默默地走来，帮你担起原本可能独自承受的痛苦与辛酸。就在那些个不容后悔的关键时刻，我们看见了一份20世纪最伟大的爱情在熠熠闪光：赵四小姐毅然卖掉香港全部房产，把心爱的儿子托付给美国友人，立刻毫不犹豫回到正沉浸在血泊硝烟里的南部中国，返回她遭受囚禁的爱人身旁。据说连那位素来杀人不眨眼的特工头子戴笠，在得知赵四小姐千里迢迢返回贵州的消息后，也不由得由衷地赞叹："红颜知己，张汉卿之福啊！"

可是这时候的张学良已经不再是当年那个风流倜傥、华盖如云的"少帅"了，他只是最高统帅亲自管束的一名"钦犯"，众多特务宪兵严加看管的一位囚徒。为防止外部可能的营救，张学良的囚禁地全是些偏僻得不能再偏僻、闭塞得不能再闭塞的穷乡僻壤。住房往往只是几间破旧平房，甚至荒寺野洞，平时能够活动的范围也不出百米。他白天能够看到的，是飘动的云彩、水流，特务的冷脸和山上的石头。入夜在如豆油灯下聆听的，也只是窗外的凄风苦雨。因此当赵四小姐翩翩走进他望眼欲穿的视野时，我们可以想象他当时内心的感动与慰藉。这个女人的到来无疑像一支大军的回归，让张学良重新像一个统帅那样，无畏地面对着前方命运的挑战。他热泪盈眶地抱起心爱的女人，胸中重新点燃信心的火焰。

回到张学良身边的赵四也不再是那个娇生惯养的官宦小姐，那个风流时尚的"封面女郎"。她脱下在巴黎、纽约定制的时装，每天素面布衣，做菜烧饭,像一个地道的家庭主妇一样。她学着踏缝纫机,自己缝补剪裁做衣服,自己开荒种菜,养鸡喂兔。张学良有几颗假牙,保养假牙要用一种细线绳,她就一根一根地用手捻成,然后打上蜡料备用。

在外人看来,赵四小姐很像一颗围绕恒星运转的行星,每天所做的一切,只是毫无例外围绕着张学良。张要打网球、排球,她就陪着打;张学良爱下围棋,赵四小姐就陪着下;张学良喜欢打猎、钓鱼,赵四小姐就跟着去学。当张学良对明史发生兴趣,又是赵四小姐为他查找资料,整理卡片,完成大量的文字工作。他们关押的地方大多是荒山僻野,没有电,在油灯下用功久了,张学良的视力锐减,读书看报颇费力气,赵四小姐就每天读给他听。

(四)

1945年8月的一个夜晚,抗战胜利的消息越过千山万峦飞入偏僻的囚禁地,让张学良和赵四小姐不由热泪盈眶,他们理所当然地认为:张学良是因抗日遭囚禁的,现在该是结束他囚徒生涯的时候了。张学良立即托人给名义上的结拜大哥蒋介石捎去一封信,附上一只蒋当年送给他的手表,其中的意思不言而喻:时间已到,你该实现当初的诺言了。

很快就有了回信,蒋介石也随信附来两样东西:一份1936年的旧挂历,一双女人的鞋子。张学良的心顿时像掉入冰窟一样绝望,原来这位心胸狭窄的大哥还记着当年旧账,还想让他像小脚女人那样足不出户寸步难行。

1946年年初,一架飞机载着他们飞向一个未知的地方,机翼下闪现出蔚蓝的大海和陌生的热带风光,原来已经到了台湾。同样的穷乡僻壤,同样的囚禁生涯,他们又在这个岛屿上悄无声息地过了20年,直到20世纪60年代局势变化,才逐渐恢复了少许自由。

可是当自由终于姗姗来临,他们却已经老了,在经历这么多年风风雨雨、冤枉委曲之后,他们不再有其他奢想,只想要一片心灵的港湾,能够在那儿静静地梳理往事,安度余生。

这片心灵的港湾就是基督教,不过按照教义,教徒只能拥有一个妻子。张学良思虑再三,终于提笔给远在美国的于凤至写信,正式提出离婚要求。在他28年的囚禁生涯中,有25年是赵四小姐独自陪他度过的,那些日子里,她才是他唯一的爱人,唯一的知己,唯一的倾听者,唯一的精神支柱……他欠赵四小姐太多太多,这辈子别无选择!

不久就收到了于凤至感人至深的回信,不管心底还有多少个不愿意,这位大姐仍然慷慨成全了小妹,答应离婚。

1964年7月4日,一场婚礼在台北一所教堂举办,出席的宾客不多但全都声名赫赫,有蒋夫人宋美龄,国民党元老张群,画家张大千等。婚礼的主角是一对白发苍苍的老人,大家出席的,是一场迟到多年的婚礼。

深情庄重的圣歌声中,赵四小姐踏上向往已久的婚礼圣坛,这一天她虽已年过半百,看来却依然神采奕奕。得体的红色旗袍,颈项上晶莹剔透的珍珠项链,清新淡雅中的几分华贵,让人又想起当年舞会上的那个妙龄少女。她一步一步,稳重庄严地走去,走过36年的凄风苦雨,大起大落,走过所有的欢笑、泪水、甜蜜和酸涩……

抬起指挥过千军万马,此刻却不停抖动着的双手,张学良把结婚戒指戴上了赵四小姐的手指,一旁的宾客们无不为之动容。一片唏嘘赞叹声里,这对苦命鸳鸯深情相视,热泪夺眶!

婚礼后第17天,台北各大报纸刊出了张学良与赵四小姐结婚的消息。其中《联合晚报》的贺词写出了众人心声:"卅载冷暖岁月,当代冰霜爱情。少帅赵四,正式结婚,红粉知己,白首缔盟。夜雨秋灯,梨花海棠相伴老;小楼东风,往事不堪回首了!"

那一天,人们争着上街抢购,以至台北的报纸都脱销了。

(五)

此后的赵四小姐与张学良心如止水,不闻窗外之事,只在基督教教义中寻求安慰。晚年的她身体状况很差,1965年因肺癌切除了一叶右肺,不久又患上红斑狼疮,因肺病三次入院。1997年,她的左肺再次出现癌变……但她仍然顽强支撑,竭尽余生为张学良擎起头顶上那片晴空,续写他们爱情史册最后的篇章。

2000年6月1日是张学良的百岁华诞,在生日宴会上接受记者采访时,张学良动情地称赞:"我太太非常好,最关心我的是她!"他还当着众人的面握紧赵四小姐的手,用一口地道的东北话亲昵地说:"这是我的姑娘。"不幸的是寿诞刚刚过完,赵四小姐便再次入院。这不禁让人猜想,其实她撑着病体,吊住那口悠悠的长气,只是为着看着丈夫快乐地度过百岁生日!

年迈的张学良每天都到医院探视赵四小姐,也许他预感到朝夕相伴的红粉知己快要生死相隔,相伴70余载的情缘即将泯灭,那些天里他总是独自喃喃着:"太太要走了。"病危期间的赵四小姐也总用深情目光注视着相伴七十余载的丈夫,却已经是欲说无语。

那是最后的一个清晨,张学良坐着轮椅来到病床边,握住赵四小姐枯槁的双手,用浓重沙哑的东北乡音呼唤着私下的昵称:"咪咪,咪咪,我来看你啦!"赵四小姐看着张学良,已无法开口说话,只有泪水在眼眶里打转。他们就这样无言厮守着,直到赵四小姐平静地停止了呼吸,张学良仍浑然不觉紧握着夫人的手。牧师的祷告声响起来,有人大声告诉他:"太太走了!"张学良才连声哀叹:"太难过了,我心里难过啊!"他浑浊的老泪如断线珍珠般簌簌撒落,却依然紧紧握着夫人的手……

一个星期之后,赵四小姐的追思礼拜隆重举行,他们多年的老友周联华特意从美国赶来主持。致词时他动情地说:"赵一荻女士当年情愿放弃人间的一切,跟随张将军软禁,而且做得那么真诚,那么至善至美,那么让世人皆惊。""她这样做纯粹为了爱。这爱远比风靡台湾的电视剧《人间四月天》所表现的爱情更专,更纯,更久远!她和汉卿互许一个未来,共担一个未来。这未来是暗淡的,是黑暗的,但她却无怨无悔……"

一片静默,只有张学良痛苦的呼喊在会场回荡:"她走了,我要把她拉回来。我要把她拉回来……"

一年之后张学良逝世。20世纪的这一旷世奇缘,至此缓缓画上了句号,一个经历了七十余年曲折悲伤、最终却仍然圆满感人的句号。

茫茫海天之间,只有那些缠绵动人的歌声仍然像天边的云彩,在缓缓地漂泊回荡:

我一直在你身旁　从未走远
只因为在人群中多看了你一眼……

三、你的生命如此美丽

穿过历史茫茫的烽烟,走过世纪重重的云雾,有一个身影正缓缓向我走来,那婀娜的身姿,轻盈的体态告诉我,这是一个正当妙龄的女郎。

起先,那身影是暗淡的,笼罩着一层层诡谲的阴影:"女特务","淫妇"。

阳光越来越强烈,黑暗渐行渐远,那身影也随之不断幻化,不断闪现出迷离幻异的色斑:"色、戒","交际花"。

阳光穿透云层,世界终于拂去浮尘,在一片清明中变得清晰而真实,而那位女郎也终于跨出最后一道阴森的门槛。

于是我看清了,天生丽质,那是一个多么美丽的女郎哟!

她的身后,清丽的兰江在蜿蜒流淌,渐渐汇入了波涛滚滚的黄浦江,大江两岸一路芬芳,全都开满了洁白的兰花。

那些兰花摇曳着,组成一行飘逸芬芳的字眼:郑苹如,浙江兰溪人,生于1917年……

(一)

有一千个观众,就有一千个哈姆雷特。有一千个相识者,就有一千个郑苹如。

日本作家西木正明这样描述她第一次走进日本首相之子近卫文隆办公室时的情景:

> 小小的鹅蛋脸,宽宽的额头,两道弓形的眉毛,眼角略微上翘,双眼皮,大眼睛,淡茶色的眼珠,一汪秋水。长长的头发,于脑后扎成一束,自然地泻在双肩上。她穿着一袭橙色的旗袍,双叉略高于膝头,无论颜色与款式都十分得体。一双白色高跟鞋,使她那5.3尺(日制1尺等于30公分)的身材略显高挑。苗条的身体好像芭蕾舞演员没有一点赘肉,右侧一个浅浅的小酒窝,使充满青春气息的脸上春风浩荡。"……像微风中飘舞的一杆花枝",文隆顿时"惊呆了",在悦耳动听的声音里,他没有听清她在讲些什么,眼前只有洁白的皓齿和粉红色的舌头在翕动。他破例没有叫人而是自己起身为她倒茶,却在不自禁的慌张中碰翻了杯子……

无怪乎当年日军驻上海的特务机关头目、臭名昭著的"梅机关"长晴气大佐,要气急败坏地骂郑苹如是"重庆的白蛇"。在他们眼里,郑苹如活脱脱就是那条早已修炼成仙的蛇妖,应该千秋万世,永远压在高耸的雷峰塔下。

而在邻居们眼里,郑家二小姐却是个十分可爱的邻家女孩。她父亲郑钺当时担任上海市高等法院特区分院首席检察官,家住法租界吕班路万宜坊八十八号(今重庆南路二零五弄),这是一个今天可以称之为"高尚生活时尚小区"的地方,里面住的不是文化名人,就是达官显贵,邹韬奋、傅雷、张天翼、丁玲、郑振铎都是她的左邻右舍。

著名作家郑振铎这样描述记忆中的她:"(苹如)身材适中,面型丰满,穿着华贵而不刺眼,一眼看去,就知道是一个有教养的纯情女孩,难得的中华女儿。"

而另一些人则回忆:刚刚搬家来的郑家二小姐十六七岁样子,非常漂亮,又十分机灵。活脱脱就是个天真浪漫、无忧无虑的小女生,一个爱好广泛,整天笑眯眯的美貌女孩。

时光已过去几十年,郑苹如的音容笑貌却依然清晰浮现在她妹妹郑天如和堂弟郑昭眼前,她生性活泼,多才多艺,对体育、文艺、摄影、社会活动都很有兴趣。她喜欢游泳,自行车车技很好,能倒踩而行,还向大弟学过柔道。她会弹钢琴,能唱京剧,喜欢演话剧,是大同附中话剧团的成员,1931 年 3 月 12 日《图画时报》上,就刊登了一幅她扮演话剧《父归》中女主角珍娘的角色照。她还特别喜欢摄影,至今仍留下数以百计的照片,1934 年 5 月 3 日《申报图画》特刊上,就刊有她为女友蔡洁丽摄影的照片。

如此活跃的花季少女学生,自然会获得各种不同的称呼,有人称她为"学生领袖",有人谓之曰"校花"。

而在一向挑剔的上海滩时尚界眼中,郑苹如却是一颗冉冉升起的"明日之星",1937 年 7 月出版的第 130 期《良友画报》封面女郎就选用了她的照片,不过当时并没有点出她的名字,只称之为"郑女士"。《良友画报》今天可能已经鲜为人知,而在当年的上海滩却是无人不知无人不晓,其封面女郎地位堪比今天"中华小姐"、"世界小姐"评选获奖者。这本创刊于 1926 年的画报对封面女郎的挑选十分苛刻,第一期创刊号的封面玉照,就是当时正红透半边天的大影星胡蝶,并就此开创了中国刊物以名媛为封面的先河。此时的刊物主编,就是"鸳鸯蝴蝶派"的首领秦瘦鸥。能够入选此人法眼的,自然全是当时走红的女影星、女伶、体育明星。

不过当年刊物的编辑马国亮对这位漂亮女郎并不熟悉,他在晚年出版的回忆录中说:"我们刊登这封面时并不知情,直到好几年以后,我们才知道她是一个轰轰烈烈、献身抗日的爱国烈士。她的全名是郑苹如。""这在全面抗战军兴以后,才略有所闻。在以后的年月中,《良友画报》也没有机会表扬这位壮烈殉国的志士。"

人们不会想到,在老牌特工人员神秘莫测的眼睛里,郑苹如却是一件不可多得的秘密武器。

这位老特工名叫陈宝骅,是国民党组织部和中统局头目陈果夫、陈立夫的堂弟,当时正担任中统局驻沪专员,公开身份是新生书局经理。在 1937 年秋季一次友人聚会上,陈宝骅见到了光彩照人、洋溢着青春活力的郑苹如,立刻认出她就是前不久《良友画报》封面上的美女。接谈后才发现竟是郑钺的女儿,不由大为惊异。因为八、九年前他在南京国民党中央组织部工作,那时郑钺担任法官惩戒委员会机要科科长,两人都住南京的大石桥、成贤街一带,当时苹如还只是个十三四岁的小姑娘,他曾见过她。闲聊之中,他得知郑苹如是上海法政学院的学生,也很快摸清了她的思想倾向与性格特征。望着这个怀有强烈爱国激情的大学生的天生丽质,想着她既有高官身份的父亲,又有日本血统母亲的特殊家庭背景以及精通日语的条件,陈宝骅立即发现了她无可替代的价值,便马上提出,为了"更好地抗日,更好地报效国家",邀请她"加入团体",郑苹如欣然答应,就这样被发展成为中统特工组织成员。

在一般人心目中,杀人不眨眼的刽子手都是冷血动物,只会欣赏死亡而不懂得美丽。可是当这些惯于刀口舔血的无情杀手面对刑场上的郑苹如时,他们的表现也不由地让人吃惊。

据去现场监督行刑的汪伪特务张振华回忆,刽子手当时都不忍下手,最后才由一个叫林志刚的开枪,一中胸部,二中头部。但林志刚事后却对人说,那天在刑场,当他看到郑苹如面露微笑,朝他一步步走来时,便再也不愿动手了,只是背过身去命令手下人执行,而后枪声响起,"一个如花似玉的美人,就此为国殉身"。

这样的美女特工,据说欧洲也曾出现过一个,这位第一次世界大战时被捕的英国女特工被德国人判处死刑,但行刑却成了个大难题,许多过去杀人不眨眼的刽子手,面对这样惊世的美艳都心慌意乱手脚颤抖,不是瞄不准目标,就是压根儿扣动不了扳机……

这不禁令人想起一句难忘的名言:"美丽是一种武器,它会使灵魂受伤。"

在一千个人笔下,有一千个不同的郑苹如,但形容这一千个郑苹如的共同字眼却只有一个，那就是："美丽！"

<h1 style="text-align:center">（二）</h1>

仅有美丽是不够的，天生丽质的郑苹如同时还具备了忠诚和爱国心，具备了非凡的间谍潜能。

郑苹如的爱国心来源于家教，她父亲郑钺，字英伯，生于1876年，出生于兰溪的名门望族，这个家族具有强烈的反清意识，从明亡至清末无一人赴考科举。他从小深受继母兰溪诸葛氏家族文化的影响，经常教育子女要为国"鞠躬尽瘁，死而后已"。郑钺留学日本时加入了同盟会，是国民党内的元老级人物。

郑苹如加入中统组织后，曾把此事告诉父亲，而父亲则郑重地告诫女儿："为了国家，什么都可以牺牲。"她母亲木村花子虽是日本人，却十分支持中国的抗日事业。

受到父亲的影响，郑苹如从小具有很高的爱国热情，"九一八"事变后，她与姐姐真如、大弟海澄用零花钱买了许多纸张，印成抗日传单，跑到浦东市镇上去散发，还登台作抗日演讲。1937年全面抗战爆发，她与一些同学抬来缝纫机，在家中缝制衣服，支援抗日。

不出老特工陈宝骅所料，他亲手发展的这名女特工身手果真不凡，很快就以半个日本人身份融入了侵华日军驻沪各机关中上层交际圈，八面玲珑地周旋在那些军官和文职人员中间，她结交了上至日本首相近卫文磨之弟近卫忠磨、谈判代表早水亲重、与"宋子良"作过香港谈判的今井武夫等日方重量级人物，并依靠这些关系，自由出入诸多日军机关部门，获取了大量高端机密。

在所有获取信息中最重要的就是汪精卫叛国的信息。1938年8月和12月初，她二次获得汪"近日将有异动"的情报，都以急电立即向重庆报告，成为预报汪精卫叛国第一人。可惜，两次报告都没有引起重庆高层重视，他们大概不会相信一个小小女特工能获得如此重大的情报，直到汪精卫经昆明出逃河内并发出电报之后，才对郑特别重视起来。

郑苹如还曾想绑架当时的日本首相近卫文磨长子近卫文隆，偷赴重庆"与蒋介石谈谈"，以便实现中日停战。就在这项计划紧锣密鼓付诸实施，近卫文隆已被她迷得神魂颠倒时，却被上级叫停了。不久之后，她就接受了另外一项重要的任务：刺杀丁默村。

丁默村是湖南人，早年参加中共，后叛变加入国民党，又以军统局处长的身份投靠汪精卫，成为汪伪特工组织的"一把手"，双手沾满抗日军民和国民党特工人员鲜血，军统中统都对他恨之入骨，联合下达了制裁他的命令。

不过丁默村的脑袋可不是那么轻易就能到手的，先前派出的几拨暗杀老手不但没有成功，反而把性命全都赔了进去。陈宝骅思考再三，决定抓住丁默村好色的弱点，派郑苹如用"美人计"除掉他。

于是郑苹如便装成涉世未深的少女，以"师生关系"在一次社交活动中与这位过去的中学校长邂逅相遇，就此挂上了钩。丁默村本是个色中饿鬼，一见到如花似玉的郑苹如自然喜出望外。郑适时地恃宠撒娇，与丁默村时断时续，若即若离，逗得丁默村馋涎欲滴，神魂颠倒。中统见时机成熟，便立刻布置下手。第一次行动由郑苹如请丁默村到她家做客，在郑家附近安排了狙击人员，然而丁默村诡计多端，当轿车快到郑家时，却临时改变主意掉头离去。

于是中统上海区又重新策划第二次行动，安排郑苹如以购买皮大衣为由，把丁默村诱杀在西伯利亚皮货店。

1939 年 12 月 21 日丁默村在沪西一朋友家吃中饭，打电话邀郑苹如前去参加，郑便赶到沪西陪丁默村直到傍晚。饭后两人同车而行，当汽车驶至静安路、戈登路（今江宁路）西伯利亚皮货店时，郑苹如突然提出要去买件皮大衣，并拉着丁默村同她一起下车帮她挑选。丁默村的职业反应是到一个不是预先约定的地点，停留绝不超过半小时，于是便随她下车，打算买了大衣立刻就走。

但正当郑挑选皮衣时，丁默村突然发现玻璃橱窗外有两个短打衣着、形迹可疑的人，正在向他打量，顿时心中起疑，便从大衣袋里摸出一沓钞票，向玻璃柜台上一摔，说："你自己挑吧，我先走了。"然后就急转身向外跑去。

此时正在店外人行道上伺机下手的中统特务，没料到丁默村不等东西挑好就会突然冲出店来，因此措手不及踌躇了片刻，竟让他冲过了马路。丁的司机见他狂奔而出时就已开好车门发动引擎。等到枪声响时，丁已钻进车内关上了车门，子弹只打在防弹车门上，丁毫发无伤地逃脱而去。

功败垂成，就在成功的悬崖边缘，鲜花颓然坠落……

眼见暗杀行动再次失败。郑苹如不甘心，她心存侥幸，认为自己尚未暴露，仍决定要深入虎穴孤身杀敌。她继续与丁默村虚与委蛇，身上暗藏了一支白朗宁手枪，准备伺机亲自下手，但她毕竟只是个半路出家的青年特工，斗不过丁默村这只曾经留学苏联的老狐狸。等她第三天驱车到 76 号要见丁默村时,就被逮捕关进了"76号"的黑暗囚室。

(三)

在短暂生命的最后时刻,身陷虎穴的郑苹如表现得既灵活又坚强,面对一次次的刑讯逼供,她始终坚不吐实,只承认那是"男女私情,是因为丁欺骗了她的感情而想找人报复他"。每次审讯她都又哭又闹,呼冤叫屈,要不就是大骂丁默村。丁也曾亲自去审过她一次,不仅同样一无所获,郑苹如反而哭闹得更厉害了。

因此该案自始至终,汪伪特工组织始终没能抓住郑的所谓间谍证据。丁默村虽然恼恨郑苹如参与对自己的谋杀,但又确实迷恋她的美色,因此并没想置她于死地,只是想关她一阵子,好乘机逼她就范。

事态如果就此发展,也许郑苹如真的会幸免于难,再次为苦难中的祖国建功立业。

但人世间总有那么几把罪恶的刀子,当这一把刀子无力举起的时候,另外几把尖刀便会飞快地亮出刀锋。

这高高举起的第一把尖刀叫"权",是男人们围绕权力展开的角逐,举起它的人名叫李士群,浙江遂昌人,也有些资料说他是武义人。他早年加入过中共,还在苏联的"契卡"也就是后来的"克格勃"里受过训,此时正担任汪伪特工组织的二把手。李士群不甘居人篱下,早就和丁默村明争暗斗。此刻眼见丁默村中了中统圈套,自然紧抓不放,几次到日本主子和汪精卫、周佛海那儿告状,意欲先把郑苹如"重庆特务"的身份座实,然后借此羞辱丁默村,逼迫其下台。

高高举起的第二把尖刀叫"妒",是女人们打翻了醋罐子后常常玩弄的把戏。

听说了有关郑苹如的事,首先坐不住的就是几位大汉奸的妻子,如丁默村、周佛海、吴四宝等人的老婆,她们相约到囚室来看郑苹如,有的还担任了郑苹如案的主审。一见这位豆蔻年华的大家闺秀,几位半老徐娘全都自惭形秽,不约而同地破口大骂郑是"妖女","满身妖气",她们经过商议一致认为,如不马上将此女除去,她们的丈夫定会全都被她勾走。

于是再也由不得丁默村怜香惜玉,那把明晃晃的屠刀便高高举起来了。

1940年元月的一个下午,特务们突然说要送郑苹如去看电影,开始她以为案情有了转机,便满面笑容地上了车。按照习惯,她穿上了心爱的麂皮大衣,里面穿一件红色毛衣,颀长的脖颈上挂着金项链,胸口戴着两颗3克拉的钻石,她爱美,她要随时都把自己打扮得漂漂亮亮的。

车子开动了,驰过闹市,驰向郊外,如果说开始她还有点疑惑的话,当车子驰过徐家汇开向今天中山西路一带的荒野时,郑苹如心里肯定全都明白了。不知道那个时候她想起了什么,是重病在床的老父?是远在重庆的飞行员恋人?还是那些没有完成的任务?

她哭了,晶莹的泪珠流淌着,洒在她红色的毛衣上,流过两颗晶莹的钻石……

不过当囚车停下来的时候,郑苹如已经平静了下来,她的目光划过冬日那片凋零的大地,落在不远处刚刚挖开的那个土坑上。她慢慢地走过去,在土坑边坐下,这才回头对刽子手说:"干净些,不要把我弄得一塌糊涂。"

这,就是她对于人间最后的期望。

枪声响了,两枪打在胸口,一枪打在头上。

这一天,距离她23岁的生日只有几天了……

（四）

郑苹如原本是可以不死的,只要她的父亲郑钺答应出任汪伪政府的司法部长,不但他自己可以安享高官厚禄,还可以换回女儿的性命。

可是老人不肯,在他看来,任何东西都可以牺牲,只有民族气节不能舍弃。一年以后,老人死于对女儿的思念之中。

郑苹如的大弟弟名叫郑海澄,当年父亲用民族英雄郑成功的封号给他取名,显然是希望他长大后为国家民族建功。他本在日本学习飞行,抗战爆发后立即回国,驾驶战机在蓝天上向昔日的老师同学开火,1944年壮烈牺牲在一次保卫重庆的空战中。

郑苹如的未婚夫王汉勋是海澄的空军战友,曾两次写信约郑苹如去香港完婚,但国难当头任务在身,郑苹如一再复信推迟婚约,只答应抗战胜利后再步入洞房。

同样在1944年,已经是空军上校大队长的王汉勋驾机牺牲。他和郑海澄的名字如今都镌刻在南京航空烈士公墓的纪念碑上!

郑苹如的母亲木村花子1949年后去了台湾,1966年去世时,蒋介石手书

"教忠有方"挽联,表示哀悼。

"郑钺守节,苹如尽忠,海澄成仁,郑母明义。"几十年了,海峡那边的中国人总是这样赞颂这满门忠烈的英雄之家。

抗战胜利后,著名文学家、也是他们当年的邻居郑振铎以《一个女间谍》为题撰文哀悼郑苹如:"为了祖国,她不止几次出生入死,为了祖国,她壮烈的死去!比死在沙场上还要壮烈!"

2009年6月6日,一尊郑苹如的青铜纪念像在上海福寿园揭幕,把中国抗战史上这位女英雄的真实形象,永远浇铸在这片她倾心热爱过的土地上。

雕塑的基座是一座倾斜的十字架结构,横着的背景上模拟了当年西比利亚皮货店刺杀汉奸丁默村的情景,雕塑家采用模拟捆绑造型再现郑苹如慷慨就义的英勇,让我们有机会回望那个美丽毁灭惊心动魄的一刻。

雕像四周,有一片洁白兰花和殷殷红梅次第开放,让人们常常回想起那个曾经有过的美丽生命……

婺江水滔滔奔流,兰荫山静静伫立,几十年了,我不知道它们是否知晓有这么一位美丽英勇的女儿,知不知道他们满门英烈的故事。

当然,也许它们全都知道,但是……它们不说!

四、最后的回文诗

"嘉定三屠"、"扬州七日"、"金华屠城"……明末清初的刀光剑影,给锦绣的江南大地留下了太多惨痛的记忆,造就了太多深重的伤痕。

就在清朝统治者的脚跟渐渐站稳、社会生活慢慢恢复正常的时候,素来以富庶宁静著称的浙中小城永康,却突然面临一次空前可怖的屠城危机!

拔出滴血屠刀的,是"三藩之乱"的参与者、平南侯耿精忠的心腹部将徐尚朝,他屠城的理由不为政治,不为军事,甚至也不是为了财富,而只是为了……一个女人!

这是个怎样的女人,竟然会让一个杀人如麻的将军如此垂涎,为得到她,竟然不惜拿一座城池和千万人的性命作为砝码?

让我们先看一首在诗歌史上好评如潮的著名回文诗——《咏春夏秋冬》

四季诗吧。

莺啼岸柳弄春晴晓月明。

香莲碧水动风凉夏日长。

秋江楚雁宿沙洲浅水流。

红炉透炭炙寒风御隆冬。

(此诗十个字一行,又称为十字辘轳回文诗,可读成如下四首季节诗)

春

(莺啼岸柳弄春晴晓月明)

莺啼绿柳弄春晴,

柳弄春晴晓月明。

明月晓晴春弄柳,

晴春弄柳绿啼莺。

夏

(香莲碧水动风凉夏日长)

香莲碧水动风凉,

水动风凉夏日长。

长日夏凉风动水,

凉风动水碧莲香。

秋

(秋江楚雁宿沙洲浅水流)

秋江楚雁宿沙洲,

雁宿沙洲浅水流。

流水浅洲沙宿雁,

洲沙宿雁楚江秋。

冬

(红炉透炭炙寒风御隆冬)

红炉透炭炙寒风，

炭炙寒风御隆冬。

冬隆御风寒炙炭，

风寒炙炭透炉红。

（也可以读作下面的五言绝句）

春

莺啼岸柳弄，春晴晓月明。

明月晓晴春，弄柳岸啼莺。

夏

香莲碧水动，风凉夏日长。

长日夏凉风，动水碧莲香。

秋

秋江楚雁宿，沙洲浅水流。

流水浅洲沙，宿雁楚江秋。

冬

红炉透炭炙，寒风御隆冬。

冬隆御风寒，炙炭透炉红。

（它还可读成一首古风）

莺啼绿柳弄，春晴晓月明。

香莲碧水动，风凉夏日长。

秋江楚雁宿，沙洲浅水流。

红炉透炭炙，寒风御隆冬。

（亦可利用标点，读成下面这种形式的四季诗）

莺啼绿，柳弄春晴晓月明。

香莲碧,水动风凉夏日长。

秋江楚,雁宿沙洲浅水流。

红炉透,炭炙寒风御隆冬。

（或可断作）

莺啼绿柳弄春晴,晓月明。

香莲碧水动风凉,夏日长。

秋江楚雁宿沙洲,浅水流。

红炉透炭炙寒风,御隆冬。

创作这样构思精巧、朗朗上口连环回文诗的,就是那个让叛将徐尚朝神魂颠倒的女人。她叫吴绛雪,字宗爱,是永康县城后塘弄人,父亲叫吴士骐,曾长期担任仙居、嘉善、嵊县等地的教谕(现今教育局长)。

绛雪虽是女孩,却自幼秉承家学渊源,勤奋好学,冰雪聪明。她9岁时听着琵琶曲调,就能随声唱和。不仅能诗,她还善绘画,尤其擅长花卉和人物画,传世至今的画作有《梅鹊图》《落英》等。

吴绛雪不仅心怀锦绣,才艺超群,更是个姿色艳丽,有着"国色"之誉的美人,她才貌双绝的美名春风一般荡漾,不知吹拂得多少男人想入非非辗转彻夜。

中国历来有"红颜薄命"说法,吴绛雪偏偏就是这样。她20岁嫁给一个姓徐的书生,没过三年丈夫就因病去世。没有爱情的日子苍白无趣,尤其对于绛雪这样一个多情善感的女人。她只能将情思深深埋藏于诗书图画,在艺术的绚烂中寻找心灵的慰藉。

1674年爆发了著名的"三藩之乱",打破了吴绛雪生命中最后的宁静。耿精忠的部将徐尚朝率兵从福建攻掠浙江西南,先夺取了处州(丽水),然后途经永康前去攻打婺州(金华)。

就在永康城下,徐尚朝勒住马头朝城里久久张望。他和永康没什么瓜葛,但这座陌生的小城却居住着一个让他朝思暮想了好多年的女人。当年他驻军处州,曾多次听说过吴绛雪的美貌多才,他对这个女人的文才没什么兴趣,却十分垂涎她沉鱼落雁的美色。如今听说这心仪的偶像正寡居眼前的孤城,徐尚朝觉得这是上天为他预备的一份最佳战利品。于是他派出一位使者进城传令:"只有献出吴绛雪,永康才能摆脱全城尽屠的厄运!"

听到使臣说出的条件,正在县衙大堂上聚集议事的永康官吏士绅或许不约而同,全都松了一口气。兵微将寡,城小粮少,永康对徐尚朝的虎狼之师本无防守之力,是举旗投降还是弃城而逃,怎样才能保全全城百姓的身家性命,这些官吏士绅已经商议了很久。如今听说这样的条件,几个白髯飘飘、德高望重的老者都陷入了深深的沉思。

是啊,只要献出一个微不足道的女人,就可以换取全城平安,世上还有比这更好的条件么?当年亡国的越国可以献出西施,汉朝皇帝可以送出王昭君。如今同样大兵压境,永康为什么不能献出吴绛雪?

可是,不,绛雪毕竟是永康的女儿,"手心手背都是肉",老人们的心头陷入一种进退两难深深的痛楚。

可是出人意料,当他们来到吴绛雪此时寡居的娘家,对她说明了来意之后,吴绛雪脸上却没有任何恐惧震撼的表示,反而有一丝淡淡的笑意浮上她原本有些苍白的脸颊,她说:"未亡人终一死耳","苟能保全本邑生灵,即使以身纾难,何为不可。"

是的,"未亡人终一死耳"。其实早在丈夫死去的那个夜晚,23岁的吴绛雪就已经死去了。饱读诗书的她心里明镜一般清楚:丈夫没有给她留下子嗣,礼教不允许寡妇再嫁,更何况她这样一个盛名之下的寡妇。今后漫长余生中等待她的,没有爱情,没有希望,只有漫长孤寂无趣的煎熬,生不如死一般的惨淡时光。

士绅们被深深地震慑,其中几个还不禁低下头,向这位深明大义、舍生忘死的晚辈施以重礼。然后才把消息告诉仍在城外列阵守候的徐尚朝,徐尚朝果真命令大军撤围向金华进发,只留下几位亲随和老妇前来迎候吴绛雪,随伴她一起去军营会合。

吴绛雪起程了,她不理会士兵们的催促,有意走得很慢很慢,每走出几里路,就要找借口休息一下。她不是留恋家乡的山水,更不是留恋自己的生命,她只是在默默计算:那支强盗一般的军队是否已经走出永康境内,是否再也无法加害自己的乡亲。

道路渐渐崎岖,两边陡峭的高山上,杜鹃鸟正撕心裂肺,唱着一支支离别的歌谣。

前方转弯处有一道陡立的悬崖,一条清澈的小溪正在深不可测的涧底急匆匆流过。士兵告诉她,这片山岭离城50里,有一个十分好听的名字,叫桃花岭清风崖(白窖岭)。

吴绛雪勒住了马,按照时间计算,她判断徐尚朝大军已经走出了永康县境。举目四望,只见冬季光秃秃的山岭上,此时到处一片肃杀景象。但她相信,明年春天来临的时候,怒放的桃花一定会开遍这片山岭,把溪水映成一片艳丽的粉红。依稀朦胧,她突然觉得自己曾经来过这个地方。

对了,这不就是11岁那年,自己在那首七绝诗《题晴湖春泛图》中描绘过的景象嘛:

> 画桡缥缈欲凌空,两岸桃花映水红。
>
> 三十里湖晴一色,春来都在晓莺中。

是的,就是这儿! 这就是那个"两岸桃花映水红"的地方,上天把她带到这儿,一定是早已为她选定了这个地方,要让她在这儿,写下生命中的最后一首回文诗。

吴绛雪突然扬鞭策马,向着眼前深不可测的涧底,向着那片梦境中浮现的桃花云跃去……

一片片雪花纷纷扬扬,天地之间飘飘洒洒,仿佛正在抒写一篇让人回味无穷的诗行。

……

几百年的风霜雨雪悄然飘落,如今的桃花岭已经成为远近闻名的旅游景点,一批批游客兴致勃勃赶来这儿凭吊,游人们一边观赏大自然美景,一边赞美那个红颜佳人的诗才,感叹她流星一般短暂而凄美的命运。

风,不绝于耳的朔风仍然一天天在那堵深谷绝壁之中回旋着,荡漾着,仿佛仍在那儿吟诵那首叹绝千古的回文诗。

五、《倩女幽魂》——不仅仅是传说

金华敞开茶花般盛开的胸襟,养育了许多天底下最美丽多情的女儿,譬如赵四小姐,吴绛雪,譬如郑苹如……

金华也养育过中国有史以来最美丽多情的……女鬼!

是的,千真万确,就是女鬼! 不过这个女鬼并不狰狞可怖,也不会嗜血杀人,相反,她比现实生活中的许多人还要可爱,还要可亲。

这位美丽多情的女鬼就是聂小倩,多少年了,她美丽的故事总在风中传说。传说中的她栖身于金华城北郭兰若寺边一座荒坟,坟后有座高耸入云的宝塔,还有几株挺拔的白杨树。而她的芳龄,永远是在那个如早春一般清新绚烂的锦绣华年——18 岁。

聂小倩的故事,最早见于清代著名小说家蒲松龄的著作《聊斋志异》卷三。这是一本奇幻怪异的书,还有个书名叫做《鬼狐传》,共汇集短篇小说 491篇。书中主人公大多是些狐仙鬼怪,不过这些人化了的鬼怪有一个共同的特点,那就是可亲可爱,一个个生动鲜明,栩栩如生。书中故事曲折离奇,结构布局严谨巧妙,加上蒲松龄洗练的笔法,细腻的描写,因此被视为中国古典短篇小说中的巅峰之作。

据说当初为写这部书,蒲松龄专门在村口开了家茶馆,请南来北往的过路人免费喝茶,报酬就是给他讲个故事。他把这些故事记述下来,修改后写到书里,先后花了十多年工夫才完稿。

可以猜想,某年某月某个进京赶考的金华书生正巧路过山东蒲城蒲松龄家门口,就在他的茶馆里喝着茶水,摇着蒲扇,绘声绘色给他讲述了这个早就在金华民间流传着的故事。

不过也有记载,说兰溪名人李渔和蒲松龄是老朋友,是他给蒲松龄讲了这个故事。不管怎样吧,反正借着蒲老那管如椽巨笔,聂小倩这位金华虚拟的女儿从此登堂入室,镌刻在了中国文学人物多姿多彩的辉煌长廊上,而不再仅仅是个风中的传说。

因为是虚构,便可以充分发挥作家的想象力,可以塑造出天底下最浪漫的美丽。在蒲松龄笔下,我们看到这位金华女儿在月光下"仿佛艳绝",而细"审谛之,肌映流霞,足翘细笋,白昼端相,娇丽尤绝",美丽非凡。

就在我们对自己这位女儿还"养在深闺人未识"的时候,港澳台乃至整个华人世界,却早已被这份非凡的美丽搅得沸反盈天了。

自 20 世纪 50 年代以来,港台等地先后有十多部关于聂小倩的电影或电视剧播出。问世最早的,要数 1960 年香港邵氏公司推出的《倩女幽魂》,主演是当时著名的女影星乐蒂。等到 1987 年由徐克监制、程少东导演的同名电影推出，那就更是一炮红透了半边天。

新版《倩女幽魂》之所以走红，首先是"玉女"王祖贤的聂小倩造型，那可真是柔美飘逸，惊艳脱俗，变幻万千，一举手一投足只见明眸流转，浅笑含愁，神情清冷幽怨，一袭白衣不染尘世间的丝毫雪霜，恰似冷烟蔽月华，活脱脱就是蒲松龄笔下那个勾人精魂的妙龄艳鬼。尤其让人震惊的，是她那双似嗔似怨的眼睛，不，那不是凡人的眼睛，只是清亮幽深的一潭净水，波澜不惊之间，便荡漾起许多说不尽道不明的哀怨柔情。望着这双眼睛，仿佛能听见聂小倩那发自肺腑的无声言语："尽管经历了九死的炼狱，尽管遭受了诸般磨难，我依然无怨无悔，仍然执著地追求尘世间的一份真爱，哪怕为此赴汤蹈火，粉身碎骨……"

这部影片超越阴阳，跨越生死，片中聂小倩与书生宁采臣（张国荣饰演）之间人鬼殊途的生死苦恋，在缠绵幽怨、跌宕起伏的爱情纠葛中演绎得气冲天庭，情动冥府，极尽天上人间之悱恻缠绵，哀怨凄楚，引得无数痴男怨女为其心碎情伤。

《倩女幽魂》成为香港电影史的经典之作，同时获得四项台湾金马奖和四项香港金像奖及第三十二届亚太影展最佳音效奖，第十六届法国科幻电影节评审团特别奖，葡萄牙科幻电影节最佳作品等奖项。一代玉女影星王祖贤获得当年台湾金马奖最佳女主角提名。她的"聂小倩"造型，从此成为全世界华人心目中最经典的女鬼，不仅在大陆港台地区风靡一时，还成为日韩与东南亚地区最受欢迎的外国女演员之一，经影迷投票，连续好几年获选为最喜爱的外国女明星。数不清的情书信函雪片般飞来，弄得王祖贤和她的经纪人应接不暇。

借着这股热闹，影视公司又故伎重演，连着推出了三部《倩女幽魂》续集，全都由王祖贤、张国荣主演，当时不免被人看做是"狗尾续貂"，不过时至今日，还部部全都成了经典。

这份喧嚣风云起伏，轰轰烈烈一直热闹到今天。前不久国内又大张旗鼓推出了同名魔幻电影和 40 集大型电视连续剧《聂小倩》，由目前最走红的"金童玉女"刘亦菲、余少群主演。

说不完的聂小倩，看不尽的《倩女幽魂》。放眼未来，总觉得不知什么时候，什么地方，又会源源不断推出一版版新的《倩女幽魂》，又会有新的玉女借助聂小情一炮打响，从此红透半边天。

第八章　血火岁月

一、从"义乌兵"到"戚家军"

（一）统帅一群绵羊的烦恼雄狮

拿破仑有句名言：一只狮子带领一群羊，要远远胜过一只羊带领一群狮子。意思是说，只要统兵的将军威武刚强，再懦弱的士兵也会立刻勇猛起来。可是四百多年前的一天，一位非常勇猛的中国将军带领一群士兵，却以无可辩驳的事实证明拿破仑的这句话：纯粹瞎扯！

这位将军叫戚继光，嘉靖三十四年（1555）刚刚从山东调任为浙江都司金书，负责宁波、绍兴、台州三府沿海防务。此刻他带领着的，全是些久经战阵的老兵，这些人经历的战事多，逃跑的经验更多，一见到大队张牙舞爪的倭寇，立刻会"脚底板抹油"跑得飞快，把那位冲锋陷阵的长官孤零零一个人丢给敌人。

说起倭寇，其实就是明朝中叶的日本海盗，这些人挥舞长长的武士刀，戴着奇形怪状、缀满各色长丝的头盔，看上去如妖魔再世。他们心狠手辣，登岸的目的就是烧杀抢掠，捞一把就走。当时中国漫长的海岸线，全都处于这帮妖魔带来的血火烽烟之中。

不过此时的戚继光并不畏惧，他和三百年后的拿破仑一样，坚信只要自己身先士卒，弟兄们一定会紧跟着他义无反顾地冲锋陷阵。于是他一个人单枪匹马迎着倭寇冲上去，连发三箭，射翻了三个冲在前面的倭寇头目。遭遇迎头痛击的倭寇暂且退了下去，可是当他回头寻找自己的部下时，看见的却只有他们大步奔逃的背影，还有那些乱七八糟沿途丢弃的军械……

这样的事情连着发生,让这位雄狮般勇猛的将军不得不痛彻肺腑地承认,绵羊就是绵羊,你不能期望他们成为狮子,要想真正拥有雄狮般的常胜军,你就要先选拔出一群货真价实的小狮子。

可是此刻他身处东南沿海的浙江,这儿到处是"小桥流水人家",是"似这般姹紫嫣红"的烟花地温柔乡,这儿的帅哥美女车船斗载,这儿的商人巨贾富可敌国,可最稀缺的,偏偏就是他此刻最需要的资源:勇猛无畏,随时能像狮子一般上阵搏命的士兵!

一心想要尽快剪除东洋倭寇的戚继光,那些天陷入了深深的苦恼之中……

(二)发现了雄狮的故乡

1558 年的一个偶然机会,戚继光顺路绕道义乌,当时这儿是远近闻名的穷地方,境内丘陵起伏,人口众多,耕地贫瘠稀少,人们日子过得十分艰难。在这块穷乡僻壤走了没多远,戚继光就见到了令他目瞪口呆的一幕。

原来义乌南乡倍磊一带有座远近闻名的八宝山,光听这名字就知道山里可能埋藏着丰富的矿藏,一旦开采出来能发大财。隔壁永康县一个姓施的富商听得心里痒痒,便反客为主纠集了二三千人前来采矿。

听说永康人竟敢来"太岁头上动土",义乌的陈氏族领陈大成勃然大怒,立即带领了几千人马前去兴师问罪。双方一语不合,拔刀相见,你一刀我一枪,在八宝山上展开了一场旷日持久的血战。

这一仗杀得昏天黑地,鬼哭狼嚎,成千上万的人马不分男女老幼,巾帼须眉,此刻摇身一变,全都成了冲锋陷阵的斗士,他们手拿锄头或者菜刀,有的甚至高举一根木棍竹棒,便毫无惧意地杀进了战场,一个个瞪着血红的眼睛,拼命朝对方要害处下手。丈夫打死了,婆娘接着上,父亲残废了,子女一起来,不惧刀山火海,不怕血流成河,从白天杀到黑夜,夏天打到深秋,三万多人山上山下你来我往,整整厮杀了四个多月,先后死伤二千五百多人。

义乌百姓在械斗中表现出的这种顽强精神,让戚继光这位尸山血海中拼杀出来的统兵大将,也不由佩服得五体投地。又经过一番深入了解,戚继光发现,原来这种好勇斗狠的精神绝非今天才有,由于世代在贫瘠土地上披荆斩棘,每天上山与猛兽搏斗,外出与对手争食,义乌人早就养成一股不撞南墙不回头的倔强劲头。这儿民间尚武的风气非常浓厚,每个村庄都有拳社武班,男孩后生打从牙牙学语开始便舞刀弄枪，与外人一语不合，便要用拳头棍棒决出个胜负。一双"义乌拳头"挥舞千年，早就威风凛凛打遍了浙中八婺。

这里大规模械斗还在继续，戚继光却觉得自己已经发现了一座不可多得的金矿。他立刻扬鞭策马赶到杭州，深有感触地对浙江巡抚俞大猷说："如义乌人之彪勇横霸，善战无畏，实为我前所未见，让人闻风丧胆，可怕！可怕！"因此他要招募一支专以义乌人组成的军队："得此一旅，可胜三军。"

俞大猷批准了他的要求，戚继光立刻赶回义乌募兵，他选兵的条件很有意思，首先是几个不要：在市井里混过的人不要，喜欢花拳绣腿的人不要，年纪过四十的人不要，在政府机关干过的人不要，喜欢吹牛、高谈阔论的人不要，胆子小的人不要，长得白的人不要，性格偏激（偏见执拗）的人也不要。能被录取者必须臂膀强壮，肌肉结实，眼睛比较有神，外貌憨厚，看上去比较老实，手脚比较长，比较害怕官府的人。

条件虽苛刻，可合乎条件的义乌汉子仍然大有人在，很快，4000名"小狮子"就汇集到戚继光猎猎飘拂的军旗下。

（三）给雄狮装上尖牙利爪

从《孙子兵法》开始，中国军队就有治军的"六字真言"，即"其疾如风，其徐如林，侵略如火，不动如山，难知如阴，动如雷霆"。只有这样的军队才能战必克，攻必取，无往不胜，才能打败穷凶极恶的敌人！

戚继光的任务，就是给这些招募来的"小狮子"们装上尖牙利爪，让他们成为拥有当时世界上最先进火器、最严明军纪、最合理编制的钢铁军队。他倾其所有，给这支新锐部队配备了后膛的神威将军炮——佛郎机、鸟铳、倭刀、铁甲等，千万可别小看这些武器，在当年可绝对算得上东亚第一，世界前列。当时日本最强悍的萨摩兵团，全军也才拥有两万只火枪，两门轻炮。戚家军当时虽然只是一支地方军队，可是装备的先进程度，却直逼保卫京师的皇家卫戍部队——京都神机营。

戚继光还为这支军队制定了严酷军法：如因作战不力战败，主将战死，所有偏将一律斩首；偏将战死，手下所有千总一律斩首；千总战死，手下所有百总斩首；百总战死，手下所有旗总斩首；旗总战死，手下队长斩首，队长战死，而手下士兵没有斩获，十名士兵全部斩首！戚家军的严明纪律还包括：凡出征时有扰民行为的，一律斩首示众。所以戚家军无论在哪里作战，都能获得当地百姓的支持,就连苗、瑶等少数民族都愿意为之誓死效命。

明朝一向实行低饷制度,因此这些士兵虽然提着脑袋上战场,但饷银却少得可怜:一年才 10 两银子,仅相当于农民打短工的收入。"堤外损失堤内补",这回戚继光给士兵开出了极高的战场赏金:以小队为单位,每杀死一个倭寇赏银 30 两,杀死 10 个赏 300 两,100 个赏 3000 两。如果全队一年累计打死 60 个倭寇,一线岗的 8 名士兵每人能拿到 150 两银子,这在当时可是极高的奖赏。

重赏之下必有勇夫,这项制度对于一线士兵起到了很大的激励作用。

总结以前平倭战事的经验教训,戚继光又煞费苦心,设计出一套独特的"鸳鸯阵法"。每小队(即今天的步兵班)11 个人,每当临阵,队长站在队伍前列中央,其余十个人分两列纵队站在他背后。这十个人分别持有四种不同的武器,组成了五道互相配合的攻击线。队长身后,是两名持有标枪的盾牌兵,他们用盾牌掩护自己和后面的战友,并首先投掷标枪发动进攻。掩护盾牌兵的,是站在他们后面的狼筅兵,所谓狼筅,是一种特制的兵器,形状十分怪异,以长铁棍为主干,上面扎满铁枝和倒刺,往前一挺,跟铁丝网一样,任谁也过不来。狼筅兵的后面,是四名长矛兵,他们是队伍的攻击主力,看见敌人,就使用长矛前刺。队列的最后是两名短刀手,防止对手迂回,从侧翼保护长枪手。这样十一个人互相配合,互相掩护,构成一个完美的杀敌阵式。

装好了利爪,磨利了尖牙,等待着这些义乌"小狮子"们的,就是实战检验了!

(四)一战成名天下知

嘉靖四十年(1561)四月,东南沿海一带狼烟再起,两万余名倭寇从海上登陆直奔台州,著名的台州保卫战就此拉开序幕。

戚继光判断,敌军第一个进犯目标必定是宁海,他日夜兼程,率领刚刚练成的戚家军前去迎敌,他要让这些"小狮子"们在那里接受血与火最初的洗礼。

果不其然,当戚继光赶到宁海,已有上千名倭寇在列阵等着他们了。看见明军赶到,倭寇并不惊慌,因为根据以往经验,明军最为畏惧的就是近身搏斗,只要短兵相接,他们立刻就会抱头鼠窜。于是倭寇们举着明晃晃的武士刀发起进攻,但他们刚刚冲到明军面前,还没来得及动手,对方的队形忽然散开,三三两两聚在了一起。

明军摆开的,正是刚刚练成的"鸳鸯阵"。继续冲锋的倭寇没走几步,不少人就被迎面飞来的标枪射倒,运气好点的继续前行,不是被盾牌挡住,就是被狼筅钩住,密集的倒刺来回拉扯几次,就算不死也要掉层皮。剩下的还来不及高兴,就见迎面还有四支长矛在等着他们,这时想后退或反击,四周都有狼筅和盾牌挡着,只能眼睁睁地在长矛或短刀下作了短命鬼。就这样几番冲杀,冲上来的倭寇很快被标枪、狼筅和长矛杀死大半,剩卜的虽然还闹不清怎么回事,但有一点已经明白了——再不快跑,就永远跑不掉了。

这一仗成了良好开端,接着戚家军又在花街、上峰岭、藤岭、长沙等地和倭寇连续血战,十三战十三捷,共擒斩倭寇一千四百多人,焚、溺死四千多人,侵犯台州的倭寇遭到毁灭性打击,望风远遁,浙江倭患基本平息。戚继光因功被提升为都指挥使,"义乌兵"从此被人称为"戚家军","小狮子"们威名远扬,从此雄风遍天下。

一连串的胜利让戚继光对义乌兵信心满满,1561 年以后他又三度亲临义乌,总共招兵 26000 人。几年之后,这些人里涌现出不少的义乌籍名将,如童子明、陈大成、王如龙、朱文达、陈子銮、陈禄、叶大正、刘廷玉、吴惟忠、楼楠、楼大有等。

戚继光选择了义乌兵,义乌兵造就了戚家军,戚家军成就了戚继光!

倭寇在浙江头破血流,只好改道去邻近的福建,在那儿海岸线上筑起坚固的巢穴继续作恶。1562 年,朝廷任命戚继光为福建总兵,移师福建继续剿寇。

横屿是福建宁德县东北一个小岛,离岸约有十里,和大陆之间隔着浅滩。涨潮时海水将岛屿与大陆分开;潮退后是一片泥淖。倭寇侵占该岛三年,在岛上修筑了坚固的防御工事。为了渡过浅滩,戚继光命令士兵铺上干草,随着鼓声向前爬行。到达横屿岸边时,倭寇早已布好阵势。士兵们奋勇冲杀,放火焚烧倭巢,倭寇四处逃窜,戚家军乘胜追击,斩首 348 人,生擒 29 人。残余倭寇向海上逃命,又被淹死 600 多人。战斗从开始到结束不过三个时辰。随后,戚继光乘胜进军牛田、林墩,铲除了福建的三大倭寇巢穴,至此,为害我国沿海多年的倭患已基本扫除。

(五)筑起新的长城

明朝后期的中国多灾多难,东南沿海的倭患刚刚平息,北方边界的狼烟又见燃起,这一回,是来自大漠的蒙古部族在发难。

危难思良将,急需用人的朝廷自然又想到戚继光。1567 年紧急调他北上,到京师不久,戚继光便上《请兵破虏四事疏》,提出自己的边防策略,不久又奉命负责蓟州一带防务。在此期间,他痛感当时的北方士兵苟且偷安,军纪涣散,又想起那支自己亲手训练出来的铁军。于是几次上书朝廷,请调浙兵北上。开始只调来三千,后增加到九千,最后才增至二万。

浙军到防的第一天,就显示出它钢铁般强劲的军纪。据说那天天没亮,戚继光便吹响了紧急集合号,刚刚长途奔波几千里的士兵不顾疲劳,立即列阵集合。此时大雨如注,南方的士兵就在北方刺骨的寒风冷雨里纹丝不动站立了几个小时,"首朝至日昃,直立不动,边军大骇,自是姑知军令。"给其他部队的士兵上了鲜活生动的一课。

隆庆二年,朵颜部酋长董狐狸率蒙古铁骑 3 万入侵,戚继光以车营抵挡,自己率 8 千铳骑突袭董狐狸牙帐,全歼朵颜 3 万铁骑,逼着董狐狸叩关请罪;万历三年,长秃帅兀良哈铁骑 5 万入侵,戚继光又率 8 千铁骑出塞包抄,全歼5 万蒙古军,这其中,义乌兵起到了很大的作用。

烽烟稍平,戚继光不肯稍懈,又带领部下开始修建完善长城防御体系。蓟镇长城最早建于明朝初期,真正大规模的修筑则从隆庆至万历初年由戚继光率领戚家军完成。这次修建的长城由城墙、敌台、墙台、烽火台、关城等几部分组成。城墙垛口下的宇墙上以一定的距离及地势情况设置瞭望孔、射孔,有些地段在外侧城墙筑有雷石凹槽溜道,大大加强了防卫能力。他还修建了由内外基座、中空及顶部楼橹三层组成的烽火台。

义乌兵修筑的主要有九门口长城、山海关的老龙头、北京金山岭长城、河北抚宁的董家口长城等,其中要数万里长城龙头之老龙头——入海长城工程最为艰难。这项工程的施工地点是茫茫大海,工程难度可想而知。负责这项工程的是义乌吴坎头人吴惟忠,他随戚继光身经百战,屡立战功,此时正担任山海关参将。吴惟忠经过实地勘察,并和富有经验的将士、施工设计人员反复磋商,确定和设计了当时前所未有的海中施工方案,创造性地修筑了这道海中高墙壁垒,作为万里长城雄伟的开端。

义乌兵参与修建的又一处长城,是耸立在燕山东段崇山峻岭之上的河北省抚宁县董家口长城,这是蓟镇长城的重要关塞之一,也是护卫天下第一关——山海关长城的北翼要塞。在这片突兀险要的山岭上,共筑有 16 个烽火台,全长近9公里,最高处海拔556米,还筑有3座城堡。

短短数年间,在东起山海关、西到居庸关的北方边防线上,1017座敌台、烽火台、关城高下相间,疏密有致,蔚为壮观。"十四路楼堞相望,二千里声势相援"的长城随着地势蜿蜒起伏,一道坚强的防御体系终于建成。

如今每当登临雄伟壮丽的万里长城,一股强烈的自豪感总会从我心底冉冉不断地升起。呜呼,我的那些少言寡语,皮肤黝黑,外貌朴拙,手脚颀长、目光坚定的老乡,我的那些名垂青史、屡创奇迹的乡亲,是你们举起了戚家军大旗,是你们荡平了千里海岸线上的倭患,又是你们默默走进塞北的漫漫风沙,融进了北疆那条蜿蜒起伏、万世屹立的巍峨长城。

明万历十年(1582),随着一代名臣张居正病死,戚继光的仕途也到了尽头,他于万历十三年(1585)被朝廷罢官回乡,三年之后(1588年1月5日)与世长辞。随着主将谢幕,由义乌兵为主体的戚家军也逐步退出战争舞台。但在明朝后期的战事如远征朝鲜等战役中,仍然发挥着重要的作用。据说连明王朝最后的一支王牌军——著名的关宁铁骑中,也依然驰骋着义乌兵那矫健刚烈的身影。

自嘉靖三十八年成军,到万历十三年戚继光去职,期间戚家军历经大小数百战,百战百胜,从未有过败绩。他们就像大明王朝一件厚重的防弹衣,总被用来抵御敌方最锐利的兵器,从倭寇到蒙古部落再到清军骑兵,默默消除着敌方那些最重大的威胁,直至最后凝结成一道悲壮的长城。

几十年中,戚家军消灭的敌军总数超过15万余人,自身的伤亡却很小。许多战伤比创造了冷兵器作战史的世界纪录,至今仍让我们震惊佩服,请看:

台州宁海前哨战:倭寇伤亡200余人;戚家军仅一人轻伤。

花街之战:斩首308颗,生擒倭首2名,其余淹死和未割首的数目不详,戚家军牺牲陈文清等3人。

白水洋战斗:全歼倭寇2000多名,斩首344颗,倭首生擒5名,自己牺牲3人。

长沙之战:消灭倭寇3000名,斩首不多,此战主要为解救百姓。

福建横屿岛渡海之战:消灭倭寇1000多名,斩首348颗,俘虏29名,牺牲13人。

牛田之战：击溃上万倭寇，斩首 688 颗，自己无一人牺牲。

林墩之战：烧死和淹死倭寇 3000 名左右，斩首 960 颗，俘虏 26 人，此战阵亡最多，达 90 人。

福清葛塘之战：消灭 300 多名倭寇，斩首 150 多颗，自己牺牲 20 人。

平海卫战斗：斩首 2622 颗，牺牲 16 人。

仙游之战：击溃 10000 余名倭寇，杀死倭寇 1000 余人，斩首 498 颗，生擒 1 名，自己牺牲 24 人。

王仓坪战斗：击溃倭寇近万名，斩首 177 颗，自己无一人阵亡。

蔡丕岭战斗：击溃倭寇 7000 余名，杀死 1000 多名，斩首 160 多颗，自己牺牲 31 人。

戚家军的上述战绩，创造了我国军事史上至今无人超越的奇迹。不幸的是三百年后，当另一批高鼻子蓝眼睛的海盗登陆同一处东南沿海的时候，情况却完全逆转。让我们不妨再看看鸦片战争时敌我双方的伤亡比例：

1840 年 7 月 5 日第一次定海之战：清军战死 13 人，受伤 13 人，英军无伤亡。

虎门之战：清军总兵力 11000 名，清军 250 人战死，100 余人受伤，总兵关天培战死。英军 5 人受伤。

广州内河之战：总兵以下 446 人阵亡，英军受伤 8 人。

广州之战：清军总兵力 20000 人，数座炮台被毁，战船 43 只，火筏 32 只被击毁，英军死亡 9 人，受伤 68 人。

第二次厦门之战：清军总兵力 5680 人，1841 年 8 月 26 日，清军阵亡 73 余人，受伤 37 人。英军战死 1 人，受伤 16 人。

同样的反侵略战争，同样的海岸线，两相对比……呜呼，山河垂首，噎咽无语！

二、血色斜阳映婺江

婺江的流水静静流淌，有过许多鲜花夹岸、笑语欢歌的日子，也有过一脉血色斜阳、一江红透的时日。而这些日子,也总是和中华民族的命运紧紧地联系在一起。例如,那场发生在明末清初年间的屠城惨剧。

在此前后,这份血腥的名单上已经有了长长一连串的名字,让人阅后不由得惊心动魄,血脉贲张:

> 扬州十日,僧人敛尸八十余万。
>
> 济南大屠杀,尸积十三余万。
>
> 嘉定三屠,五万余人。
>
> 江阴之屠,死者 17 万两千人,幸存 53 人。
>
> 昆山之屠,破城当天死者四万。
>
> 同安之屠,死亡五万余人,梵天寺僧葬之。
>
> 大同之屠,全城仅剩重案犯五人。
>
> 广州之屠,死亡六十余万,存者七人。
>
> 舟山之屠,第一次屠杀万余人,第二次屠杀死者皆投之海,腥臭数百里,数目无法统计。
>
> 苏州之屠,苏州投降得早,仅屠半城,约十余万人。
>
> 嘉兴之屠,死者约十余万人。
>
> 赣州之屠,约四十万。
>
> 南昌之屠,四十余万……

"覆巢之下,安有完卵。"这一回,金华在劫难逃,榜上有名!

那个时候北方辽阔的领土,已经在前一年全部沦丧在清军的铁蹄下。崇祯皇帝吊死在煤山之后,明朝的臣僚在南逃中,推举福王朱由崧为皇帝,在南京成立了南明小朝廷,年号弘光,试图支撑起风雨飘摇的南半个中国。

可是这个苟延残喘的小朝廷实在太不争气,刚刚登上宝座的弘光皇帝不是忙着整军备战,而是忙着到处征集美女,广选妃嫔,吃喝玩乐。皇上如此,属下自然也不会消停,满朝文官们一个个忙着争权夺利,搜刮民财,背转身却各自打着逃跑或投降的主意。武将们忙着抢夺地盘,拥兵自重,不仅不愿协同作战,还爱"窝里斗",打自己人的那股凶狠劲儿,常常要超过抵御清军的勇气。

也许是"天人感应",在这个世界上,天灾和人祸有时常常紧密地联系在一起。在大草原上驰骋惯了的清兵本来最怕南方的大江大河,一条波宽浪涌的江河,足足抵得上明王朝的十万刀兵。南明的兵将不中用,那素以"天下第一潮"闻名的钱塘江,总该是一条抵御入侵者可靠的防线吧?

可是偏偏那一年就南方大旱,往年滚滚不息的钱塘江几乎成为一条浅浅的溪流,清兵们惊讶地发现,江心里洗澡的人们水才漫过半腰,骑在马上就可以轻易地过去。

于是清兵立即大举过江,江边原有好几万明军据险把守,主力就是后来攻克金华的方国安部。当时他们正在吃饭,清军第一炮就击中了明军厨房。于是兵士们撇了碗筷,以百米赛跑的速度顷刻间就全都不见了踪影。

横在清军面前的最后一条屏障也荡然无存了。

马蹄声碎,喇叭声咽,古城金华的大限……到了。

攻陷金华城的,不少是货真价实的清兵,就连清军主帅贝勒博洛都来了,但更多的,恐怕还是那些刚刚剃光脑门,像模像样拖起了大辫子的明军。这些人当初是崇祯的部下南明的兵,当外族侵略者来临,他们摇身一变立刻成为清军,而且往往还打头阵,当先锋,杀起自己的同胞来一点也不手软。

比如,当初为清军打开山海关大门并带领他们南下席卷中国的吴三桂,就曾经是金华守将朱大典的部下。就连轰开金华坚固城墙的十几门红衣大炮,当初也都是明军的攻城利器。

这些人的嘴脸,仅从当时亲手俘获弘光帝的两个将领身上,就可以略见一斑。

这两个人一个叫田雄,一个叫马得功,本来都是明将主将黄得功属下的总兵。弘光帝逃到他们营帐,并和追来的清兵(其实也是些投降的明军)对垒。乘乱之时,田雄一箭射死主将,然后背起弘光帝,另一个降将马得功抬起弘光双脚,两人一起向清军阵营跑去。

弘光皇帝是个三百多斤重的大胖子,此刻一边哭泣,一边祈求两人放了自己。

可田雄背着这三百多斤的重负,却依然疾步如飞,还笑着说:"陛下,你就是我等的功名,怎能放你!"

弘光皇帝就这样被自己的部将抬着,一直送进了清军的牢笼,送上了断头台。

在这些人眼里,他们背负的不是什么皇帝,而是沉甸甸的金银赏赐,金灿灿的利禄功名,为了这些,他们可以毫不犹豫地抛弃一切。

他们的厚颜无耻,丧尽天良,仅此可见一斑。

金华屠城的罪魁祸首,领头的也是两个,一个叫方国安,浙江诸暨人,此人征战多年,是明朝后期实力最强的军阀之一。另一个却恰恰相反,是个风流倜傥,文才盖世,赫赫有名的大文人,名叫阮大铖,字集之,号圆海,怀宁(今安徽安庆)人,万历四十四年(1616)的进士。此人阴险狡诈,城府很深,平日在朝廷各派别之间摇来摆去,投机钻营,一向为正派人所不齿。其处世哲学,也像后来他送给弘光帝一副对联里写得那样:"万事不如杯在手,一生几见月当头。"

这位臭名昭著的政客,同时却又是一位才华出众的剧作家,所作的戏曲剧本故事离奇,情节曲折,文词优美,引人入胜。和金华的李渔有得一拼,他也养有家庭戏班,不时推出几出自己创作的新戏,还常常亲自登台执板唱曲,引来台下一片喝彩。

阮大铖不仅写戏,自己也曾被别人写入千古流传的剧本,孔尚任的名作《桃花扇》中,就有他的角色。

谈起此人,鲁迅斥之为"能作《燕子笺》的古之叭儿"。钱钟书则在《谈艺录》中感叹,认为对他"固不宜因人而斥其文,亦只可因文而惜其人"。

一个文才盖世的艺术家,如果把才华用在了卖主求荣,杀人放火上,那造成的伤害,可能会远比一般人更加惨重。

金华的屠城史既像国难又像是家仇,阮大铖、方国安和金华城守将朱大典原来同朝为官,相互熟悉,而这时却恩恩怨怨,演绎出了一幕幕血火烟云的惨烈悲剧。

朱大典(1581—1646)是金华长山村人,字延之,号未孩。据说小时候勤奋好学,却因家境贫寒,无钱入学读书。村里伏龙庙附近有一所私塾,朱大典割草拣柴之余,便常常到私塾边"倚窗听课",塾师及东家发现后,被他的好学精神感动,破例地收他入学伴读。有了这样的机会,朱大典更加发愤,终于在1616年考中进士踏上仕途。先授章邱知县,后任兵科给事中,在抵御外侮,镇压民众起义中屡建功劳,一直升到兵部右侍郎、山东巡抚等职。

李自成攻占北京,福王于南京称帝后,朱大典被召为兵部左侍郎,一个月后即升为兵部尚书,相当于现在的国防部长。他和阮大铖有一定交情,弘光帝外逃时,俩人曾一起到逃难的船上受召见,并在皇帝面前流着眼泪发誓,一定要坚决抵抗到底。

带着这样的誓言,朱大典和阮大铖俩人来到金华,开始整军备战,修筑城防,准备迎击南下的清兵。这当中,朱大典尽散家财,召集亲友,真心抗战。而阮大铖却心怀二志,有些史料上记载,此时他已私底下和清军有了勾结。

有句俗话说得好:"群众的眼睛是雪亮的。"金华的许多士绅民众并不知道阮大铖有二心,但对他过去投机钻营,投靠宦官魏忠贤的劣迹却早有耳闻,因此贴出揭贴,要求驱逐阮大铖出境。

民意难违,更何况在这样"黑云压城城欲摧"的非常时刻,几番劝解无效,朱大典只得拿出些银两,礼送阮大铖上路了事。

对金华人仇恨的种子,就这样撒在了一颗邪恶却又极富才华的心田,也许从那时开始,一幕新的悲剧就在这位剧作家的脑海里开始构思,不过这一回可不再是演戏,而是要真刀实枪地大开杀戒了。

一出城关,阮大铖便策马直奔驻扎在建德的方国安大营,劝他率军去金华一带发展。方国安本和朱大典不合,又正为军队的粮饷犯愁,一听正中下怀,于是立即带领大军,乘船溯流来到金华通济桥,提出要进城驻扎,并要朱大典拿出白银四万两劳军。

方国安的军队素有"虎狼之师"恶名,朱大典对此早有耳闻,于是立刻紧闭城门,拒绝方军入城。

乱世之中,实力就是话语权,一言不合,双方立刻兵戎相见,即便身处同一阵营也不例外。方国安大军二话不说,架起梯子立马攻城,金华守军毫不示弱,立刻上城抵抗。双方你来我往,打了十几天也没分出个输赢,方军驻扎在婺江的航船上,一直登不了岸。

这时逃到绍兴的南明鲁王出面调停,并任命朱大典为文华殿大学士,建行台督师,辖金华、兰溪、汤溪、浦江四县。方国安见实在进不了城,只好顺着这个台阶,悻悻地撤兵而去,不久便和阮大铖一起投降了清军。

金华的第一次围城就此结束,但还没等大家松一口气,第二次围城又开始了。这次来得可不再是什么南明的散兵游勇,而是拖着大辫子,强盗一般强悍的清兵。

清兵南下之前,投降的南明官员钱谦益曾对清军统帅豫亲王多铎说:"吴地民风柔弱,飞檄可定,毋须再烦兵锋大举。"清军信以为真,因此在围城之前,先派了个信使进城,认为只要吓唬几声,城里就会乖乖地竖起白旗开门投降。

谁知朱大典可不是个"飞檄可定"的鼠辈,而是铁骨铮铮的硬汉,耳边分明还回响着当初在皇帝面前许下的誓言。他二话不说,当场烧毁书信,斩杀来使,带领部下上城抵抗。

于是清军主帅博洛亲自带着十万大军和几十门大炮从绍兴赶来,将金华城围得个水泄不通,为期近一个月的第二次金华攻城就此展开。

一开始,清军仍采用架云梯登城的办法,但城头上守军密布,箭如雨下,打得清兵死伤枕藉,尸体堆满了城下的壕沟。他们改变策略,又用几十门大炮轮番轰击,想先在城墙上打开个缺口,再冲进城内。

激烈的炮声没日没夜轰鸣,城头不时炸起一团团的烽火烟尘。浙东素有"铜金华,铁衢州"的说法,古老的婺州城墙经过一代代人修筑加固,早已是坚固异常,当时的炮弹打上去根本不起作用。眼看日子一天天过去,清兵仍然在高墙深垒之下一筹莫展。

这时那位剧作家阮大铖心中罪恶的剧本已经构思完成,他胸有成竹地晋见主将博洛,报告说城西一带城墙是新土所筑,根基不牢,可以从这儿打开缺口。

原来当初他在城里避难时,就已经打探到了这个秘密,现在要待价而沽,高价出卖给新投的主子了。

7月16日这天闷热异常,一大早,猩红的太阳便从浓浓的血泊中升起。几十门清军的红衣大炮排列在婺城西南角,一声令下,炮口全部对准这一段城墙集中轰击。

这一招果然见效,一阵轰击之后,部分城砖开始破碎,露出里面没有夯实的新土,再等新一轮轰鸣声响起,城墙便轰然坍塌了。

一阵狼嗥般的呐喊声平地而起,大队清军扑向这刚刚轰开的突破口,向城内冲击。

守军从最初的震悚中惊醒,毫不气馁,立刻向突破口集结,力图堵住缺口,把登城的清兵打回去。双方短兵相接,狭小的突破口上刀光剑影,一阵阵刀斧声、呐喊声鬼哭狼嚎,惊天动地。

毕竟是寡不敌众,一阵厮杀之后守军支撑不住了,大队清军潮水般越过城墙涌进城里,由西向东攻势凌厉。而守军劣势之下不肯屈服,他们逐屋据守,沿街抵抗,一些百姓也自发地加入激烈的巷战。

眼见就要破城,朱大典明白最后的时刻到了,他先驱马赶回家中,只见妻子和五个儿媳都已带着孙子投井自尽。这才拨转马头,赶到位于城东八咏楼附近的火药库。

按照事先约定,这时部将吴邦璿、何武等人带着家属随从32人在这儿等他。一见面,吴邦璿就说:"城中火药尚多,不可留下资敌,何不焚之,为吾辈死所?"

朱大典从袖中亮出一根火绳,说:"正是老夫之意。"于是大伙跟随他来到库里,默默地席地而坐。

好久仍不见朱大典动手,而库外的呐喊厮杀声却越来越近,大伙不知他还在等待什么,都把不解的目光投向朱大典,这时有个卫兵急匆匆跑进来禀报,说:"禀老爷,公子死了。"

朱大典的双眼涌出泪水,脸上却泛起了微笑。原来他刚才放心不下的,就是两个儿子还在外面同清军巷战,而今终于有了消息。只见他整理一下衣服,突然大吼一声:"举火!"

一声巨响,一团火光,碎砖乱瓦雨点般地飞起,火光烟尘里,朱大典等32人英勇殉难。

最后的战斗发生在城东的高山头一带,剩下的百十名守军在那儿据险抵抗,直到最后一人倒下。

孤城沦陷了,守军覆灭了,但杀红了眼的清兵并未罢手,相反,他们身上的兽性此时才真正释放。清兵们恨金华百姓"不顺命",而方国安的手下则恨金华百姓两次拒绝他们入城,旧恨新仇,这会儿变本加厉一股脑儿全都发泄出来。一把把明晃晃的屠刀对准手无寸铁的百姓,不分青红皂白,一场惨绝人寰的屠城劫杀开始了。

很难用语言文字描述这样悲惨得令人心碎的场景,只能用李渔事后不久写下的一首诗,略为表达心中的哀伤与震惊:

婺城攻陷西南角,三日人头如雨落。

轻则鸿毛重泰山,志士谁能不淘鎏……

伴随屠杀而来的是性犯罪,一时间,金华的断壁残垣里响彻妇女们凄惨绝望的哭喊,裸体女尸白花花躺满了大街小巷,就连老太太和幼女也不能幸免。

夜色降临,火焰冲天,血一般殷红的光焰里,杀戮、抢劫和强奸仍在放肆地进行……

当第三天的晨光从惨云愁雾里艰难地挣脱,照亮的却只是一片片断壁残垣,碎肢断体。婺江水仍在呜呜咽咽奔流,不过此刻流淌着的,全是一汪汪殷红的血水。

据史料记载,金华城此次被屠杀多达五万多人,城市近乎全毁!

5万多人呵,如果排列起来,能够组成一个多么巨大的方阵,能够构成一个多么繁华的城镇,可以创造多少生机,多少财富,多少后裔。而且这5万多人全是父亲母亲、儿子女儿、爷爷奶奶……他们都拥有自己的故事,自己的人生、爱情、向往与梦境……

可是此刻,他们却全都化成了断肢残骸,埋进了这片原本可以更加富饶美丽的土地。

婺江水流淌着,带着那一泓泓永不褪色的血水,流进那些永远不能忘却的记忆……

二百多年后,这片土地又经历了一次同样惨烈的战争劫难,清军和太平军在江浙一带反复争夺,轮番展开拉锯战,一次次刀兵血火,一次次屠戮抢掠,大军如同压路机一般蛮横地碾过,所到之处,留下的只是一片片残垣焦土,一堆堆无人掩埋的枯骨……

据统计,太平天国战前的 1858 年,金华八县一府共有人口 308.2 万,战后的 1865 年只剩下 185 万,七年间整整减少人口 123.2 万!

艰难地生息,挣扎着生存,又过了大约二百年,1953 年金华的人口数只有 295 万,仍然不及太平天国战前。

惨烈的悲剧绝不只在金华上演,那个时候,整个中国就是一个惨绝人寰的大舞台。据史料记载,在以太平天国为中心的清末咸同战乱期间,全国人口从原来的 4.36 亿锐减至 3.64 亿,屠城、屠乡的记载比比皆是,一页页血迹斑斑,惨不忍睹。在这场战争的中心地域江浙一带,原先的人间天堂蜕变为悲惨地狱,西湖上竟也爆发了万人参加的水战,浩劫过后,杭州的人口从 81 万锐减成 7 万。

战争对于人类的摧残与恐怖,仅此可见一斑。

三、生命的价值

青年导演陆川用了整整两年时间,全身心地投入影片《南京,南京》的拍摄,七百多个日日夜夜,全都沉浸在那场南京大屠杀的死亡、毁灭、分离与悲哀之中。

就在影片完成的那一刻,他却突然产生了一种前所未有的强烈欲望:"特别想找一个实实在在的女人结婚,回到阳光下,和她拥抱在一起,生个孩子。"

在他过去的印象中,总记得父母还是个中年人,可是等拍摄完回头一看:"哇,他们这么老了,我该为他们做些什么?"

接触过死亡的人,才最懂得生命的价值;经历过浩劫的人,才最理解亲情友情的珍贵。

哲人罗素说过:支撑着我们生活的动力,是三种单纯而又极其强烈的激情:对爱情的渴望,对知识的渴求,以及对于人类苦难痛彻肺腑的怜悯。

个人如此,一座城市又何尝不是这样。

尤其是对于金华,这样一座经历过屠城和许多战争劫难的古老城市。

从唐朝起就默默屹立在婺江上,陪伴过一代又一代金华人的古老通济桥,在公元 2007 年岁末的一天,目睹了历史上惊心动魄的一幕:一个年轻生命从它身上纵身跃入冰冷的江水,托举起了另一个更加年轻的生命。

救人的是驻金某部队 28 岁的年轻军官孟祥斌,那天他陪同来队探亲的妻子和 3 岁的女儿前往市区购物。途经通济桥时,忽然听见"救人啊,有人要跳江"的呼喊。循声望去,只见一位年轻女子从十多米高的桥上跳入江中,在水中上下沉浮。情势危急,孟祥斌说声"来不及了",便迅速脱掉上衣外套和鞋子,跃上桥栏纵身跳入冰冷江中,奋力游向轻生女子。

江宽水凉,体力不支,等孟祥斌用尽力气将女子托出水面,交给飞速驰来的快艇,自己便力竭沉入江中,献出了正当青春的生命。

从得知英雄牺牲的那一刻起,便有金华市民在孟祥斌跳江救人的栏杆边,拉起"沉痛悼念英雄孟祥斌同志"的横幅,数百名孟祥斌所在部队的官兵来到现场,敬献黄菊花,齐声高喊:"孟祥斌,我们来看你了!"集体向横幅三鞠躬。

更加感人的一幕出现了,成千上万素不相识的市民在通济桥上自发地排起长龙,逐一走到横幅前,献上鲜花并深深鞠躬。长长的人流中有头发花白的老人,有手挽手的情侣,有抱着小孩的家长,其中许多人是特意从义乌、兰溪等县、市赶来的,他们说:"尽管孟祥斌不是金华人,被救的女子也不是金华人,但这事发生在金华,他的行为感动了我们,我们为他而骄傲。"

入夜,桥边江堤上再次掀起追悼热潮,7时不到,摆在桥栏和江堤边的花圈已经连绵数百米。在特意圈起的一块地上,大批网友和现场市民点起了蜡烛,有的将蜡烛放入婺江中,点点烛火顺江而下,寄托着金华市民对英雄的哀悼和缅怀。

募捐箱很快摆到了活动现场,现场的市民们都积极响应,许多市民在点起蜡烛之后,便转身将钱投入了募捐箱。一位女士没有接受采访,捐出1000元后转身离去。一名三轮车夫空车回家时看到活动现场,摸遍全身没有找到钱,后来才从三轮车座位下藏着的钱袋里找出10元钱,投入募捐箱,一对情侣把百元钞票折成纸鹤捐出。还有抱着婴儿的母亲,系着红领巾的小学生,西装革履的,衣着朴素的,步履艰难的……

没有任何单位组织,没有任何官员下令,连着几个白天,成千上万悼念的人群汇合成滔滔不绝的激流,长达数里的花圈诉说着无尽的哀思;连着几个夜晚,点点烛火装点起碧水两岸,犹如婺江那流着泪的眼睛。这从未有过的感动深深震撼着古桥,也激荡着婺江两岸人民千万颗感恩的心灵。

12月4日,盛大场面再次出现在孟祥斌葬礼上,金华市民自发地为这名素不相识的亲人送行。上午9时,中央、省和地方三十多家媒体记者和来自四面八方的群众手持黄菊花来到追悼会现场,部队治丧工作人员为大家准备的7000朵小白花,不到半小时就发放完毕。据初步估算,赶到追悼会现场的群众有3万多人。

为方便市民参加吊唁英雄,二百多辆出租车司机自发组成阳光爱心车队,在车上张贴印有孟祥斌照片或挽联的标志,免费接送吊唁英雄的广大市民;金华市公交公司及时抽调二十多台公交车开通城南城北两条专线,义务接送参加追悼会的群众;金华市公安局抽调一千多名警员协助部队维护现场秩序;五十多名青年志愿者在现场义务帮助前来参加吊唁活动的老人和小孩。

时已正午,原定1小时的追悼会仍未结束,数不清的男女老少还在陆续赶往殡仪馆吊唁……

无边的感动从婺江边飞扬升华,迅速成为那时金华社会的主旋律,也引发着众多人们的思考和各大媒体关注。新华、人民、搜狐、网易、腾讯、千龙等网络以及中央、省里的媒体均对此进行了报道,国内主流媒体全都派记者赶赴金华采访。

无边的感动从金华流淌,形成一股强劲暖流拍击着冬日里的中国,在不久后中央电视台的颁奖典礼上,孟祥斌当选为"感动中国"2007年度十大人物。组委会把这样的语言送给孟祥斌作为颁奖词:

> 他用一次辉煌的陨落,挽回另外一个生命。别去问值还是不值,生命的价值从来不是用交换体现。他在冰冷的河水中睡去,给我们一个温暖的启示。

"一个人感动一座城,一座城感动全社会。"英雄的献身和无数市民的爱心回应,让中国的那个冬季显得如此温暖如此温馨———这就是发生在古城金华的"孟祥斌现象"。

孟祥斌流星一般闪耀着,在一个十分短暂的瞬间照亮了古城上空,那个瞬间里他来不及留下任何豪言壮语,也没有任何的犹豫彷徨,唯一留给这个世界的,是一句普通得不能再普通的话:我是解放军!

他的生命在那个瞬间消失,犹如燃烧的流星坠入永久的黑暗。然而整整一座城市都定格在这片瞬间而永久的光焰里,536万颗心灵沐浴在生命意义的灿烂阳光下……

暖流来得如此迅猛,如此强烈,温暖得让人如此落泪,如此惊讶。以至于当我们擦掉泪水,抬起头来不禁扪心自问,是什么,让我们泪流满面? 是什么,让我们如此感动?

我们赞美这伟大的瞬间,这短暂的一瞬爆发出多少人性人文的力量、爱的力量:忠诚、责任、勇敢、无私、无畏……

我们更赞美那一瞬间里金华市民表露的可贵情怀:感恩、悲悯、珍惜生命、善待他人……

无数人世间最宝贵的品格汇聚成滔天巨浪,让这个短暂的瞬间显得如此光彩夺目,熠熠动人。

然而这个瞬间的爆发需要多少能量的蓄积呵,这个瞬间的燃烧需要多少燃料的存储呵,这个瞬间里体现出来的悲悯情怀,又需要多么漫长和艰巨的学习、磨炼与积累?

这一切,婺江,只有婺江刻骨铭心地懂得,这是因为,千百年来她历经了太多被火焰点亮,被血水染红,被生命震撼的悲怆时刻,它最懂得生命,那沉甸甸令人无法计数的价值,于是:

那一刻
阳光一米一米　绽放
刺痛所有
黑色的眼睛
金色菊花　颤抖着
开满江堤
无数星星　闪烁
在一条泪的江河中　肃立
……
一个人
感动一座城市
走进
亿万颗
泣血的　心底

菊花流泪的时节
江心的落日　呜咽
像渐渐远去的骏马
踏醒无数　熟睡的心灵
……
佛手、茶花、香樟树
以各自的枝丫和色彩
播撒思念
在片片震颤的
心灵与土地

然后 默默地
等候
无数个花季来临
你的名字生长着
和这座城市
永不分离"

——王晓明:《一个人和一座城》

第九章　一半是火焰，一半是碧水

一、碧水青山各不同

人有个性，人类创造的城市同样具有自己鲜明的个性。

著名作家林语堂这样认为：

> 每个城市都有其自身的个性。一位毫无个性的女士也可能很迷人，但一个城市却不同。所有古老的城市都是经历若干世纪成长演变的产物。它们饱经战争的创伤，蕴含历史的积淀迹。它们是已逝的人们的梦想的见证。
>
> 一个城市绝不是某个人的创造。多少代人通过自己的生活方式和创造成就给这个城市留下宝贵遗产，并把自己的性格融于整个城市。

古往今来，许多流传已久的民谣吟唱着城市与人的多姿多彩。

> 天上九头鸟，地下"九江"佬，三个"九江"佬顶不过一个"湖北"佬。
>
> （北）京"片"子，（天津）卫"嘴"子，保定"狗腿子"。

明代堪与徐霞客比肩的地理学家王士性是浙江临海人，与徐霞客偏重于地形地貌考察不同，他的研究方向更着重于人文。四百多年前，在一本叫做《广志绎》的著作里，他最先提出了浙江的地理区划和文化区划："杭、嘉、湖平原水乡，是为泽国之民；金、衢、严处丘陵险阻，是为山谷之民；宁、绍、台、温连山大海，是为海滨之民。三民各自为俗：泽国之民，舟楫为居，百货所需，俗尚奢侈;山谷之民,喜习俭素,然豪民颇负气;海滨之民,餐风宿水,百死一生,官民得贵贱之中,俗尚居奢俭之半。"

他还进一步描述说:"两浙东西以江为界而风俗因之。浙西俗繁华,人性纤巧,雅文物,喜饰幣帨,多巨室大豪,若家童千百者,鲜衣怒马,非市井小民之利。浙东俗淳朴,人性俭啬椎鲁,尚古淳风,重节概,鲜富商大贾。而其俗又自分为三:宁、绍盛科名逢掖,其戚里善借为外营,义佣书舞文,竞商贾锥刀之到,人大半食于外;金、衢武健负气善讼,六都材官所自出;台、温、处山海之民,猎山渔海,耕农自食,贾不出门,以视浙西迥乎上国矣。"

而在金华,古往今来流传下不少的民谣谚语,鞭辟入里地反映着金华各县、市人文性格的差异与多姿多彩,例如:

> 东阳一把刀(瓦刀),永康一只炉,义乌一只鼓(拨浪鼓),金华一把壶(茶壶),武义一把土,兰溪一张口。
> 义乌拳头,兰溪喷头……
>
> ——金华民间谚语

这些渗透着历史经验与人文智慧的民间谚语,都建立在对特定历史环境和地域现象的精僻分析与巧妙表述之上,形象说明了"一方水土养一方人"的道理,点明了不同县、市人文性格之间的主要特征与差异。

踏入八婺大地,走进这方水土,你肯定会发现,虽然都是股肱兄弟密不可分,但金华各县、市人们的性格特征,却要比这些歌谣里咏唱得更加异彩纷呈,鲜活有趣。

二、汤溪,农耕乐园

当金华津津乐道着自己一千八百多年建城史,兰溪仍沉浸在当初"小上海"美好回味的时候,在如今只是一个普通建制镇的汤溪,在那儿街头巷尾古朴喧闹的茶馆中,老茶客们嘴角会时不时地浮上几缕难以察觉的笑容,他们摇着头,心里边很有些不以为然:"要说历史悠久,其实还要数我们汤溪……"

他们这样想,却很少会这样说,就像在八婺悠悠的青史当中,汤溪从来就只知道默默无语地劳作,却很少会大声开口说话一样。

汤溪和义乌一起,确实是金华两个最早设立县治的地方。早在春秋时期,九峰山下就建起了姑蔑国都城。其后的秦王政二十五年(前222),太末县县治也设在这儿,后改名龙丘县。据清乾隆《汤溪县志》记载,当时还"其城街址,历历犹存"。在经历了漫长的1150年后,吴越宝正元年(931)钱镠才下令将县城西迁至不远处的龙游县。明成化八年(1471),因闹矿贼,政府无力剿匪,只好招安怀柔,划出金华、兰溪、龙游、遂昌四县边陲之地置"汤溪县",让贼盗自治,实际上成为一块"四不管"的蛮荒之地,其后又历时近500年,到1958年才撤销建制。

汤溪的苍茫古老,仅仅从它独特的语言体系便可见一斑。这儿的方言独树一帜,和周围的金华、兰溪、武义都不一样,据说是因地处偏远,外来语种对地方方言的侵蚀较少,语言交流相对独立封闭,因而保存下许多古朴的上古口音。有些歌谣在今人听来,简直就像是遥远非洲原始氏族部落的吟唱一样稀奇。他们的口语也很难再用当代的书面汉字记录,常常只能"翻译"个大概的意思。据说当年汤溪人的骄傲、全国劳动模范陈双田到北京见毛主席,就给中央出了一个国家级不大不小的难题:偌大个北京城,找不到一个可以听懂汤溪话的翻译。

这儿的方言让人一筹莫展,这儿的美景却让任何一个走进它的人心旷神怡。现代剧作家张广天的母亲是汤溪人,在他笔下,故乡呈现出一派脱俗超凡的美丽:

> 枫树摇曳,橘林成行。五彩的萤石矿脉暴露在地表,与红男绿女交相辉映,构成一派旖旎的南国气象;雨天里,穿蓑戴笠的农夫与你擦肩而过,带给你浓郁的稻田气息;霞光淡出的黄昏,柴香四溢的炊烟与山峦野云相搏,漂浮起一层雾纱,笼罩着大小不一的碧洗湖泊;清冽的溪泉穿街过巷,妇女与孩童急呼缓应;蛙鸣蝉噪的长夜,如霜的孤月逼视一床清梦,而空旷的晒谷场上,晚归的帮工借酒放歌……
>
> 每遭挫败,我总要回去汤溪看看,而大地的精气和九峰的神灵,始终给我的骨血心神以厚重的补养。我母系的血脉由我这里流溢激扬,变为诗,变为歌,变为震天的锣鼓催促下的悲愤角声。
>
> ——张广天:《浓厚的汤溪》

好一派"世外桃源"的美丽，好一片稻花一般飘香的温情。

这片桃花源般美丽景致的代表，就是西距金华城 28 公里的九峰山，远远望去恰如芙蓉九朵，青幽峻奇，巍然耸立，常年笼罩在神秘的雾气之中。据说中国佛教禅宗的始祖菩提达摩，当年从印度来到中国后，就曾在这儿面壁修行，至今九峰中的一峰仍以他命名。而道教重要人物葛洪曾在此采药炼丹；陶渊明在这儿"采菊东篱下，悠然见南山"。总之，许多遗世独立、不食人间烟火的世外高人都会选择这儿隐居修行，其美丽古朴，清雅峻奇，自然可想而知。

而在我的眼中，汤溪作为婺城、金东二区的代表，安居于金衢盆地中心，最美丽的地方应该是那片沃土、那方水田，那幅夏秋二季满畈金黄的丰收美景。汤溪的地理条件非常适合稻作：一片片丘陵环抱着的小小盆地里，一块块绿油油的水田晶莹润澈，一条条哗哗的清渠潺潺流淌，环抱起一个个错落有致的农庄，簇拥起盆地中间曾经令汤溪人倍感骄傲的老县城。使得这儿任何时候看起来都肃朴庄严，古风犹存，俨然是江南农耕文明发育完善的标本，或者一座中国农耕文化古老的纪念碑。

这神圣的纪念碑有时会幻化成一个朴厚，倔强的汉子，他脊背微驼，宽厚的肩膀敦实有力，似乎随时都能昂首扛起一座褚红色的山丘，这便是至今铭刻在许多汤溪人心底的"土地赤子"陈双田。

长期以来，人们爱把山西大寨的领头人陈永贵称为"毛泽东的农民，"看做是改革开放前中国农业农民的典范。其实在新中国成立后的 50 年代，中国农民的典型代表并不是陈永贵，而是陈双田。

在那个政治运动十分频繁的时代，陈双田的主要功绩却不是搞运动，更不是整人，而是好好种田，让人们吃饱饭。在一期期如今已尘封的《浙江日报》里，多处记录着这位浙江省首届农业劳动模范辉煌的业绩与情怀。

1950 年 9 月 16 日出版的《浙江日报》，让人们第一次认识了这位普通的翻身农民，在那篇题为《领导全村翻身增产》的文章中写道：

陈双田今年三十五岁了，但却足足有二十三年给人家当帮工。"解放军让陈双田翻了身后，他参加农会，工作积极。"政府号召生产，他首先响应，有信心有办法增加生产……由于他的领导宣传和实际行动的带头推动，全村二百多户普遍做到加工增肥，他组织了四十多人，挖了一千六百多担塘泥，烧了一千二百多担草灰，使今年全村的稻子普遍增产一成以上。

陈双田还带领群众兴修水利，把旱地改造为水田，使亩产增加了 3 倍。

1951 年 2 月 11 日的《浙江日报》以"劳模陈双田"为题，用群众喜闻乐见的绘画形式，完整宣传了他的事迹，让读者认识了一个很有商业头脑的劳模："他还在村里组织了供销合作社，经售日用品，收购土产，去年年底结账盈利5000 多斤大米。"

改革开放以后，陈双田又以另一种方式让读者肃然起敬。1980 年 10 月 7日《浙江日报》第一版报道了这位老劳模难能可贵的举动——《著名劳动模范陈双田腾位让贤——中共浙江省委已经批准了他的要求》：

> 陈双田在五十年代当上农业劳模后，严于律己，艰苦奋斗，不断作出新成绩……一九七五年他被提拔为中共金华县委副书记……然而，随着形势的发展，他感到自己的能力与工作要求已不相适应……曾先后四次提出辞去县委副书记职务的要求。党的十一届五中全会以后，陈双田认为党的事业需要后继有人，自己年纪大了，应当主动腾位让贤，把有才干的中青年干部提到领导岗位上来，于是，他又一次写了书面报告，要求不再担任领导职务退休回队。陈双田的请求获准后，高兴地表示要给家乡的干部当好参谋，要为社队的富裕出把力。

这位地地道道"毛泽东的农民"，一生曾 13 次进北京，两次出国，毛泽东曾经 8 次握起他那双长满老茧的大手，在 20 世纪的那些个年月，这可是非常了不起的业绩。

2006 年，浙江省举办"劳动伟大——浙江最具影响力劳模"评选，陈双田仍以高票排名第一位。

如今陈双田逝世近 30 年，"土地赤子"仍然鲜活在浙江人民心底。

汤溪和以它为代表的婺城、金东乃至浙西南的农耕文化，早就引起了全世界的高度关注，不仅中国的官员学者，就连 20 世纪美国的经济学家都对它赞不绝口。

1909 年美国的农业经济学家凯恩（F.H.King）为研究中国农民的实际生

活情况,并为当时备受"石油农业"困扰的美国寻找东方智慧,曾到过中国香港、广东、江苏、浙江等地考察,一路走访乡村,与农夫攀谈,记下一路笔记。

1911年,他的著作《四千年农夫》出版,集纳了他沿路所见并深受启发的东方传统农业智慧。在他眼里,"中国农耕拥有无穷的魅力,智慧和活力,历经四千多年,土壤依旧肥沃,且用仅美国近半耕地养活了数倍于美国的人口,东方农民是勤劳智慧的生物学家。"

印象最深刻的是在浙江西南山区,面前的景色让他眼前一亮:"早春时节,这儿是一片绿色海洋,一眼望去尽是油莱,一段时间之后就开始变成一片金黄,最后当叶子掉落、油菜成熟之后,田里就变成一片灰色,就像奶牛一样,油菜能用于生产植物油,每100磅的油菜籽能产出40磅的菜籽油。这些油可以食用,可以燃烧,也可以出售。假如将油菜渣和灰作为肥料施用于田间,那么土地的肥沃程度能够保持平衡。"

他认为,正是农耕文明"……建造及维护还培养了这个民族强壮的体格和恒久的毅力,这里的人们心思细腻,木讷于言,更多的时候是在默默地为家国的建设和土壤肥力的保持贡献力量。

我们共同探讨的农耕活动是一个充满活力的,拥有五亿人口的民族的伟大创举。他们四千年来不断积累农耕经验,并且这个势头还将保持下去。这群人有很高的道德修养,足够聪明,他们正在苏醒。"

据说在陈双田访问苏联时,斯大林曾亲手送给陈双田一件全毛呢大衣,但他仅仅穿过一回,就把它永远放进了箱底,因为在那个时代穿上呢子大衣,就完全可能脱离群众,脱离了自己那些戴着铜线帽、披着白汤布的"贫下中农"兄弟。

如今已经很难见到那种笠叶编织、刷过桐油的铜钱帽了,当年这可是金华农民独一无二的标志,生活中须臾不能分离的亲密伴侣。它是那么独特,那么别致,神气地歪戴在头顶,很有几分外国士兵戴着船形帽的卓越风姿一般潇洒,同样得体。

除了铜钱帽,汤溪农民还有另一种必不可少的标准配置叫汤布,是一块长约丈余,宽约二尺左右白色的土布。

别看它毫不起眼,可在当地农民手里,却能像玩魔术一样地千变万化,随机应变,起到几乎是全天候的功能作用:平时可当腰带,当毛巾,当手绢;风雨袭来时遮风挡雨,天冷了可当围巾。外出时还可当扁担,当褡裢,一般的随身物品一系一捆,往肩上一甩,便能随身带着到处走。

"农夫心内如汤煮,公子王孙把扇摇。"炎炎夏日是阔人们休闲消暑的时日,却也是江南农民一年四季最为忙碌紧张的时节,这时候汤布就更能显现出自己独特的作用了:它可以用于擦汗用于洗澡,中午休息时往田头地角一铺就是床单。而有些时候,它干脆就是汉子们浑身上下独一无二的全部衣着装束。

"文化大革命"时期我经常跟随学校下乡支农"双抢"(抢收抢种),和那些浑身上下晒得漆黑的农民们一块下田劳动。经常看见同去的女同学割稻时大惊小怪,像碰见了蛇蝎似地尖叫着四处逃避。起初很奇怪,仔细观察后才知道,原来正是一年之中最热的时候,那些同田劳动的农民身上往往什么也不穿,只在腰间系条尺把长的汤布,蹲下割稻时便免不了城门洞开,怪不得要让城里来的娇小姐们花容失色了。

戴着铜钱帽,腰系白汤布,推着独轮车,肩扛着锄头,汤溪农民就以这样一幅古朴淳旧的造型,在泥泞狭窄的田埂上行进了千年。他们的身边永远是一片金灿灿的光焰,春天是满畈盛开的油菜花,秋天是满地金黄的稻谷。

人们总爱把金华称为浙江的"第二粮仓,"这沉甸甸的金字招牌,很大程度上就是这群沉默寡言的人们用锄头挖出来,用水车踏出来,用镰刀割出来,用独轮车推出来的。

他们辛劳,他们奉献,他们付出得很多,索取得很少,得到的更少,就像鲁迅所说的那样:"吃的是草,挤出的是奶"。

不,这些农民远不是白白胖胖的乳牛,他们充其量只是些纤细瘦削的蚯蚓,一日不息地辛勤劳作,吃的是粗茶淡饭,耕耘的却是无边的土地,养育的是普天下的人们。

最了解这儿农民艰辛和苦难的,莫过于从他们中间走出去的诗人艾青,他不止一次地这样描绘父老乡亲们亲切熟悉的身影:

> 他们的脸像松树一样发皱而阴郁,
> 他们的背被过重的挑担压成弓形,
> 他的眼睛被失望与怨愤磨成混沌;
> 我想起这些农夫的忠厚的妻子——
> 她们贫血的脸像土地一样灰黄,

她们整天忙着磨谷，舂米，烧饭，喂猪，

一边纳鞋底一边把奶头塞进婴孩啼哭的嘴。

——艾青:《透明的夜》

当五月的油菜、麦子、金秋的稻谷进仓，或者冬天的雪花开始飘落，田野上便渐渐恢复了往日的平静。这时候义乌的农民们摇起了拨浪鼓，永康农民挑起了小火炉，东阳农民们操起了泥瓦刀游走四方。而婺城、汤溪一带的农民也开始心满意足地忙碌，他们不是在茶馆，就是走在通往茶馆的路上。

他们的满足有着充分的理由，虽然打下的粮食交了租税之后剩下不多，但如果省着点吃，再加上点糠菜，熬过第二年的春荒应该没有悬念。况且由于婆娘精明能干勤于算计，此刻自家酿制的火腿和酱鸡酱鸭已在屋檐下飘溢诱人的浓香，自家手织的土布衣裳也已准备就绪，只等待着秋天的丰收或者春节的欢乐降临了。

衣食无忧，他们想不出还有什么理由风餐露宿外出奔波，好日子慢慢过，他们应该在茶馆里好好犒劳一下自己了。

他们至爱的老茶馆古朴陈旧，而且毫无例外地其貌不扬，一般只是几间黑黝黝的茅屋或瓦房，错落散布在村头镇口。阳光透过狭小的木窗或明瓦投射进来，勉强照亮几张简朴得连油漆都没有的茶桌，上边凝结着一块块不知哪年哪月积攒下的陈年污垢。

茶桌四方的白木条凳上，坐满了身穿土布衣衫的农民，每人面前一只粗瓷茶杯，杯底杯盖上全都积着厚厚的茶垢，但那茶垢却是绝对不能洗去的，据说一旦洗去，茶水便会失去浓香。

每当村里的雄鸡叫出第一声，这些老茶馆店的门就"咿呀"开启，炉灶上跳跃的火苗腾起温暖，几只大茶壶的水大呼小叫地翻滚，仿佛正在和那些早早上门的茶客们打招呼。

星光还没褪去的时候，第一批茶客上门了，一只只茶杯次第打开，滚烫的开水冲击着翻滚沉浮的茶叶，泛起一股股诱人的清香。茶客布满老茧的大手慢悠悠地揭开茶盖，抿上一口，幸福与满足便会立刻堆满在脸上。

如果是夏天，聚集在茶馆里的大部分人干脆都裸着脊背赤着脚，晒得黝黑的皮肤闪着和茶杯上茶垢一样厚重的光泽，浓重的汗味和着茶香一起腾腾地飘散，给暑热中的人们增添了几分别样的清凉。

等到太阳升起,有些茶客挑起箩筐拿起工具去田里干活,但那茶水却不让撤去,座位还得空着,因为一旦干完活,他们立刻会心急火燎地赶回来,重新享受那份闲适与茶味。

可是更多的人还在涌进来,汤溪的茶馆里,永远是宾客盈门,喜笑颜开,热热闹闹,这份欢乐会一直延续到深夜:

透明的夜。
阔笑从田地上煽起……
一群酒徒,望
沉睡的村,哗然的走去……

村,
狗的吠声,叫颤了
满天的疏星。

村,
沉睡的街
沉睡的,广场,冲进了
醒的酒坊
酒,灯光,醉了的脸
放荡的笑在一团

——艾青:《献给乡村的诗》

就像浙北苏南的茶馆里总是飘溢着评弹柔曼宛转的旋律一样,金衢盆地的茶馆往往响彻着道情"吉嘣嘣"的伴奏声。茶馆和道情就像一对孪生兄弟,总是那样地相生相伴,亲密无间,和乡间的农民们成为亲密的伴侣。

道情的前身是唐代的宫廷道教音乐,北方叫渔鼓,属于单口坐式说唱艺术,它的语言通俗易懂,间夹韵文说白;据考证流入金华民间已有三百多年历史,长期以来成为金华城乡百姓最喜欢的娱乐之一。清末民初,金华所属各县活跃着二百多位道情艺人。金华赤松石下村有一户人家七个人唱道情,号称"穷虽穷,一份人家七把筒(情筒)"。所以金华唱道情的艺人开篇,总要骄傲地先唱上这样两句开场诗："先有道情后有戏，道情要唱××记。"

道情的伴奏乐器就是一个情筒、两片简板，边击边唱，一个艺人一台戏，演文演武由自己。村头、门头、晒场、明堂、庙会、集市、茶店，只要有人，就可以演唱道情，而茶店又是其中最理想的场所。直至民国后期，金华城里还有十多家茶店演唱道情，例如洪园茶店、义和茶店、乐缘茶店、城墙脚茶店、四牌楼茶店、兰溪门茶店等。各县、市如义乌佛堂茶店，兰溪的西门茶店，永康的万泰巷茶店、得月楼茶店都是艺人们定点演唱道情的地方。

金华百姓喜欢听道情，因为它用的是彻头彻尾的本地方言，地地道道的乡音乡韵。它在婺城唱金华话，到义乌说义乌话，东阳艺人唱的当然是东阳话，一开口："阿郎金华人"，"我代兰溪人"，"咱郎义乌侬"，"自郎东阳侬"，听起来入耳入心，亲切熟悉。

百姓们喜欢金华道情，还因为它演唱的许多内容来自身边，散发着一股熟悉的市井乡野气息。譬如下面这首著名的道情唱词，唱得就全是农民们爱听的节气农事：

立春（里格）梅花分外（格）艳（彭）（以下同、略）
雨水红杏花开鲜
惊蛰竹笋闻雷报
春分蝴蝶舞花间
清明风筝放断线
谷雨嫩茶白毛尖
立复桑籽像樱桃
小满养蚕又种田
芒种玉簪开庭前
夏至栗花如白练
小暑风催早豆熟
大暑池畔赏红莲
立秋知了催人眠
处暑芙蓉笑开颜
白露燕归又来雁
秋分丹桂香满园

寒露菜苗绿田间

霜降芦花飘溪边

立冬报喜献三牲

小雪鹅毛飞满天

大雪寒梅迎风开

冬至瑞雪兆丰年

小寒游子忽乡归

大寒年底思团圆

————《金华民歌谚语集成·十二月花事》

　　金华道情的曲目本头十分丰富，直到 20 世纪 80 年代，还整理统计出 425 本传统正本。这些曲目中属于有头有尾称"记"的，就有《还金记》、《金镯记》、《金锁记》、《花窗记》、《三头记》等 140 多本，本本规模宏大，能供艺人们一连唱上个几天几夜。

　　更加难能可贵的是，这 425 本正本中，竟有一百多本的故事发生在金华市区及周边城乡，是道情艺人根据当时的衙门案例和社会新闻自编自唱的，纯属本土原创。为了让这些故事精彩动听，一代代艺人们不断加以修改丰富，使情节更加曲折离奇，语言更加活泼动听，情感更加浓郁充沛，不失为千锤百炼，精益求精。

　　不说正本，光是正本前加唱的那些短篇——"摊头"，听去就诙谐逗笑，引人入胜，篇名也都十分有趣，如："傻瓜嫂嫂"、"麻博（傻瓜）女婿"、"买官帽"、"卖布机"，再加上来自民间鲜活生动的语言，往往是艺人一张嘴，就笑翻了一大片。

　　有一曲道情名叫《螳螂抢亲》，说的是金华北山青草蓬中的螳螂，听说纺织娘长得危险（很）漂亮，就要黄山蜂去提媒说亲，骗得纺织娘同意，后来又被蜻蜓姑娘戳穿，蜻蜓这样告诉纺织娘：

叫声侄女听我讲，螳螂长得吓人相，

小头生得像犁头，项颈好比长竹竿，

眼睛乌珠往外突，两把大刀生脚上。

他住北山青草蓬，横行霸道逞凶狂，

侄女要是嫁给他,一生受苦命不长。

金华一带的道情,不但唱虚构的"故事",也唱现实的"新闻",把当时当地的重大政治社会新闻随时编成词曲,在"吉嘣嘣"的乐声伴奏下娓娓唱来,既浅显易懂,更引人入胜,比今天的新闻发布会更受听众欢迎。有时候道情也会编些"劝世文",俗称"唱劝世文",寓教于乐,劝人向善,效果不错。

茶馆、道情、田间的劳作、山上的竹木……这一切,几乎就是一个汤溪农民生活的全部。现代诗人伊有喜这样记录他父辈们闲暇时候那些近乎程式化了的生活轨迹:

> 你们顺着越溪往西
> 取道梅村到洋埠桥头老茶馆喝茶
> 听听道情听听四村八落的新闻
> 就像从前你步行到陶家火车站、罗埠或者汤溪
> 跟陈家老头喝茶聊天有时也压一个酥饼
> 喝一碗老酒当点心……

在外人看来,这样的生活未免太简陋。但他们自己却过得有滋有味,怡然自得。从茶香道情里飘溢出的,是农民性格里那份常有的内敛自足,细腻、朴素与温和,是农家的闲适安逸,是对自己生活略带些慵懒的夸耀,当然也免不了几分农民常有的狡狯与灵气。

法国学者费尔南·布罗代尔这样评价他们:"所有农民都成年累月地过着贫困的生活,他们有经得住任何考验的耐心,有委曲求全的非凡能力。他们反应迟钝,但必要时却以死相拼;他们在任何场合总是慢吞吞地拒不接受新鲜事物,但为维持始终岌岌可危的生计,却表现出无比的坚忍。"

史密斯在《中国人的性格》里将处于农耕时代中国人的性格归纳为:保全面子、节俭持家、勤劳刻苦、讲究礼貌、漠视时间、漠视精确、易于误解、拐弯抹角、顺而不从、思绪含混、不紧不慢、轻视外族、缺乏公心、因循守旧、随遇而安、顽强生存、能忍且韧、知足常乐、孝悌为先、仁爱之心、缺乏同情、社会风波、株连守法、相互猜疑、缺乏诚信、多元信仰等 26 个特点。

在汤溪绿油油的水田里,在那儿星罗棋布的老茶馆里,在那些被日晒雨淋

涂抹得黝黑的脸膛上,你确实能清清楚楚阅读出这些性格以及它们日积月累琢刻下的复杂印记。

不错,他们确实有着某种地域和时代的局限,但我们仍然应该为这些淳朴的农民们营建一座农耕文化的纪念碑。为了那些再也难以找寻的铜钱帽,白汤布,为了那些曾经载着我们的父兄行走千年的独轮车,为了那些曾经在这片世外桃源般的土地上飘荡过几千年,如今已在寂寞静寥中悄悄远逝的田园欢歌!

三、兰溪,水一样的美丽

"小小金华府,大大兰溪县。"在很长一段时间里,兰溪人都用这种俯视的眼光看着金华人,一代又一代,一年又一年。

不过正如俗话所说:"官大一级压死人。"金华不管怎么说,在行政层面上终究还是顶头上司,为了不致沾染太多"犯上"的嫌疑,聪明的兰溪人便稍稍动了番小脑筋,在这句流传甚广的俗语前加了个小小的注解:当时担任兰溪县令的是一位父亲,而担任金华知府的不是别人,正是此人的亲生儿子。

欲盖弥彰,经过这样一番貌似尊重的"包装",兰溪人更可以居高临下,平添几分心理上的骄矜了。

不过在那些岁月,兰溪人也确实有眼睛向上、不把周边任何人放在眼里的理由。因为当时他们的经济成就与城市建设,都远远地走在八婺各县、市的前列。不说别的,当府城金华还是一座充满土气、暗淡无光的乡村城市时,兰溪就已经流芳溢彩,通身珠光宝气,俨然是一位时尚摩登的都市少女了。

正如作家曹聚仁在《兰溪——李笠翁的家》一文中所说:"四五十年前,海内外知道有金华这样的城市,那时的金华,还只是乡村少女,兰溪早已是'摩登狗儿',跟上海那么'摩登','小小兰溪比苏州',非虚语也。"

听听这口气吧,"小小兰溪比苏州",哪里还会把土头土脑的金华放在眼里。

苏州的繁华靠水,兰溪也同样如此,它的繁华美丽,很大程度上得益于身边奔腾的兰江,得益于境内纵横交错的水系,得益于它那"六水之腰、七省通衢"的优越地理位置。中国自古信奉"城有水则秀、居有水则灵"。城市和水总是亲密地依偎在一起，有水的城市才有风光，才有灵气，才有前景。

奔流的婺江从东南边的会稽山脉出发，急不可耐地穿越整个金衢盆地，像一个将要出阁的大姑娘那样的急不可待。不过当走到位于盆地西北边缘的兰溪，就要远离父母怀抱的时候，她却悄悄地放慢了脚步。几番回头恋恋不舍地徘徊张望，眷恋着这片生育她的苍翠山脉，养育她的葱绿平原。

就在兰溪城边，从西边蜿蜒流来的衢江像个伴娘一样亲切地挽起她的臂膀，引着她走向不远处那幸福的婚礼厅堂。

前方不远，从安徽流过来的新安江犹如强健急切的新郎，正在日夜催促新娘早日投入自己的怀抱，然后汇合成一体，手挽手地汇合成富春江，急匆匆地奔赴钱塘江、京杭大运河，奔赴东海……

兰江就这样贯通了婺江，贯通了衢江，贯通了新安江、钱塘江和长江；因而也就联通着八婺，联通着杭州、上海、北京，联通着江西、福建，联通着安徽、两湖，联通着远方更加广阔的世界。

兰溪水路运输的历史源远流长，最早可以追溯到秦汉，但真正发达则是在南宋定都临安之后，这时的兰溪逐渐成为浙江中西部经济作物输出的主要港口。明清以后，来自海外的货物也经由沪杭转运到兰溪，再分流到浙江中西部。

那个时候，如果白天站在兰溪城南高高的水门放眼眺望，一定会看到江面上船来船往的繁忙景象：三江汇聚的兰江河宽水急，江心一年四季洁白茫然，一片又一片高大的桅帆像天上的白云飘落。江中密密麻麻停泊着的，全是满载着各种货物的大船小舟。不时可看见几艘船舷压得低低的船只解缆起航，向着看不见的远方悠悠行驶，一直驶入那片正被阳光撒满一江碎金的江湾深处，渐渐地再也不见了踪影。

那些船上载运的，也许是来自八婺各县市的火腿、茶叶，或许是来自江西景德镇的精品瓷器，或许是官府交运的贡品漕粮，还有不少乘船赴京赶考的举人秀才。那些货物近的被运到金华、衢州或建德、临安，远的可就被载往上海、北京，甚或高丽琉球，甚至一些更加遥远，远得连名字都没有听说过的陌生国度……

"商路即财路。"滔滔奔涌的江水为兰溪带来了流水一般汹涌的财富，让它在好几个世纪漫长的时光里始终志得意满，小康富裕，腰囊鼓鼓，傲视八婺。据民国十八年（1929）国民政府铁道部调查，兰溪商业年交易额为 1289 万银元,而同年金华为 437 万元,义乌只有 78 万元! 就连郁达夫也不由感叹:"从前铁道未设的时候,兰溪就是七省通商的中心大埠。"

长期的商业经历让兰溪产生了许多实力雄厚的商帮,其中又数徽州商帮影响最大,兰溪是徽商们走向全国的重要一步,他们把这儿当做跳板的同时,也在不懈地培植着兰溪的商业精神。

清中后至民国,徽商经营着兰溪实力最雄厚的店铺祝裕隆布店,足足绵延七代人,繁荣了近二百年,鼎盛时拥有白银百万两之多,称得上是兰溪的"乔家大院"。它的经营理念相当超前,很早就实行"股东会制"和"经理委托制"。其中有两条店规值得一提:一是平时一切经营权、人事任用权、奖罚权均由经理行使,店主一概不加干涉;二是祝氏店主亲属一律不得在店内任职,包括在店里当学徒或一般员工。这种将所有权与经营权分开的做法,与现代的某些管理观念几乎不谋而合。

如此繁荣的商埠自然少不了义乌人的身影,不过许多义商最早来到兰溪并不是经商,只是下层劳作的普通苦力。一代巨贾名商丁光银年少时随撑乌篷船的父母来到兰溪,到了 25 岁时依然"衣衫褴褛,粮无隔宿"。一次托运 200 担白米到萧山,托运人迟迟没有出现。于是他把载着大米的货船停在临浦埠头,用半年时光到处打听周姓粮商的消息,以致生计无着,艰窘度日。但他的诚信之举也被作为佳话四处流传,从此开启了他的长久致富之门。

永康商人、东阳商人在兰溪照例以铁业、洋铁业为主,也建立了自己的同乡会和会馆,出现了一些名震一时的大商人。大商人陈子清继承了父亲创办的"陈隆顺铁店"后,将铁器店改造成批发店,带动了兰溪、永康等地铁器业的发展。抗日战争前后,陈子清积累了一定的资本后,看到一些紧缺物资在八婺大地十分走俏,就抽出一部分资金,做起了德国颜料和英国煤油的代理生意。解放初期,他把 1000 桶煤油捐赠给国家买飞机大炮,支援抗美援朝战争,成为"爱国商人"。

兰溪本地人则在药材业上拥有绝对的优势,其中最著名的自然是诸葛后裔。他们的中药业在明代就已经走向全国,五口通商之后更是获得迅速发展,据 1947 年统计,诸葛后裔在全国各省、市、县、独资或合资经营的中药行店达两百多家,佼佼者如诸葛韵笙先在兰溪城区扩充天一堂为药行,增设同庆药行,经营中药批发业务,后又在上海设祥泰参药号,同时在上海、广州、香港三地经营祥源庄药号,杭州设同丰泰运输行,在浙江中西部和皖南赣北广大地域形成了经营网络。他经商有道,曾任香港浙江商会会长。民国九年(1920)又兴办了兰溪中医专门学校,自任校长。

在兰溪1300年繁荣的商业史册上,许许多多的祝裕隆、丁光银将他们的故事留在了史书上,也将他们的精神点点滴滴融入了这个城市的文化。兰溪因而具有丰富的商埠文化积淀、积极进取的商业精神由此成为兰溪文化的主流价值和核心内容,并让古老的兰溪微笑着,安然度过了数百年一次又一次的险关危机。

千余年的繁华,千余年的美丽,试问在煌煌中华,又有几个城市曾经享有这样的骄傲?拥有这样的光荣?从这个意义上说,兰溪人确实应该挺起胸脯,用颇为骄傲自豪的目光,俯视着周围八婺的诸位小兄弟。

不过也许是因为兰溪属于水,在很长的时期内不属于陆地,因此当1932年浙赣铁路的火车开始嘶鸣,现代铁路渐渐取代钱塘江和兰江,成为浙江内陆地区主要交通干道之后,兰溪便从水运时代浙西门户的地位逐步衰退,终于蜕化成为铁路时代浙赣线上一段可有可无的"盲肠",那些从前熙来攘往的内外货物开始改道金华。让它昔日里总是耀眼夺目的光环迅速褪尽,据统计到1937年,金华与兰溪的商店数量就已经持平,各为两千多家了。

新中国成立后,开始进行大规模热火朝天的水利建设高潮,许多地方的水运时代因而宣告结束。1957年新安江水库开始修建,兰溪到徽州的水路交通从此截断,兰溪和徽州商人的联系也就此告终,1968年富春江水库又开始修建,兰溪到杭州水路交通也基本结束,曾经成就了兰溪一千多年辉煌的水运经济就此悄悄谢幕,从此成为历史记忆中一段曾经的辉煌。

不过造物主仍然垂青着兰溪,在为它闭上水运这扇大门的同时,又为它开启了另外一扇同样金碧辉煌的门户。在1935年开始的"新生活运动"中,兰溪被南京国民政府确定为"全国模范试验区",享受着许多的政策优惠和倾斜。改天换地后的20世纪六七十年代,兰溪又因为独特的地理位置,让计划经济的战时体制再次对它另眼相待,恩宠有加。在中央对地处东南沿海的浙江很少投资的大背景下,作为新安江水电站重点配套项目之一的兰江冶炼厂却落户兰溪,在这个部属大型国有企业的强力带动下,"浙江铝业"、"凤凰化工"、"兰江味精"、"云山制药"、"兰溪电缆"、"兰溪纺织"、"兰溪机床"等一大批国有企业纷纷建立,兰溪从一个商贸港口成功地转型为工业重镇。

在长达数十年的计划经济时代,兰溪一直是国家的"宠儿",全国工业的

"新贵"。1987年兰溪财政收入超亿元,在浙江省率先成为亿元县。在金华下属各县、市中稳稳当当坐着第一把交椅,依然是左右逢源,气度不凡,风光无限。

常言说得好:有什么样的母亲,就有什么样的孩子。如果你稍许做一番考察,就会发现兰溪人其实就是兰江惟妙惟肖的缩影,他们的一言一颦、一举手一投足,都流淌这条秀丽江河遮掩不去的气度、闪耀着它涂抹不尽的光影。

兰江的美丽是浑然天成、远近闻名的,唐代诗人戴叔伦那首著名的《兰溪棹歌》,让多少后人掩卷难忘:

> 凉月如眉挂柳湾,
> 越中山色镜中看。
> 兰溪三日桃花雨,
> 半夜鲤鱼来上滩。

还有元代诗人萨都剌的那首七律《兰溪舟中》,也让人同样看尽兰江的美景:

> 水底霞添鱼尾赤
> 春波绿占白鸥洲
> 越船一叶兰江上
> 载得金华一半秋

水一般的城市养育着水一般的美女,兰溪或许是金华所有县、市中最美女如云的地方,沿着小城的大街小巷溜达,一不小心便会逢着几个兰花一般美丽的姑娘。尤其是沿着长长的江堤漫步时,那三三两两正在江边洗衣的少女,会让你不时地恍然停步,低头在那片闪烁的波光云烟中,找寻着当年临溪浣纱美女的倩影。

兰溪的女子不仅美丽,而且独具一份浓厚的痴情与爱心,如同脚下奔涌着的江水一般亲切绵长,即使流淌出千里万里,仍然会不时激荡起汹涌的爱情波浪。赵四小姐、郑苹如就是兰溪女性中最优秀的典范。

　　清澈的兰江水日夜浇灌，让这儿的女儿出落得貌美如花，也时时拍击着兰溪男儿们的胸襟，让他们在长期的丰衣足食之后，不知不觉就增添了许多水一样的禀性。这些人聪颖灵动，温文尔雅，智慧水一般流淌，灵巧水一般洋溢。他们的脾气不像义乌人那样刚烈，性格不像汤溪人那样憨厚。早年间水路通达时，他们眼界开阔，信息灵通，追求时尚，崇尚风月，自以为饱览了天下世面，因此倜傥潇洒，偏爱在悠悠时调昆曲的伴奏之下笙歌夜舞，诗酒唱和。常常让人觉得这小小城郭里络绎不绝，满大街都晃动着那个曾经让大江南北的中国男人艳羡不已的绝世风流小生——李渔。

　　兰江水里汩汩流淌着的绝不仅是水花，更加汹涌浓烈的却是文化，是历史，是兰溪人特有的性格特征。有个远在异乡的兰溪人曾经贴过这样一篇网文，回忆小城难忘的美景和水样性格的乡亲：

　　　　最难忘的便是兰溪的春雨，印象里它总是不知不觉地来又不知不觉地去——经常是在外面行走，忽然觉得衣服有点湿，脸上有水流下来，这才悟到下起了雨——而此时雨已经停了，只留下一条云把远山分为两截。

　　　　如同洒到宣纸上的水能使颜料相互渗透一样，这春雨也能使景物的边界变得模糊，从而渲染出烟雾般的效果。透过这"烟雾"望去，蜿蜒于群山中的兰江、江对岸的山、山上的映山红，还有江边的竹林都会变得毛茸茸的，立刻使人联想到"温柔"、"柔和"之类的词语。

　　　　这如烟的春雨对"人"大约也有相同的功效：沐浴于这雨中的兰溪人的性格也是同样的柔和、宁静。

　　　　在我的记忆里，兰溪人是不打架的，便是吵架也和北方不同：北方人吵架是直指对方的鼻子，兰溪人吵架则是指自己的鼻子："侬刚偶啊？侬自家——"，如此而已。

　　　　这样的吵架自然很容易劝解，若实在劝解不下，便会有"三叔公"之类的角色出场，一声断喝，双方便悻悻地走开，绝无演成"全武行"之虞。……他们的性格之所以如此平和，大约全由江南烟雨造成……

　　兰溪人的这种性格，其实早就为相邻的县、市人们熟知，因为他们能言善辩，嗓门又大，便给他们取了个外号叫做"兰溪喷头"，那意思是嗓门很大，却鲜能见到实际举动，还会常常流于空泛。这种性格在吟风弄月的和平时期，往往能够不时地制造一些幽默风趣的效果,流传许多甜美动人的风月佳话。但如果场景一变,换成了刀光血火的战争年代,便往往会造成许多痛心疾首的遗憾了。

一位著名老作家在自己的回忆录里,记载了抗日战争时期发生在兰江边的一件往事:

  有一天下午,从金华方向飞来四架敌机,有一架歪歪斜斜,最后落在了兰江西岸、离城 10 里的女埠附近。国军赶去了。四乡的群众也赶去了,我也夹在人群的当中,跟着大家叫喊:"活捉日本佬!""叫日本佬吃吃锄头脑!"却不料,数百个国军不敢接近坠落的日机。到了傍晚,飞机上的 3 个日本兵竟被杭州派来的飞机救回去了。

  这件事,伤透了故乡人民的心,爆发了一场声势浩大的示威请愿行动,千家万户都自发起来抗捐抗税,抗粮抗伕……故乡人民怒吼了。

兰溪人果真怒吼了,他们的嗓音洪亮,气势如虹,却无法吓跑那些穷凶极恶的入侵者,保不住自己富裕的家园和美丽的女人。于是灾祸便常常沿着这四通八达的水路,接二连三地前来光顾这座宁静富饶的小城了。

民国初期军阀混战,一批批兵匪不分的军队总爱乘船光临兰溪,兰溪人管这叫做"过兵",他们先行"封江",对着江面南来北往的航船一阵射击,不管船上有货无货全部扣留,然后冲进城里挨家挨户进行抢劫。这些枪响当然比兰溪人的怒吼响亮,于是城里那些弱不禁风的男人们只好仓皇逃避,而那些兰花一般娇艳的女人们便要大祸临头了。

据蔡东藩的《民国演义》披露,仅 1924 年军阀孙传芳部队的一次蹂躏,兰溪城里就有四十多个女人被强奸致死,劫走的财物更是不计其数。

这样的悲剧每每重演,小城便会一次次哀伤地低下美丽的头颅,一次次陷入到深沉的反思与愤懑之中。

这不禁让我想起八百多年前,那个意大利人马可·波罗对苏州的评价,他在游记中一边赞美"苏州城漂亮得惊人","这里人口众多,稠密得惊人"。一边却认为这儿"民性善良怯懦,他们只从事工商业,在这方面的确显得勇士……这里的工商业和工艺十分繁荣兴盛。""如果他们的勇敢和他们的机智一样优越,那么……"

"小小兰溪比苏州"，或许就连性格心理上也有些许相近。

让昔日兰溪城背负"小上海"美名的，其实不仅是繁华的商埠，时尚文雅的居民，还由于她那一湾如诗如画的江滨，曾经长期存在过这样一道别样的风景。

要见识这番曾经绵延过好几个世纪的风情，还是让我们跟随一位民国早期作家的笔触，走近那夜幕降临时，就会折射出几分神秘与香艳的兰江夜色吧。

这位作家叫做陈适，温州人，1928年那个初秋的傍晚，他和朋友们乘船进行了当时很时尚的"金兰之游"。舟行钱塘江上，"水清见底，砂石皆呈异彩，山鸟水花，丛林帆影，景色醉人"，他还为此写下了一首诗："乱帆远林深，林远帆渐轻。悠悠碧水影，船撑夕阳近。/环山倦叹伸，归鸦暮云尽。何处星星火，扑向江上人？"

当薄暮时分，漫步在兰溪江畔。但见月色清，江水明，"当黄昏占领了江山之后，市中心才吐出半明半暗的电灯，和天空繁星互相点头"，这个时候，他看到了什么呢？

> 月色清佳，渐由山头升到天空，把江山和游人都浴在光海里，江流无声，微波低诉，十数只小小的花船，泊近在江岸，更衬出几分幽美的夜色。
>
> 花船里明窗洞启，映着许多宾客在欢宴歌笑，间有几处传出玲珑碎响的牌声。
>
> 在此左侧的邻船里，有管弦之音和娇细的歌声，清脆宛转，如新莺出谷，乳燕归巢，回环折转。约历半小时之久，歌喉忽转，愈唱愈低，愈低愈细，那声音渐渐地就听不清了。我不知道是什么歌调，被晚风摇曳过来，只觉得一阵无限凄凉的哀怨袭浸心脾。
>
> 沿着江干向南走去，花船比较稀少了，只有两三只，但很沉寂，没有灯，也没有欢笑和歌声，坐在船头舢板上闲谈的姑娘们，很逸致的望着岸上走动的人们，像一池春水荡漾着似的。
>
> 晚风仿佛含有无分的暗香，虽然带着一种暧昧，但我心却有一层淡淡的悲哀，浸落于凄感之中……

而在当时另一位作家老黄笔下,横山下的兰江则是这样的:

> 横山在江的那一岸……你初到兰溪,在柳家码头看看沿江停着几十只那些花舫,所谓"茭白船"的那些穿红着绿的卖肉女人,也感到这是造物的浪费。为什么要有那么多的茭白船?为什么要有那么多的穿红着绿的卖肉女人?及至后来你身体钻进了这里面,向左向右向前向后看看,再向上向下向中望望,也和郁达夫所谓反觉兰溪者,这茭白船不可不到了。
>
> 挺真,是值得介绍的。这里面有政治舞台,有商场,有战壕,有各式的社会,布尔乔亚到破落。你是文人,那更好从她们嘴里所说的、身手所做的,凭你的聪明,可以读出这是公文程式,这是大众语式,这是语录式,这是文选派,这是桐城派,这是小品文和廊庙文章。当然,更有财政学大纲、世界经济史、外交术 ABC("国货年",应改为外交术甲乙丙)、政治纲要、军事学教程,给你阅读许多讲义。船上一夕宿,胜读百年书,你能说不上算?(北)平沈(阳)又通车,天下太平了,如何你不行乐?君不见庐山……

在同一篇文章里,这位"老黄"还神秘地告诉读者:"一个不十分确实的报告,全城'夜度娘',是超过了全县女学生三倍有零,漂亮的兰溪,你真够得上朋友,'素称小上海',岂妄言哉?"

当代著名记者作家、兰溪人曹聚仁 50 年代栖香港,曾写过《兰溪——李笠翁的家乡》,其中也有这样的记述:

> 我国的船妓,《官场现形记》写了杭江江干的江山船,许多人健美不已(那位"将军"是给船娘迷昏了)。实在船娘之多之美,还是兰溪为第一。
>
> 五十年前,兰溪西门外,水码头边,停着一百所艘茭白船,这种船便是船娘的绣闺,船尾翘得很高。长时期停泊在那儿,吃花酒的就上船去。朝朝寒食,夜夜元宵,十里笙歌,仿佛秦淮河上。溪水清浅,不像秦淮河那么浑浊。姑娘当然爱俏又爱钞,可是,乡村女儿不像苏扬姑娘那么心眼多;结私情的,用不着文士那么酸,和兰溪船娘往来过的,觉得天下佳人无颜色了……历经世变,到了抗战前期,茭白船已经绝迹,船娘移居城中,刘郎

问津,容易迷途了。

　　福州、苏州与成都的小姐,伯仲之间,都太可爱了;但是,普天下人士许我说句偏心话,天下小姐,仍以兰溪的为第一;兰溪姑娘是值得我们相思的,男女私情,说是温柔乡,我想:在兰溪姑娘浅闺中,仿佛似之。她们不是卖＊＊,当然不是当垆女,却也很容易一见钟情,我们进入她们的浅闺,虽说是夏布帐、青布被,可是,你是当做"姊夫"被招待的。一夜恩情,第二天便萧郎陌路。她很早起床,煮了一碗蛋汤给你吃,有如情妇送别,使人永念不忘。

　　她们都是小家碧玉,只有温情,没有淫佚。

曹先生进一步写道:

　　"三十年前,兰溪城垣未拆除时,沿垣有小茶馆数百家,家家有茶娘陪客,有如香港的'点心妹'。都是荆布钗裙,乡村少女,既天真又憨痴,她们只是陪着客人吃葵花子;客人色迷,她们就连捞连吃,有如'巴狗'的喝香槟,结起账来,在城市人看来,毫不惊人。这样的茶娘,更容易结识私情进入到了她们的闺中,那就变成她们的恩客,显得十分亲热的……"

　　"那是沿江城边的小茶馆;每一家茶馆,总有五六位小姑娘侍候你喝茶。茶客之意,当然不在喝茶;那些小姑娘,也如酒吧姑娘一样只想捞点外快……在茶馆中只能打情骂俏,如此而已。到了我青年时,江上的江山船,已经绝迹了;抗战前夕,兰溪是'模范县'之一,茶娘也明令禁止,暗中当然存在的……其实兰溪的女人,其秀美其温柔,不在苏州、福州、成都三城之下,而最使人着迷,乃在于她们富有人情味,她们是推心置腹和你相处,使人有家庭的温暖;不过她们并不是茭白船的姑娘,也不是茶馆中的小女郎(即算是茶馆中的女郎,一到她家中做客也就把你当做自己一家人了,而是在她们的绣闺中款待你的)。"

　　"……当然,男女之间都是做戏,彼此都是带着假面具,兰溪小姐多少还有那么一点温暖的感受,使人恋恋不舍的。"

兰江边的这道风景,据说从朱元璋划定"九姓船家"时便已开始,如同兰江水一般幽幽地流淌,足足延续了 4 个漫长的世纪,一直到新中国成立后,才在阳光下逐渐绝迹。

漫步婺城、兰溪,常常让我们感受的,是一种从岁月深处飘逸过来的慵懒闲适,虽然它们的表现形式略有不同:婺城很像是一个整日泡在乡村茶馆里的黝黑老农,而兰溪更像是一个颇知些风月的白面小生,尽管外貌有着不小差别,但那份慵懒闲适,那份知足常乐与世无争,那种小富即安爱乡恋土的习性,却是深深渗透在农耕文明的骨子里,一样地根深蒂固,源远流长。

就连赚钱,他们都显得一样的胸有成竹,不慌不忙,一心一意坐等着生意上门。尤其是精明的兰溪人,总是想着以静搏动,以小搏大,盘算着舒舒服服坐在家门口,便在一片安恬馨香之中痛痛快快地发一笔大财。因此改革开放以后,兰溪人最热衷的是发展股票金融业,1990年"凤凰化工"股票在上证所挂牌上市,成为上海"老八股"之一,开新中国股票异地上市之先河,创造了骄人的业绩。而汤溪人却信奉"钱是赚不完的",很长时间都不愿打乱一年四季按部就班的轮回,总是日出而作,日落而息,像几千年来的老祖宗一样,十分耐心等待着那片稻花飘香,期待着田野里流金溢银,不过最要紧的,还是先喝完了那杯芬芳的茶水,其他事情且慢,都可以等一等再说的。

四、东阳,信念在笔架山凝聚

在一向崇尚科举、酷爱读书的国人心中,有一篇励志文章历来被奉为至圣经典,那就是明初宋濂所著的《送东阳马生序》。这位"千古帝师"的文章没有写给别人,偏偏写给一个全名叫做马君则的东阳书生,可见东阳读书人在宋濂心目中的分量与期冀。

文以人贵,人因文传,东阳读书人刻苦勤奋的形象就这样因着宋濂不胫而走,成了全中国读书人的楷模与榜样。

其实,马君则只是千千万万古今东阳人的一位代表,一个缩影。他浓缩代表着的,是一种勤奋耕读的东阳精神,一种高度发展的地方文化。

东阳市位于浙江省中部,和金华其他县市一样,是一个以丘陵山地为主,山川与平原谷地交相辉映的小小古城。一句"三山夹两盆,两盆涵两江"的诗句,简明形象地描绘出东阳的地形地貌,所谓三山,指的是大盘山、会稽山、仙霞岭,而两盆,则指东阳江盆地与南江盆地。

东阳江与南江蜿蜒穿行于这片绿色盆地,构成了浙中与浙东沿海台州、宁波、绍兴等地的交通要道。这种四周环山、中间盆地的自然特征,使这里既具有发展农业生产的平原沃土,又在周围营造出天造地设的安全屏障,能够长期抵挡盗匪、战乱等不虞之灾的侵扰,天然地营造出一个个小康舒适的小环境。而两江构成的通道,却使居住在山间盆地里的这些耕读人家,仍然保持着与外界的交往,为地方经济文化的发展创造融合提供了有利条件。这种融秀美山川与自然形胜为一体的环境,素来为历代文人所赞美,明人所修的《金华府志》里,便称东阳为"形胜之美甲于他邦"。

翻开东阳历史可以清楚地看到,这种自然环境,不仅是和平时期人们耕读居住的好场所,也是战乱时期最理想的避难之地。所以每逢兵荒马乱,便会有大量人口跋山涉水迁徙到这里,其中以北宋末年"徽钦之乱"后最多,当时许多世家大族举家南迁远赴东阳,在这片祥和的乐土上继续开花结果。据记载南宋后期,东阳人口就超过了18万,鸦片战争前已达到了48万。

这里的土地秀美,但却并不丰饶,尤其是在几次北方人口大量迁入之后,贫瘠土地上承载的人口急剧膨胀,迅速造成地少人多的严重局面,人们的生存空间受到挤压,生存竞争越来越激烈。因此历史上的东阳人多地少,每个家庭与人口的可耕地往往只有几分,其中许多还是纯粹靠天吃饭的贫瘠山地,生活自然十分清苦。

于是便出现了这样的窘境:同样身处江南,东阳人嘴里咀嚼着的,却常常不是雪白的大米,而是金黄色的苞谷(玉米)和番薯。身上穿着的很少绫罗绸缎,只能是自家手织的土布。许多人必须长年累月外出打工,靠给别人建房铺路谋生。一把明晃晃的瓦刀挥舞着,既砌出了"建筑之乡"的美名,也砌出了东阳人的世代愁苦与无奈。

然而这种美中不足的自然环境,相对紧张的生存空间,却没有让东阳人低下头去自嗟自叹,反而逼迫着他们昂首天际,去眺望飞鸟展翅的辽阔天空,让自己的志向从这块狭小的盆地里起飞,向着域外那片广阔的蓝天飞翔。

"书山有路勤为径,学海无涯苦作舟。"生存空间狭小,东阳人便铺开书卷,把书本当做一方勤奋耕耘的田地。读书成为东阳人三大出路的第一位,自然资源缺乏,他们便据笔为剑,在整个中国的疆场上追逐自己心仪的猎物。他们把世代的信念架在城边那座天造地设的笔架山上,让自己的理想如同东阳江水一样汹涌翻滚,在纸做的原野上恣意奔涌,浇灌出一茬又一茬的成功与富贵。

在东阳,最好吃的菜肴不是鱼翅,不是燕窝,甚至也不是东坡肉,而是"博士菜"。

它其实就是霉干菜,一种寻常的江南农家小菜。仲秋九月,当这片土地上的鲜白菜收割的时节,穿得花花绿绿的乡村妇女便会把这一担担的嫩绿挑回家。先用清水把鲜菜洗净,然后在炽热的阳光下蒸晒。等到嫩绿变成焦黄,才用磨得飞快的菜刀,把它们切成一厘米左右的碎片,再次进行摊晒。经过加盐、腌制、翻拌、晒干,两个多月后,一种黑乎乎、泛着特殊香味的霉干菜便制成了。

于是东阳城乡那些背着书包的学童们便用罐子装着它,家境好些的再夹带上几块或肥或瘦的猪肉,迈开坚定的步伐,伴着父母期望的目光走上了艰辛的求学之路。

若干年后,一个个秀才、举人、博士、硕士便在这一片浓浓的霉干菜味中诞生了,久而久之,人们索性把霉干菜叫成"博士菜",让它承载着"博士之乡"的美誉,把一片浓郁的清香抛撒到五洲四海。

在东阳,最常用的布料不是绫罗,不是绸缎,而是东阳土布,这种2009年被省人民政府公示为第三批省级非物质文化遗产的当地特产纯属手工制作,当年的农村妇女几乎人人都会织造,尤其是南乡一带,"千家夜机鸣,万户纺纱声",民间纺纱织布十分盛行。

有一位名叫包剑萍的当地女诗人这样描写已渐渐被人们淡忘了的它:

> 每一尺靛青的布匹都曾与我的祖先有关
> ……纷纷扬扬的布匹
> 胜过金币和光阴
> ……
> 他用浅灰色的粗布
> 再套上一层温暖。想起温暖
> 邵飘萍的老乡们,严济慈的村庄
> 都不过生活在布匹里
> 布匹活跃在诗歌的裙裾上

……

赫赫有名的教授故乡

掂量出土布和生命的另类扩张

穿着东阳土布,吃着博士菜,读着圣贤书,踏着求学路,东阳人在人生旅途上走得十分艰辛漫长。但他们坚信,唯有苦读才是人生正途,才能出好成绩,出人头地,光耀门庭。

世代相传,久而久之,勤耕苦读的风气随着岁月风雨渐渐地融入血脉汇入精神,崇文重教的习惯慢慢渗透进传统人心,成为这块土地上高山流水般天造地设的风俗习性,变成东阳人文性格中最突出的品格。他们吃苦耐劳,勤奋学习,志存高远,奔走四方,矢志不移。

据《东阳风俗志》记载,为鼓励邑人们勤学苦读,追求功名,荣宗耀祖,各地宗、常、房等宗族组织都设有专门的养贤田、养贤山,专给读书人提供经济上的资助。每逢清明、冬至等重大族祭,族中给读书人所分的胙肉,也比常人要多一份或几份,以示勉励。

据史料记载:自南宋迄清朝,东阳拥有书院 32 所、义塾 12 所。他们自豪地在同时期修撰的《宝祐东阳县志》序中宣称:"诗书讲诵相闻,旁郡他邑不及也。"

整个科举时期,东阳境内人才辈出,共涌现出进士题名 305 人,其中武状元 6 人,正副宰相 5 人,解元、举人 469 人。唐朝宰相舒元舆,著名报人邵飘萍,北伐时期名将金佛庄,著名科学家严济慈,蔡希陶,台湾报业巨子王惕吾等杰出英才先后从这块土地上走向世界。

好学之风从岁月的深处一直劲吹到如今,目前我国仍有东阳籍"两院"院士 11 名,在国内外工作的东阳籍博士和博士后 900 多名,具有教授、研究员等高级职称的东阳籍人士 8000 多人,被《人民日报》誉为"百名博士汇一市,千位教授同故乡"。

好学之风浩浩荡荡,让东阳教育方兴未艾,连创辉煌。2000 年成为浙江省首批"教育强市",并提前普及了学前三年到高中的十五年教育,呈现出义务教育高标化、高中教育普及化、高等教育大众化的喜人局面。

当今中国许多城市都在高喊"创建学习型城市"的口号,其实早在千百年前,东阳人就已经在自发地建设"学习型城市"了。他们将自己城市的人文精神准确概括为:崇文重教,精工善艺,大气包容,创新图强。

和义乌人相比,东阳人行事也许少了几分果决、几分勇猛。

和永康人相比,东阳人经商似乎少了几分精明、缺了几分算计。

和兰溪人、婺城人相比,东阳人的生活似乎缺少一分闲适、几分优暇。

但是和所有这些人相比,东阳人身上却多出了几分儒雅,几分坚定,几分韧劲,也多出了不少学习"充电"的时间。

所以,那座亚洲规模最大、号称为"东方好莱坞"的影视制作基地——横店影视城,瓜熟蒂落一般诞生在这块浸润着文化底蕴的土地上,绝不会只是历史的偶然!

"离乡则贵东阳人。"相对严酷的生存挤压,逼迫得东阳人只能眼睛向上,尽量往高处去寻找有利的生存空间,也许是因为读圣贤书多了,受"学而优则仕"的影响较深,东阳人的政治进取心一直很强,从政的意识强盛。不过对于教授、博士以及现在的企业家等名号,他们也一样看重。有高官显爵或盛名的人,才会在家乡受到格外地尊崇和欢迎,一旦衣锦返乡,那份热闹艳羡,会给父母家族脸上增添无数的光彩。这样的动机自然是好事,在一定程度上是前进的动力,能让无数学子超越平庸出人头地。不过在某些时候,也会产生一些操之过急的副作用。

当然也有人指出:"一个东阳人难对付,二个东阳人好对付",意思说他们"窝里斗"的现象比较严重,很容易造成能量相互抵消,在一定程度上拖延东阳发展的后腿。不过在笔者看来,这并不是东阳人一家需要警惕的弊病,别忘了不久前还有许多专家指出,这也是整个中华民族都需要着力防范的性格顽疾,他们还给这种弊病起了个十分有趣的名字,叫做"东方式嫉妒。"

五、永康,千锤百炼始成钢

黄帝是五金之祖,永康是五金重镇,在漫长的时代风雨中,永康人始终把自己当成一块生铁,任凭岁月在时光的砧板上千锤百炼,历史的流水反复冲刷淬火,一年又一年,一代又一代,终于锤打出一片璀璨夺目的崭新天地。

在这个历史进程中,受到了两个人极大的感染与影响,一个是由人到神的胡公胡则大帝，永康人从他身上学会了感恩，学会了坚持，学会了据理力争；而另一个人，就是南宋著名的思想家、教育家陈亮。

作为"永康学派"当之无愧的代表人物，陈亮提出"以义利统一为前提，以倡导功利为手段，以谋求国强民富为目的"的事功学说，主张"各务其实"，发展实业，经世致用。他特别重视商业的重要性，认为："古者官民一家也，农商一事也。……商籍农而立，农籍商而行。求以相补，而非求以相病。"

千百年来，这些学说一直深深地影响着永康人，塑造着他们的灵魂，启迪着他们的民智，造就了当地富有特色的民风民俗。永康人因此跳出了传统儒家重义轻利的框框，不像中国许多地方那样地崇尚"耕读"，空谈"道义"，而对实际事务要么不愿做不屑做，要么不敢做，空空辜负了大好时光，错过了许多发展建设的良好时机。

永康人鄙视空谈，注重实际，如果读书不成，他们也绝不会颓废丧气，在悔恨嗟叹中穷途潦倒，而是立马就会选择一门适合自己的世俗事务，重新埋头努力，以求得东山再起。他们信奉："千秧八百，不如手艺缠身"。从宋代开始，一代代永康人就在种田之余举起铁锤，燃起火炉，背起铺盖卷，凭着一身祖传的手艺奔走天下，去追逐属于自己的利益与幸福。他们亦工亦农亦商，把生意做到了大江南北，五洲四海。在这些先驱者带领下，永康五金业源远流长，越做越大，涌现出许多能工巧匠，成为永康经济发展永不枯竭的鲜活动力。

那是一种多么艰辛的生涯哟，漫长的岁月里，成千上万的永康五金工匠挑着风箱、炉子和箱笼，日夜翻山越岭，涉水过河，顶烈日，冒风霜，走村串巷，足迹遍及全国，有时甚至远走异国他乡，顶着枪林弹雨、刀光剑影去夺取一份利益。他们用一双铁肩承担起养家糊口、繁衍生息的职责，两只脚板在地头上辛勤地奔走，编织着一个个坚韧辛酸的故事。

久而久之，他们古铜色的脸颊上刻印起道道沧桑，击打金属鼓乐的双手磨起了厚厚的老茧，然而纯朴的心走得再远，却仍然在牵挂着家乡，还有那些日思夜想的高堂妻儿。

有一首歌这样吟唱他们的足迹、他们的抱负与理想：

还记得当年　你走街又串巷，
漫漫旅途中　你饱经了风霜；
熊熊的火光映着黝黝的脸庞，

313

声声的吆喝伴着岁月悠长

年少的轻狂　总是志在四方

不畏惧风雨　你勇敢去闯荡

少年的心中　早就有个梦想

让世界都知道有一个地方叫永康！

——胡建勇、文俊:《让世界都知道》

五金文化就这样汩汩流淌在永康人的血脉之中,经受历史铁砧的反复锻打,永康人的性格变得十分坚忍,分外顽强,他们做事的目的性、功利性十分明确,而且勇于承认,毫不避嫌,为此往往不达目的,绝不罢休,哪怕会因此撞得千疮百孔,头破血流,也在所不惜。

"不畏艰险、敢闯敢干、富有正义感、自主性、进取性、创新性较强。"这,就是独具地方特色的永康精神!

永康人很自信,请听这首歌谣:"五金工匠走四方,府府县县不离康,离康不是好地方"。

永康人发展了大五金产业,却暂时还没有发展出大五金思想。有文化学者对此有一段中肯的评价:"永康人创业很能吃苦,这种吃苦精神在八婺地区是第一的,但永康人有一种'小五金思想',处理问题眼光不够长远,有点急功近利。"

这种急功近利的短视行为,曾经在整体上对永康经济造成过强烈冲击,形成影响深远的伤害。1994年万事达的程文全从香港买回保温杯仿制成功,起初物以稀为贵,这种杯子只有高官富商用得起,一度还成为地位身份的象征。不过好景不长,还没等人们反应过来,永康当地已经呼啦啦冒出来数千家保温杯生产厂家,全都开足了马力仿效生产,一时间市场上明晃晃一片,全都堆满了保温杯,有人估计全国人手一只还绰绰有余。于是市场价格自然直线下跌,最便宜时竟然卖到了10元一只,连本钱都捞不回来,接踵而来的,自然就是企业的转产关门潮。这样的闹剧还不止一次,防盗门,滑板车……每一次都遵循着同样的发展曲线,每一次都给永康市场秩序造成严重的冲击。

永康人聪明又务实,他们的眼睛总是紧紧盯着"利",而且绝不讳言谈"利",只要有利,有时他们就会舍命追逐,有时即使撕破脸皮也在所不惜。不过利益总有大有小,有短期也有长期。片面地强调眼前小利,有时难免就会忘了长远的大利,无形中变成急功近利。有些聪明狡猾的国外企业就常常瞄准永康人的这一"软肋",给予准确而致命的一击。据某媒体记载,那年跨国企业沃尔玛公司到永康采购上百万辆电动滑板车。消息传出去,永康许多企业为这个上亿美元的大单而产生"内讧",竞相压价,有的甚至不惜亏本抢订单。沃尔玛见状便将订单分解,一款产品谁价低给谁做,最终导致企业无利可图,只能面对一堆食之无味、弃之可惜的"鸡肋"。

也有媒体说起过这样的趣事:永康的马路没有一条是直的,总是修着修着就不知不觉变弯了,即便事先规划得再好,造出来也不是那么回事。有人不解,去调查后才发现,原来是路两边的住户都对自己的利益盯得太紧,都想方设法要让自家店面比别人多出一块,而只有弯曲,才能让自家的店面房多出来,因此争着争着,原先平直的路自然就弯了。这虽然只是个别现象,但反映出的,显然是某种真实的存在。

黄帝是打铁的,中国的第一枚铜钱想必也是他亲手铸造,黄帝的子孙永康人便习惯把铜钱紧紧攥在手里,怎么也舍不得轻易花掉。因此永康人的"节俭"在八婺有口皆碑无人不晓,甚至有人还编成了歌谣到处流传。改革开放后永康迅速富裕起来,但仍然保持了"节俭"的美德,在消费上相对低调,绝不大手大脚,奢侈挥霍,随意露富。据说永康银行的储蓄量前些年一直在金华各县、市中排行第一,近些年银行利率变成了负利率,永康百姓又都把钱提出来搞民间借贷,反正总是要算计着多赚些。

"义利双行",当年的状元陈亮这样谆谆教导他的乡人和后裔,在历史上确实起到了振聋发聩的作用,也让他的家乡真正走上了富裕之路。而在今天改革开放的大背景下,如何更好地处理义、利之间关系,把握其中的分寸,理顺相应的关系,在发展大五金产业同时,也拓宽大五金的视野和观念,已成为当今陈亮后人一个十分严峻而又必须面对的课题。

六、浦江,当阳刚遭逢细腻

乌油油的黑土地和白花花的宣纸,显然分属于两个截然不同的范畴,而粗大锄头柄和轻巧毛笔挥舞出的,也肯定是两种完全不同的韵味。不过假如有一天,你看到粗手大脚的泥腿子们拿起画笔,有模有样几笔便挥洒出一幅写意山水画;高门大嗓的农妇放下猪食桶,提笔写出一手漂亮的小楷或篆书,你千万别奇怪,因为,他们肯定都是浦江人!

在浦江,这样的人和事司空见惯,层出不穷,请看一位记者采访浦江县岩头镇礼张村时的一段记录:

> 一股浓郁的书画笔砚香迎面扑来,只见村子里家家户户的外墙上都绘有书画作品,这道独特风景很是养眼。这个只有 200 多户人家、600 多人口的村子,上至七八十岁的老人,下至七八岁的小童,都能书会画,不少农民家都有专门的画室。村民从田里回来,洗掉手上的泥巴,拿起毛笔,随手勾勒几下就是一幅生动的画;生活中的鱼虾、花鸟都是这些农人笔下的好素材。

> 如今,礼张村村民业余吃"书画饭"的越来越多,书画产业已占礼张村全村收入的 1/3。每天到礼张村参观访问的游客络绎不绝,不少外国友人也慕名前来。就是这个小村庄,走出了张书旂、张振铎等 20 多位书画家及大学教授,仅有资料记载的文化名人就有 70 多位。

礼张其实只是浦江县一个小小的缩影,往大点说,整个浦江就是一个硕大的礼张村。在这块金华东北,总面积 900 平方公里的土地上,无论你徜徉在浦阳江边,还是游走于仙华山下,处处都会感受崇书尚画的一派浓郁氛围,到处听到习画育子、夫妻共画、三代喜书、四代擅画的书画佳话。而且他们的画风绝对不像一般意义上的农村风俗画那样地色彩浓烈,大红大紫,相反,即使在偏远乡村,这儿的画风也非常接近于传统的文人书画,用笔简约淡雅,注重写意抒情,让人看后不禁又惊叹又惊讶。

追溯风气由来,恐怕就要一直走进历史的深处。浦江自东汉兴平二年(195)建县,至今已有 1800 多年历史,秀丽的山川和纯朴的民风孕育了众多好学之士,尤以书画为著。宋元明清时,见诸文字记载的书画人物就有 51 人。北宋时的于正封曾书《左溪山碑》,笔势雄迈,可比颜真卿。元代的柳贯善楷法,《三希堂法帖》收有他的手迹。明代的宋濂祖孙三人都工书法,其中宋濂小楷端正,草书龙盘凤舞,被列为明代"草圣";次子宋璲,小篆列明代第一,如今故宫博物院藏有他的行草《敬覆贴》。明清之际的才女倪仁吉工诗词、精书画;蒋兴俦(东皋心越)书画篆刻俱佳,兼通琴道,康熙十五年(1676)东渡日本,传授治印和书画技法、被奉为"日本篆刻之父"。

20世纪20年代以后,又有张书旂、吴茀之、张振铎等人享誉画坛。1932年他们与潘天寿、诸闻韵共创"白社",成就卓著,皆成为当世名家。其中张书旂工花鸟,与徐悲鸿、柳子谷并称"金陵三杰",巨幅国画《百鸽图》于1941年以国礼贺罗斯福连任美国总统,吴茀之诗、书、画"三绝",是"浙江画派"承前启后的重要人物,与潘天寿先生一起,为奠定当今中国画教学体系和中国美术教育事业作出了重大贡献;张振铎则被称为"南天一柱",素有"北李(苦禅)南张(振铎)"之誉。除此之外,郑祖纬、徐天许、张苇研、戚维新等人也都以盛名享誉画界。

新中国成立后又有一大批浦江籍画家先后崛起,其中影响较大的有方增先、吴山明、柳村、张世简、张岳健、袁飞、洪瑞等人驰骋画坛、影响巨大、成绩斐然、不失为当今中国画坛的中坚。如今随便走进中国的哪个美术院校,都能立刻寻找到一批浦江籍的师生。

书画文化在浦江大地日积月累,俨然凝结成这儿最靓丽的一道风景线。至今全县仍有浓厚喜好书画之风,每逢节假日,一些能书擅画的书画爱好者,往往自带笔墨,下乡为农民书写春联;而一些农民书法爱好者也进城摆桌,挥毫泼墨,切磋交流,一展技艺。小小县城先后建起了浦江美术馆、书画街及7个名人书画场馆、陈列室、纪念馆,连续成功举办了五届中国书画节,成为延续浦江书画文脉的重要品牌,被文化部命名为"中国书画之乡"。

让今天浦江人时时挂在嘴上的,还有县境内刚刚挖掘整理出的"上山文化"遗址,正是这些遗址的发现,让长江中下游农耕文明的历史一下子向前延伸了两千年,达到一万年这样一个令人震惊的数字。一万年以前,浦江人的祖先就已经在这儿胼手胝足,种植出了或许是江南第一片绿油油的水稻。他们搭建木屋茅舍,升起了也许是这片丘陵上第一缕袅袅的炊烟,烧制出了这儿的第一批陶罐陶盆,这是多么令人自豪的史实。提起"上山文化",浦江人的嗓音就会陡然间高出一截,腰杆也会在 刹那间挺直几分。

正由于继承了前人的"书骨画魂",当新时期给予浦江人发展新经济的众多选择时,他们毫不犹豫地发挥优势,选择了水晶业等和书画相近的新兴产业。如今浦江经济最大的支柱产业是花边绗缝、水晶以及号称"五朵金花"的绒绣、草编、花边、竹编、麦秆贴,每一项都和浦江传统书画文化有着千丝万缕的紧密联系。许多水晶、绗缝行业的开拓者、领头人,本身就是书画行家或者发烧友,他们把这些产业当做自小稔熟了的宣纸,一提笔,一挥毫,便能挥洒别人无法画出的美丽图画,写出别人无法企及的优美华章。

走进浦江水晶玻璃展览馆,你会被眼前流光溢彩的艺术世界深深吸引。这里陈列的水晶制品琳琅满目,绚丽多姿,或激光雕刻,或传统切磨;或典雅华贵,或小巧玲珑,无不曲尽其妙,透射出浦江书画的神韵。浦江的水晶玻璃灯饰曾装点过北京人民大会堂,水晶玻璃工艺品被选为港澳回归和中华世纪坛落成盛典的礼品。目前浦江已成为全国最大的水晶生产基地,年产值达十几个亿,是全国闻名的"水晶之都"和"挂锁基地","中国绗缝家纺名城"。

不过浦阳江在授予浦江人纤巧细腻的同时,仙华山也传承给了他们挺拔的倔强。浦江人善画,但性格却不像宣纸那样绵软,而是做事坦荡果绝,讲话直言不讳,讲义气,重交情,言必行,行必果,在金华素有"刚硬一族"之称。

造物主有时就是这样奇妙,仅仅一山之隔,西边的兰溪人和东边的浦江人就俨然成为对比:兰溪人吵架越吵越响,越吵越远。而浦江人几句话言语不合便听不见声音了,因为他们早已经扭打成了一团,而且这一打还非同小可,一定得要见个头破血流,输赢胜负,不然就要回家去呼朋唤友,约好明天再来决个雌雄。

浦江人宁折不弯,是因为他们心头深深根植着"信义"二字,他们重守诺,只要自己当初答应过的,便一定要做到,即使要为此付出巨大代价,承受重大牺牲,也会遵循诺言从一而终,绝不反悔。据说当年明建文帝逃出南京,就在郑氏义门隐藏过好一段时间,朝廷一再施压,他们却决不松口,无论如何也不肯交人。

这种倔强性格一定是从当初和猛兽毒蛇生死相拼的"上山人"那儿传承的,也是从明月映照下的一泓清泉里淙淙流淌出来的,这孔泉眼叫做月泉,地址就在今天的浦江县城西北约一公里处。

有关月泉,自古以来就有这样美丽的传说:月在天上,泉在地下,天上月圆,地下泉溢;天上月缺,地下泉涸,天上地下交相呼应,圆缺消长相互轮回,千年万载,永不更改。北宋徽宗政和三年(1113),知县孙逖在这儿筑亭卫护,月泉由此成为天下奇泉。宋孝宗淳熙八年(1181),"知县王霖龙因讲业创为精舍,祀朱熹、吕祖谦二贤于其堂","为后学景行"。元初又把这儿改为书院,聘请吴溪村人吴埕为山长,自此书声琅琅,成为当时全县的文化中心。这时吴渭、方凤、谢翱、吴思齐等一批原南宋官员,因不愿再为蒙元统治者服务而归隐此处。这些人境遇一致,志趣相投,终日悠游乡野山水,吟词赋诗,借酒消愁。他们目睹月泉月圆则溢月缺则涸的自然奇迹,认为正体现了"信义"这一儒家理学的核心内容,便以《春日田园杂兴》为题征诗,限五七言律,规定兴感不能逾越"田园"二字。此次征集活动竟收到来自浙江各地的诗作2755卷,中选者280卷,截取前60名,诗74首,附录摘句33联付梓,署名"月泉吟社"。刻印成书后又多次重刻刊印,成为我国现存最早的诗社总集,而"月泉吟社"也因此芳名远播,成为中国文学史上具有重要影响的第一个诗社。

月泉信守诺言,始终不变地流淌了千年,浦江人也阳刚正气,坦坦荡荡地刚硬了千年。他们"宁为玉碎,不为瓦全",只要自己认定了的事,便会视为坚定不移的原则加以固守。尽管有时这种不计得失、不顾后果的性格特征让他们显得有些鲁莽,被别人认为是不识时务,不合时宜,甚至有时还会带来许多原本可以避免的损失。譬如"文化大革命"的十年浩劫时期,浦江县的武斗就比周边其他县、市时间都长,激烈程度更甚,因而造成的损失和后果也就更大。

不过浦江,似乎只有浦江,才能将刚硬与纤巧,豪放与细腻,如此巧妙而又不露痕迹地融合在一起,在坚定地信仰之余,还会提笔抒写一种别处所没有的美丽,描画出一种别人所不可能具备的魅力。

七、风物是秦余,恋土爱乡武义人

"东阳靠把斧,永康胡公祖,武义靠块土。"和东阳、义乌、永康人不同,武义人自古以来就"不为商贾、技艺、轻去其乡",他们绝大多数甘愿世代务农,一辈子待在自家的青山绿水、明月清风中终老天年,也不愿选择出外做工经商。在世间三百六十行令人眼花缭乱的职业中,武义人最看重那一只泥做的饭碗。正如武义民谚所说:"泥饭碗敲不破,种田地万万年","东赚钱,西赚钱,勿如灌水好犁田"。

他们不愿外出,是因为自己的家乡实在太美丽,太丰饶了,可以利用的资源太丰富了。在金华市所属各县、市中,武义的土地肥沃富饶,气候温润,非常适宜农作物尤其是水稻生长,是全市最适宜农业发展的县、市之一。加上这儿地多人少,人均耕地占有率在金华市相对较高,因此求得温饱便相对容易,就像当地俗语说的:"挖一锄头可吃三天","一年收成可吃三年"。而《武义县志》也形容:"地狭而土肥,其民殷庶。"

既然温饱不愁,又何必抛妻别子远走他乡去看别人的脸色讨百家饭吃呢?武义人才不那么傻呢。他们因此格外地爱惜脚下这片土地,"武义人靠块土,三天不见壶山就要哭"。

兴许是出于同样的痴迷,"中国最著名农民"、"泥腿子院士"袁隆平和武义人一见如故,结下了深厚情缘。他在详细考察后发现,武义的气候环境非常适合水稻生长,于是在20世纪70年代中期,当全中国都还不知道杂交水稻为何物的时候,袁隆平就将自己培育的一包"威优64"良种免费赠送给县里,在这儿一年年创造出高产的奇迹。近年来,每逢自己的水稻新品种培育成功,袁隆平都将武义作为试种基地,并许诺,一旦亩产1000公斤的"瀑布稻"良种培育成功,立即把它放到武义和金华推广。

武义的优质农产品远不止水稻,它还是中国三大名莲"宣莲"的产地之一,全县至今还有21万亩经济特产基地。春天,这儿桃花如霞,梨花似雪;夏天荷花映日,莲姑采莲;秋天猕猴桃垂挂,板栗满枝;冬天飞雪点梅,群山迭玉。近年来武义致力于发展生态农业,有机茶颁证面积和产量均居全国之冠,是著名的"中国有机茶之乡"。

纵观金华乃至整个浙江,无不是地表郁郁葱葱,地下空空如也,基本上没有什么矿产资源。造物主似乎当初就打定了主意,不再给这儿聪明勤奋的人们以任何资源上的优势。可是在武义,它却宽宏大度网开了一面,往这儿的地底下埋藏了许多光彩烁烁的宝物,武义的萤石储量居全国之首,已查明的有四千万吨左右,而且品质优良,埋藏集中,易于开采,很早就是全国排名第一的萤石出产地。

萤石又称氟石,也叫"夜明珠之石",主要成分为氟化钙,在钢铁及有色金属冶炼、医药化工、原子能工业、航天工业等领域都有广泛用途。这种重要的矿产资源不仅令武义人骄傲,还曾引起日本侵略军的垂涎,抗战时期以重兵加以侵占,并专门修筑一条铁路,夜以继日地疯狂抢运萤石资源,据统计,第二次世界大战期间日军从武义掠夺萤石资源达30多万吨。

造物主不仅给了武义人宝贵的固体矿产,还为他们准备了另一种同样宝贵的液体资源。20世纪70年代,武义萤石矿的工人在井下采矿作业时遭遇了"突水事件"，只见被挖开的地层里汨汨不绝地喷涌出巨大的水流。短暂的惊吓之后，随之而来的却是人们抑制不住的狂喜，原来这是极其难能可贵的温泉。经国家权威部门鉴定，武义温泉日出水量4000吨—6000吨，常年水温42.6℃—44℃，来自地下330米深处，水质透明，无色无味，泉流如溪，富含氟、硫、锶、钼、铁、偏硅酸、偏硼酸等二十多种有益于人体的矿物质，堪称"华东第一、全国一流"。

武义物产丰饶，风光也分外秀美，境内奇峰林立、重岩叠嶂、深谷幽潭、湖光山色、景观独特、风光迷人。县域南部的牛头山是金华第一高峰，郁郁葱葱，人迹罕至，浓荫蔽天，仍存有大片的原始森林，极具神秘色彩，对追求神奇、冒险、返璞归真的都市人极具吸引力。寿仙谷景区重岩叠嶂，清溪趣石点缀，雄伟中透出秀丽，吓纱崖、凌空石巍峨惊险、天造地设，令人称绝。有着"十里画廊"之称的刘秀垄、清风寨风景区奇石象形，景点众多，每一处无不蒙上与东汉光武帝刘秀避难有关的神秘色彩。加上台山、石鹅岩、石鹅湖等毗邻相连的景点，构成一派壮丽秀美的自然景观，吸引着游人到来。

武义是金华拥有少数民族最多的县市，现有畲族人口万余人，聚居在柳城畲族镇的有3500余人，是浙江畲族人口聚居最多的民族镇。畲族是一个古老民族，自称"山哈"或者"山达"，意为居住在山里的客人。

生活在这样得天独厚的自然环境，武义人的性格自然就随和、温顺、敦厚、节俭，他们尚农爱土，怡然自乐，与世无争，宽厚待人，有人甚至称他们是"武义芋头，宣平呆头"。意思说他们太老实，像芋头一样没有心眼；而宣平人，就更老实得简直有点"呆"了。

不过他们错了，武义人的性格平和，但却绝不窝囊。左翼文化运动先锋潘漠华、浙江省早期党组织的卓越领导人徐英都是武义人，他们身陷囹圄，坚贞不屈，一副铮铮铁骨最终化做了烈士纪念碑宏伟的基石。而武义籍国民党上将汤恩伯虽然打内战败绩连连，但在抵御外侮的抗日战争期间，却英勇善战，指挥过不少漂亮的战役。

唐朝时与王维齐名的大诗人孟浩然，当初游历东南时曾在武阳溪边枕水而眠，享受过几天安怡闲适的日子，他惊诧这里风光的秀美，民风民情的古朴淳厚，写过一首描写武义山水的诗——《宿武阳川》：

川暗夕阳尽，孤舟泊岸初。

岭猿相叫啸,潭影自空虚。

就枕灭明烛,叩舷闻夜渔。

鸡鸣问何处:风物是秦余。

今天的武义人继承了祖先的行事风格与特点,习惯在自家的"一亩三分地"里精耕细作,费尽心机要让安身立命的土地发挥最大的效益。他们的性格决定了发展经济的思路不是"走出去",而是"请进来"。邀请客商进门,共同开发这儿丰厚的资源;邀请游客上门,享受自己家门口的青山绿水。他们加快开发温泉这一宝贵的稀缺资源,把温泉作为旅游业龙头做大做强。如今这儿已被浙江省人民政府批准为省级温泉旅游度假胜地。

武义人加快牛头山国家森林公园开发建设,加强明招文化、古建筑文化和历史名人文化等人文景观的开发与利用。以郭洞、俞源和丹霞景区为重点,加强旅游资源整合,努力建设精品景区,成功举办了三届全国汽车、摩托车场地越野锦标赛分站赛及全国摩托车场地越野锦标赛总决赛,获得了中国温泉养生生态产业示范区和浙江省最佳避暑胜地等称号。

这儿的许多村镇也凭借自己的资源优势就地发展现代农业,把乡村休闲旅游业搞得红火热闹,每天迎接着来自四面八方的游客和财富。一些村庄自身资源不占优势,便依托毗邻义乌、永康的区位优势,通过来料加工走出另一条增收之路。而它们下山脱贫的经验更获得了联合国青睐,在全世界范围内加以总结推广。

武义人很能干也很淳朴,不过许多时候,他们最大的特色,往往就是没有什么特色。

八、云深雾重说磐安

说起磐安人的性格,其实就是在说东阳人、永康人甚至缙云人、仙居人和天台人。因为历史上本无磐安,是 1939 年为抗战需要才成立的。1958 年又撤销并入到东阳。1983 年复县至今也不过三十年,据说至今还是我国最年轻的县治之一。

不过要说磐安的地理特点,那倒十分鲜明,就是"九山一水半分田",境内有称谓的大小山峰 5200 多座,注明标高在 1000 米以上的 63 座,因此有"万山之国"的称誉,是钱塘江、瓯江、灵江、曹娥江主要发源地,被称为"群峰之祖,诸水之源"。

县域长期不固定,人口也就不能固定,历史上磐安人口总是忽多忽少。因为磐安这个名字,许多人还想当然,误以为这片大山肯定是固若金汤的天然"保险箱",外面一逢战乱,就蜂拥着相约进山躲避,一时间山里人口大增,热闹了许多。等到外面平定,大家便又拥挤着出山,大山里立刻又变得荒凉寂寞。不过好多人也因此上了当,落得个凄惨的下场。历史上周边农民起义军遇到官府征剿,往往撤至磐安大山固守,把这儿当做根据地、避难所。谁知官兵大举进山,重围之下无所逃遁,刀光血火再加瘟疫,往往连原来的山民们都跟着遭殃,让原本蛮荒的大山一下子变得更加荒芜。

不过倘若细细推究,仍然可以总结出现代磐安人的几个性格特征:首先是清纯。他们待人诚恳热情,没有功利性,少有警戒心,就像那片山脉里流出的清澈溪水一样,总是纯净的一级水,很少有污秽杂质。

第二是略显神秘。磐安一向被称为"江南秘境",葱茏的山梁上总是笼罩一层淡淡的云烟,让人难以窥见其真实面目。据说自古以来就是隐士们居住的地方,历朝历代不少名士,如萧统、陆游、卢琰等,都在这儿"像鲜艳的蘑菇隐居在树荫下/像斑斓的石头隐居在溪水里",给后世留下许多难解的历史谜踪。这儿还有许多别处少见的独门绝技,例如炼火,竖大旗,还有那关于"天下第一龙"的神秘传说和遗迹。久而久之,便连这些龙的嫡系子孙自身,都被披上了一层神秘的外衣。

磐安人在山里待得久了,有时便会作出些域外高人方能作出、近乎于不食人间烟火的事情。原县文化馆的副馆长朱颂阳,48 岁时辞职内退,一个人躲进了乡下一座无人居住的荒僻老宅,以看书、写作武侠小说自娱。没有家庭,没有工作,不过他不寂寞,因为每天都生活在自己创造的仙侠剑客之中。用十几年时间,终于完成了一部以当地"白头军起义抗清"事件为背景的 70 万字小说,取名《剑啸江南》,由红旗出版社出版。此书被称为"江南流"新武侠,有专家评价,《剑啸江南》"用别具一格的笔调尽抒武侠世界中的江南气质,将武侠小说的写作提升到一个新的境界"。你看看,这种事情,义乌永康等地不太会有人去干,因为经济上不会算,婺城兰溪人也不会干,因为太清苦寂寞,可是远在深山的磐安却有人在实实在在地干。

第三是进取,复县仅仅三十年,磐安就发生了前所未有的深刻变化,先后被命名为"中国香菇之乡"、"中国药材之乡"、"国家级生态示范区"和"中国生态龙井茶之乡",最近又争取到一项新的"浙江之最":建在海拔 500 米以上高山台地的尖山工业园区,是全省最"高"的工业园区,拥有一百多家工业企业,已建成全国最大的家用电器塑料软管生产甚地,占有国内同类产品 70%的市场份额。

揭去往昔神秘的面纱,磐安人正在高高的山峦上,向世界袒露出真诚好客的笑脸,不过有时那云里雾中,又会不时闪现地出几缕令人惊讶的奇光异彩。

九、为什么是义乌

为什么是义乌?

当这座浙中小城几乎在一夜间奇峰突起,崛起成为全中国、全世界最大的小商品都市,许多富商巨贾像是从地底下突然爬出来一样,猛然间纵横捭阖、驰骋商海的时候,许多人都会禁不住这样惊奇地发问。

是国家对它的支持力度特别大? 显然不是。众所周知,由于新中国成立以来长期推行的战备经济,面对台湾的沿海省份——浙江一直被当做海防前线,用于修建战备工事的经费或许要比用于经济建设的投资多得多。浙中毫不起眼的小县义乌当然不会例外,据统计:在新中国成立开始直到 1978 年 30 年间,国家在义乌的全部投资累计人民币只有 5945 万元。

是由于它所处的地理位置特别优越? 显然也不是,义乌既不像深圳那样毗邻港澳,也不像宁波那样有深水巨港。流经境内的义乌江缠绵细长,虽然历史上有过通航纪录,却早就失去了通商运输的功能。说起陆路交通,它也只是浙赣铁路上一个普普通通的中等车站,客货吞吐量原来十分有限。

是它的自然条件十分优越、自然资源十分丰富、为经济发展奠定了雄厚基础? 更不对,就自然条件而言,义乌不仅谈不上优越,相对于周边许多县、市,它还显得先天不足,相形见绌。除了边缘地区曾发现过一些萤石矿、石灰石等非金属矿物,几乎没有任何具有开采价值的矿藏。而物产除了红糖蜜枣,也谈不上有什么特别闻名的大宗土特产。

在漫长的岁月里,义乌一直如同一个无爹疼无娘爱的孩子。衣不蔽体,破败满眼,老百姓日子过得十分艰难,正如一首民谣里所唱的:"去年总盼今年好,今年又是破棉袄"。

"为什么是义乌?"当所有关于硬件的答案全都黯然失色,"义乌之谜"便变得更加扑朔迷离,让人百思不得其解了。于是人们又开始把目光转向义乌的软环境,软实力,注意到它"鸡毛换糖"的经商传统,注意到它"重农亦重商,重义也重利"的商业精神,注意到它改革开放初期,就能够牢牢抓住可贵机遇的开明政府……

我国当代著名的杂文家、时评家鄢烈山在深入义乌探访之后,对这个问题作出了自己的回答,他说:"像可追溯到《越绝书》的经商传统、地少人多等因素,不是义乌独有的,不是义乌市场发展的真正原因。计划经济崇尚精英和规划,而市场经济崇尚本能,相信民间的力量。我认为义乌发展的真正原因主要还是政府的指导思想明确,相信民间和草根的力量。"

在所有密密麻麻射向靶心的利箭中,也许鄢烈山射出的这一支距离目标最为接近。

是的,草根民众,这才是义乌发展的真正原因,也是义乌改革开放后能够大踏步前进的真正动力!

一本义乌历史,一座辉煌舞台,其中鲜活着两种截然不同的社会角色。一种是精英,如骆宾王,宗泽,陈望道,冯雪峰,甚至如谢高华等;另一种却是草根,是千千万万甚至连名字都没有留下来的平民百姓,他们或者摇着拨浪鼓,踩着榨糖机,或者举着戚家军的大旗,摇晃着一双"义乌拳头"……

义乌的精英伟大,他们从浙中的天空升起,如同星辰在不同时期闪耀在神州天穹,创造了义乌乃至中国灿烂辉煌的昨天。

义乌的草根更加伟大,他们在改革开放的今日一跃而起,一举终结了"一穷二白"的千年历史,创造出义乌震古烁今的今天与未来。

在创造"义乌奇迹"的漫长道路上,那些最深最重的足迹,其实就是许多平凡普通的"草根"们踏出的……

正是因为草根,义乌才能借着改革开放的大潮一跃而起,独占世界小商品经济灿烂辉煌的鳌头!

除了许多众所周知的优秀品质,自古至今,义乌草根们奇怪地保有一种江南其他地方不可多得的突出品格:英勇无畏,敢闯敢拼。

这种不怕死的品格,过去长期被认为只有长江以北的中国人才拥有,而南方人全都是怕死的。

林语堂就说过:"江南多的是精明的商人,出色的文学家,战场上的胆小鬼。"

明末清初清军即将渡江南下,去夺取江南半壁江山时,投降的南明官员、当时的著名文人钱谦益也对清军统帅豫亲王多铎说:"吴地民风柔弱,飞檄可定,无须再烦兵锋大举。"

怕死,是世人心目中南方人共有的突出品质之一。

在发现义乌兵之前,戚继光这位威震四海的统兵大将和当时的台州知府,也是一位名将的谭纶曾有过一番有趣的对话,鞭辟入里地分析了同为浙江人的处州兵和绍兴兵的性格特征:

戚继光(下简称戚):虽然我已尽全力操练,但经历战阵之后,我才发现,新军有很大的问题。

谭纶(下简称谭):什么问题?

戚:我所部三千新军中,大部都是处州(今浙江丽水)兵和绍兴兵,这两地士兵各有特点,比如处州兵,作战十分勇猛,听命从不迟疑,冲锋陷阵,非常积极,是战斗的主力。

谭:有什么问题吗?

戚:但他们每次打仗之前,都要和我谈条件。

谭:谈条件?

戚:作战以前,他们要求必须知道作战的对手和人数,然后自行内部商议,如果认为能打,就作战,但要是他们认为不能打,即使费尽口舌,他们也绝不会卖力。

谭:……

戚:相对而言,绍兴兵更加听从命令,无论打什么仗,他们从来不会拒绝,完全服从,而且不怕辛苦,扎营修城之类的力气活,安排他们干,他们就会尽力去干,且从无怨言。而在战场上,如果敌人退却,他们会主动追击。

谭:遵从军令,作战勇猛,这不是很好吗?

戚:但问题是,如果敌人进攻,他们就会主动撤退。

谭:……

戚:当然,如果敌人再退,他们还是会追,但若敌人回军,他们会再次撤退,据我统计,但凡与敌相接三十步内,即将肉搏之时,他们一般会全军退走。总而言之,关键时刻实在靠不住。

谭:那你打算怎么办呢?

沉默片刻后,戚继光用一声重重的叹息结束了这次谈话:"我也没有办法。"

在两人的这次谈话中,其实涉及一个十分重要的理论——地理决定论,一般说来,生活在艰苦山区的人性格比较强硬,而且民风彪悍,不怕死,而在经济发达地区,混碗饭吃实在不难,不到万不得已,鬼才愿意拼命。

处州地区多山,经济条件差,是少数民族聚居区,当地人向来信奉脑袋掉了碗大个疤之类的玩命理论,绍兴山清水秀,读书人众多,且主要从事脑力劳动(如徐渭),实在不行还可以搞点旅游服务业,实在犯不着去拼死拼活。

而对于这种地区差异性,单靠训练是无法解决的,戚继光确实没有办法。

没办法就只能凑合着过了,但逢作战,戚继光只能安排绍兴兵守营,然后去跟处州兵做思想工作,劝说他们奋力杀敌。此来彼往,疲于奔命,每次打完一仗,都得累得半死。

——当年明月:《明朝那些事儿》

不管是绍兴兵,还是处州兵,骨子里全都贪生怕死,在这种共性后面,更多隐藏着的,其实是南方人共有的精明:患得患失,待价而沽,精于算计。

正因如此,当时的浙江总督胡宗宪明确告诉戚继光:"浙江兵是练不出来的。"

近年来一些美国行为心理学家的研究成果,似乎也在证实这样的看法,他们发现人的性格与口味有着密切的联系,喜欢吃大米的人往往自我陶醉,孤芳自赏;对人对事处理得体,比较通融,但互助精神比较差。

可偏偏在这些世所公认懦弱怕死的南方人群中,竟然出乎意料地冲出了一匹黑马,杀出了一支义乌兵。虽然他们也吃着雪白的大米,踏着湿润的土地,但那份勇猛那份无畏,却和彪悍刚猛的西北大汉一般无二。而且他们还更善于合作,更能开动脑筋,因此也就更让强敌一次次地损兵折将,胆战心惊,也让世人们一次次惊讶得大跌眼镜。

水一般柔美的江南遇到义乌,那优美词汇的背后便多出了几许刚烈,几分威猛,几分豪强!

"徽钦之乱"后,北宋宰相宗泽临危受命,他首先想到的就是家乡那些不怕死的乡亲,那些远近闻名的"义乌拳头",因此星夜返乡招募了一支 8000 人的义军,带领着他们杀过黄河,挡住了金兵一次次的进攻,保住了京城汴梁。

戚继光在目睹义乌人那场空前绝后的大规模械斗之后,也不由惊叹:"征战半生,天下强横之徒,我大都曾见过,却也从无畏惧。但如义乌人之彪勇横霸,善战无畏,实为我前所未见,让人闻风丧胆,可怕! 可怕!"

于是立即招募训练一支义乌兵,由此创造出中国战争史上辉煌的奇迹。

千万别以为战场是战场,商场是商场,"风马牛不相及"。其实自古"商场如战场",当年宗泽义军和义乌兵在战场上的勇猛果敢,无形中为今天的义乌商人开辟了前进道路,树立了光辉榜样,从骨子里增添着勇气、毅力与自信。

改革开放后第一个决策建立小商品市场的义乌县委书记谢高华就认为:"义乌的成功在于抢先",抢先开放小商品市场;实行土地拍卖制度;实行划行归市;率先在全国推行公共财政制度……

在无所畏惧的义乌"草根"推动下,他敢于说出这样的豪言壮语:"小商品市场如果办不好,我就回家卖红薯。"

抢先一步,不惧一时亏损,哪怕屡败也要屡起,正是这样"敢为天下先"的大无畏精神,激励着义乌人在商场上总是一往无前,表现出可贵的探索精神和商业毅力,一举闯过改革开放初期的重重"雷区,"顺利夺占了商业高地,并从此稳占商战先机。

20 世纪 80 年代初期,翁荣弟兄弟三人开始走南闯北,他们得知新疆人工饰品十分畅销,便向亲戚借了点钱,备足了货,在火车上站了四天四夜。当列车驶进乌鲁木齐车站时,他们的双腿已经肿得迈不开步。

然而,等他们兴冲冲把货拉到市场,才发现市面上早已充斥各种人工饰物,价格跌了一大截。三兄弟挥泪贱卖掉所有货物,总计亏损 1 万多元。但他们也从失败中总结出一条生意原则:人无我有,人有我优。此后他们辗转广东、新疆等地,经销各种小商品,历经千辛万苦,终于有了一些"原始积累"。

短短 10 年工夫,"浪莎"便创造了业内"十个第一",连连拿下中国驰名商标、中国名牌产品以及国家免检产品的称号,成为名副其实的"中国袜王"。2007 年 5 月,浪莎在上海证券交易所上市(股票代码 600137. SH),进入资本市场,成为义乌第一家在国内主板上市的民营企业。

2007 年翁荣弟被评为"年度十大风云浙商",组委会给他的颁奖词,仿佛是写给所有义乌商人的:"他是一个旗手,在拨浪鼓声的余韵中,他扛起了'义乌制造'的品牌大旗;率先进入资本市场,率先摆脱 OEM 的困局,他有先知的勇气,更有先觉的智慧;在'蚂蚁军团'汇入全球市场的浪潮中,他高举的旗帜猎猎作响。"

同样的故事还可以说上三天三夜,同样的人名还可以举出长长一串,义乌人就是这样争当商场上的"拼命三郎",商战中的"义乌兵",就凭着这种无所畏惧的强悍精神,他们硬是在家门口建起了一个全世界最大的市场,然后再把这市场推广到全世界的每个角落。

早在宋代,义乌就已经有了货郎担,当地百姓为了解决生活之困,不少人争相做起了小买卖。当时的著名学者、金华人王柏指出:"今之农与古之农异,秋成之时,百逋丛身,解偿之余,储积无几,往往负贩佣工,以谋朝夕之赢者,比比皆是也。"

随着明中后期"义乌兵"的崛起,不少返乡的退伍士兵也加入了这一行业,带领乡亲们远走他乡。不过那时义乌的货郎担上,还缺乏具有吸引力的特色主打商品。

从清朝中叶开始大量生产的红糖,让义乌货郎担从此风光独具,多了一种广受天下顾客、尤其是小顾客们欢迎的商品。那些甜美可口、价格低廉的浓稠饴糖,吸引着神州大地上孩子和母亲们欣喜的目光。

有了特色商品,义乌人又随之想出一个巧妙的交换途径——"鸡毛换糖",用红糖换取普通人家都有的鸡毛,或者禽畜毛骨、旧衣破鞋、废铜烂铁等。回来后再把鸡毛分类,红色的用来做成鸡毛掸子拿去卖钱,没用的鸡毛丢到田里做肥料,其他商品卖钱,从中赚取利润,肥沃土地。

"咚咚"的义乌拨浪鼓声就这样在历史的天空中震响,鼓声中走出了千万幅颤颤悠悠的货郎担。到清代乾隆时期,已有大批义乌人农闲时肩挑货郎担,手摇拨浪鼓远走他乡,尤以廿三里、苏溪两镇人数最多,形成了规模浩大的"敲糖帮"。即使在"大割资本主义尾巴"的十年"文化大革命"时期,仍有七千多副义乌货郎担顶风冒雨,顽强地游走在时代夹缝中。据统计,直到1982年,义乌近60万人口中,还有5万人在做着这种祖祖辈辈流传下来的小生意。

如今担任中国小商品城党委宾王市场第一党支部书记的吴承先18岁就摇起了拨浪鼓,他至今还清楚记得:那时"鸡毛换糖"也不是谁想干就能干的,得由生产队出具证明,外出吆喝一天,回来要上交给队里1.25公斤鸡毛,生产队才给记10个工分。他和15个老乡一起寄住在浦江农家,每天交给房东3分钱。晚上他们在房间里自己动手做"敲敲糖",白天走村串巷,一分钱敲一次,到处做针头线脑的生意。一不小心,就会被当地政府当做"投机倒把"抓起来,东西被没收,还要在黑屋里关上几天。

就这样东跑西颠闯荡了12年,30岁的吴承先又开始偷偷在县前街等地摆地摊卖头饰等小百货。每个星期去广州进一次货,每次都坐硬座火车,轮流用编织袋、报纸铺在座位底下睡觉,一次赚个百把块钱。

1984年吴承先被评为当时屈指可数的"万元户",1986年参加了第一届个体劳动者协会。从马路市场到棚架市场,再到如今的国际化商贸城,如今他已是历经五代市场的"恐龙化石级"经营户,目睹了义乌市场日新月异翻天覆地的变迁。

千万可别小看了这副货郎担,还有那几根无法飘上天的鸡毛,正是通过这样日复一日、年复一年的积累,义乌人培植出为求生存不怕山高路远,不怕背井离乡,敢于远走四方的深厚商业精神。养育出了不以利微而不为、敢于做小生意、善于做小生意的可贵商业基因,积累了许多只可意会不可言传的商业秘密。对今天义乌市场的崛起,起到了关键性的作用。

今天义乌市场上的商品仍然很小,从体积上说,小饰品、小摆设、小五金、小百货,一般都能拎在手里。小商品的利润也很小,当地生产的一块电子表毛利不足1元,一打手绢毛利不足6角,一只发夹、一把伞骨的利润是1分钱,一件饰品的利润不到1分钱。在义乌,一件在扬州卖10块钱的金属戒指批发价只有3毛钱,一件卖上百元的水晶或水钻手链也许只有5块钱。有人曾粗略统计,义乌市里80%的人从事着与小商品产业有关的工作。

然而正是这样一滴滴小小的水珠,汇合成为浩瀚无边的商品海洋。今天的义乌小商品城拥有 40 多万个摊位与商场，已成为名副其实的世界最大超市，有人计算过，即便在义乌小商品城内的每个商铺只逛上一分钟，也需要 4 个月的时间才能将所有商铺逛上一遍。

在义乌传统文化中，"孝文化"具有十分特殊的分量，甚至义乌地名的由来，都和这孝义理念紧紧地联系在一起。

义乌古名"乌伤"，传说因颜乌行孝感天的故事而得名。据嘉庆《义乌县志》记载："义乌为孝子过化之乡。""秦颜孝子氏，事亲孝，葬亲躬畚锸，群乌衔土助之，喙为之伤，后旌其邑曰乌伤，曰乌孝，曰义乌，皆以孝子故。"

在义乌人看来，那色泽嫩黄，素以质地松软、散似细沙、纯洁无渣、香甜可口而著称的红糖，也是上天为表彰义乌人的孝心孝行，而慷慨赐予他们的珍贵奖品。

"义乌红糖出燕里。"据说大约在清顺治年间，燕里村的木匠贾维承父亲生了重病，想吃点甜的东西，小木匠四处寻找，却什么也找不到。好不容易打听到福建有叫糖蔗的东西，千里迢迢赶去，谁知糖蔗在当地是十分珍贵的东西，外姓人根本无法弄到手。为把糖蔗引种回家，贾维承在福建隐姓埋名十几年，还不得不入赘到当地寡妇家里，好不容易才找了个机会，将几节蔗种和一小包红糖偷偷藏在雨伞里，悄悄逃回了燕里村。可惜这时，老父亲已经死去五年了。

贾维承的老父亲没有吃到糖蔗，但这种作物却从此郁郁葱葱生长在义乌广袤的乡间田野，发展成为民间一个重要的农副产业，让不知多少位老父亲从此有了甜蜜的向往，孝子们有了谋生的手段，贾维承也因之被尊称为"义乌糖公"。

义乌红糖业最兴盛时期是在 20 世纪三四十年代。民国三十五年（1946）全县种蔗面积 6.67 万亩，产红糖约 1 万吨。新中国成立以后发展更是迅速，1954 年全县红糖生产量达 18 万多担，1982 年达到 29 万担，民国十八年（1929）义乌红糖还在杭州西湖博览会获得了特等奖。

孝义文化也如同糖蔗一般深深地植根在义乌大地，甜蜜着世世代代的义乌人，渗透于他们生活的每个方面，无声地规范影响着他们的言行举止。

讲求孝义的义乌人同样也懂得感恩，对于帮助过他们的人总是念念不忘。2007 年 10 月，义乌市场的私营企业主听说七十多岁的老书记谢高华要回来参观国际小商品博览会,便有人提议用200辆奔驰车迎接谢书记。

当年义乌小商品市场开放后第一个领到工商执照的冯爱倩后来告诉记者,"这一切都是群众自发的,没有谢书记,就没有义乌的今天,可是谢书记不同意这样做。"

孝义观念更教会了义乌人的包容与兼富。义乌最著名的民谚之一就是:"客人是条龙,不来就要穷。"这是一种要在对方赚钱前提下我再赚钱,人赚九我赚一的经商理念。过去义乌地瘠人贫,义乌小商贩摇着拨浪鼓翻山越岭、走街串巷、进村入户"鸡毛换糖",食无定时,居无定所,每到一地都要靠当地人的接纳和帮助。每当天寒地冻、风雨交加时,当地人能为义乌小商贩提供锅灶间的一块小地方住上一宿,端上碗热菜热饭,他们便感激不尽,把每一点曾经的温暖都深深铭刻在方寸心间,然后再想尽办法加以回报。

和2010年春天一起降临义乌的,除了来自四面八方的客商与建设者,还有一首标题醒目的诗歌:

义乌欢迎你——写在外来建设者节后返义的日子里

光阴飞逝时空里,与家团圆争朝夕。转眼已过年假期,
亲情友义酒杯里。相聚离别都不易,各自又要奔东西,
只等来年再一起。
……
在这百姓城市里,到处充满着活力。小商品造就奇迹,
闻名全球成第一。无论陌生或熟悉,都能在这刷成绩。
人生都会有意义。
也许你是做会计;也许你是当翻译;也许昼夜车间里;
也许背包爬楼梯;也许砌墙又挑泥;也许擦鞋或扫地;
也许你曾不如意。
无论工作在哪里?甭怨出身高或低,只要合法又合理,
只要勤劳肯努力。建设发展需要你,同时磨炼咱自己。
不断铸就新业绩!
义乌今朝有名气,确实也是不容易。外地人口多本地,
大家齐心又协力,才显今天的伟绩。谁对谁都别嫌欺,
百姓功劳要铭记。

……迎接各位来这里，真情厚意感动你，希望你爱上这里。

义乌永远欢迎你！

——夏冰南子

听着这首颇具现代风格的新诗，我的耳边，不由又响起那句历代口口相传的义乌民间谚语："客人是条龙，不来就要穷。"

对中国人如此，对外国人也一样，一位阿拉伯客商哈立德对此感受至深，他说："为什么我们对义乌情有独钟，是义乌市民的包容和善良。刚刚来义乌时，我一笔国际贸易就被一西方客商骗走一百多万元。当时几乎倾家荡产的我回到义乌，义乌的商人们在我最落魄的时候，给我送来了煤气灶、棉被、食品，并鼓励我'一切都会好起来，让我们一起共渡难关，一起赢得更多'。这份兄弟情分，我毕生铭记。"

同样的朴实无华，同样的情真意切，这种"客人是条龙"的生动实践，就是义乌人集聚天下财富的根本源泉，深刻地阐释着"海纳百川、有容乃大"的涵义，塑造出一部义乌现代商业文明兴盛发展的辉煌历史。

今天的义乌已经发展成为四海闻名的移民之城，聚居义乌的市民除了颜氏，还有多达546个姓氏。截至2009年年底，义乌市场主体数量已达13.7万户，非义乌籍市场主体约占50%。市场成交额突破500亿，1.3万外商常驻义乌采购，130多万"客人"天天徜徉在义乌。

如今义乌常驻的境外居民有十多万人，仅2011年上半年签发的外国人签证和居留证许可1.24万人次，甚至超过了宁波、杭州两地总和。签证窗口每天至少要接待200人，高峰时达到400人以上。其中以中东人最多。

义乌吸引着来自世界的客商，来自全世界的聚居者也在深刻改变着义乌，多民族杂居使得这座曾经的江南小县城演变成一座国际化的中型都市：福建人在街头泡功夫茶，东北人在那边啃着大葱上酸菜，隔壁的土耳其和埃及人一边啜饮着咖啡，一边吸着土耳其水烟。

许多人把义乌奇迹开始的时间，精确地定位在1982年8月那个普普通通的上午。不过，那个清晨肯定不是突然降临的，其实它早就在义乌的天际线上悄悄躁动着，云集着，蛰伏着，等待着。也许百年，也许千年，它都在执拗地一边倾听，一边期盼，等待着惊雷轰然炸响的那一刻……

"人生的紧要关头往往只有几步。"一个城市何尝不是这样。义乌绝不会是什么一夜暴富的新贵,更不像那些一夕蹿红的所谓"明星"。为了今天这辉煌灿烂的崛起,其实它已经在苍茫的历史帷幕后面,默默无言地孕育了千年,准备了千年,奋斗拼搏了千年!

千年如一日,历史又一次证明了那个浅显而又伟大的真理:"机遇总是垂青有准备的头脑。"

从那个 8 月间闷热的清晨开始,义乌人搭乘中国改革开放的高铁快车,用了区区 30 年时间,便创造出中华大地上辉煌灿烂的奇迹伟业:

1982 年 11 月,县委、县政府宣布支持"两户"发展的"四个允许":允许专业户、重点户在生产队同意下将承包的口粮田、责任田自愿转包给劳动力强的户;允许专业户、重点户在生产需要的情况下,经过批准,雇请三至五名学徒或帮手;允许专业户、重点户在完成国家征购、派购任务,按照合同交足集体后,将自己生产的农副产品继续卖给国家,也可向市场出售;允许专业户、重点户在国家计划指导下,完成国家征购、派购任务后,把自己的产品长途运销(除粮食及其制品外)。

1984 年 12 月,位于稠城镇新马路太祖殿畈的小商品市场正式开业。

1992 年 5 月,设有 7100 余个摊位的篁园路小商品市场(一期)正式开业。自此,小商品市场实行划行归市。8 月,义乌小商品市场被命名为"浙江省义乌市中国小商品城"。

1993 年 12 月,浙江义乌中国小商品城股份有限公司成立。

1995 年 7 月,经国家体改委批准,义乌市列为全国县级综合改革试点市。

1995 年 11 月,中国小商品城宾王市场开业。市场投资 42 亿元,建筑面积 28 万平方米,设摊位 8900 个、营业用房 600 间,原服装、副食品、纺织品市场迁入经营。

2001 年 5 月,中国小商品城会展中心建成启用。

2002 年 5 月,浙江中国小商品城集团股份有限公司股票(简称"小商品城")正式在上交所挂牌交易。

2002 年 9 月,中国义乌国际商贸城建成并投入使用。该工程占地面积 420 亩、建筑面积 34 万平方米,设主体市场、生产企业直销中心、商品采购中心、仓储中心、餐饮中心五大经营区,共有 9000 多个商位 1 万多户经营户。

2003 年 7 月,义乌小商品出口实行"异地报关,口岸放行"模式,迈出了浙江省内海关之间跨关区"大通关"的第一步。

2005年6月，义乌法院成为全国首个受理涉外、涉港澳台民商事案件的基层法院。2005年10月，义乌市公安局可直接受理、审批、制作、签发外国人签证和居留许可，成为全国首个被授权办理外国人签证、居留许可的县级城市。

2006年10月，由商务部和义乌市共同编制的"义乌·中国小商品指数"正式向全球发布。作为义乌市场发展史上具有里程碑意义的大事。

2006年，经过数轮强县扩权试点后，义乌拥有618项，被称为"全国权力最大的县"。

2006年12月，经国务院批准，义乌成为全国首批拥有一定外事审批权的县级市。

2007年10月1日至12月31日，义乌航空口岸临时开放，同期开通义乌至香港直飞航线。这是中国对境外开放的首个县级机场航空口岸。

2008年，作为浙江省第四轮强县扩权改革的唯一试点城市义乌，此次被确定为统筹城乡发展综合配套改革试点区。

2009年7月，海关总署设立义乌海关，是全国首个也是唯一一个在县级市设立海关的城市。

2011年3月，国务院发文（国函[2011]22号）批复《浙江省义乌市国际贸易综合改革试点总体方案》（以下简称《方案》）。成为继国家设立9个综合配套改革试验区之后、经国务院批准设立的又一个综合改革试点，浙江省第一个国家级综合改革试点，也是全国首个由国务院批准的县级市综合改革试点。

《方案》明确了义乌试点的发展目标，到2015年，基本形成有利于科学发展的新型贸易体制框架。到2020年，率先实现贸易发展方式转变。提升义乌在国际贸易中的战略地位，使义乌成为转变外贸发展方式示范区、带动产业转型升级的重要基地、世界领先的国际小商品贸易中心和宜商宜居宜游的国际商贸名城。

如今矗立在义乌小商品市场门前的标志性雕塑，是一个手摇拨浪鼓、肩挑小商品走四方的货郎形象。古铜色的雕像刻印着"鸡毛换糖"的故事，刻印着当年十万义乌货郎走遍全国市场的艰辛岁月，也浓缩着义乌商业文化的可贵精髓：能吃苦、开拓进取；守诚信、重承诺；善于经商，讲规范；具备团体合作精神。

不过，义乌辉煌的发展，很难掩盖某些至今尚存的瑕疵。例如，在建设大市场的同时，如何强化城市可宜居性，让自己的市民生活得更舒适、更快乐、更生态，就是一个很大的课题。由于城市发展得过快，在规划上明显显得缺乏远见，前瞻性不足，某些"城市病"症状过早显现。另外，如何提高城市与居住者的文化素养与教育水平，也是一个急待解决的课题。

悠长的义乌道情又在"吉嘣嘣"地响起，一个苍老的声音犹如劲风吹拂，一页页疾速翻动着这座城市苍茫的历史：

> 义乌自古是穷地，人多地少缺粮米，为了解决温饱大问题，鸡毛换糖做生意。改革开放春风起，义乌人赶上了好时期。经商场做生意，拨浪鼓要出新天地……

所谓的城市性格，其实就是一座城市中文化、文明的集中表现，其内涵历经日积月累，千锤百炼，丰富多彩，深不可测。

义乌、兰溪、东阳、婺城、汤溪……当我们透过长长的时间隧道，遥望那些渐行渐远的过去，我们在义乌看到了起伏的丘陵，相对稀少的贫瘠土地，看到了义乌兵，拨浪鼓，货郎担，许多伟人远去他乡坚定的背影……

我们在汤溪看到的是，恬静的农家，碧绿的田野，铜钱帽，白汤布，老茶馆里总是飘浮着的清香与道情……

我们在兰溪看到的，是畅通的水系，繁华的商埠，兰花般的少女，儒生的方巾，国营工厂的烟囱，还有那些月光下再也难觅踪影的"茭白"船……

而在今天的婺江之畔看到听到感受到的，就更加千姿百态，丰富多彩了：

> ……茶花的笑靥　舴艋的秀眉　火腿的纤足。
> 有它的经济身体和文化脑袋。
> 如果你屏声敛气　或许还能听到
> 从额前婺江的皱纹里荡出的
> 太守沈约的吟咏和李渔的唱腔。

——柯平：《金华文化地图》

这些看似散乱的岁月剪影飘浮摇曳在历史的河面上，明明灭灭地闪烁不定，但却精准地反映着这些城市的过去今天，反映着它们的文化与地域特征，暗示出它们的未来走向与历史遭际。

浙江师大人文学院的黄灵庚教授对此颇有番研究，他将这种现象称为"盆地意识"，在一篇名为《八婺人文精神略引》的文章中这样写道：

> 据守故土的金华人日出而熙，日入而归，家中有老母，身边有妻儿，三顿有米饭，闲时有酒友，这就知足了。金华人善于闲中取乐，要么养养花木，逗弄珍禽怪兽；要么访亲问友，整天泡在茶馆。每到农事忙过，金华人开始忙碌一个接一个的"时节"了。所谓"时节"，无非借某个"菩萨"或"神仙"的名义，让所有的亲朋好友聚一聚，乐一乐。今天赶孝顺，明天跑潘村，后天趁雅畈，"时节"轮流转。如此丰富的传统节目，尽可以满足金华人"礼尚往来"、吃喝玩乐的需要，谁还愿意流落他乡、受那份颠簸之苦啊！积习已久，金华人的情趣、观念、文化品性，就凝聚在以尖峰山为界的小盆地之内，形成了一种自我满足、不图进取、惰性浓厚的"盆地意识"。

究其根源，他认为这种地域性格与金华人的"精神教父"吕祖谦不无关联：

> 这不能不使人猛然想起九百年前那位"躬自厚而薄责于人"、谦谦平和而"从不与人较"的吕祖谦……这位思想家的人格精神，正如其学术作风，"心平气下"，"忠厚之至"，循规蹈矩，温文尔雅，"内不敢旷职，外不敢立异"，口不论人过，不与人角是非，是一位标准的、以儒家伦理塑就的谦谦君子。吕祖谦的人生格言是"乐天知命"、"致命遂志"，说人的"命"是"泰"还是"蹇"，决定其"志"之遂与不遂，人要依据天生的"命"来成就自己的"志"，而不可"遂志"而违"命"。这种清人心、灭人欲的人生观，很符合金华人因循固守、"知足不争"的传统风貌。现在，悠转在尖峰山周围的金华人已多不知吕祖谦其人，更不知南宋的理学为何物。但是在过去，只要有人说到"婺学"的道统，莫不推吕祖谦为开山鼻祖。明人王祎自豪地说："吾婺学之盛，宋南渡以还，东莱吕成公，龙川陈文毅公，说斋大著唐公，同时并兴。吕公以圣贤之学自任，上继道统之重。"说明吕祖

谦的学术思想影响了后世近千年之久,已在金华这块土地上深深地扎下了根,并且渗透于一代又一代的金华人的精神血液之中,成为金华人以有别于他的、特有的文化"标志",这就是金华人的精神"品牌"。

你看,精神文化力量是如此的潜移默化而且根深蒂固,不管已经过去了多少个世纪,也不管你还记不记得家中那位早已经烟消云散的老祖宗,但"山还在那里",老祖宗的学问,他的为人品行,观念道德,甚至他的性格特征,都仍然在有形无形塑造着你,左右着你。你在人生道路上或深或浅踏出来的每个脚印,其实追本溯源,都仍然离不开老祖宗在冥冥之中的那一番指引。

有什么样的山脉,就有什么样的风骨,有什么样的水流,就有什么样的性格。即便是在八婺这样一个面积不算辽阔的行政区域里,呼吸着同样的空气,感受着同样的炎凉,饮用着同样的水流。每一座城市都仍然顽强鲜明地呈现出不同的人文性格;有形无形地踏出一条条各自交错重叠的发展道路,并最终形成了我们今天看到的异彩纷呈发展局面和前进方向。

"性格决定命运。"不同的人文性格,势必造就不同土地上人们的终极命运,设计出他们未来各自不同走向的结局。

后记　是落叶,更是春泥……

　　这本书其实是集体的智慧,是集合了许多人知识与心血的结晶,而我许多时候,只是个文字的记录员。

　　四年前,一个共同的心愿让大家聚集在一起,要用普通读者能够理解并喜爱的优美语言文体,撰写一本有关金华的心灵思想史籍,从历史文化和文明建设的高度,去解读这片土地上发生发展着的诸多精彩,诠释当代生活每时每刻都在发生的巨大变迁,让金华本地人能够寻找到属于自己的精神家园,让外地人能在这儿拿到一把开启金华大门的钥匙。

　　于是一批热爱金华,熟悉金华的教授、学者、官员们聚集到一起,一次次座谈讨论,一轮轮广泛征求意见,最后由我执笔,完成这个说起来不大做起来却不算小的文化工程。

　　在写作过程中,我总觉得一双又一双的大手在时刻紧握着我的小手,和我一起挥毫泼墨,完成所有的篇章。

　　我们把书名最后拟定为《阅读金华——婺州人文精神探寻》,是因为这座城市虽然不大,却是十分地深邃辽远,在写作过程中我不无惊讶地发现,即使我们穷尽一生的时光智慧,也无法全部精准地把握她的过去现在,更无法预言她的未来。也许我们只能讲故事,一个个这片土地上发生发展过的故事,一个个曾经鲜活过的祖宗先辈……

　　不过,这就已经足够了,因为这些故事,这些人物,他们——就是家乡,就是金华!

　　谨此记录下自始至终参加了讨论座谈的主要人员,借以表示崇高的敬意:夏刚,裘樟清,龚剑峰,黄灵庚,陈国灿,吴远龙,杨鸽声,童俊伟,郑晨曦,陈东,王文政,洪铁城,俞荣梁,钱海乐,张航建,陈少华等。

在此过程中,我还参阅了大量的史籍资料,从中找寻到许多写作线索,发现了许多写作的好素材。在此,我要向所有热情提供资料和线索的人表示衷心的感谢。

时光倒退三十余年,笔者恰恰在改革开放大幕正要在神州揭开的时候来到金华。那时印象最深的,是市区起伏不平的道路,干道上那些膘肥体壮、拖着沉重大车的老黄牛,它们穿着和许多人脚上一样的草鞋,慢条斯理地行走在闹市街头。路边不时还有几只品质优良的"两头乌"匆匆窜出,挨上一脚,便会没命地嗥叫着钻进小巷深处……

三十多年过去,金华及它所代表的浙中城市群早已脱却旧时模样,变得今天这般美丽清洁,宜居多情,让我不由地常常思索,若干年以后,当我的眼帘再也不能映进城市上空这片美丽的蔚蓝时,在这座已经生长了一千多年的古城中,我,或者说我们这一代人,将会留下些什么?

是的,在这片土地上我已经生活了三十多年,对一个人来说,这真是一段不算短暂的时日,足以让我们从一个襁褓中的婴儿成长为壮硕的男子汉,足以让我们苦读冥思,成长为一个学富五车的智者。可是对于金华这座国家级历史文化名城,对于它将近一万年的文明文化来说,区区30年只是漫长岁月里短而又短的一瞬,犹如一片曾经翠绿却又枯萎了的树叶,一页在风中轻轻翻过的书页,一滴偶然飘落却又迅速干涸了的水滴。

是的,无论如何,我们都注定只会是这座城市一缕曾经有过的呼吸,婺江里一朵已经流逝的涟漪,或者天幕上一抹匆匆掠过的浮云,无声无息,"挥一挥手,不带走半片云彩。"

可是我知道,曾经也有过一些历史的流云,在这片同样的天空里匆匆飘过,却为这片土地刻录下许多再也无法抹去的华美投影;曾有一些水滴同样匆忙地飘落,却在这片原野上催生出芬芳永驻的花香。就像我们在这本书里饱含激情书写过的那些伟人们一样。

譬如沈约,他在金华任太守 5 年,留下了千古流传的《玄畅八咏》诗章。又譬如李清照,她在离乡丧夫的巨大悲哀中寓居金华近一年,却给这座城市留下了几篇万古流芳的辞章。尤其是那"水通南国三千里,气压江城十四州"的绝句,更成为一代代金华人心头飘拂着的旌旗,带给他们无数的骄傲与自豪。即使是陆游,当他在抗金的连营号角中匆匆路过,也给这片山水留下了许多大气浩然的精美诗句。

不,不仅仅是那些羽扇纶巾、满腹经纶的古代哲人,还有许多我们同时代的兄弟姐妹,他们刚刚和我们在城市的这个角落告别,便急匆匆地走进了苍茫八婺那片永恒的记忆。例如当代军人孟祥斌,他和他的部队悄悄走进这座城市,宛如大地上一片新绿那样葱茏悦目却又无声无息。但他很快就用自己赤子的体温让古城感受到前所未有的温暖,2007 年的那个冬天,婺江流淌着,静静地流淌着,但却温暖了黄河长江,感动了整个中国。

又譬如全国劳模陆乌铁,当这座城市因为优质的饮用水源而被人们所艳羡的时候,在每一缕清澈的流水里,我们都会看见这位前沙畈水库总指挥憨厚腼腆的笑颜。

也不仅仅是这些英雄这些劳模,这些已经在古城心扉上或浓或淡刻录下了自己姓名的人。古往今来,还有许多平凡普通、甚至连名字都没有留下的小人物凭借自己的善良、勤劳、坚毅,让这座城市总是沉浸在经久的缅怀与感动之中。

八婺心灵的天空上,如今再也无法拂去元代名塔——万佛塔的倩影,而构成那雄伟塔身的数万块青砖,每一块都镌刻着清晰的佛像,镌刻着捐资造塔人的姓氏。他们中绝大多数都只是无足轻重的市井小民,每天日出而作日落而息,劳碌终生与世无争。可是他们奉行坚定的信仰、善心与德行,把自己的信念磨砺成为一块块世纪的基石,堆砌成为古城千年的骄傲与象征,即便有朝一日不幸倒下,也仍然在吟唱一个古老民族危难时刻慷慨不屈的悲歌!

我沿着古老婺州那些缀满诗意的石板街巷穿行,望着今天布满现代时尚的橱窗思索……

远山依依,影影绰绰地浮现出一座现代化大都市矫健的身姿,充满了活力,焕发着魅力,青春时尚,宜居和谐……哦,这就是即将建成的浙江省第四大都市。

婺江的流水总是那么匆忙,北山的苍松依然那样葱郁。于是我渐渐读懂了那些不时明灭在青山秀水中的答案:是的,这些伟人这些凡夫从来都没有刻意地想要在城市里留下些什么,他们只是在遵从着自己的良心,自己的品行,自己的习性,默默不停地做着他们认为应该做的事情。做得那么坚毅那么执着,那么从容那么自然。就像蜜蜂在每个花季里繁忙地穿梭,春蚕在日夜喷吐自己的每一缕青丝那样地天经地义。

然而历史和城市却始终在静静注视着他们,就像一个忠于职守的书记员,每天都在默默记录着这儿所发生的善行与正果。不管政治风云怎样变幻无定,世事沧桑如何剧烈变迁,它们仍然像一个勤奋敏感的摄影师,把那些影像与声音每时每刻都化作珍贵的图像,清晰地铭刻在这座城市与人心的屏幕上,在时间急匆匆的流水落花里,让它一天天凝结成为庄重威严的历史。

所以,就让我们成为这古老婺州一缕轻微的呼吸吧,把它生命经久不衰的活力写进历史的风中。就做这婺江里一朵眨眼即逝的涟漪吧,把它始终如一的清澈告诉给大地。就做这岁月朔风中一片飘零的落叶吧,让自己早日化做几滴滋养鲜花的春泥。

就像这座已经在浙中大地上座落了一千八百余年的城市,它屹立着、生存着、延续着,却从来不刻意地追求过什么,只是默默地发展,静静地奉献,然后,很像是在毫不经意之间,就在中华民族五千年辉煌的史册上写下了点什么!

附：金华市(地)级建制变动简表

金华市域春秋时属越国。秦、汉为乌伤县,属会稽郡。三国吴宝鼎元年(266)置郡,名东阳,以郡在瀫水(衢江)之东、长山之阳得名。东阳郡属扬州,治设长山。南朝陈天嘉三年(562),东阳郡改名为金华郡。隋开皇十三年(593),金华郡改置婺州,以其地于天文为婺女分野,故名。治设东阳(今金华)。大业三年(607),复置东阳郡。唐武德四年(621),改东阳郡置婺州。唐贞观元年(627),分天下为10道,婺州隶江南道。开元二十一年(733),分天下为15道,婺州隶江南东道。清康熙《金华府志》记载:"旧治在州东,唐开元中刺史梁猷徙今所"。"今所"即今金华城区。唐天宝元年(742),改婺州为东阳郡。乾元元年(758),复为婺州,一直延续到宋元。元至元十三年(1276),改为婺州路。至正十八年(1358),改名宁越府。至正二十年,改为金华府。明成化七年(1471),金华府领金华、兰溪、东阳、义乌、永康、武义、浦江、汤溪8县,故有"八婺"之称。

清康熙元年(1662),改浙江布政使司为浙江省,置总督,省与府之间仍设道,负监察之责。金华府属金衢严道。雍正十二年(1734),改为分巡道,道尹驻西安(今衢州市柯城区)。宣统三年九月十五日(1911年11月5日),浙江省成立省军政府。次日,金华成立军政分府。

中华民国元年(1912)二月,撤金衢严道,废金华府,实行省、县两级制。民国三年六月,置金华道,道尹初驻兰溪,民国六年移驻衢县。民国十六年(1927)四月,废道,各县仍直属于省。民国二十一年(1932)六月,省政府设立县政督察专员办事处,金华为第八区。九月,改为特区行政督察专员办事处,金华为第六特区。民国二十四年(1935)八月,浙江省改设9个行政督察区,第六特区改为兰溪区。民国二十五年(1936),又改为第四行政督察区,专员公署驻兰溪,次年4月移金华。民国三十二年(1943)五月,行政督察区作调整,第四行政督察区专署驻宣平清香寺。民国三十六年(1947)十月,全省行政督察区再次调整,第四区专署驻衢县。民国三十七年(1948)四月,全省又调整为6个区,第三行政督察区专署驻金华。八月,复调整为9个区,第八行政督察区专署驻义乌。

　　1949年5月7日,金华解放。5月29日,设立浙江省第八行政区。10月22日,改名金华专区,专员公署驻金华。1968年4月,改金华专区为金华地区。1985年5月,撤销金华地区,原金华、衢州两县级市分别升为地级市,实行市管县体制。金华市人民政府驻金华。

责任编辑:方国根　李之美　夏　青

图书在版编目(CIP)数据

阅读金华:婺州人文精神探寻/王晓明 著. -北京:人民出版社,2013.6
ISBN 978－7－01－012106－2

Ⅰ.①阅…　Ⅱ.①王…　Ⅲ.①文化史-金华市　Ⅳ.①K295.53

中国版本图书馆 CIP 数据核字(2013)第 097985 号

阅 读 金 华

YUEDU JINHUA

——婺州人文精神探寻

王晓明 著

人 民 出 版 社 出版发行
(100706　北京市东城区隆福寺街99号)

环球印刷（北京）有限公司印刷　新华书店经销

2013 年 6 月第 1 版　2013 年 6 月北京第 1 次印刷
开本:710 毫米×1000 毫米 1/16　印张:22
字数:350 千字　印数:00,001-12,000 册

ISBN 978－7－01－012106－2　　定价:48.00 元

邮购地址 100706　北京市东城区隆福寺街 99 号
人民东方图书销售中心　电话 (010)65250042　65289539